Götte · Sprache und Spiel im Kindergarten

Rose Götte

Sprache und Spiel im Kindergarten

Praxis der ganzheitlichen Sprachförderung
in Kindergarten und Vorschule

9. Auflage

Beltz Verlag · Weinheim und Basel

Rose Götte, Dr., Staatsministerin a.D., Studium der Germanistik, Pädagogik und Philosophie, Wissenschaftl. Assistentin im Fach »Pädagogik der frühen Kindheit« an der Universität Landau. Sie war Abgeordnete im rheinland-pfälzischen Landtag und im Deutschen Bundestag. Ab 1991 Ministerin in Rheinland-Pfalz für das Ressort Bildung und Kultur, danach für Kultur, Jugend, Familie und Frauen.

Lektorat: Peter E. Kalb
9., vollständig überarbeitete Auflage 2002

© 1991 Beltz Verlag · Weinheim und Basel
www.beltz.de
Herstellung: Lore Amann
Satz: Mediapartner Satz und Repro GmbH, Hemsbach
Druck: Druckhaus Beltz, Hemsbach
Umschlaggestaltung: Federico Luci, Köln
Umschlagabbildung: Thomas Bruns
Printed in Germany

ISBN 3-407-62499-9

Inhaltsverzeichnis

Angebote nach Tätigkeitsformen geordnet

Alphabetisches Gesamtverzeichnis der Angebote

Vorwort

Kindergarten und Vorschule spielen im 21. Jahrhundert eine weitaus wichtigere Rolle für die Entwicklung der Kinder als in früheren Zeiten. Nahezu jedes Kind besucht heute einen Kindergarten, in der Regel spätestens ab dem dritten Geburtstag bis zum Schuleintritt.

Auch die tägliche Anwesenheitszeit hat sich verlängert: Immer mehr Kindergärten und Vorschulen arbeiten als Ganztages-Einrichtungen.

Erzieherinnen und Erzieher, Träger der Einrichtungen, Kirchen und Staat, aber auch Eltern und nicht zuletzt die Kinder selbst müssen mit dieser Situation zurechtkommen. Das ist nicht einfach, solange Sparzwänge eine großzügige Personalausstattung verhindern und die notwendige Vor- und Nachbereitungszeit reduzieren. Viele Erzieherinnen und Lehrkräfte würden gern häufiger Fortbildungsveranstaltungen besuchen, wenn sie sich das leisten könnten, ohne dass ein Engpass am Arbeitsplatz (oder in der Familie) entsteht.

In dieser Situation ist das vorliegende Buch als Hilfe für die Praxis gedacht, als Fundgrube für Ideen und als Unterstützung der pädagogischen Fachkräfte bei ihrer täglichen Arbeit. Es zeigt am Beispiel von 22 Themenkreisen, wie ganzheitliche Sprach- und Spielförderung in der Praxis aussehen kann und wie sehr sich Sprache und Spiel gegenseitig fördern und bedingen. Die 668 Vorschläge sind bewusst so breit gefasst, dass die gleichen Themen auch mehrere Jahre hintereinander behandelt werden können, ohne dass die Spiele und Beschäftigungen sich wiederholen. Die Themenkreise orientieren sich grob am Kindergartenjahr, sind aber nicht als geschlossenes Jahresprogramm gedacht, sondern als alternative Wahlangebote. Jedem Kapitel sind einige Vorüberlegungen vorangestellt, die für die Besprechungen im Team nützlich sein könnten. Eine Wörterliste soll jeweils den Raum ausleuchten, in dem sich Denken und Handeln der Kinder bewegen könnten, ist also nicht als »Abfrageliste« gedacht.

Die Ideen sind zum Teil meinem früheren Buch »Sprache und Spiel im Kindergarten«[1] entnommen, soweit sie sich in der Praxis bewährt haben. Aktuelle Themen wie Umgang mit dem Computer oder Fragen einer gesunden Ernährung sind hinzugekommen.

Bei vielen Vorschlägen werden die pädagogischen Fachkräfte sagen: »Das machen wir doch längst!« Umso besser. Die Angebote sollen die Erzieherinnen und Lehrkräf-

---

[1] Rose Götte: Sprache und Spiel im Kindergarten. Handbuch zur Sprach- und Spielförderung mit Jahresprogramm und Anleitungen für die Praxis. Weinheim 1977.

te in ihrer Arbeit bestärken, die eigene Kreativität beflügeln, Vergessenes in Erinnerung rufen, Lust auf Neues wecken, zu Experimenten ermuntern. Sie sollen helfen, gleichzeitig sowohl die kognitive, als auch die emotionale und soziale Entwicklung der Kinder zu fördern, also ganzheitliche Konzepte anzuwenden.

Ich möchte in diesem Buch aufzeigen, dass Märchen und naturwissenschaftliches Experiment, Puppenspiel und Computer, Buch und Natur, Traum und logisches Denken sich im Kindergarten nicht gegenseitig ausschließen, sondern ergänzen.

Sprache, Rhythmus und Musik sind eng verbundene Lernfelder. Während der Phase des gemeinsamen Tuns sollte deshalb auf jeden Fall auch gesungen werden. Ein Kindergartentag ohne Singen ist wie ein Käsebrot ohne Käse. Um auch neue Lieder leichter lernen zu können, ist diesem Buch eine CD beigefügt, auf der die in den einzelnen Kapiteln abgedruckten Lieder von einer Kindergruppe vorgesungen werden.

Viele der vorgeschlagenen Beschäftigungen für Kindergarten und Vorschule eignen sich auch für den Schulunterricht der Grundschule. Wenn im Text meistens von Erzieherinnen die Rede ist, so sind damit auch die Erzieher und die Lehrkräfte der Vor- und Grundschule gemeint.

Und nicht zuletzt möchte das Buch auch beim ganzheitlichen Deutschunterricht für Kinder fremder Muttersprache eine Hilfe sein.

Ganz ohne Theorie geht es nicht

Wer täglich vormittags und nachmittags im Kindergarten einge-setzt ist, hat kaum mehr die Kraft, danach noch dicke Fachbücher zu studieren. Der Theorieteil dieses Buches ist deshalb knapp ge-fasst und so angelegt, dass einzelne Themen, die schon während der Ausbildungszeit eine wichtige Rolle gespielt haben, schnell wieder »aufgefrischt« bzw. ergänzt werden können.

Das Gesamtkonzept einer ganzheitlichen Sprachförderung könnte Thema einer »innerbetrieblichen« Fortbildung sein und ist vor al-lem als Hilfe gedacht für alle, die sich noch in der Ausbildung be-finden oder sich weiterbilden wollen.

Kindergarten im Wandel

Wenn Familie und Gesellschaft sich grundlegend verändern, kommt auch Bewegung in die Bildungseinrichtungen. Mit Ganztagsangeboten, veränderten Organisationsformen, neuen Unterrichtsmethoden und spezifischer Förderung von Kindern fremder Muttersprache versuchen Schule und Kindertagesstätten darauf zu reagieren, dass Kinder von heute in einer anderen Lernumwelt leben als Kinder früherer Generationen, dass Eltern Beruf und Familie unter einen Hut bringen müssen und dass wir eine multikulturelle Gesellschaft geworden sind.

Kein Kindergarten kann sich dem entziehen. Flexible Öffnungszeiten, Über-Mittag-Betreuung oder Ganztagsangebote sind an die Stelle des klassischen Teilzeitkindergartens mit starren Öffnungszeiten getreten. Neben der traditionellen Trennung von Kinderkrippe, Kindergarten, Vorschule, Grundschule und Hort bewähren sich neue Organisationsformen, in denen Sozialpädagogen und Lehrkräfte sehr erfolgreich Hand in Hand arbeiten. Auch die übliche Trennung von Einrichtungen für behinderte Kinder ist längst in Frage gestellt. Zwar muss es für besondere Behinderungen auch in Zukunft spezifische Einrichtungen geben, aber in vielen Fällen bietet ein integratives Modell die bessere Förderung für beide Seiten.

Eltern, die auf der Suche nach einer guten Kindertagesstätte sind, stehen einer verwirrenden Vielfalt von Konzepten, Organisationsformen und Methoden gegenüber. Und auch in den Einrichtungen selbst sind oft heftige Diskussionen um die besten Fördermethoden und -möglichkeiten entbrannt, die manchmal von vielen Missverständnissen begleitet werden.

Haus für Kinder? Offenes Angebot? Programmkindergarten? Situationsansatz? Laisser-faire? Waldkindergarten? Spielzeugfreier Kindergarten? Welche Chancen oder Gefahren verbergen sich dahinter?

Ein Haus für Kinder ist eine Einrichtung, die sowohl Krabbelkindern als auch Kindergarten- und Schulkindern offen steht. Jedes Kind kann dort eine Art Geschwistersituation erleben: Es lernt als kleines Kind eine Menge von den größeren, es erlebt sich als älteres Kind in der Rolle des Überlegenen und Helfenden, das schon Verantwortung übernehmen kann. Eine solche Einrichtung setzt allerdings eine bessere Personalsituation voraus, als sie für den klassischen Kindergarten vorgesehen ist, weil für die unterschiedlichen Entwicklungsstufen auch immer wieder unterschiedliche Angebote bereitgehalten werden müssen, wenn alle Kinder zu ihrem Recht kommen sollen. Ohne diese Voraussetzung besteht die Gefahr, dass das Haus für Kinder zu einem Aufbewahrungsort für Kinder wird.

In manchen Kindergärten sind Fachkräfte dazu übergegangen, die pädagogische Arbeit weitgehend als offenes Angebot zu organisieren. Die Kinder können sich frei in allen Räumen der Einrichtung bewegen. In jedem Raum wird ein besonderes Angebot bereitgestellt: hier die Bauecken, dort ein Malangebot, im dritten Raum ein Puppenzimmer, in der Gymnastikhalle Möglichkeiten zum Toben und Rennen. Die Kinder suchen ihre Beschäftigung selbst, die Erzieherinnen stehen als Ansprechpartner zur Verfügung und helfen oder greifen ein, wenn es nötig ist. Diesem Konzept liegen Gedanken von Maria Montessori zu Grunde, die von der »vorbereiteten Umgebung« spricht, die Kinder zu bestimmten Tätigkeiten anregen soll. Sie hatte damit aber nicht gemeint, dass die Kindergarteneinrichtung mit allem vorhandenen Spielmaterial auf Dauer schon die »vorbereitete Umgebung« darstellen könnte.

Ein offenes Angebot, das es völlig den Kindern überlässt, wo und wann sie aktiv werden wollen, kann sehr schnell zu einer einseitigen Förderung oder gar Vernachlässigung führen. Gerade das, was ein Kind am wenigsten kann, meidet es. Kontaktarme Kinder spielen dann am liebsten allein, »unsportliche« Kinder machen einen großen Bogen um den Gymnastikraum, und wer noch nie gemerkt hat, wie viel Spaß das gemeinsame Singen macht, wird kein Lied vermissen.

Deshalb ist ein solches offenes Angebot nur zu ganz bestimmten Zeiten zu empfehlen. Kinder brauchen einen festen Rhythmus im Tagesverlauf, und sie müssen wissen, zu welcher Gruppe sie gehören und wo ihr Platz ist.

Ein Kindergarten ohne Programm wird häufig als Umsetzung des Situationsansatzes verkauft, hat aber in Wirklichkeit mehr mit dem Laisser-faire-Prinzip der frühen Siebzigerjahre zu tun, als den Kindern aus lauter Furcht vor Fremdbestimmung zu wenig Orientierung und Anregung vermittelt wurde. Damals machte die missgelaunte Frage eines Kindes die Runde: »Müssen wir heute schon wieder machen, was wir wollen?«

Das sozialpädagogische Konzept des Situationsansatzes, das die Interessen und die Eigeninitiative des einzelnen Kindes aufgreift, ist ja nicht so zu verstehen, dass die Erzieherinnen keine Impulse oder Anregungen mehr geben sollen, sondern dass sie Fantasie entwickeln, auf das einzugehen, was Kinder gerade beschäftigt, und dass sie bei der Vermittlung von neuen Erfahrungen offen sind für das, was bei Kindern an Kreativität, Tatenlust und Tatenfrust sichtbar wird. Es handelt sich also um eine Frage der Didaktik, nicht um einen Verzicht auf Planung.

Die Balance zu halten zwischen Impulsgebung und Impulsaufnahme ist sicher der schwierigste Teil der pädagogischen Arbeit im Kindergarten. Die Sorge vieler Pädagogen, dass Kinder heute viel zu viel Hektik, viel zu viel Stundenplan, viel zu viel Einmischung der Erwachsenen und ein verwirrendes Überangebot an Spielzeug verkraften müssten, ist ja berechtigt. Deshalb haben sich manche Kindergärten sozusagen als Radikalkur ein spielzeugfreies Vierteljahr[1] verordnet, in dem nicht nur alle vorgefertigten Spielmaterialien weggeräumt wurden, sondern auch jede Planung

---

1 Ingeborg Becker-Textor, Elke Schubert, Rainer Strick (Hrsg.): Ohne Spielzeug. »Spielzeugfreier Kindergarten« – ein Konzept stellt sich vor. Herder, Freiburg Basel Wien 1997.

und jede Anregung durch Erwachsene unterblieb. Die Ergebnisse zeigten, dass Langeweile eine Menge Eigeninitiative befördern kann, dass die Kinder sich gegenseitig intensiver wahrnahmen, dass sie mehr miteinander sprachen, mehr voneinander lernten. Wenn eine Teilnehmerin des Experimentes aber erklärt, die spielzeugfreie Zeit sei »die intensivste Form des Situationsansatzes«, und damit sagen will, dass alles Geschehen aus der Eigeninitiative der Kinder stammte, wird übersehen, dass die Aktivitäten der Kinder sich sehr stark auf das bezogen, was sie zuvor an Anregungen im Kindergarten erhalten hatten. Bei ihren Spielideen griffen sie nämlich weitgehend auf das zurück, was sie an Erfahrungen gespeichert hatten, und versuchten, unter den veränderten Bedingungen neue Lösungen zu finden (z.B. bastelten sie ein Memory-Spiel mit anderen Materialien).[1] Die zum Teil sehr ablehnende Haltung der Eltern führte immerhin dazu, dass pädagogische Fragen an Elternabenden so lebhaft wie sonst nie diskutiert wurden und auch in den Familien selbst einen großen Raum einnahmen.

Auch im Waldkindergarten wird weitgehend auf vorgefertigtes Spielmaterial verzichtet. Die Kinder halten sich bei jedem Wetter (außer bei Sturm) drei bis vier Stunden am Tag im Freien auf, sind in der Regel sehr gesund und haben in der Begegnung mit der Natur und beim Spielen mit Naturmaterial so viel zu tun, dass sie nichts vermissen. Sie sind eingebunden in den Kreislauf der Natur und entwickeln ein sensibles, verantwortungsbewusstes Verhältnis zur Umwelt. Sie haben beliebig viel Bewegungsraum, sind kaum Lärm ausgesetzt und entwickeln weniger Aggressionen als Kinder in geschlossenen Räumen. Ein Bauwagen dient der Gruppe notfalls als Unterschlupf, ein Handwagen mit Gartengeräten, Werkzeugen, Lupen und warmem Wasser zum Händewaschen begleitet die Truppe bei ihrem täglichen Ausflug.[2]

Solche Erfahrungen mit Waldkindergärten haben in manchen Kindergärten dazu geführt, dass einzelne Gruppen reihum wenigstens einen Tag oder eine Woche im Wald verbringen. Dabei kann natürlich nicht die gleiche Naturerfahrung vermittelt werden wie bei Kindern, die das ganze Jahr Natur hautnah erleben, aber lohnend sind solche Ausflüge auf jeden Fall. Allerdings müssen auch solche Unternehmungen sorgfältig geplant werden, am besten unter Einbeziehung des zuständigen Försters.

Wie viel Planung braucht ein guter Kindergarten?

Ein Verzeicht auf Planung lässt sich nicht durch den Hinweis auf die Gefahr einer »lückenlos verplanten Kindheit« rechtfertigen. Dass Kinder im Kindergarten die Möglichkeit haben müssen, Erfahrungen und Erlebnisse im selbst gewählten Spiel zu verarbeiten, dass sie Zeit für Muße brauchen und zwischendurch auch »abschalten« dürfen, ist selbstverständlich.

---

1 In »Ohne Spielzeug« (siehe oben), S. 48.
2 Informationen über einen Waldkindergarten sind abrufbar im Internet unter
  www.kindergarten-niederoefflingen.de.

Das entbindet aber die Erzieherinnen nicht von dem Auftrag, die Weiterentwicklung der einzelnen Kinder zu fördern, ihren Horizont zu erweitern, Defizite zu beheben oder wenigstens zu mindern. Kein Grundschullehrer käme auf die Idee, ein Vierteljahr auf Unterricht zu verzichten und die Kinder während der ganzen Zeit selbst überlegen zu lassen, was sie im Klassenraum oder im Schulhof unternehmen könnten. Klar, der Kindergarten ist keine Schule. Aber der Umfang dessen, was sie in drei Jahren im Kindergarten lernen sollten, ist mindestens so groß wie das, was man in drei Schuljahren lernen kann, denken wir nur an die Entwicklung der kommunikativen und sozialen Kompetenz.

Kinder brauchen Rituale. Daher sollte nach einer Phase der Einzelgespräche und des freien Spiels in der Zeit, in der die Kinder nach und nach im Kindergarten ankommen, ein **gemeinsames Programm** für die Gruppe zum immer gleichen Zeitpunkt beginnen. Wenn dies ausnahmslos so gehandhabt wird, empfinden es die Kinder als Selbstverständlichkeit, über die man nicht mehr zu diskutieren braucht.

Während der Phase der gezielten Angebote sollten die Kinder auf Themen, Tätigkeiten und Spiele eingestimmt werden, die das Programm vorschlägt. Dass dabei die Wünsche und Verfassung der Kinder, das Repertoire im Kopf der Erzieherin, aktuelle Vorkommnisse und die Wetterlage ebenfalls die Themen beeinflussen, ist selbstverständlich. Das bedeutet aber nicht, dass die Erzieherin diese Kernzeit völlig unvorbereitet antreten könnte, sondern nur, dass sie flexibel genug sein muss, Pläne gegebenenfalls zu variieren oder umzuwerfen.

Im Anschluss an das gemeinsame Angebot (Stuhlkreis, gemeinsames Singen, Puppenspiel usw.) schließen sich erfahrungsgemäß die Kinder zu kleinen Aktionsgruppen zusammen. Die Erzieherinnen können sich nicht allen Gruppen gleichzeitig widmen. Deshalb sind die Kindergärten zu beglückwünschen, in denen auch Eltern oder Großeltern bereit sind, an bestimmten Tagen einige Stunden im Kindergarten zu verbringen. Sie können Kleingruppen bei bestimmten Tätigkeiten unterstützen oder einzelnen Kindern aus Bilderbüchern vorlesen. Natürlich ersetzen Laien nicht die Fachkräfte. Daran ist ja zum Glück auch gar nicht gedacht. Die Ehrenamtlichen können aber eine große Hilfe sein bei der täglichen Arbeit. Insbesondere wenn es darum geht, den Aktionsraum der Kinder zu erweitern und viele Exkursionen nach draußen einzuplanen, wie es in diesem Buch vorgeschlagen wird, ist die Mithilfe von Eltern oder Großeltern unverzichtbar.

Sprachförderung im Kindergarten

Was bedeutet Sprache für das Kind?

Sprache ist der Schlüssel zum Verständnis der Welt. Sprache vermittelt Orientierung und die lebensnotwendigen Kontakte zur Umwelt. Kinder sind auf die verbale Zuwendung der Eltern angewiesen und schon im Babyalter begierig darauf, die Namen der Dinge zu erfahren und Wörter, die sie bereits kennen, bestätigt zu finden. Sie fordern Erwachsene ständig heraus, solche Namen zu nennen, indem sie auf Gegenstände zeigen: Da! Da? Das Bedürfnis, Sprache zu verstehen und Sprache anzuwenden, ist also ebenso angeboren wie das Bedürfnis, sich zu bewegen, um zu wachsen und sich weiterzuentwickeln.

Die Fähigkeit, sich eine Sprache in kurzer Zeit anzueignen, ist in der frühen Kindheit sehr viel größer als später. Es gilt also, diese wichtige Phase zu nutzen. Der Kindergarten bietet ideale Voraussetzungen für Sprachförderung,

- weil die entscheidende Phase der kindlichen Sprachentwicklung noch in vollem Gange ist und die Kinder für das Spiel und den Umgang mit der Sprache hochmotiviert sind,
- weil jüngere Kinder noch stärker dazu neigen, sich die Sprache ihrer Bezugspersonen, also auch die der Erzieherinnen und Erzieher, anzueignen, als das bei älteren Kindern der Fall ist (weshalb kleine Kinder sogar eine Fremdsprache ohne jeden Grammatikunterricht schnell lernen),
- weil der Kindergarten viel mehr Möglichkeiten einer ganzheitlichen Förderung bietet als die Schule (Reden und Tun bilden eine Einheit) und
- weil fast ständig die Gelegenheit der freien Interaktion der Kinder untereinander wie auch zwischen Erzieherin und Kind gegeben ist.

Sprachentwicklung ist der zentrale Motor für die Gesamtentwicklung der kindlichen Persönlichkeit. Jeder Fortschritt in der Sprachkompetenz ist ein Schritt zu mehr Selbstständigkeit und hilft dem Kind, sich in einer komplizierten Welt zurechtzufinden. Wer sagen kann, was er will, wer ausdrücken kann, was er empfindet, wer fragen kann, was er wissen möchte, wer begründen kann, warum er etwas nicht will, ist anderen Menschen oder bestimmten Situationen nicht mehr hilflos ausgeliefert, sondern lernt, seinen eigenen Standpunkt zu finden und zu vertreten. Wer sich mit Worten verteidigen kann, muss nicht ständig seine Fäuste einsetzen. Soziale Intelligenz zeigt sich nicht zuletzt in Sprachkompetenz.

Neben dem sozialen Aspekt der Sprachförderung ist der kognitive ebenso bedeutsam. Denkvorgänge sind auf Sprache angewiesen. Mit Hilfe der Sprachstrukturen werden Denkstrukturen geschaffen, und umgekehrt: Mit Hilfe der Denkstrukturen wird Sprache geformt. Erfahrungen werden geordnet, reflektiert, differenziert und generalisiert.

Sprachkompetenz ist also viel mehr als die Fähigkeit, Lautverbindungen richtig artikulieren zu können, über einen Wortschatz zu verfügen und Sätze bilden zu können.

Sprachkompetenz zeigt sich in der Art, wie Kinder mit sich und der Welt zurechtkommen.

Daher richtet sich das Sprach- und Sozialisationstraining der Vorschulzeit grundsätzlich an alle Kinder. Darüber hinaus hat der Kindergarten aber die Aufgabe, durch gezielte kompensatorische Maßnahmen besonders jenen Kindern zu Selbstbewusstsein, Lern- und Leistungsmotivation zu verhelfen, die in ihrer häuslichen Lernumwelt nicht die nötige Förderung erfahren. Das gilt, sofern es die Förderung der deutschen Sprache betrifft, in besonderem Maße für Kinder aus Familien mit fremder Muttersprache. Das gilt aber erst recht für Kinder, die zu Hause zu wenig Zuwendung erfahren. Mit einem Kind zu sprechen, zu singen, ihm zuzuhören und ihm zu antworten ist neben Körperkontakt die wichtigste Form der Zuwendung, die ein Kind braucht.

Wie entwickelt sich die Sprache der Kinder?

Die Frage, warum manche Kinder sehr früh, andere Kinder sehr spät zu sprechen beginnen, warum manche sich sehr gewandt auszudrücken verstehen und andere kaum einen Satz herausbringen, hat schon immer die Entwicklungspsychologen beschäftigt. Während man schon bald zu der Einsicht kam, dass der Zeitpunkt des Sprachbeginnes wenig aussagt über die Qualität des späteren Sprechens, ist man sich einig, dass die Lernumwelt eine wichtige Rolle bei der Entwicklung von Sprachkompetenz spielt. In den Sechzigerjahren haben Soziologen die Schichtzugehörigkeit von Menschen an ihrer Sprache festzumachen versucht[1] und umgekehrt sogar die Hoffnung gehabt, man könne mit Hilfe der Sprachförderung diese Schichtzugehörigkeit auflösen. Heute hat sich gegenüber der Euphorie der Sechziger- und Siebzigerjahre eine gewisse Ernüchterung eingestellt. Dass aber Sprachkompetenz nicht nur eine Frage der genetischen Veranlagung ist, sondern sehr viel mit der Lernumwelt zu tun hat, wird von niemandem mehr bestritten.

Das Forscherteam unter Leitung von Prof. Karlheinz Ingenkamp an der Universität Landau, dem ich angehört habe, ist wie viele andere Wissenschaftler der Frage nachgegangen, welche Erfahrung auf welchen Teil der Sprachkompetenz einen be-

---

1 Siehe Lawton, Denis: Soziale Klasse, Sprache und Erziehung. Schwann, Düsseldorf 1973 (engl. Original 1968).

sonderen Einfluss hat.[1] Mit Hilfe des Landauer Sprachentwicklungstests für Vorschulkinder[2] stellten wir fest, dass ein kleiner Wortschatz keineswegs automatisch auch mit einer verminderten Satzbildungsfähigkeit gekoppelt ist oder dass fehlerhafte Artikulation auch immer mit rückständiger Kommunikationsfähigkeit einhergeht. Welche Erfahrung wirkt sich also auf welchem Sprachgebiet besonders nachdrücklich aus?

Man kann davon ausgehen, dass der Umfang des **Wortschatzes** eines Kindes davon abhängt, welche Gegenstände, Situationen und Sachverhalte es kennen lernt, und davon, ob es neben den ständig wiederkehrenden Wörtern aus der Umgangssprache auch Wörter aus der Schriftsprache kennen lernen kann. Ein fünfjähriges Kind, das wenig Anregungen erhält, kennt vielleicht die Wörter Hund, bellen und beißen. Ein Kind, das mit seinen Eltern reisen darf, das schon im Zoo oder im Naturkundemuseum war, dem Bilderbücher vorgelesen werden, kennt vermutlich auch die Wörter Dackel und Bulldogge, winseln und knurren, werfen und Welpen …

Die Regeln der Grammatik, also die **Formen- und Satzbildungsfähigkeit,** eignet sich das Kind unbewusst anhand der Beispiele, die ihm begegnen, an. Weil es das Wort »gespielt« kennt, sagt es vielleicht auch »geesst« oder »gegeht« und lernt später durch Nachahmung, dass man »gegessen« und »gegangen« sagt. Welche Satzmuster einem Kind zur Verfügung stehen, hängt wesentlich davon ab, welche Sätze ihm täglich begegnen. Und das hat wiederum mit dem Erziehungsstil zu tun. Ein Kind, das viele Befehle hört, aber wenig Erläuterungen dazu bekommt, hört meistens kurze Sätze: »Komm jetzt!« »Weiß ich doch nicht.« »Halt den Mund!« »Tür zu!« Ein Kind, dem viele Begründungen mitgeliefert werden, hört vielleicht: »Komm jetzt, sonst kommen wir noch zu spät in den Kindergarten und die Kinder sitzen schon im Stuhlkreis.« »Ich weiß das auch nicht so genau, aber wir könnten mal im Lexikon nachschlagen.« »Sei du bitte jetzt mal still, denn der Peter will auch mal was sagen.« »Mach bitte die Tür zu, damit es nicht zieht.« Ein Kind, dem selten oder nie vorgelesen wird, versteht längere Sätze nur schwer und empfindet die Schriftsprache fast wie eine Fremdsprache. Und wer nur selten die Erfahrung macht, dass Erwachsene geduldig warten, bis man herausgebracht hat, was man sagen will, macht gar nicht erst den Versuch, einen komplizierten Sachverhalt in Sätze zu kleiden, es hört ja doch keiner zu.

Die **Kommunikationsfähigkeit** setzt ein weiteres Regelsystem voraus, das uns sagt, was man in welcher Situation wie formulieren sollte und wie das Gesagte zu verstehen ist. Wenn beispielsweise ein Kind ein anderes fragt: »Kommst du auch schon?«, hat es einen grammatikalisch richtigen Fragesatz gebildet. Das angesprochene Kind versteht aber sofort, was gemeint ist, nämlich eine kritische Anmerkung: »Du kommst aber spät!« Die Förderung der Kommunikationsfähigkeit ist also ein

---

1 Zuwendung und Anregung. Lernumweltforschung zur Sprachentwicklung im Elternhaus und Kindergarten, herausgegeben von Bernhard Wolf. Deutscher Studien Verlag, Weinheim 1987.
2 Rose Götte: Landauer Sprachentwicklungstest für Vorschulkinder LSV. Reihe »Deutsche Schultests«. Beltz, Weinheim 1976.

zentraler Bereich der sozialen Entwicklung und bedeutet, dass ein Kind nicht nur gelernt hat zu sprechen, sondern auch zuzuhören, richtig zu verstehen und angemessen verbal zu reagieren. Das Rollenspiel bietet hervorragende Möglichkeiten, den jeweils passenden Sprachstil in bestimmten Situationen einzusetzen: Es ist ein Unterschied, ob ein Erwachsener zu einem Kind spricht oder ein Kind zu einem Erwachsenen. Fremde Menschen redet man mit Sie an. Ein Polizeibericht hört sich anders an als eine Liebeserklärung. Die Entwicklung der Kommunikationsfähigkeit ist natürlich im Vorschulalter noch nicht abgeschlossen. Da aber die Qualität des späteren Lernens durchaus auch von frühkindlichen Erfahrungen beeinflusst wird, kommt dem Kindergarten hier eine grundlegende Aufgabe zu.

Was sollen Kinder lernen?
(Lernziele ganzheitlicher Sprachförderung)

1) Die Kinder sollen lernen, mit anderen Menschen zurechtzukommen.
   Dazu müssen sie
   - klar und verständlich artikulieren können,
   - über einen großen Wortschatz verfügen,
   - grammatikalisch richtige Sätze bilden können,
   - andere Menschen anzusprechen wagen,
   - zuhören und verstehen,
   - Gestik und Mimik deuten,
   - sich in andere Menschen hineindenken,
   - fragen, bitten, erzählen, erklären,
   - auf das, was der andere sagt, reagieren und seinen Standpunkt achten,
   - gemeinsam planen, sich bei Arbeit und Spiel verständigen,
   - Rollenspiele beherrschen,
   - Konflikte verbal zu lösen versuchen.

2) Die Kinder sollen lernen, mit Sachen und Sachverhalten zurechtzukommen.
   Dazu müssen sie
   - was ihnen begegnet, benennen und in ein Begriffssystem einordnen,
   - beschreiben, vergleichen, wieder erkennen,
   - Sachverhalte darlegen,
   - Handlungsfolgen erkennen,
   - Zusammenhänge, Verhältnisse, Beziehungen, Ursachen und Wirkungen verstehen und darlegen,
   - mit dem Telefon umgehen,
   - Zweck der Schriftzeichen, Ziffern und Symbole verstehen können.

3) Die Kinder sollen lernen, mit sich selbst zurechtzukommen.
   Dazu müssen sie
   - den eigenen Standpunkt wahrnehmen und eine eigene Meinung formulieren können,

- Angst, Wut, Enttäuschung, Wünsche, Hoffnungen artikulieren und kontrollieren können,
- entscheiden können, wem man sein Vertrauen schenken will,
- einen falschen Standpunkt oder Vorurteile korrigieren können.

Wie sollen Kinder lernen?
(Methoden ganzheitlicher Spracherziehung)

Ganzheitliche Sprachförderung ist eingebettet in Tätigkeiten und sinnliche Erfahrungen. Das Wort »morsch« beispielsweise wird dem Kind nachhaltig vertraut, wenn es ein morsches Stück Holz in seinen Händen zerbricht und dabei den Geruch des morschen Holzes wahrnimmt. Dass fremde Erwachsene sich nicht duzen, übt es im Rollenspiel. Konstruktionsanweisungen begreift es (ganz wörtlich) beim Basteln. Präpositionen prägen sich besonders leicht beim Turnen ein …

Sprachtraining ist also Teil aller Tätigkeiten im Kindergarten und geht mit der Spielförderung Hand in Hand. Das bedeutet aber nicht, dass sich Sprachtraining von selbst ergeben würde, wenn man die Kinder einfach ihrem selbst gewählten Spiel überlässt. Spracherweiterung ist angewiesen auf Erfahrungserweiterung und Spielentwicklung. Solche Gelegenheiten zu schaffen ist Aufgabe von Kindergarten und Vorschule. Dazu soll das vorliegende Handbuch eine Hilfe sein.

Sind die genannten Lernziele und Methoden dieses Programms noch zeitgemäß?

Ganzheitliche Konzepte für kognitive, soziale und personale Kompetenzen, wie sie in diesem Buch vorgeschlagen werden, sind nicht neu. Sind sie auch im 21. Jahrhundert noch aktuell?

Donata Elschenbroich hat 2001 in ihrem Buch »Weltwissen der Siebenjährigen«[1] die Essenz aus einhundertfünfzig Gesprächen mit Experten wiedergegeben und eine Liste von Erfahrungen und Fähigkeiten zusammengestellt, die Kinder bis zum siebten Lebensjahr bereits gemacht haben sollten. Diese Liste war nicht gedacht als Messinstrument für die Entwicklungsstufe eines Kindes oder als Unterrichtskatalog. Sie sollte lediglich den Raum ausleuchten, in dem sich die Erfahrungen der Kinder bewegen können. Die Liste soll diesen Raum erweitern, Nischen, an die keiner gedacht hat, einbeziehen, die Kreativität der Lehrkräfte und Erzieher beleben. Zunächst hatte die Autorin selbst eine Liste zusammengestellt[2]:

---

1   Donata Elschenbroich: Weltwissen der Siebenjährigen. Wie Kinder die Welt entdecken können. Kunstmann, München 2001.
2   A.a.O., S. 22–23.

»Ein siebenjähriges Kind sollte vier Ämter im Haushalt ausführen können (etwa: Treppe kehren, Bett beziehen, Wäsche aufhängen, Handtuch bügeln). Es sollte ein Geschenk verpacken können, zwei Kochrezepte umsetzen können, für sich und für einen Freund, für sich selbst und für drei Freunde. Es sollte einmal ein Baby gewickelt oder dabei geholfen haben. Es sollte gefragt haben können, wie Leben entsteht. Es sollte eine Vorstellung davon haben, was bei einer Erkältung in seinem Körper vorgeht, und eine Wunde versorgen können. Das Kind sollte wissen, wie man drei verschiedene Tiere füttert, und Blumen gießen können. Ein siebenjähriges Kind sollte schon einmal auf einem Friedhof gewesen sein. Es sollte wissen, was Blindenschrift ist, und vielleicht drei Wörter in Blindenschrift (oder Gehörlosensprache) verstehen. Es sollte zwei Zaubertricks beherrschen, drei Lieder singen können, davon eines in einer anderen Sprache. Es sollte einmal ein Musikinstrument gebaut haben. Es sollte den langsamen Satz einer Sinfonie vom Rekorder dirigiert haben und erlebt haben, dass die Pause ein Teil von Musik ist. Es sollte drei Fremdsprachen oder Dialekte am Klang erkennen, drei Rätsel, drei Witze erzählen können. Einen Zungenbrecher aufsagen können. Es sollte drei Gestalten oder Phänomene in Pantomime darstellen können und Formen der Begrüßung in zwei Kulturen. Ein Gebet kennen. Reimen können, in zwei Sprachen. Ein chinesisches Zeichen geschrieben haben. Eine Sonnenuhr gesehen haben. Eine Nachtwanderung gemacht haben. Durch ein Teleskop geschaut haben, zwei Sternbilder erkennen. Wissen, was Grundwasser ist. Was ein Wörterbuch ist, eine Wasserwaage, eine Lupe, ein Katalysator, ein Stadtplan, ein Architekturmodell. In einer Bücherei gewesen sein, in einer Kirche (Moschee, Synagoge …), in einem Museum. Einmal auf einer Bühne gestanden haben und einem Publikum mit anderen etwas Vorbereitetes vorgetragen haben.

Ein siebenjähriges Kind sollte einige Ereignisse aus der Familiengeschichte kennen, aus dem Leben oder der Kindheit der Eltern oder Urgroßeltern. Und etwas aus der eigenen Lebensgeschichte: Zwei Anekdoten über sich selbst als Kleinkind erzählen können. Ein Beispiel für Ungerechtigkeit beschreiben.

Konzepte kennen: Was ist ein Geheimnis, was ist Gastfreundschaft, was ist eine innere Stimme, was ist Eifersucht, Heimweh, was ist ein Missverständnis. Ein Beispiel kennen für den Unterschied zwischen dem Sachwert und dem Gefühlswert von Dingen.«

Donata Elschenbroich betont, dass dies keine Checkliste der bei den Kindern abzuprüfenden Fertigkeiten sein soll, sondern eher eine Checkliste der Pflichten der Erwachsenen. In der Tat macht eine solche Liste bewusst, wie viele Kinder nur einen Bruchteil dieser möglichen Erfahrungen tatsächlich machen können und wie viele Erlebnisbereiche ihnen verschlossen sind. Das wird noch deutlicher an der zweiten Liste, die Donata Elschenbroich nach hundertfünfzig Gesprächen mit allen möglichen Experten in Ergänzung zur ersten Liste aufgestellt hat (Auszüge)[1]:

---

1   A.a.O., siehe S. 28–32.

- die eigene Anwesenheit als positiven Beitrag erlebt haben,
- gewinnen wollen und verlieren können,
- wissen, was »schlecht drauf sein« bedeutet,
- einem Erwachsenen eine ungerechte Strafe verziehen haben,
- Bilder für seelische Bewegung kennen,
- dem Vater beim Rasieren zugeschaut haben,
- mit dem Vater gekocht, geputzt, gewerkelt haben; von ihm während einer Krankheit gepflegt worden sein,
- eine Kissenschlacht gemacht haben,
- einen Schneemann gebaut haben, eine Sandburg, einen Damm im Bach. Ein Feuer im Freien anzünden und löschen können,
- Sahne schlagen,
- in einer anderen Familie übernachten,
- einen Familienbrauch kennen, der nur in der eigenen Familie gilt,
- mit anderen Familienkulturen in Berührung kommen,
- Verwandtschaftsbeziehungen kennen,
- dem Bettler in den Hut spenden,
- erfahren, dass ein eigener Verbesserungsvorschlag in die Tat umgesetzt wurde,
- Wunderkammer Museum
- eine Sammlung angelegt haben,
- den Unterschied zwischen Essen und Mahl, Geruch und Duft, Geräusch und Klang wahrnehmen,
- Notfalltelefonnummer kennen,
- Erinnerung an ein gehaltenes Versprechen,
- Erfahrung, dass eigene Interessen durch andere vertreten werden können,
- auf einen Baum geklettert sein,
- in einen Bach gefallen sein,
- gesät und geerntet haben,
- mit Riegeln, Schlüsseln umgehen können,
- Traum erzählt haben,
- in einem Streit vermittelt haben,
- Obstsorten am Duft unterscheiden,
- Kanon singen,
- einen Nagel einschlagen, eine Schraube eindrehen können,
- eine Nachricht am Telefon aufnehmen, behalten und ausrichten können,
- sich bücken, wenn einem anderen etwas runtergefallen ist,
- ausreden lassen, warten können,
- wissen, dass nicht alle Wünsche gleich in Erfüllung gehen,
- den Unterschied zwischen laufen, gehen und wandern kennen,
- Mengen messen können,
- Reflexion: Was kann ich? Was kann der Computer?
- Erfahrungen mit einem Experiment haben,
- den eigenen Pulsschlag gefühlt haben,

- einem Meister, einem Könner begegnet sein, neben ihm gearbeitet haben,
- Stolz empfunden haben, ein Kind zu sein.

Auch diese Liste, die ich hier in Auszügen wiedergegeben habe, ist nicht *mehr* als der Versuch, den Raum zu beschreiben, der einem Kind bis zu seinem siebten Lebensjahr als Erfahrungswelt offen stehen sollte. Aufgabe der Eltern, Erzieher und der Lehrkräfte ist es, dem Kind diese Räume zu zeigen und ihm die Chance einzuräumen, sich eigenaktiv darin zu bewegen. Es ist also keineswegs die Aufgabe des Kindergartens, alle diese Lernziele anzusteuern, zumal wir es ja dort auch mit Dreijährigen zu tun haben. Die Liste markiert aber den Horizont, den Erziehungsstil, die Richtung, in der wir uns bei der Förderung der Kinder bewegen müssen.

Ich fühle mich durch dieses Buch und die darin wiedergegebenen Meinungen vieler Experten sowohl in meinem didaktischen Konzept als auch in den Lernzielen bestätigt.

Schwerpunkte ganzheitlicher Sprachförderung

1. Umweltbegegnung

Lernen aus erster Hand, nicht nur über die virtuelle Welt der neuen Medien oder gedruckte Abbildungen – das ist eine wichtige Aufgabe und Chance des Kindergartens. Echte Begegnungen zu organisieren bedeutet: Der Kindergarten muss entweder die Dinge zu den Kindern oder die Kinder zu den Dingen bringen, wo immer das möglich ist. Lernen aus erster Hand ist Lernen mit allen Sinnen: Neues wird nicht nur benannt, sondern angefasst, bewegt, in seiner natürlichen Größe und Farbe erfasst. Riecht es? Klingt es? Wie fühlt es sich an? Schmeckt es? Alle Sinne sind beteiligt, wenn neue Erfahrungen in der realen Welt gemacht werden.

Wo das der Fall ist, prägen sich Substantive, Adjektive und Adverbien schnell ein, werden neue Verben »handgreiflich« aufgenommen, Zusammenhänge grammatikalisch erfasst, ohne dass je von Grammatik die Rede war.

Die Aufgabe der Pädagogen besteht darin, Umweltbegegnung und Sprache zu verknüpfen und die Kinder zu motivieren, ihre Eindrücke und Erlebnisse zu verbalisieren. Beim Basteln, Bauen, Kochen, Falten, Experimentieren nicht stumm vormachen, nicht nur zeigen, sondern mit Worten anleiten! Vor allem auch: Geduldig zuhören, geduldig antworten!

2. Das Gespräch mit den Kindern

Keine Schule bietet so hervorragende Möglichkeiten für »Privatgespräche« wie der Kindergarten. (Das Ansprechen oder Abfragen von Kindern ist ja noch kein Gespräch. Erst wenn die Gesprächspartner sich wiederholt zu Wort gemeldet haben, fand ein Gespräch statt.) Diese besondere Chance im Kindergarten gilt es zu nutzen.

Die Mehrheit der Kinder muss erst lernen, sich im Gespräch zu äußern. Am leichtesten gelingt das, wenn die Erzieherin sich einem einzelnen Kind zuwenden und dabei gezielt auf seine Situation eingehen kann im *Zwiegespräch*. Thema ist dann das, womit das Kind sich gerade beschäftigt: sein Erfolg beim Bauen oder Turnen (»Erklär mir doch bitte mal, wie du das … hingekriegt hast!«), sein Ärger über andere Kinder (»Ich verstehe, dass du sauer bist. Was könnten wir denn machen, dass das nicht noch mal passiert?«), seine Betroffenheit beim Betrachten eines Bilderbuches (»Wie heißt eigentlich *dein* Brüderchen? Schreit das auch immer so viel? …).

Weniger geeignet für ein Gespräch sind Themenstellungen, die dem Kind eine zusammenfassende Darstellung von Vergangenem abverlangen, wie z.B.: »Wie war es denn am Wochenende?«, oder: »Erzähl mal von eurem Urlaub!« Solchen Fragen steht das Kind oft hilflos gegenüber, weil es »vor lauter Wald die Bäume nicht sieht« und deshalb ausweichend oder gar nicht antwortet. Dagegen fällt es den Kindern leicht, sich zu einem konkreten Sachverhalt zu äußern. (»Findest du, wir sollten alle Puppenkleider mal waschen? Was zuerst?« »Was meinst du: Kann man bei diesem Wetter noch rausgehen zum Sandkasten oder sollten wir lieber drinbleiben?« »Welches von den Autos fährt eigentlich am schnellsten? Warum?«) Fragen, die das Kind als sehr persönlich empfindet, dürfen nicht gestellt werden, wenn andere zuhören. (»Bist du traurig?« »Hast du Angst?« »Hat der Papa dich geschlagen?« …)

Es gibt aber auch Kinder mit großem Redebedürfnis, aus denen ein Wortschwall nur so herausprudelt. Ihnen zu vermitteln, dass man auch zuhören muss, wenn andere etwas sagen wollen, ist nicht leicht. Folgende erfolgreiche Praxis habe ich beobachtet: Eine Erzieherin hat sich dem »Dauersprecher« gezielt zugewandt und beim Zuhören ihre Hand auf ihren eigenen Mund gelegt. Nach einer Weile sagte sie: »Jetzt will ich auch mal was sagen und du hörst bitte zu«, und legte dem Kind sanft seine eigene Hand vor den Mund. Nach einigen Tagen funktionierte diese Wechselrede mit bzw. ohne Hand vor dem Mund schon ganz gut.

Gespräche in der Kleingruppe ergeben sich am leichtesten während des Rollenspiels oder einer gemeinsamen Arbeit. Wenn die Erzieherin mitspielt, steuert sie gleichzeitig die Konversation. Auch beim gemeinsamen Arbeiten (Kochen, Basteln, Experimentieren) ergeben sich zwangsweise Fragen, Anleitungen, Hinweise, Kommentare, Rückmeldungen, Beobachtungen usw.

Mit schüchternen und sprachgehemmten Kindern kann man über eine Handpuppe leichter ins Gespräch kommen (siehe Abschnitt Rollenspiel).

Gespräche mit der ganzen Gruppe sind natürlich schwieriger, weil hier die Erzieherin die Gedanken der Kinder, die in ganz verschiedene Richtungen laufen, auf ein Thema lenken soll. Deshalb muss zunächst einmal durch die Sitzordnung gewährleistet sein, dass sich die Gesprächspartner in die Augen sehen können und nicht durch andere Dinge ständig abgelenkt werden. Der Stuhlkreis bietet dazu die günstigsten Voraussetzungen.

Zunächst muss die Erzieherin versuchen, das Interesse der Kinder auf ein gemeinsames Thema zu lenken. Dazu gibt es viele Möglichkeiten:

- Die Erzieherin kann das Thema mit ihrer Person oder mit einem anderen Kind in Beziehung setzen. (»Ich muss euch mal erzählen, was mir gestern passiert ist.« »Der Alexander hat ein Geheimnis, das will er heute verraten.«)
- Sie kann etwas ankündigen, auf das man sich freut und vorbereitet (Kartoffelernte, Ausflug, Katzenbesuch usw.).

- Sie kann natürlich auch durch eine erzählte oder vorgelesene Geschichte, durch Handpuppenspiel oder Bilder in ein Thema einführen, über das dann gesprochen wird.

Um die Kinder dabei nicht zu überfordern, sollte man folgende Grundregeln beachten:

- Das Gespräch in der Großgruppe immer sehr kurz halten und seine Weiterführung gegebenenfalls in kleinere »Ausschüsse« verlagern.
- Sichtbar machen, wer gerade das Wort hat. (»Wer den Hut hat, hat das Wort.«)
- Immer wieder kurz zusammenfassen oder »übersetzen«, was ein Kind meint, aber nicht jede Äußerung der Kinder wiederholen.
- »Dauerredner« stoppen, indem man das, was sie vermutlich noch erzählen wollten, in einem Schlusssatz zusammenfasst und versucht, aus dem Sprecher einen Hörer zu machen. (»Hat einer von euch auch schon mal so etwas erlebt wie der Peter?«)
- Das Abschweifen des Redners zu anderen Themen verhindern durch die Regel: Wir reden jetzt nur über *eine* Sache!
- Immer wieder Fragen einbauen, die kurze Antworten von vielen Kindern möglich machen. (»Was nehmen wir mit?« »Was müssen wir kaufen?« »Wen laden wir ein?« »Wer hat noch eine Idee, wie wir den Raum schmücken könnten?«)
- Wenn man merkt, dass die Konzentration der Kinder schon nach kurzer Zeit stark nachlässt, ein Spiel im Stuhlkreis einfügen oder im Kreisspiel für Bewegung sorgen.
- Das Gespräch soll zu weiteren Aktionen in kleineren Gruppen motivieren.
- Gemeinsamer Gesang kann die Gedanken manchmal wieder zusammenführen.

3.   Die Interaktion der Kinder

Wenn die Kinder zum ersten Mal in den Kindergarten kommen, ist es gar nicht so leicht, sie in die bestehende Gruppe zu integrieren. Häufig beobachtet es die anderen zunächst stumm und spielt neben den anderen allein vor sich hin. Allgemeine Aufforderungen wie »Nun lasst den … doch auch mitspielen!« bewirken meist wenig. Besser ist es, dem Neuen einen Beschützer zuzuordnen, der sich gerne um das jüngere Kind kümmert. (»Zeig ihm bitte mal, wo die Bauklötze sind …, wo die Toiletten sind und wo man sich die Hände wäscht.«) Im Rollenspiel ist es am leichtesten, schüchterne Kinder in ein Spiel einzubeziehen, wenn die Erzieherin mitspielt und dem neuen Kind eine Rolle zuweist, die das Spiel nicht stört, sondern weiterführt.

In Konfliktsituationen ist es besonders wichtig, Kinder zum Sprechen zu bringen und ihnen die Erfahrung zu vermitteln, dass das Reden zu besseren Erfolgen führen kann als das Schlagen und Kämpfen. (»Sag ihm, dass du das nicht möchtest.« »Entschuldige dich bei …!« Sprecht euch ab, wie lange der eine das Spielzeug haben darf und wie lange der andere, und stellt die Eieruhr.« »Hast du gefragt, ob sie damit einverstanden ist?« »Sag ihm, dass dich das ärgert.«) Wenn Kinder mehrfach erlebt haben, dass ein solches Vorgehen tatsächlich genützt hat, werden sie auch ohne Einmischung von Erwachsenen zu diesem Mittel greifen.

Dass Kindern im Kindergarten viel Zeit für Gespräche untereinander eingeräumt wird, ist eine große Chance für die Entwicklung der Kommunikationsfähigkeit. Es ist deshalb zu begrüßen, dass die räumliche Ausstattung des Kindergartens solche Kinder-Kontaktzonen für Kleingruppen ausdrücklich vorsieht, sei es auf der Empore, in Winkeln und Ecken der Räume.

Kinderfreundschaften sind wertvoll und haben existenzielle Bedeutung für ein Kind. Deshalb sollten auch die Eltern auf sich anbahnende Freundschaften zwischen Kindern angesprochen werden, damit sie durch gegenseitige Einladungen und gemeinsame Unternehmungen solche Kontakte auch außerhalb des Kindergartens pflegen können.

4. Das Rollenspiel

Zur Bedeutung des Rollenspiels im Kindergarten

Kinder zu befähigen, Rollenspiele zu organisieren und darin heimisch zu werden, halte ich für die wichtigste Aufgabe der Kindergartenarbeit. Ein Kind hat *dann* die für die Schulzeit notwendige kommunikative Kompetenz erworben, wenn es sich aktiv an sozialen Rollenspielen beteiligen kann. Es hat gelernt, eine Situation zu erfassen, sich in einen Gesprächspartner hineinzudenken, zuzuhören, zu verstehen und selbst situationsangemessen verbal zu reagieren.

Die Förderung des Rollenspiels geschieht durch das Mitspielen. Wer versucht, ein Spiel von außen zu steuern (»Nun macht doch mal was anderes!«) wird wenig Erfolg haben. Erwachsene Mitspieler werden dagegen von den spielenden Kindern begeistert aufgenommen und sofort in eine Rolle eingewiesen.

Man kann auf ganz unterschiedlichem Niveau spielen. Und es ist überhaupt nichts dagegen einzuwenden, dass Kinder häufig auch »unter ihrem Niveau« spielen, wenn sie müde sind oder ein solches Spiel gerade brauchen. Entscheidend ist die Frage, ob das Kind vorwiegend auf dieser Ebene spielt oder ob es auch höhere Stufen des Spieles beherrscht. Aufgabe des Kindergartens ist es, Kinder zu befähigen, die jeweils höhere Stufe des Rollenspiels zu erreichen. Dazu muss das Spiel der Kinder beobachtet und durch Mitspielen weiterentwickelt werden.

Stufen des Rollenspiels

1. Stufe: Nachahmungsspiel

Das Kind ahmt eine Tätigkeit der Erwachsenen nach, ohne diese Aktion in einen Kontext einzuordnen oder andere Kinder zu beteiligen. Diese Form des Spiels erfolgt entweder stumm oder wird von bestimmten Geräuschen begleitet.

> *Beispiele:* Kind zieht Puppe aus und an. Auto fährt mit Gebrumm hin und her. Im Sandkasten werden Kuchen gebacken und mit »Zucker« bestreut. Kind rennt mit »Pistole« durch den Raum und ruft »peng!«. Kind bellt wie ein Hund oder miaut wie eine Katze.

Das Kind hat also gelernt, bestimmte Tätigkeiten, die es in der Realität oder im Fernsehen beobachtet hat, nachzuahmen und bestimmte Geräusche wiederzugeben.

2. Stufe: Einfaches Rollenspiel

Das Kind spielt eine Rolle und ahmt Handlungsfolgen nach, führt manchmal dabei Selbstgespräche, geht aber nicht auf Mitspieler ein. Das setzt also schon eine differenziertere Beobachtung voraus, der Handlungsablauf wird logisch gegliedert. Das Kind identifiziert sich mit einer anderen Figur.

> *Beispiele:* Kind spielt als Mama mit einer Puppe oder belädt Auto mit Klötzen und fährt sie zu einem bestimmten Platz, um sie dort abzuladen. Kind fühlt sich als Bäcker im Sandkasten und stellt die fertigen »Kuchen« aus. Der Cowboy sitzt auf einem Pferd und reitet zu seiner Herde. Kind ahmt typische Verhaltensweisen eines Tieres nach.

Bei solchen Tätigkeiten können mehrere Kinder nebeneinander her spielen, ohne dass es zu einem gemeinsamen Spiel kommt (kollektives Rollenspiel).

3. Stufe: Einfaches soziales Rollenspiel

Das Spiel von mindestens zwei Personen ist aufeinander bezogen, erfährt aber keine Weiterentwicklung der Handlung. Die Kinder verständigen sich mit wenigen Worten. Die Spielhandlung ist eng, an weitere Rollen wird während des Spiels in der Regel nicht gedacht.

> *Beispiel:* Kind als Mama oder Papa kocht Essen für das (Puppen-)Kind, die Eltern verständigen sich. Auto fährt zur Tankstelle oder zur Reparaturwerkstatt, wo der Mechaniker das Auto übernimmt und bearbeitet. Bäcker verkauft seine Kuchen an Kunden. Cowboy schleicht sich an die Indianer heran. Hund hat ein »Herrchen« und geht auf seine Kommandos ein.

4. Stufe: Gehobenes soziales Rollenspiel

Eine Szene, eine Geschichte, ein besonderes Ereignis wird dargestellt. Die Handlung erfordert Absprachen über die Rollenverteilung und den Handlungsverlauf. Mehrere Personen spielen mit. Es gibt längere Dialoge und verschiedene Phasen des Handlungsablaufes. Weitere Rollen können während des Spiels vergeben werden.

Beispiele: Häusliche Szenen mit Vater, Mutter, Kind und weiteren Personen (Oma, Arzt …). Autounfall mit Polizei, Abschleppdienst, Werkstatt. Cowboyleben in der Prärie, Szenen am Lagerfeuer, kranke Rinder brauchen Hilfe. Backstube mit Meister und Gesellen; Lehrling lässt alle Kuchen verbrennen … Hund wird ausgesetzt, gefunden, bekommt ein neues Heim.

Hinführung zum sozialen Rollenspiel

Vom Nachahmungsspiel zum Rollenspiel

Um vom Nachahmen einer Tätigkeit (Puppe ausziehen) zum Nachahmen einer Rolle (Mutter bringt ihr Kind ins Bett) zu kommen, sind Einsichten in Grund, Zweck und mögliche Folgen der Tätigkeit notwendig. Die Mutter zieht ihr Kind aus, weil es Abend wird und das Kind müde ist. Es hat davor etwas gegessen und getrunken, ist gewaschen worden, möchte noch ein Schlaflied hören … Die Spielförderung der Kinder, die vorwiegend noch auf der Ebene des Nachahmungsspieles agieren, besteht also darin, die vom Kind gewählte Tätigkeit zu begründen und in eine Handlungsfolge einzubetten.

Das kann geschehen, indem man dem Kind Vorschläge macht und/oder Material liefert, das eine Spielerweiterung sozusagen automatisch auslöst. Beispiele:

Vorschlag für ein Kind, das schon längere Zeit nur sein Auto mit Gebrumm hin- und herfährt: Ich glaube, du hast nicht mehr viel Benzin. Musst du nicht tanken? (Schnur an einem Stuhlbein festbinden.) Hier ist eine Tankstelle für Diesel (das eine Ende der Schnur) oder Benzin (das andere Ende der Schnur).

Vorschlag für ein Kind, das seine Puppe meistens nur an- und auszieht: Das Kind möchte noch nicht ins Bett, weil es nämlich noch gar kein Abendbrot hatte. (Tellerchen und Löffel reichen.) Hier habe ich gerade noch Grießbrei übrig, das mag das Kind besonders gern.

Vorschlag für ein Kind, das Holztiere in einer Reihe aufstellt und sie dann wieder umwirft: Wo sind eigentlich die Ställe? Die Pferde wollen nicht bei den Schweinen bleiben und die Hasen nicht bei den Hunden. Außerdem haben die Tiere heute noch nichts zu fressen bekommen! (Bauklötze reichen, mit denen man Ställe abteilen kann.) Hier kommt das bestellte Baumaterial für die Ställe!

Vorschlag für ein Kind, das schon längere Zeit nur seinen Teddy hin- und herträgt: Der Teddy hat morgen Geburtstag. Ist der Tisch schon gedeckt? Oder: Der Teddy hat Bauchschmerzen. Hier hast du eine elastische Binde, damit kannst du ihm einen Umschlag machen.

Vorschlag für ein Kind, das lustlos mit Knetmasse hantiert: Kannst du auch eine richtig gefährliche Schlange kneten? Wo soll die denn wohnen? Was frisst die denn?

Vorschlag für ein Kind, das sich als feine Dame verkleidet hat und damit am Ende seines Spiels angelangt ist: Wo wollen Sie denn hin? Ins Theater? Haben Sie schon Karten besorgt? Wollen Sie noch jemanden mitnehmen? Brauchen Sie ein Taxi?

Vom einfachen Rollenspiel zum sozialen Rollenspiel

Hier ist zunächst die Regie der Erzieherin gefragt, die das Spiel einzelner Kinder aufgreift und miteinander verknüpft. Beispiele:

Die Erbauer von Mondfahrzeugen könnten zu einer Expedition starten. Die Puppenmütter oder Puppenväter könnten ihr Kind zu einem Kindergeburtstag begleiten. Autos werden in ein Straßennetz gesetzt und fahren durch die Straßen, wobei sich ein Unfall ereignen könnte. Die Bauleute aus der Bausteinecke könnten ein ganzes Stadtviertel planen und bauen. Die Knetmasseformer könnten Arbeiter in einer Großbäckerei sein …

Vom einfachen sozialen Rollenspiel zum Konfliktlösungsspiel

Die Handlung entwickelt sich während des Spieles. Die handelnden Figuren können Playmobil- oder Legofiguren sein (auf der Burg wird ein Turnier abgehalten, Legomännchen erkunden den Mond), es können Puppen oder Stofftiere sein (Krankenhaus, Schulanfang, Puppengeburtstag, Ausflug), es können Handpuppen sein (Räuber Hotzenplotz) oder die Kinder schlüpfen selbst in die Rollen von Vater, Mutter, Verkäufer, Ärztin, Lehrerin, Handwerksmeister, Cowboy … Die Kunst der Erzieherin ist, aus den Kindern Vorschläge für Handlungsfolgen heraus zu locken oder selbst Impulse zu geben. (»Das Kind wäre krank.« »Ein Einbrecher käme.« »Die Wasserleitung wäre kaputt.«) Wenn sie mitspielt, kann sie immer wieder Außenseiter in das Spiel einbeziehen (Fachleute werden telefonisch angefordert) und das Spiel in Gang halten durch ein besonderes Ereignis (Plötzlich ist der Hund weggelaufen … Jetzt hat sich ein böser Ritter eingeschlichen, der will das Tournier stören … Das Puppenkind will nichts essen, es hat Fieber). Und schließlich kann sie ein allzu unruhiges, ausuferndes Spiel besänftigen. (Jetzt wird es dunkel und alle legen sich schlafen. Die Cowboys versammeln sich jetzt um das Lagerfeuer. Den Puppen wird jetzt etwas vorgesungen oder vorgelesen.)

Für solche Spielförderung gibt es in den einzelnen Kapiteln viele Beispiele (siehe Register).

5. Geschichten

Alle Formen der Darbietung von Geschichten sind wichtig: Vorlesen, Erzählen, Mitspielen, Nachspielen.

Bei der *vorgelesenen Geschichte* hört das Kind Wörter und Satzformen, die in der Umgangssprache seltener vorkommen. Es lernt, einen längeren zusammenhängenden Text zu verstehen und konzentriert zuzuhören. Dabei stellt es fest, dass sehr alte Texte (z.B. aus der Bibel) sich deutlich unterscheiden von modernen Texten.

Wer vorliest, muss natürlich ungewohnte Wörter oder Redewendungen erklären und sollte die handelnden Personen differenziert in Tonlage und Sprechweise erkennbar machen.

Beim *Erzählen* besteht Blickkontakt zwischen Sprecher und Hörer, deshalb kann der Sprecher auch besser auf die Hörer eingehen. Er hat mehr Möglichkeiten, seine Erzählung mimisch und gestisch zu begleiten und sich in der Wortwahl und im Satzbau dem Niveau der Kinder anzupassen.

Bei den *Mitmachgeschichten* wird mit viel Mimik und Gestik erzählt. Dabei werden schon beim ersten Vortrag die Zuhörer in das Geschehen einbezogen. Sie steuern die Hintergrundgeräusche bei, sie übernehmen kleine Rollen, antworten und erfinden Dialoge. Die Übergänge zwischen Mitmachgeschichte und darstellendem Spiel sind fließend. Die günstigste Sitzordnung für die Mitmachgeschichte ist der Stuhlkreis. Die Erzieherin spricht den erzählenden Text und stellt gleichzeitig verschiedene Personen der Geschichte dar, wobei sie den Freiraum im Kreis als Spielfläche nutzt. Nun kommt es darauf an, die Kinder bei jeder sich bietenden Gelegenheit ohne lange Regieanweisungen in das Spiel einzubeziehen. Beispiele: Im Märchen »Rumpelstilzchen« schleicht die Erzieherin, während sie erzählt, als Jäger durch den Wald, den die Kinder als Bäume mit nach oben gestreckten Armen darstellen (15.17)[1]. In einer Reisegeschichte ist das nächstbeste Kind der Schalterbeamte, der die Fahrkarte verkauft, von der gerade die Rede ist (21.21). Wenn Mitmachgeschichten wiederholt werden, was die Kinder durchaus schätzen, können immer mehr Elemente und Texte aus der Geschichte von einzelnen Kindern übernommen werden, bis schließlich eine Art Kindertheater mit Zwischentexten daraus entstanden ist (5.18, 11.16).

Für das *Nachspielen einer Geschichte* kommt das Theaterspiel (5.17, 7.19), das Handpuppen- oder Papierfigurentheater (13.37, 15.18) oder das Tischtheater (9.32) in Frage. Auch Schattenspiele sind reizvoll (6.25–26). Und selbstverständlich kommt auch dem *Malen* bei der Vertiefung von Geschichten eine wichtige Rolle zu (14.18, 19.28). (Siehe auch: Abschnitt Bilderbuch).

Manche Kindergärten haben sich eine Sammlung von Geschichten über die einzelnen Kinder zugelegt; Geschichten, die Kinder zu Hause aus ihrer frühen Kindheit erzählt bekamen (15.04), oder Geschichten, die sich im Kindergarten zugetragen haben und notiert wurden. An ganz besonderen Tagen, z.B. am Geburtstag eines Kindes, könnte »seine« Geschichte dann vorgelesen werden. Eine solche Geschichten-Sammlung könnte auch in der Vorweihnachtszeit eine besondere Rolle spielen (8.02).

---

1 Die in Klammern gesetzten Zahlen beziehen sich auf den Themenkreis und die Angebotsnummer im praktischen Teil.

6.   Das Bilderbuch

Ein Bilderbuch schafft immer Nähe zu einem Kind. *Vorlesen* wird deshalb meistens als Zuwendung empfunden. Viele Kinder möchten auf dem Schoß sitzen, wenn sie Bilderbücher betrachten. Es wäre deshalb eine große Hilfe für die Arbeit im Kindergarten, wenn außer dem Kindergartenpersonal auch freiwillige Helferinnen und Helfer zu bestimmten Zeiten im Kindergarten einzelnen Kindern oder kleinen Gruppen Bilderbücher vorlesen könnten. Dazu sollten im Kindergarten gemütliche, ruhige Ecken eingerichtet sein, wohin man sich zurückziehen und dort auch zur Ruhe kommen kann.

Gastvorleserinnen oder -vorleser haben vielleicht Lust, zunächst solche Bücher vorzustellen, die sie selbst geliebt haben, als sie noch Kinder waren. Viele der schönsten »Klassiker« gibt es in Neuauflagen im Loewes-Verlag, Bayreuth, z.B. »Hänschen im Blaubeerenwald« von Elsa Beskow.

Empfehlenswert als Vorlesetexte sind auch die Bilderbücher von Onkel Tobi von Hans G. Lenzen und Sigrid Hanck (z.B. Zu Besuch bei Onkel Tobi. Bertelsmann, Gütersloh 1970), deren Reime schon die Elterngeneration begeistert haben, oder die Petterson-Bilderbücher von Sven Nordqvist (z.B. Petterson zeltet. Oetinger, Hamburg 1993, oder Findus und der Hahn im Korb. Oetinger, Hamburg 1997).

Beliebt bei Kindern sind auch Texte, die durch ihren lautmalerischen Klang bestimmte Bilder oder Gefühle entstehen lassen, ohne dass jedes Wort nach seiner Bedeutung hinterfragt werden muss. Nicht umsonst haben sich Bilderbücher mit solchen Texten seit Generationen gehalten, z.B. »Die Heinzelmännchen« von August Kopisch, die 1910 zum ersten Mal erschienen sind und auch heute noch aufgelegt werden (Loewes-Verlag, Bindlach), oder »Henriette Bimmelbahn« von James Krüss (Boje-Verlag). Auch neuere Bilderbücher verdanken ihren Erfolg der kindlichen Freude am Sprachklang, z.B. ein Zungenbrecher-Text von Ernst Jandl, der Kinder begeistert (Ernst Jandl, Norman Junge: ottos mops. Beltz, Weinheim 2001, siehe 11.17).

Bilderbücher können auch als *Suchspiel* eingesetzt werden (2.22). Reihum können Kinder raten lassen: Ich sehe einen Jungen mit blauer Mütze ..., einen Hund, der pinkelt gerade an einen Baum ... Dazu eignen sich besonders gut die kleinteiligen Bücher von Ali Mitgutsch (Otto Maier-Verlag, Ravensburg) oder von Wolfgang Metzger (Ravensburger-Verlag, Ravensburg).

In diesen Büchern kann man die Finger spazieren gehen lassen und Dialoge erfinden (»Ach bitte, wo ist denn hier das Kaspertheater?« »Ich hätte gern ein Eis. Was kostet das?« »Wie komme ich zum Schwimmbad?«) oder kleine Reime oder Lieder einstreuen (»Wir fahren mit dem Karussell, zuerst geht's langsam, dann geht's schnell!« »Alle meine Entchen ...«). Die Kinder spielen sofort mit, lassen die eigenen Finger durch das Bild laufen oder identifizieren sich mit den dargestellten Personen und antworten für sie.

Geübte Bilderbuchvorleser lassen gedruckte Texte durch *unterschiedliche Stimmgebung* lebendig werden. Für die direkte Rede der handelnden Personen wird jeweils eine hohe oder tiefe Stimmlage eingesetzt oder eine besondere Sprechweise (näselnder Ton, gequetschter Ton, quängelndes Sprechen) verwendet, die das Verstehen erleichtert und das Vergnügen am Zuhören steigert.

Bilderbücher fordern fast automatisch dazu auf, Texte durch *freies Erzählen* zu ergänzen. Gerade deshalb kann sich der Vorlesende ganz intensiv auf seine Zuhörer einstellen und auf ihre Situation eingehen. Ein Bilderbuch muss nicht von Anfang bis Ende vorgelesen werden. Vor allem dann, wenn der Fortgang der Handlung sich klar aus den Bildern ergibt, sollte man zunächst auf den gedruckten Text verzichten und die Kinder selbst erzählen lassen, was da passiert oder was wohl in den dargestellten Figuren gerade vorgeht. (»Was sagt der wohl dazu, der da gerade aus dem Fenster schaut?« »Was singt die denn?« »Aber wohin könnte er denn gehen?« »Wen soll sie denn jetzt fragen?« »Was würdest du denn jetzt an seiner Stelle tun?«) Beispiel: Was geht in Tommi vor? (15.19), Maulwurf Grabowski (20.31). Und natürlich sollte am Schluss der Geschichte noch ein Meinungsaustausch stattfinden. (»War das gerecht?« »Hast du so etwas auch schon mal erlebt?« »Hätte das auch ganz anders enden können?«) Kinder lernen dabei, eine eigene Meinung zu artikulieren, Stellung zu beziehen und die eigene Ansicht zu begründen. Es ist wichtig, dass schon kleine Kinder lernen, auch kritisch mit vorgegebenen Texten umzugehen. Das gilt besonders dann, wenn Inhalte vorgegeben sind, die aus der Sicht moderner Pädagogik fragwürdig sind.

Klassisches Beispiel: Der Struwwelpeter. Kinder sind durchaus in der Lage, Alternativen zu entwickeln, die eine Eskalation der dort dargestellten Konflikte verhindert hätten. (Hätten die Eltern dem Suppenkaspar nicht doch etwas anderes anbieten können, statt wochenlang die gleiche verhasste Suppe zu servieren? Was hätte Kaspar tun können, um sie umzustimmen?)

Die Atmosphäre der Intimität, die beim Bilderbuchbetrachten vorherrscht, kann dazu führen, dass Kinder ihre ganz persönlichen Probleme auspacken, insbesondere wenn es um Konflikte innerhalb der Familie geht. Der Büchermarkt hat sich auf diesen Bedarf eingestellt und zahlreiche gute *Bilderbücher über familiäre Probleme* aufgelegt, z.B. über Geschwisterrivalität (siehe Einheit 15: Baby) oder über das Problem, immer der Jüngere zu sein und nie das tun zu dürfen, was der ältere Bruder schon darf: Jutta Treiber, Birgit Antoni: Weil – das wird immer so sein! Dachs, Wien 2000.

Zum Thema Streit zwischen Eltern und Großeltern: Jana Frey, Edda Skibbe: Jannik und der Großeltern-Plan. Nord-Süd, Zürich Hamburg 2000.

Zum Thema geschiedene Eltern: Petra und Rainer Fietzek: Das Papafest. Galerie in der Töpferstube, Würzburg 1996.

Zum Thema Stiefmutter: Norman Leach, Jane Browne: Ein Kuss für Anna. Sauerländer, Aarau Frankfurt Salzburg 1994.

Zum Thema Arbeitslosigkeit: Wolf Harranth, Christina Oppermann-Dimow: Mein Papa hat was verloren. Jungbrunnen, Wien München 1991.

Der gesamte Bilderbuchbestand lässt sich immer wieder auch als Fundort für bestimmte *Suchaufgaben* nutzen. Beispiele: Darstellungen verschiedener Wetterlagen (13.29) oder Elemente (19.25).

Die meisten Bilderbücher lassen sich in irgendeiner Form *nachspielen,* wobei vorhandene Holz- oder Plüschtiere, Playmobilfiguren, Handpuppen, Fadenfiguren, Knetmasse und nicht zuletzt die Kinder selbst mitspielen. Bilderbücher können als Tischtheater, als Stegreifspiel, im Handpuppenspiel oder im Spiel mit Fadenfiguren lebendig werden. Dazu gibt es in den Einheiten viele Beispiele: Sechs Krähen (4.39–40), Etwas von den Wurzelkindern (13.32), Hampelmann (9.31), Swimmy (19.26), Der Regenbogenfisch (19.27), Tilli (20.32), Hund (20.33).

Ein *Bilderbuch selbst zu entwerfen* und herzustellen ist eine besondere Erfahrung und als Gemeinschaftsarbeit sicher ein großer Erfolg für die Gruppe. Dafür kommt nicht nur das Malen und Beschriften in Frage (17.13–15), sondern es eignen sich auch Collagen und andere Klebearbeiten, z.B. ein Bilderbuch aus gepressten Blättern (4.24).

Ein Besuch in einer *Bücherei* sollte mindestens einmal im Jahr stattfinden. Dort kann sich jedes Kind ein Bilderbuch aussuchen, das es dann mit in den Kindergarten nehmen und dort eine Zeit lang behalten kann. Bücherei oder Bibliothek sollten Kindern schon vertraut sein, wenn sie in die Schule kommen. Und es ist wichtig, Kinder zu motivieren, auch mit den Eltern die Bücherei zu nutzen. Es gibt auch *Diaserien* von Bilderbüchern, die den Vorteil haben, dass man sie mit einer größeren Gruppe betrachten kann. Allerdings geht dabei der intime Charakter der Bilderbucharbeit ein Stück verloren. Solche Diaserien halten die Kreisbildstellen bereit.

7. Theater spielen

Während beim Rollenspiel nur die Spielenden, aber nicht die Zuschauer eine Rolle spielen, bezieht sich das Theaterspiel auf ein Publikum, auch wenn es nicht unbedingt zu einer Aufführung kommen muss. Die einfachste Form des darstellenden Spiels ist das *Singspiel im Kreis.* Im Lied wird eine Geschichte erzählt, die Kinder im Kreis bilden den Chor, einzelne Kinder stellen dar, was erzählt wird. Dabei können wenige Requisiten helfen, die Rollen zu charakterisieren, z.B. Stock und Hut für Hänschen klein oder ein Schwert für den jungen Königsohn …

Die Hinführung zum *darstellenden Spiel* mit gesprochenen Texten erfolgt über *pantomimische Übungen* (siehe S. 177–180):

Stufe 1: Die Kinder reagieren mit Mimik und Gestik (Pantomime) auf Schilderungen der Erzieherin.

Stufe 2: Pantomime mehrerer Kinder ist aufeinander bezogen und stellt eine Handlung dar, die durch einen gelesenen oder erzählten Text vorgegeben ist.

Stufe 3: Die Kinder spielen nicht mehr stumm, sondern erfinden oder wiederholen kleine Texte für ihre Rolle, wobei sie sich an die verabredete Handlungsfolge halten.

Stufe 4: Die Kinder übernehmen die Rolle ganz. Erzählende Zwischentexte können entfallen.

Ausführliche Beispiele für die Umsetzung in der Praxis finden sich in der Einheit 12 (Fastnacht), bei 5.16–17 (Sterntaler) oder bei 22.20 (Peter und der Wolf).

Beim *Schattenspiel* agieren die Kinder hinter einer beleuchteten Leinwand. Text und vielleicht Musik werden hinzugefügt, entweder über Medien oder von Mitspielern, die selbst nicht als Schatten zu sehen sind und sich deshalb ganz auf ihren Text konzentrieren können (6.25–26).

Beim *Tischtheater* wird eine Geschichte vom Spiel mit Gegenständen oder kleinen Figuren auf dem Tisch begleitet. Auch hier kann zunächst die Erzieherin beides übernehmen: das Erzählen und das Bewegen der Gegenstände. Dann werden die Gegenstände an einzelne Kinder verteilt, die nun versuchen, die Geschichte in ein Spiel auf dem Tisch umzusetzen und ihre Figuren sprechen lassen. Beispiele: Hans im Glück (9.32), Arche Noah (9.33), Brüderchen und Schwesterchen mit Playmobil (13.36), Swimmy (19.26). Erste Erfahrungen mit *Marionetten* können die Kinder machen, wenn Stofftiere an Kopf und Schwanz an ein Band gebunden werden, womit das Kind die Tiere auf oder über dem Boden bewegt (2.16).

Beim *Papierfigurentheater* agieren selbst gebastelte Figuren (siehe 15.18), die an Schnüren oder Wollfäden gehalten werden, im freien Raum, während eine Geschichte erzählt wird. Die Kinder, die ihre Figur auftreten lassen, übernehmen nach und nach auch die Texte im Stegreifspiel (13.37).

Das *Handpuppenspiel* ist ein besonders wichtiges Instrument der Pädagogen. Hier muss nicht erst mühsam um das Interesse der Kinder geworben werden, denn trotz Fernsehen und Computer geht von der Handpuppe nach wie vor eine große Faszination aus. Dabei kommt es gar nicht so sehr darauf an, wunderbar gestaltete Handpuppen zu besitzen. Auch selbst gebastelte Stockpuppen oder Taschentuchgespenster haben eine große Wirkung. Ein richtiges »Kasperletheater«, also ein Puppenspiel, wird von den Kindern als Höhepunkt des Tages erlebt, wenn das Publikum in Reih und Glied sitzt und mehrere Erwachsene hinter einer halbhohen Wand mit Handpuppen agieren. Dabei suchen natürlich die Handpuppen auch den Dialog mit den Kindern, die sich begeistert in das Spiel einbeziehen lassen (7.09). Auch wenn das Handpuppenspiel meistens von Erwachsenen geboten wird, sollten die Kinder ebenfalls versuchen, damit umzugehen. Solange die Hände noch zu klein sind, um die Handpuppe von innen zu führen, kann die Puppe ja auch von außen am Kopf gepackt werden.

(Weitere Beispiele für darstellende Spiele im Kindergarten siehe Register.)

8. Singen, tanzen, musizieren

Es gibt keine unmusikalischen Kinder. Sowie das Kind seine Stimme entdeckt, fängt es auch an zu summen, zu piepsen, zu trällern, zu quietschen. Aber es gibt Kinder, die zu wenig positive Erlebnisse mit dem Singen hatten, weil sie nicht schon als Baby das Lied als eine besonders schöne Form von Zuwendung und Zärtlichkeit erfahren haben und weil niemand zu Hause mit ihnen gesungen hat. Deshalb muss das *Singen im Kindergarten* einen besonders großen Raum einnehmen. Neben dem täglichen gemeinsamen Singen während der »Kernzeit« (siehe S. 8) sollte auch mit der Kleingruppe oder mit einzelnen Kindern gesungen werden, indem z.B. die Kinder in einem Liederbuch blättern und entscheiden, welches Lied die Erzieherin vorsingen soll. Um das Liedrepertoire zu erweitern, ist zu jeder Einheit in diesem Buch ein Lied beigefügt, das auf einer mitgelieferten CD von Kindern vorgesungen wurde und leicht im Kindergarten nachgesungen werden kann. Bei einigen dieser Lieder wurde auch konkret vorgeschlagen, wie das Lied eingeführt werden könnte (20.00), wie es mit rhythmischen Bewegungen verbunden werden (10.00), von Mimik oder Pantomime begleitet werden (12.00, 19.00) oder instrumental bereichert werden kann (7.00, 13.00). Die meisten dieser Lieder laden dazu ein, die Texte zu ergänzen oder umzuformulieren.

Es gibt während eines Kindergartentages immer auch weitere Gelegenheiten, Melodien zu einem Text zu erfinden (5.14, 6.13) oder neue Texte zu einer alten Melodie zu erproben (21.03). Für die Sprachförderung ist das Singen unentbehrlich: Gesungene Texte prägen sich schneller ein, auch in Fremdsprachen. Singen hilft, Stottern zu überwinden und aufgeregtes Verhaspeln zu glätten.

Singen und Bewegen gehören zusammen. Alle Kinder haben ein Gespür für Rhythmus und Tanz. Im Kindergarten haben *Kreisspiele und Tanzspiele*[1] eine große Tradition, die unbedingt auch an die jeweils nächste Generation weitergegeben werden sollte. Als instrumentale Begleitung stehen uns zunächst die Hände (klatschen, schnipsen) und die Füße (stampfen, tappen, marschieren, tanzen) zur Verfügung. Aber auch einfache Rhythmusinstrumente wie Klanghölzer, Rasseln, Tamburin, kleine Trommel, Triangel werden selbst von jüngeren Kindern schon gut beherrscht. Für die älteren kommen dann Xylophon, Blockflöte, Glockenspiel in Frage. Vor allem aber sollten die Kinder erfahren, dass man auch mit selbst gebauten Instrumenten Musik machen kann: mit dem geschwungenen Plastikschlauch, mit Reiskörnern in der Seifenschale, mit dem nassen Finger auf dem Glasrand. Jedes Kind sollte im Lauf seiner Kindergartenzeit ein selbst gebautes Instrument erproben und nach den Anweisungen des Dirigenten einsetzen können.

9. Kinderreim und Gedicht

Rhythmisches Sprechen löst ähnliche Reaktionen aus wie das Singen. Es verbindet Fröhlichkeit mit Konzentration und vermittelt Lust an der Sprache und am Sprechen.

---

1 Empfehlenswerte Literatur: Gisela Trautwein: Alte Kreisspiele – neu entdeckt, Band 1 und 2. Herder, Freiburg Basel Wien 1993 und 1994.
Jürgen Schöntges: Freche Lieder – liebe Lieder. Beltz, Weinheim 2000.

Die ersten Kinderreime, die Kindern begegnen, sind in der Regel Fingerspiele und Kniereiterspiele. Dann folgen Abzählreime und Kindergedichte, die mit viel Gestik verbunden sind. Bis zum Schulbeginn sollten die Kinder in der Lage sein, Abzählreime auch ohne Hilfe der Erwachsenen im Spiel mit Gleichaltrigen einzusetzen.

Kinder interpretieren Sprache zunächst vom Klang her. Lange bevor der Sinn der einzelnen Wörter verstanden wird, verstehen kleine Kinder durchaus, ob sie getröstet werden oder gerügt, ob der Sprecher traurig ist oder vergnügt, ob es sich um eine lustige oder traurige Angelegenheit handelt. Kinder haben deshalb einen viel unverkrampfteren Zugang zur Lyrik als mancher Erwachsene. Also ruhig auch lyrische Gedichte vorlesen oder vortragen, ohne dass nun jeder Satz oder jedes Wort erklärt werden müsste. Kinder lieben das Jonglieren mit Wörtern, Klangfarben, Rhythmen und Pausen, sie mögen das Spiel mit der Sprache.[1]

10. Der Witz

Worüber lachen Kinder? Über das unerwartete Falsche, wenn sie das Richtige kennen. Sie haben Spaß an Wortverdrehungen, unsinnigen Sätzen, Umkehrung der Logik und können kleine Geschichten mit Pointen erzählen, wenn keine Vorinformationen vorausgesetzt werden. Ironie ist Kindern fremd. Aber sie haben Spaß an kleinen Tabubrechern (Beispiele siehe Register).

11. Malen und beschreiben

Das Malen spielt nicht nur für die ästhetische Bildung und die Feinmotorik, sondern auch für die Spracherziehung eine wichtige Rolle.

Zwar ist das Malen auch eine wertvolle Form der Äußerung gerade für die Kinder, die sich verbal nicht so gut ausdrücken können. Farben und Formen können Gefühle wiedergeben, die sprachlich schwer zu fassen sind. Dennoch ist das Malen in vielen Fällen ein Auslöser und Katalysator für Gespräche, wenn das Kind erklärt, was es gemalt hat. Die meisten Kinder empfinden es als Wertschätzung und Würdigung des Gemalten, wenn sich die Erzieherin eine Beschriftung diktieren lässt, sei es, dass erklärt wird, was das Bild darstellt, sei es, dass das Werk jemandem gewidmet wird. Auch den Eltern kann es helfen, ein Bild ihres Kindes besser zu interpretieren, wenn auf der Rückseite ein Text beigefügt ist, den das Kind der Erzieherin diktiert hat.

Sprache kann auch beim Einstieg in die Arbeit hilfreich sein, wenn das Kind etwas ganz Bestimmtes malen möchte: Vor dem Malen kommt das Beobachten, und das erfolgt nachhaltiger, wenn das Gesehene mit Worten beschrieben wird.

---

1 Aus der großen Fülle der Kindergedichte-Sammlungen greife ich heraus: Christel Bossbach, Helge May, Anja Güthoff: Die schönsten neuen Kinderreime. Weltbild, Augsburg 1998.

12. Basteln, experimentieren, forschen und erklären

Basteln bietet den Kindern die Möglichkeit, ihre Fingergeschicklichkeit zu trainieren, Erfahrungen mit verschiedenen Materialien zu machen, Kreativität auszuleben. Wenn die Erzieherin nicht nur zeigt, wie vorzugehen ist, sondern auch beschreibt, was zu tun ist, leistet sie auch einen wichtigen Beitrag zur Sprachförderung. Vielleicht wäre es nicht verkehrt, wenn die Erzieherin beim Basteln immer wieder einmal die Arme verschränkt oder sich am Tisch festhält, um sich dadurch selbst zu zwingen, verbal und nicht handgreiflich zu agieren.

Auch die Kinder sollten bei solchen Gelegenheiten aufgefordert werden zu beschreiben, was sie gemacht haben. Wenn also ein Kind stolz sein Werk präsentiert, nicht einfach sagen: »O, wie hübsch!«, sondern fragen: »Wie hast du das denn hingekriegt, dass die Räder halten?« »Wie funktioniert das?«

Erklären und beschreiben müssen Kinder auch dann, wenn sie als Helfer eingesetzt werden: »Sag doch mal der Susanne, was sie machen kann, damit das hält.« »Erkläre mal dem Tom, wie man das falten kann.« »Frag doch mal Annalynn, ob sie eine Idee hat!«

Beim Experimentieren gelten im Kindergarten die gleichen Grundregeln wie in der Wissenschaftlichen Forschung der Erwachsenen: Am Anfang steht eine Frage. Zum Beispiel (7.22): Was passiert mit Lebensmitteln, die längere Zeit offen gelagert werden? Nun werden Hypothesen gesammelt, indem man die Kinder fragt: Was glaubst du, was mit der Wurst, dem Ei, der Birne geschieht? In welchem Zeitraum? Was verändert sich vermutlich schnell, was langsam? Die Meinungen der einzelnen Kinder könnten auch schriftlich festgehalten werden, oder man lässt über verschiedenen Vermutungen abstimmen. Dann erst wird das Experiment gestartet, die Stimmigkeit der Versuchsanordnung überprüft, Zwischenergebnis und Endergebnis beschrieben und notiert und festgestellt, welche Vermutung sich als richtig, welche sich als falsch herausgestellt hat. (Beispiele siehe Register)

13. Feste feiern

Besondere Ereignisse verbreiten eine Atmosphäre von Spannung, Neugier, Aufgeschlossenheit und motivieren die Kinder, sich an Vorbereitungen zu beteiligen. Feste haben also eine wichtige Funktion im Jahresrhythmus des Kindergartens und beleben den Alltag.

Für die pädagogischen Fachkräfte sind Feste aber häufig mit Stress und Nervosität, Ungeduld und Überanstrengung verbunden. Die Erwartungen der Eltern, die Wünsche der Kinder, die Vorstellungen der Träger können ein solches Fest zu einer Prestige-Angelegenheit machen, die Kinder und die Fachkräfte unter enormen Druck setzen. Deshalb sollten solche Erwartungen kritisch hinterfragt werden.

Auch wenn Feste immer mit mehr Arbeit verbunden sind, braucht ein guter Kindergarten weder wochenlang bestimmte Aufführungen der Kinder einstudieren noch nächtelang an Kostümen und Dekorationen arbeiten und schon gar nicht für jedes Kind ein von den Erzieherinnen gebasteltes Geschenk bereithalten.

Ein guter Kindergarten macht die Feste zu einer Angelegenheit der Kinder. Die Hauptsache ist die Vorbereitung. Also weniger ergebnisorientiert als prozessorientiert arbeiten. Was Kinder nicht machen können, bleibt weg.

Im Handbuch werden deshalb für Feste vorwiegend solche Vorschläge gemacht, die mit den Kindern im ganz normalen Kindergartenablauf durchgeführt werden können und ihnen das Bewusstsein vermitteln, an den Festvorbereitungen und Planungen wirklich beteiligt zu sein. Für das Fest selbst sollte durchaus auch die Hilfe der Eltern eingefordert werden, die dann nicht in der Rolle des kritischen Publikums, sondern als Helfer und Förderer in Erscheinung treten.

Aber auch unabhängig von Festen braucht jedes Kind jeden Tag etwas, worauf es sich freuen kann. Das gilt traditionell besonders für die Vorweihnachtszeit. In der Einheit 8 (Weihnachtszeit) werden dazu konkrete Vorschläge gemacht. Es wäre schön, wenn auch während der übrigen Monate immer eine schöne Idee winken würde. Ich empfehle daher, die »Kernzeit« im Tagesablauf mit einem Hinweis auf das Programm des folgenden Tages zu schließen. Wenn die Kinder sagen können: »Ich freue mich auf morgen!«, hat der Kindergarten ein Qualitätssiegel bekommen, das wertvoller ist als jede staatliche Auszeichnung.

Praktische Beispiele ganzheitlicher Sprach- und Spielförderung aus 22 Themenkreisen

Die Reihenfolge der 22 didaktischen Einheiten orientiert sich grob am Kindergartenjahr bzw. Schuljahr, ist aber nicht zwingend. Sowohl die Themen als auch die Angebote innerhalb der didaktischen Einheiten sind als Auswahl-Angebote gedacht.

Jeder Vorschlagsliste für Aktionen mit den Kindern gehen einige Vorüberlegungen voraus. Sie sollen die Vorbereitung im Team erleichtern oder könnten gelegentlich auch bei einem Elternabend diskutiert werden. Für den Fall, dass zu bestimmten Themen das Fachwissen schnell mal aufgefrischt werden soll, sind bei einigen Einheiten »Bemerkungen zur Sache« angefügt.

Zu den Vorüberlegungen gehören auch Hinweise auf empfehlenswerte Bilderbücher zum Thema und eine Wörterliste, die nicht als Abfrageliste gedacht ist, sondern angibt, welche neuen Wörter in dieser Einheit handgreiflich erfahren und erlebt werden könnten. Die durchnummerierte Reihe der Angebote beginnt jeweils mit einem Lied, das auf der beiliegenden CD von einer Kindergruppe vorgesungen wird.

1.   Wir sind wieder da

Vorüberlegungen

Wir schlagen vor, den Kindergarten an den ersten Tagen nach den Sommerferien nur für die Kinder zu öffnen, die schon vor den Ferien den Kindergarten besucht haben. Erfahrungsgemäß wird trotz des Rechtsanspruches auf den Kindergartenbesuch ab dem dritten Geburtstag eine größere Gruppe von »Neuen« erst nach den Sommerferien im Kindergarten erscheinen. Darauf sollten auch die älteren Kinder vorbereitet werden.

In den ersten Tagen werden die Kinder vollauf damit beschäftigt sein, sich wieder an den Kindergarten, die Kinder, die Erzieherinnen zu gewöhnen und ihre vertrauten Spielzeuge wieder zu entdecken. Die »Kernzeit« mit einem vorgegebenen Programm sollte deshalb nur kurz sein. Die Erzieherinnen sollten sich möglichst den Bedürfnissen der Kinder anpassen, zuhören, sich kleinen Gruppen oder einzelnen Kindern zuwenden, mitspielen.

Allerdings müssen dabei die Regeln, die das Zusammenleben im Kindergarten erst ermöglichen, von vornherein beachtet werden. Über diese Regeln müssen sich alle Fachkräfte einig sein, sie aber auch mit den Eltern und den Kindern besprechen. Natürlich sollte für jedes Kind festgelegt werden, in welchem Zeitraum es gebracht und wieder abgeholt werden kann, je nachdem, ob es einer Ganztags- oder Teilzeitgruppe angehört. Grundsätzlich dürfen nicht zu viele Regeln aufgestellt werden. Die aber sollten dann auch ganz konsequent für alle gelten.
Beispiele:

- Wer essen will, soll sich an einen bestimmten Tisch setzen.
- Wer nicht mitspielen will, darf das Spiel der anderen nicht stören.
- Wenn jemand etwas sagen will, muss man ihm zuhören.
- Wenn jemand wütend ist, darf man ihn nicht noch mehr ärgern.
- Wenn jemand weint, gibt man ihm ein Taschentuch.
- Es gibt keine Spielsachen, die nur für Jungen oder nur für Mädchen sind.
- Wer ein Spielzeug haben will, das gerade ein anderes Kind hat, muss fragen …

Die Eltern der neu hinzukommenden Kinder sollten die Möglichkeit haben, während der ersten Tage zumindest zeitweise bei ihrem Kind im Kindergarten zu bleiben. Ideal wäre es, wenn das Kind selbst entscheidet: Nun kannst du gehen. Ein roter Punkt auf der Wanduhr könnte anzeigen, wann das Kind wieder abgeholt wird:

»Wenn der kleine Zeiger den roten Punkt erreicht, kommt die Mama, der Papa wieder her und holt dich ab.«

Die Spiele, die für den Anfang empfohlen werden, geben den Eltern Gelegenheit, sich am Geschehen im Kindergarten zu beteiligen, ohne das eigene Kind dabei dauernd am Händchen zu halten. Den Kindern sollen die vorgeschlagenen Spiele die Möglichkeit geben, selbstvergessen, angstfrei, entspannt, lustvoll einer Beschäftigung nachzugehen, ohne sich gefordert oder beobachtet zu fühlen. Dafür eignen sich vor allem Spiele, bei denen gepanscht, gematscht, geschmiert, geknetet, gehämmert, gebaut werden darf. Spiele im Freien eignen sich dafür besonders gut. Dass der Umgang mit Wasser eine geradezu therapeutische Wirkung hat, wenn das innere Gleichgewicht eines Kindes in Gefahr geraten ist, weiß man. Diese Chance sollte der Kindergarten öfter nutzen. (Die Waschräume werden in vielen Kindergärten zu selten als Spielraum genutzt.)

Die älteren Kinder können ihre neue Rolle als die Großen genießen und mitteilen, um welches kleinere Kind sie sich besonders kümmern wollen. Aber zunächst einmal müssen sie selbst im Kindergarten wieder heimisch werden.

Die Angebote dieser Einheit sind entsprechend gegliedert.

1.01–1.10: Die Großen sind wieder da und bereiten sich auf die Ankunft der »Neuen« vor.

1.11–1.24: Die »Neuen« sind da. Vorschläge zum Eingewöhnen.

1.25–1.38: Gemeinsam in größeren Gruppen aktiv werden.

Dass gemeinsames Singen und gleicher Rhythmus Gefühle der Gemeinsamkeit wecken, erleben die Kinder bei den Angeboten 1.00, 1.31–1.36 (siehe auch 1.52). Spiele, die zum Trösten und Streicheln einladen (1.00, 1.39–1.42) sollen vor allem den Kindern helfen, die noch ein bisschen Heimweh nach Mama oder Papa haben.

Und schließlich sollen die Angebote dieser Einheit den Kindern helfen, Fähigkeiten zu entwickeln, die das Einleben im Kindergarten erleichtern (1.43–1.52).

Empfehlenswerte Bilderbücher

Mirjam Pressler, Dagmar Geisler: Ben und Lena im Kindergarten. Loewe, Bindlach 1997. *Ben geht zum ersten Mal in den Kindergarten und kommt sich dort ziemlich verloren vor, bis er im Garten auf Philipp stößt …*

Wörterliste 1

Anfang	Foto	Tablett
ängstlich	Gänsemarsch	tauschen
Ausstellung	Heimweh	trösten
Bananenmilch	Karussell	überraschen
beginnen	Klotz	Urlaub
begrüßen	knüllen	verschütten
bekannt	langsam	versickern
berichten	nass	vorbereiten
beschreiben	Riese	Vorfreude
Empfang	schneiden	waagrecht
Erlebnis	schnell	weinen
erzählen	senkrecht	wünschen
Ferien	streichen	Zwerg

Angebote

Trostlied
1.00 Heile, heile Segen

* Das Lied ist auch als Kanon zu singen. Dabei setzt die 2. Stimme einen Takt später ein.
 Schluss: Jede Stimme singt bis zum Ende.

Wir sind wieder da

Kontakte knüpfen (Stuhlkreis)
1.01 Stumme Begrüßung
Die Erzieherin begrüßt ein Kind mit einem besonderen Zeichen (Handschlag, Stups mit dem Ellenbogen, Berührung eines Fußes usw.), das dieses Zeichen sofort an seinen Nachbarn weiterleitet, bis alle im Kreis begrüßt sind.

Erinnern (Stuhlkreis)
1.02 Wisst ihr noch, wer das ist?
Ein Kind bedeckt seinen Kopf mit einem Tuch. Die anderen werden gefragt: Wisst ihr noch, wer das ist? Wenn der richtige Name gefallen ist, reicht das Kind das Tuch einem anderen Kind.

Sätze bilden
1.03 Worauf ich mich am meisten gefreut habe
Die Kinder erzählen reihum, worauf sie sich während der Ferien im Gedanken an den Kindergarten am meisten gefreut haben. Auch die Fachkräfte sollen sich äußern. Zweite Runde: Als ich in den Kindergarten kam … (Die Erzieherin fragt die Kinder, was sie als Erstes gemacht haben, nachdem sie wieder in den Kindergarten gekommen sind.)

Zuhören und erzählen
1.04 Ferienerlebnisse berichten
Die Erzieherin berichtet eine lustige Begebenheit aus ihrem Urlaub, um die Kinder anzuregen, selbst auch etwas zu erzählen. Dabei muss behutsam darauf geachtet werden, dass die Kinder nicht zu weitschweifig erzählen, weil sonst die Konzentrationsfähigkeit der Zuhörer überfordert wird.

Singen
1.05 Wunschkonzert
Wer sich noch an ein Lied erinnern kann, darf es sich wünschen. Man könnte auch bestimmte Lieder für einzelne Kinder singen, z.B. »Bruder Jakob« für die, die im Urlaub ganz lange ausschlafen wollten. »Heile Segen« für die, die sich in den Ferien einmal verletzt haben. »Alle meine Entchen« für die, die im Schwimmbad waren.

Kreisspiele
1.06 Wunschprogramm
Wer sich noch an ein Kreisspiel erinnern kann, darf es sich wünschen. Man könnte auch bestimmte Spiele einzelnen Kindern widmen, z.B. »Häschen in der Grube« für die, die krank waren. »Ich bin ein dicker Tanzbär« für die, die im Zoo waren, »Hänschen klein« für die, die ohne Mama verreist sind. (Siehe Register »Singen, tanzen, musizieren«.)

Gestalten
1.07 Ferienausstellung
Schon vor den Ferien waren die Kinder gebeten worden, etwas aus dem Urlaub mitzubringen, z.B. einen schönen Stein, einen Tannenzapfen, Muscheln, Schneckenhäuser, Eintrittskarten, Postkarten … Die Kinder überlegen gemeinsam, wie diese Gegenstände möglichst dekorativ ausgestellt werden könnten. Bei der anschließenden Besichtigung erzählen die Besitzer, wo sie ihren Schatz gefunden haben.

Bildbeschreibung
1.08 Feriendias oder Fotos betrachten
Falls ein Kind Dias aus dem Urlaub mitgebracht hat, können sie gemeinsam betrachtet und beschrieben werden. Aber auch mitgebrachte Fotos ermöglichen gute Gespräche in der Kleingruppe oder zu zweit.

Die »Neuen« kommen

Gespräch
1.09 Wenn die Kleinen kommen
Die älteren Kinder sollen darauf vorbereitet werden, dass am kommenden Tag jüngere Kinder in den Kindergarten aufgenommen werden. Die Erzieherin soll den Großen helfen, sich ein wenig in die Kleinen hineinzudenken, indem sie erzählt, dass manche Kinder vielleicht ein bisschen Angst vor dem haben, was sie im Kindergarten erwartet. Sie könnten vielleicht denken:
Die großen Kinder lassen mich nicht mitspielen oder hauen mich.
Sie reißen mir die Spielsachen aus der Hand oder bewerfen mich mit Sand.
Sie schubsen mich vom Waschbecken weg.
Sie lachen mich aus, wenn ich weinen muss, weil meine Mama nicht da ist.
Was könnten die Kleinen sonst noch denken? Und was könnte man tun, damit sie keine Angst zu haben brauchen?

Gemeinsam aktiv werden
1.10 Empfang bereiten
Am Vortag der Ankunft der Kleinen wird der Kindergarten geschmückt mit Blumen und Bildern, mit kleinen Kunstwerken aus Legosteinen usw. Das Puppentheater wird aufgebaut (1.11), Stühle werden davor bereitgestellt, ein Lied wird eingeübt. Dabei ist wichtig, dass die Kinder eigene Vorschläge unterbreiten.

Handpuppentheater
1.11 Kaspar will in den Kindergarten
Der Kaspar singt (Melodie: Dornröschen war ein schönes Kind): Heut geh ich in den Kindergarten, Kindergarten, Kindergarten, wo die Kinder auf mich warten, auf mich warten.

Leider kennt er den Weg nicht. Da begegnet ihm zum Glück eine alte Frau. Kaspar: Ach bitte, können Sie mir sagen, wo der Kindergarten ist?

Frau: Wo der Gemüsegarten ist?

Kaspar: Nein, wo der Kindergarten ist!

Frau: Sag ich doch, Gemüsegarten. Der ist hier gleich um die Ecke. Da gibt es Tomaten, Salat, Radieschen und sogar Blumen!

Kaspar (schreit ihr ins Ohr): Nein, ich suche nicht den Gemüsegarten. Ich suche den Kin-der-gar-ten!

Frau: Ach so, den Kindergarten. Das weiß ich leider nicht. Auf Wiedersehen (ab).

Kaspar bleibt ratlos zurück. Da kommt ein Mann des Wegs, und Kaspar beschließt, ihn nach dem Weg zu fragen. Aber auch dieser Mann hört schlecht und versteht immer »Tiergarten«. Schließlich begegnet Kaspar einem Polizisten, der ihm gleich den richtigen Weg zeigt.

Aber als Kaspar vor dem Kindergarten angelangt ist, kommen ihm plötzlich Bedenken. Was passiert eigentlich im Kindergarten? Da muss er doch besser erst mal die Kinder fragen, ehe er sich hineinwagt. Er wendet sich an die Kinder im Publikum: Wird man da verhauen? Kann man auch aufs Klo, wenn man mal muss? Darf man etwas essen, wenn man Hunger hat? Haben die überhaupt Spielsachen? Was denn für welche? Aber bestimmt keine Puppen, Autos, Bilderbücher. Lassen einen die Kinder mitspielen oder schubsen die einen immer weg? Holen die Eltern die Kinder auch ganz bestimmt wieder ab? Kann man auch singen? Was zum Beispiel?

An dieser Stelle taucht die Erzieherin hinter der Puppenbühne auf und spricht selbst mit dem Kaspar auf ihrer Hand. Sie erzählt ihm, dass die Kinder ein ganz schönes Lied gelernt hätten. Das will der Kaspar natürlich hören.

Nach dem gemeinsamen Lied zeigen die größeren Kinder den Kleinen und deren Eltern, was man im Kindergarten alles spielen kann und wo die Spielsachen zu finden sind.

Sich entspannen
1.12 Kneten
Es genügt, wenn die Kinder sich einfach mit der Knetmasse vertraut machen, sie drücken, pressen, rollen, Abdrücke hinterlassen. Den Kleineren hilft es vielleicht, wenn man zu einer selbst erfundenen Melodie Anweisungen gibt: Rolle, rolle, rolle eine dicke, fette Wurst. Schneide, schneide, schneide dicke Scheiben von der Wurst.

Wasserspiele im Freien
1.13 Mit Wasser im Sandkasten matschen
Es gibt kaum eine Tätigkeit, bei der Kinder auch in fremder Umgebung so vergnügt und selbstvergessen spielen wie beim Umgang mit Wasser und Sand. Gebraucht werden einige Gefäße, ein Vorrat an Wasser und Geräte zum Schöpfen und Rühren. Falls ein Spiel im Sandkasten nicht möglich ist, könnte auch **Wasserschöpfen im Waschraum** hilfreich sein.

1.14 Wasserspuren legen

Ein Kind gießt aus einer kleinen Gießkanne einen Weg über Pflastersteine oder Asphalt. Andere Kinder laufen barfuß im Gänsemarsch auf der Spur.

1.15 Wasser verschütten

Was im Innenraum streng verboten ist, darf man im Freien, wenn das Kommando ertönt: Wasser marsch! Man kann Wasser einfach ausgießen, man kann aber auch die Blumen gießen oder Wasser die Rutschbahn heruntersausen lassen. Man kann Wasser in Gefäße umfüllen oder versickern lassen …

1.16 Gartenspielgeräte abwaschen

Einige Kinder bekommen einen kleinen Eimer mit Wasser samt Lappen oder Schwamm, um Spielgeräte abzuwaschen. Damit keine Konflikte entstehen zwischen Kindern, die die Geräte benutzen wollen, und solchen, die sie waschen wollen, könnte eine »Waschanlage« für Schubkarren und Fahrzeuge eingerichtet werden, wo man sein Auto oder Motorrad waschen lassen kann. So wird aus einem Funktionsspiel ein Rollenspiel.

1.17 Kindergarten »anstreichen«

Die Kinder bekommen möglichst dicke Pinsel oder Bürsten und Eimerchen mit »Farbe« (Wasser). Nun streichen sie gemeinsam die Außenwand des Kindergartens an.

1.18 Auto waschen

Eine Erzieherin oder ein Elternteil stellt sein Auto in den Hof des Kindergartens. Die Kinder dürfen es mit Schaum und Wasser säubern.

1.19 Wasserlandschaft im Sandkasten

Im Sandkasten werden Mulden und Gräben mit Plastikfolie ausgekleidet. Nun kann Wasser in die Seenlandschaft gefüllt werden. Natürlich wachsen an den Ufern Bäume und Gräser. Selbstverständlich gibt es auch Brücken und kleine Boote, die sogar kleine Steine oder Stöckchen transportieren können.

1.20 Thekenspiel

Hinter einer Theke verkauft ein Kind, was die Kunden haben möchten: Saft, Bier, Kakao, Kaffee, Mineralwasser … und schenkt dabei jeweils Tee in verschiedene Trinkgefäße.

Eine kleine Sauerei veranstalten
1.21 Papierbrei

Wie Wasser und Sand hat auch dieses Material eine therapeutische Funktion und hilft, Spannungen oder Aggressionen abzubauen. Zeitungspapier wird in winzige Teile zerrissen, mit Wasser oder Tapetenkleister angerührt und anschließend portionsweise an eine gekachelte Wand geklatscht. Wer hilft hinterher beim Saubermachen?

Gestalten
1.22 Papierbälle
Zeitungspapier wird zu großen Kugeln geknüllt, die mit Kreppband umwickelt werden. Mit diesen Bällen kann man werfen, ohne jemandem wehzutun.

Gestalten
1.23 Figuren knüllen
Nicht nur Bälle kann man aus Zeitungspapier knüllen, sondern auch Hasen, Enten, Schlangen, Fantasietiere. Kreppstreifen halten das Papier in der gewünschten Form. Mit Filzstiften können Augen aufgemalt werden.

Feinmotorik
1.24 Lochen und schneiden
Buntes Papier wird mit einem Locher bearbeitet. Größere Kinder zeigen den Kleineren, wie man mit einer Schere Falzschnitte herstellen kann.

Zusammenspiel in der Gruppe

Spiel auf dem Boden
1.25 Autos fahren auf den Straßen
Mit Tesakrepp wird auf dem Fußboden des Kindergartens ein Straßennetz geklebt. Jedes Kind bekommt ein kleines Auto. Zwei Schnüre an einem Stuhlbein fungieren als Benzinschläuche einer Tankstelle.

1.26 Puppen im Kinderheim
Die Puppen leben im Kinderheim oder im Krankenhaus, Jedes braucht ein Bett, muss gewaschen und gefüttert werden, wird aus- und angezogen.

1.27 Wir bauen einen Zoo
Vorhandene Tiere aus Stoff, Holz oder einem anderen Material werden verteilt. Nun braucht jedes Tier eine geeignete Unterkunft im Zoo. Mit Bauklötzen und anderen Spielelementen werden Mauern und Zäune gebaut.

1.28 Großbäckerei
Aus Knetmasse oder Salzteig stellen die Kinder (Arbeiter in einer Großbäckerei) verschiedene Backwaren her, die auf ein großes »Backblech« gelegt und in einem »Ofen« (Karton) gebacken werden.

Konstruktionsspiel
1.29 Maschinenfabrik
Aus Bauelementen, die in genügend großer Zahl vorhanden sind, bauen die Kinder Maschinen, die sie benennen und in ihrer Funktion beschreiben.

Kochen
1.30 Bananenmilch
Jedes Kind bekommt einen Becher, eine Gabel und ein Stück Banane. Die Banane wird zerdrückt und schaumig geschlagen, mit kalter Milch angerührt und gleich getrunken.

Musik
1.31 Klanghölzer
Jedes Kind bekommt zwei Klanghölzer. Die Erzieherin gibt einen Rhythmus vor, die Kinder greifen ihn auf.

Chorsprechen im Kreis
1.32 Wir fahren mit dem Karussell
Die Kinder fassen sich an den Händen und sprechen: Wir fahren mit dem Karussell. Zuerst geht's langsam, dann geht's schnell! (Entsprechend langsam oder schnell im Kreis drehen. Bei der Wiederholung jeweils die Richtung wechseln.)

Chorsprechen im Kreis
1.33 Teddybär, Teddybär, dreh dich um!
Teddybär, Teddybär, dreh dich um! (Alle drehen sich um die eigene Achse.)
Teddybär, Teddybär, mach dich krumm! (Alle beugen sich vor.)
Teddybär, Teddybär, heb ein Bein! (Auf einem Bein stehen.)
Teddybär, Teddybär, das war fein! (Klatschen.)

Chorsprechen mit Reifen
1.34 Mein Reifen ist bunt
Jedes Kind bekommt einen Reifen. Zu den Bewegungen sprechen die Kinder: Mein Reifen ist bunt. (Reifen hinter sich auf den Boden legen.) Mein Reifen ist rund. (Einmal um den Reifen herumlaufen.) Ich springe hinein. (In den Reifen hüpfen.) Ich springe heraus. (Aus dem Reifen hüpfen.) Ich schau aus dem Haus. (In die Hocke gehen und durch den senkrecht gestellten Reifen schauen.)
Wenn die Kinder mit diesem Spiel vertraut sind, könnte die letzte Zeile lauten: Ich tausche ihn aus! (Reifen weitergeben.)

Rhythmisches Chorsprechen in verschiedener Lautstärke
1.35 Dort oben auf dem Berge
Dort oben auf dem Berge (beide Fäuste mit nach oben zeigenden Daumen rhythmisch bewegen),

1–2–3 (Zahlen mit Fingern zeigen, dabei rhythmisch die Hand bewegen),
da tanzen viele Zwerge (alle Finger zappeln),
1–2–3 (wie oben).
Dort unten auf der Wiese (beide Fäuste mit nach unten zeigenden Daumen rhythmisch bewegen),
1–2–3 (wie oben),
da sitzt ein grooßer Riese (mit beiden Armen einen großen Halbkreis beschreiben),
1–2–3 (wie oben).
(Dieser Kinderreim wird zunächst in normaler Lautstärke gesprochen, dann leise, schließlich nur noch geflüstert und zum Schluss wird der Kinderreim lautlos, aber mit den entsprechenden rhythmischen Bewegungen dargeboten, wobei beim letzten »1–2–3« wieder laut geschrien werden darf.)

Chorsprechen am Tisch
1.36 Zwei Tauben
Zwei Tauben sitzen auf einem Dach. (Beide Fäuste auf den Tisch legen.) Die eine fliegt fort (eine Hand nach hinten über den Kopf fliegen lassen), die andere fliegt fort (andere Hand ebenfalls hinter den Kopf fliegen lassen). Die eine kommt wieder (eine Hand zurückholen), die andre kommt wieder (andere Hand nach vorn). Da sitzen sie alle beide wieder. (Beide Fäuste wieder auf den Tisch legen.)

Konzentrationsspiel
1.37 Alle Kekse schmecken gut
Ein Keks schmeckt gut. Marmelade schmeckt gut. Pizza schmeckt gut. So oft etwas Genießbares genannt wird, reiben sich die Kinder den Bauch. Aber Vorsicht! Wenn behauptet wird »Schuhwichse schmeckt gut!« oder »Fahrräder schmecken gut!«, müssen die Arme steif nach unten gestreckt werden.

Konzentrationsspiel am Tisch
1.38 Kommando Bimberle
Alle Kinder machen auf Kommando die gleichen Handbewegungen: Kommando Bimberle. (Mit den Zeigefingern beider Hände in schnellem Rhythmus auf den Tisch klopfen.) Kommando Faust. (Mit beiden Fäusten einmal auf den Tisch schlagen.) Kommando Bock. (Die Fingerspitzen der hohlen Hand stützen sich auf die Tischplatte.) Kommando Doppelfaust. (Eine Faust auf die andere legen.) Kommando Doppelbock. (»Bock-Hände« aufeinander setzen.) Kommando Ellenbogen. (Beide Ellenbogen auf den Tisch, Kinn mit den Händen aufstützen.)
Schwierig wird das Spiel, wenn die Spielleitung, die das Kommando gibt, selbst eine falsche Bewegung dazu macht. Eine Variante: Die entsprechende Handhaltung darf nur eingenommen werden, wenn jeweils das Wort »Kommando« vor den Befehl gesetzt wird. Wird das Wort »Kommando« ausgespart, müssen die Hände in der bisherigen Haltung verharren.

Trösten und Streicheln

Kreisspiel
1.39 Häschen in der Grube
Mehrere Häschen sitzen in der Kreismitte und »schlafen«, während die anderen sich im Kreis bewegen und singen: »Häschen in der Grube saß und schlief. Armes Häschen, bist du krank, dass du nicht mehr hüpfen kannst?« Nun bewegt sich der Kreis nach innen zu den Häschen, die gestreichelt werden. Bei »Häschen hüpf, Häschen hüpf, Häschen hüpf!« klatschen die Kinder in die Hände und die kranken Häschen hüpfen in den Kreis zurück.

Bewegungsspiel
1.40 Heiß – kalt
Die Kinder bewegen sich im Rhythmus eines Tamburins oder einer Trommel frei im Raum. Wenn der Ruf ertönt: Der Boden wird heiß!, setzen sich die Kinder so schnell wie möglich auf einen Stuhl und heben die Füße hoch. Wenn der Ruf ertönt: Es ist schrecklich kalt!, umarmen sich zwei oder mehrere Kinder, um sich gegenseitig zu wärmen.

Fingerspiel
1.41 Da hast 'nen Taler
Ältere Kinder, die den Text schon können, setzen sich anderen Kindern gegenüber. Ein Kind hält eine Hand hin, das andere Kind legt die Linke darunter und streicht mit der Rechten darüber, während es spricht:
Da hast 'nen Taler, geh auf den Markt, kauf dir 'ne Kuh, ein Kälbchen dazu, pack es am Schwänzchen (kleinen Finger berühren), didel-didel-dänzchen! (Mit den Fingerspitzen auf die Handfläche trommeln.)

Trösten
1.42 Heile heile Segen
Jedes Kind streichelt seinem Nachbarn über Kopf oder am Arm und sagt dazu:
Heile, heile Segen,
drei Tage Regen,
drei Tage Schnee: Schon tut's nicht mehr weh!

Fähigkeiten üben, die das Einleben erleichtern

Anweisungen verstehen
1.43 Wer hat mich verstanden?
Die Kinder stehen im Kreis. Die Erzieherin gibt Anweisungen und zählt, wie lange es dauert, bis alle Kinder den Anweisungen gefolgt sind. Dabei sollte sie aber keine pantomimische Hilfestellung geben.

Alle Kinder fassen sich an der Hand. 1–2–3–4 …
Alle Kinder lassen sich los. 1–2–3 …
Alle Kinder fassen sich an die Nase, halten sich die Ohren zu, stehen auf einem Bein, setzen sich auf den Boden, stellen sich auf die Zehenspitzen, stampfen mit dem Fuß auf, sind mucksmäuschenstill, sodass man eine Stecknadel fallen hört. (Stecknadel auch wirklich fallen lassen.)
(Dieses Spiel kann auch mit zwei Gruppen als Wettbewerb durchgeführt werden.)

Konzentrieren
1.44 Mit der Kugel bewegen
In der Mitte des Kreises werden mehrere Reifen aufeinander gelegt. Ein Kind lässt an der Innenseite der Reifen eine Kugel rollen. Solange die Kugel rollt, bewegen sich die Kinder im Kreis in die gleiche Richtung. Sobald die Kugel liegen bleibt, hält auch der Kinderkreis an.

1.45 Mit dem Brummkreisel bewegen
Ein Kind lässt einen Brummkreisel tanzen, Solange er sich dreht, dürfen die Kinder sich frei im Raum bewegen, sich drehen und tanzen. Wenn der Brummkreisel anfängt zu schlingern, gehen die Kinder in die Hocke und bewegen die Arme auf und ab. Sobald der Kreisel anhält, darf sich niemand mehr rühren.

1.46 Mit dem Reifen bewegen
Die Kinder stehen im Kreis, ohne sich an den Händen zu halten. (Jeder braucht Platz.) In der Kreismitte wird ein senkrecht stehender Reifen gedreht und losgelassen. Die Kinder ahmen die Haltung des Reifen nach: Solange er senkrecht steht, stehen auch die Kinder. Wenn er sich immer mehr dem Fußboden zuneigt, gehen die Kinder in die Knie. Wenn der Reifen fast schon waagrecht liegt, sitzen die Kinder in der Hocke. Wenn der Reifen nun aufzuschlagen beginnt, klatschen auch die Kinder abwechselnd mit der rechten und linken Hand auf den Fußboden. Der Reifen erhöht sein Tempo, die Kinder ebenfalls. Plötzlich bleibt der Reifen liegen und die Kinder erstarren in ihrer Bewegung. Einen Moment der Stille genießen.

Aufpassen, zuhören, antworten (Wortschatz)
1.47 Was ist da drin?
Die Kinder sitzen im Halbkreis um einen Koffer und stampfen rhythmisch mit den Füßen (falls sie auf dem Boden sitzen: mit den Fäusten), während der Spielleiter auf den Koffer klopft und fragt: Was ist da drin, was ist da drin, was ist in meinem Koffer drin? Dann holt er einen Gegenstand aus dem Koffer. Reihum darf ein Kind sagen, was das ist. Wenn es den Namen des Gegenstandes nicht kennt, dürfen andere helfen. Was kann man damit machen? (Beim »Kofferpacken« Kinder helfen lassen. Spielleiterrolle weitergeben.)

Geschicklichkeitsspiel
1.48 Turm bleib stehen!
Die Kinder stehen im Kreis oder sitzen am Tisch. Jedes Kind hat einen Bauklotz in der Hand. Ein Kind legt den Grundstein. Reihum legen die Kinder vorsichtig mit einer Hand einen Stein darauf, bis der Turm einstürzt. Jedes Kind holt sich wieder einen Bauklotz und das Spiel beginnt von vorn. Beim Ablegen des Steines könnte auch gerufen werden: Turm bleib stehen!

Geschicklichkeitsspiel
1.49 Turm auf dem Tablett
Jedes Kind bekommt einen Bauklotz. Ein Kind geht mit einem Tablett zu einem anderen und sagt: Schenk mir einen Klotz, dann kriegst du mein Tablett! Das angesprochene Kind legt seinen Klotz auf das Tablett, übernimmt es und geht damit zu einem anderen Kind, das entweder seinen Klotz auf den anderen Klotz legt und das Tablett weiterträgt oder aber den Tausch ablehnt. In diesem Fall muss das Kind sich einen anderen Tauschpartner suchen.

Sich kennen lernen
1.50 Wer fehlt?
Die Kinder sitzen im Kreis. In der Mitte steht ein kleiner Tisch, der mit einem Tuch verhängt wird. Zwei Kinder halten sich die Augen zu, während ein anderes Kind unter den verhängten Tisch kriecht. Wer fehlt?

Namen merken
1.51 Das Auto fährt zu …
Die Kinder sitzen um einen Tisch herum. Ein Kind schiebt ein kleines Auto zu einem anderen Kind und sagt: Mein Auto fährt zu … Das angesprochene Kind darf weitermachen.

Namen merken
1.52 Mein rechter, rechter Platz ist leer
Im Stuhlkreis ist ein Stuhl zu viel. Das Kind, das links vom leeren Stuhl sitzt, schlägt mit der Hand auf den leeren Sitz und sagt: Mein rechter, rechter Platz ist leer, da wünsch ich mir den … her. Das aufgerufene Kind setzt sich auf den leeren Platz.

2. Ich und du: Was wir alles können

Vorüberlegungen

Das folgende Programm ist als Auswahlangebot zu verstehen und bietet verschiedene Themen an, die sich gegenseitig ergänzen. Es geht in dieser Einheit darum, sich selbst und die Anderen bewusst wahrzunehmen, den eigenen Körper zu entdecken und die eigenen Sinne in ihrer Vermittlerrolle zur Welt lustvoll zu erleben. Spiele, bei denen es um die Funktion der Sinne geht, bieten eine gute Gelegenheit, darauf zu achten, ob einzelne Kinder vielleicht schlecht hören oder sehen können. Das müsste dann ärztlich genauer untersucht werden. Fragen der Sexualität werden hier nur kurz abgehandelt. Mehr darüber im Kapitel 15 (Baby).

Beim ersten Thema geht es zunächst einmal darum, Körperteile zu kennen und benennen zu können (2.01–2.10).

Die weiteren Themen sollen bewusst machen, was der Körper alles kann. Dabei geht es auch um Instrumente, die den Körper unterstützen oder Wahrnehmung verstärken, z.B. im Bereich der Optik oder der Akustik. Falls also Lupen, ein Fernglas, ein Mikroskop, ein Tonband- oder Diktiergerät besorgt werden könnten, wäre das hilfreich.
Die acht Themenbereiche:

Wir können uns bewegen (2.09–2.18)
Wir können sehen (2.21–2.29)
Wir können hören (2.30–2.39)
Wir können riechen (2.40–2.46)
Wir können schmecken (2.47–2.49)
Wir können tasten (2.50–2.54)
Wir können denken, lernen, im Kopf behalten (2.55–2.60)
Wir können singen (2.00, 2.61–62)
Wir haben Gefühle (2.63–2.66)

Freude, Angst, Schmerz, Wut, Zuneigung, Liebe gehören zur emotionalen Grundausstattung des Menschen. Wut und Aggressionen sind dabei doppelt problembeladen: Zur eigenen Erregung kommt die negative Reaktion der Umwelt. Um Wut und Zorn besser bewältigen zu können, brauchen Kinder Strategien, die ihnen helfen, Gefühle so auszuleben, dass andere nicht darunter leiden (siehe auch 1.21–22). Wer über Gefühle sprechen kann, ist schon auf dem besten Weg, damit klarzukommen.

Dass das eigene Ich ständig in Beziehung steht zu einem Du, dass also die eigenen Wünsche und Pläne mit den Wünschen und Plänen anderer Personen in Einklang zu bringen sind, ist ein Lernprozess, der uns während der ganzen Kindergartenzeit begleitet. Täglich muss von Neuem darauf hingewiesen werden, dass die eigene Freiheit dort an ihre Grenzen stößt, wo Rechte Anderer verletzt werden.

Viele Kinder suchen die Anerkennung der anderen, indem sie ständig stören, ärgern, reizen. Natürlich erreichen sie mit diesem Verhalten genau das Gegenteil: Sie machen sich bei den anderen Kindern ebenso unbeliebt wie bei den Erwachsenen. Aus diesem Teufelskreis kann ein Kind nur herausfinden, wenn man ihm andere Wege zeigt, Achtung und Sympathie zu gewinnen.

Erfolgserlebnisse, sportliche Leistungen und ein Platz im gemeinsamen Rollenspiel können hilfreich sein. Manche Aggressionen brauchen zu ihrer Bewältigung einfach nur kraftvolle Bewegungen. Deshalb wäre es gut, wenn im Kindergarten auch ein Platz für Kissenschlachten vorhanden wäre oder wenn ein mit Lumpen gefüllter Sack von der Decke hinge, den man mit Fäusten bearbeiten kann. Zum Thema Wut hat Helge May ein einfühlsames Gedicht geschrieben (2.61).

Empfehlenswerte Bilderbücher

Hubert Schirneck, Imke Sönnichsen: Als der Lange seine gute Laune verlor. Jungbrunnen, Wien München 2001. *Der Lange hat was verloren: seine gute Laune. Der Kurze hilft ihm suchen, alles vergeblich. Aber am nächsten Morgen ist die gute Laune plötzlich wieder da. Wo hat sie bloß gesteckt? Keiner weiß es.*

Jutta Bauer, Kirsten Boie: Kein Tag für Juli. Beltz, Weinheim 1991. *Jule ist sauer. An manchen Tagen geht alles schief. Ein Glück, dass Papa abends doch noch alles ins Lot bringt.*

Anne Herbauts: Die kleine Sorge. Gerstenberg, Hildesheim 2001. *Als Bär Archibald aufwacht, scheint keine Sonne. Über seinem Kopf hängt eine Wolke, die er nicht loswird. Schließlich weint er heftig – und die Wolke auch. Und siehe da: Sie ist weg!*

Odo Weigelt, Nicolas d'Aujourd'hui … Nord-Süd Gossau Zürich Hamburg Salzburg 1998. *Die kleine Maus Lilu, die glaubt, die stärkste Maus der Welt sein zu müssen, erfährt, dass die Tiere sie gern haben, ganz gleich, wie stark sie ist.*

Tomek Bogacki: Ich hass' dich! Ich mag dich! Verlag Freies Geistesleben, Stuttgart 1999. *Der Text des Bilderbuches besteht fast nur aus den beiden Sätzen, die im Titel stehen. Ein kleines Tier hasst das große, aber das große hilft ihm immer, und schließlich merkt das kleine, dass es das große mag. Ein Bilderbuch, das auch kleinere Kinder sehr gut verstehen können.*

Ales Vrtal: Hans Hase, der Angsthase. Middelhauve, München 1996. *Hans Hase bekommt immer Angst, wenn andere Kinder etwas unternehmen wollen, bis er eines Tages seinen ganzen Hasenmut zusammennimmt und sehr schöne Dinge erlebt.*

Kim Lewis: Wir sind Freunde. Sauerländer, Aarau Frankfurt/M. Salzburg 1998. *Anna und Nino bekommen Streit, finden aber einen Ausweg.*

Jutta Treiber, Maria Blazejovsky: O, sagt der Ohrwurm. A. Betz, Wien München 1997. *Ein Buch, das sich kritisch mit der Lärmbelastung auseinander setzt.*

Wörterliste 2

Achsel	Fingernägel	laufen	schütteln
After	Floh	Lippen	springen
anfassen	Füße	Magen	stampfen
Arm	gehen	Mittelfinger	stechen
atmen	Gelenk	Mund	steigen
aufstellen	gerade	Muskeln	Stirn
Augen	Gesicht	Nabel	stoßen
Augenbrauen	Glied	nackt	stützen
barfuß	Haare	Nase	süß
Bart	Hals	nicken	tanzen
Bauch	Handgelenk	niemand	tasten
Bein	Haut	Ohren	toben
Beule	Hinterteil	Penis	wachsen
bewegen	hochnäsig	Popo	wackeln
bitter	hören	rennen	Wange
Blase	Hüfte	riechen	Wimpern
Brust	hüpfen	Ringfinger	Wunde
bücken	kleiner Finger	Rücken	Wut
Daumen	Knie	rutschen	Zahn
dick	knien	Salbe	zappeln
drehen	Knochen	salzig	Zehe
dünn	Kopf	sauer	Zeigefinger
Ellenbogen	kratzen	Scheide	zittern
fallen	kriechen	schnüffeln	Zunge
Finger	krumm	Schultern	Zwiebel

Angebote

Singspiel mit verteilten Rollen
2.00 Seht, was ich kann

Das Lied wird im Kreis gesungen. Ein Kind singt und spielt den ersten Teil, alle wieder-holen seine Bewegungen und singen dabei den zweiten Teil. Das Lied hat so viele Stro-phen wie Kinder Lust haben zu singen (z.B. ich boxe … ich hüpfe …).

Sich selbst begegnen

Schneiden – malen
2.01 Papierkind
Wir brauchen Packpapier, Wachskreiden, Scheren, Spiegel. Nacheinander werden die Kinder auf Packpapier gelegt und mit Kreide umfahren. Die weitere Arbeit am Selbstbildnis übernehmen die Kinder selbst, wobei sie im Spiegel die Farbe der Au-gen, der Haare, der Kleidungsstücke feststellen können. Die Erzieherin führt neben-bei Sachgespräche, in denen viele Körperteile benannt werden. Anschließend wird das Papierkind ausgeschnitten und so an einer Wand befestigt, dass die Füße den Boden berühren.

Ratespiel – sich kennen
2.02 Rate mal, wer das hier ist
Die Kinder setzen sich in einiger Entfernung vor den an der Wand befestigten »Pa-pierkindern« auf den Boden. Ein Kind zeigt auf ein Bild und sagt: Rate mal, wer das hier ist. Nach der richtigen Antwort fragt die Erzieherin weiter: Und woran hast du das erkannt? Wer richtig geraten hat, darf als Nächster fragen: Rate mal …

Mehrzahl bilden
2.03 Ich habe zwei Nasen
Die Kinder sitzen auf dem Boden und behaupten reihum, sie hätten zwei Hände, zwei Daumen, zwei Nasen, zwei Augen, zwei Münder … Wenn die Behauptung stimmt, nicken allen mit dem Kopf. Ist sie falsch, lassen sich die Kinder nach hinten fallen und strecken die Beine in die Höhe.

Spiel im Kreis
2.04 Mich hat ein Floh gestochen
Kind: Mich hat ein Floh gestochen!
Alle: Wo denn?
Kind: An meinem Bauch! (Alle kratzen sich am Bauch.)
Nächstes Kind: Mich hat ein Floh gestochen!
Alle: Wo denn?
Kind nennt eine andere Stelle am Körper. Die nächsten Kinder sollen möglichst solche Körperteile nennen, die noch nicht dran waren.

Spiel im Kreis
2.05 Da hast du Daumensalbe!
Ein Kind wendet sich an ein anderes Kind und sagt: (Peter), mir tut's hier so weh!, und zeigt auf einen bestimmten Körperteil. Das angesprochene Kind streichelt die »Schmerzzone« und sagt: Hier hast du Daumensalbe (Ohrentropfen, Kniesalbe, Poposalbe …).

Rollenspiel mit Puppen
2.06 Die Puppen sind krank
Die Puppen haben Fieber und jammern schon den ganzen Tag. Die Puppeneltern telefonieren mit der Ärztin und suchen die Praxis auf, falls die Ärztin keine Hausbesuche macht. Zur Untersuchung müssen die Puppen natürlich ausgezogen werden. Die Ärztin (diese Rolle übernimmt am besten die Erzieherin) befragt die Eltern, was ihnen am Verhalten des Kindes aufgefallen ist und untersucht das kranke Kind. Sie stellt eine Diagnose und gibt Anleitungen, was unternommen werden muss. (Wadenwickel, Brustumschläge, Medikamente schlucken, Halswickel, warme Packungen auf die Ohren …)

Rollenspiel
2.07 Arztspiel
Der Arzt hört mit dem Stethoskop (Papröhre) die Herztöne des »kranken« Kindes ab, schaut in den geöffneten Mund, klopft den Rücken ab, verordnet Medizin (zwei Teelöffel Wasser). Fall sich jemand »verletzt« hat, muss die »Wunde« natürlich versorgt und verbunden werden. Die Erzieherin achtet darauf, dass die Körperteile genau benannt werden, und spielt mit.

Bewegen – genau hinschauen
2.08 Alle Buben auf die Stühle
Alle Kinder sitzen auf dem Fußboden und befolgen die Kommandos eines Kindes: Alle Buben auf die Stühle! Alle Mädchen stehen auf! Alle Kinder, die Jeans tragen, laufen zur Erzieherin! Wer Zöpfe hat, setzt sich auf einen Tisch …

Wir können uns bewegen

Bewegungsspiel
2.09 Wer rennt in mein Schneckenhaus?
Die Kinder stehen an einer Wand. An der gegenüberliegenden Wand steht ein anderes Kind und ruft: Wer rennt in mein Schneckenhaus?
Alle: Niemand!
Kind: Dann müsst ihr eben hüpfen! (Kriechen, leise schleichen, laut trampeln, gebückt gehen, humpeln, tanzen, auf einem Bein hüpfen, krabbeln …)

Bewegungsspiel – Rücksicht üben
2.10 Nicht zusammenstoßen!
Die Kinder werden in zwei Gruppen aufgeteilt, die sich an zwei gegenüberliegenden Wänden (oder hinter zwei markierten Linien) aufstellen. Auf ein Zeichen rennen alle los, ohne mit einem anderen Kind zusammenzustoßen. Wer das mehrfach geschafft hat, wird gelobt.

Bewegungsspiel
2.11 Wer zusammenstößt, sitzt
Solange Musik ertönt, bewegen sich die Kinder frei im Raum. Kinder, die zusammenstoßen, setzten sich dort auf den Boden, wo sie gerade sind. Wer zuletzt übrig bleibt, ist Sieger. Die Art der Bewegung kann natürlich auch vorgegeben werden: auf einem Bein hüpfen, schnell rennen, langsam schleichen …

Bewegungsspiel zu zweit
2.12 Meine Hände – deine Hände
Jedes Kind sucht sich einen Partner und stellt sich vor ihm auf. Die rechten Hände sagen sich guten Tag. Die linken Hände auch. Abwechselnd in die eigenen Hände klatschen und in die hochgehobenen Hände des Partners. (Eine Trommel oder ein Tamburin kann den Rhythmus vorgeben.) Jetzt stellen wir uns vor, die Hände der beiden Kinder sind zusammengewachsen. Was kann man alles machen? Füße zusammenstellen, Arme ausstrecken, langsam in die Hocke gehen und wieder stehen. Füße zusammenstellen, Arme ausstrecken und sich erst langsam, dann immer schneller drehen (siehe auch 16.01: »Jetzt steigt Hampelmann«).

Rhythmisches Sprechen mit Bewegungen
2.13 Wer kann das?
Die Erzieherin macht bestimmte Bewegungen und spricht dazu: Wer kann das? Wer kann das? Alle Kinder ahmen die Bewegung nach und sagen: Ich kann das! Ich kann das! Alle: Wir klatschen mit den Händen. (Wir blinzeln mit den Augen. Wir zucken mit den Schultern. Wir stampfen mit den Füßen. Wir stehen auf den Zehen. Wir kratzen mit den Nägeln. Wir boxen mit den Fäusten. Wir wackeln mit den Hüften …)

Spaßgeschichte
2.14 Zunge am Faden
Ein Kind zupft sich an der Nase und streckt gleichzeitig die Zunge heraus. Nun zieht es sich am rechten Ohrläppchen und schiebt die ausgestreckte Zunge nach rechts. Es zieht am linken Ohrläppchen: Die Zunge schwenkt nach links. Es zupft sich an der Kehle: Die Zunge schlüpft in den Mund zurück.

Gymnastik
2.15 Marionettengymnastik
Einleitung: Die Erzieherin hat eine Marionette mitgebracht und zeigt den Kindern, was die Figur alles kann: schnell gehen, langsam gehen, Arm hochhalten, Sprünge machen … Jetzt verwandeln sich die Kinder in Marionetten:
Die Kinder liegen schlapp auf dem Boden, schließen die Augen und stellen sich vor, an ihren Handgelenken wären Bänder befestigt, an denen ein Unsichtbarer zieht. Auf das Kommando »Loslassen!« fallen die Arme wieder zurück auf den Boden. Nun stellen sie sich vor, auch der Kopf kann nach oben gezogen werden, die Schultern gehen mit. Rückenlage: Auch die Knie werden an unsichtbaren Bändern nach oben gezogen …

Puppenspiel
2.16 Erste Spiele mit Fadenfiguren
Stofftiere werden an Hals und Hinterteil an die Enden einer Schnur gebunden und damit bewegt. Zirkus: Wer möchte sein dressiertes Tier vorführen? Es kann springen, auf Kommando stehen bleiben, sich auf den Boden legen, mit anderen Tieren eine Reihe bilden, auf Podeste springen …
Nach der Vorführung haben die Tiere natürlich Hunger, müssen gefüttert und versorgt werden.

Wasserbegegnung im Freien
2.17 Wasserbogen, Hochsprung über den Wasserstrahl
Die Erzieherin spritzt mit dem Schlauch einen Wasserbogen und verspricht, ihn ruhig zu halten, damit die Kinder darunter durchlaufen können, ohne plötzlich vom Wasserstrahl getroffen zu werden. Wenn der Strahl waagrecht zum Boden geführt wird, können die Kinder darunter durchkriechen oder Hochsprung üben.

Fingerspiel
2.18 Zehn kleine Zappelmänner
Zehn kleine Zappelmänner steigen auf und nieder,
zehn kleine Zappelmänner kommen immer wieder.
Zehn kleine Zappelmänner tanzen hin und her,
zehn kleinen Zappelmännern fällt das gar nicht schwer.
Zehn kleine Zappelmänner spielen gern Versteck,
zehn kleine Zappelmänner sind auf einmal weg.

Wissen vermitteln – Gesprächskreis
2.19 Was der Kopf alles kann
Vorbereitung: Etwas zum Schmecken (z.B. Salzstangen, Apfel), etwas zum Riechen (z.B. Zitrone, Seife), etwas zum Hören (z.B. Streichholzschachtel, Papier) bereitlegen. Die Erzieherin fragt reihum jedes Kind, was der Kopf alles kann. Die ganze Gruppe prüft nach, ob die Antwort stimmt.
Beispiele:
Wackeln. Alle Kinder wackeln mit dem Kopf.
Bejahen und Verneinen. Kinder nicken und schütteln den Kopf als Antwort auf Fragen, die die Erzieherin stellt.
Rechnen. Die Erzieherin stellt eine einfache Rechenaufgabe.
Etwas behalten. Kinder wiederholen, was ein anderes Kind gesagt hat.
Sehen. Ich sehe was, das du nicht siehst.
Schmecken. Ein Kind rät mit geschlossenen Augen, was ihm in den Mund gelegt wird.
Hören. Die Erzieherin macht ein Geräusch, das die Kinder mit geschlossenen Augen identifizieren sollen.
Denken. Rätsel raten.
Verstehen. Kind führt einen Auftrag aus.

Das neue Wissen anwenden
2.20 Was soll der Kopf, auf den ich zeig?
Erzieher fragt reihum: Was soll der Kopf, auf den ich zeig, was soll der Kopf mal tun? Ein anderes Kind antwortet, z.B. sehen. Nun muss das Kind, auf dessen Kopf gezeigt worden war, sagen, was es sieht.
Das Spiel kann erweitert werden, z.B. was soll die Hand ...

Wir können sehen

Ratespiel
2.21 Ich seh etwas, was du nicht siehst
und das ist (rot). Kinder erraten Gegenstände in Sichtweite. Wer richtig geraten hat, stellt das nächste Rätsel.

Raten mit dem Bilderbuch
2.22 Ich sehe einen Jungen, der gerade …
Bilderbücher mit vielen Details (z.B. die Bücher von Ali Mitgutsch) eignen sich besonders gut für solche Ratespiele in kleiner Gruppe oder zu zweit.

Suchspiel zu zweit
2.23 Raten mit dem Lochpapier
Material: Festes, am besten schwarzes Papier im Format eines Bilderbuches, in das ein kleines, ein mittleres und ein größeres Loch geschnitten wird.
Dieses Papier wird auf die Seite eines Bildesbuches gelegt, das sich der Partner vorher ansehen darf. Nun soll er die Details erkennen, die in den drei Papierlöchern zu sehen sind.

Basteln
2.24 Fernglas
Material: Für jedes Fernglas zwei Papprollen von Klopapier- oder Haushaltspapierrollen, Klebeband, Farbe, Schnur.
Zwei Rollen werden längsseits mit Klebeband aneinander befestigt, angemalt und mit einer Schnur versehen, damit man das »Fernglas« um den Hals hängen kann.

Genau hinsehen
2.25 Suchen mit dem »Fernglas«
Ein Kind schaut durchs Fenster nach draußen und benennt ein bestimmtes Objekt, das die anderen mit dem »Fernglas« suchen sollen.

Rollenspiel
2.26 Reisegesellschaft
Aus Stühlen wird ein Bus gebaut. Die Reisegesellschaft steigt ein, wird vom Reiseleiter (Erzieherin) begrüßt. Der Reiseleiter beschreibt fantasievoll eine erdachte Gegend mit Bergen und Schlössern, wo der Bus gerade vorbeifährt. Alle folgen mit dem Fernglas seinen Schilderungen. Wenn der Bus anhält, steigen alle aus und kaufen sich am nächsten Ständchen etwas zu trinken.

Sachbegegnung
2.27 Brillen, Lupen, Ferngläser, Mikroskop
Brillen sind eine gute Erfindung, damit alle Menschen richtig sehen können. Jede Brille wurde ganz bestimmten Augen angepasst, deshalb kann der Peter auch nicht die Brille von Monika tragen (ausprobieren!).
Mit einem echten Fernglas (Vorsicht! Immer mit Trageriemen um den Hals vor dem Hinunterfallen sichern!) kann man ferne Objekte viel besser erkennen.
Mit einem Mikroskop kann man viel stärker vergrößern als mit einer einfachen Lupe: Haar unterm Mikroskop betrachten. Wer braucht solche optischen Geräte? Lupen vergrößern. Im Lupenglas kann man kleine Tiere viel besser beobachten. *Wir*

bauen eine Lupe: In einen großen, leeren Joghurtbecher wird seitlich ein möglichst großes Loch hineingeschnitten. Ein Stück Frischhaltefolie – nicht zu straff – auf den Becher legen, mit Gummi befestigen. Jetzt vorsichtig Wasser auf die Folie geben, sodass sich eine Mulde bildet. Das ist unsere Linse. Was man in den Becher legt, kann vergrößert betrachtet werden.

Basteln
2.28 Brillen
Auf festes Papier Brillenränder mit Bügeln zeichnen, ausschneiden, Bügel nach hinten klappen. Sonnenbrillen werden mit farbigem durchsichtigem Papier beklebt. Dabei aber darüber sprechen, dass nur echte Sonnenbrillen die Augen vor grellem Licht schützen!

Rollenspiel
2.29 Augenarzt und Optiker
Vorher besprechen, dass die Augen ein sehr empfindliches Organ sind, das man vor Berührungen schützen muss. Niemals mit harten Gegenständen in die Nähe der Augen kommen! Der »Augenarzt« kann aber mit Hilfe eines Bilderbuches, das in einiger Entfernung aufgestellt wird, erkennen, welche Brille er verschreiben muss. Er stellt ein Rezept aus. Der »Patient« geht damit zum Optiker, der die entsprechende Brille herstellt.

Wir können hören

Konzentrationsspiel
2.30 Geräuschgläschen (nach Montessori)
8 bis 10 gleich hohe Gefäße (Gläschen von Babynahrung oder Filmdosen) werden mit Papier beklebt. In je zwei Gläschen wird eine kleine Menge eines bestimmten Materials (kleine Steinchen, kleine Nägel, Wasser, Sand …) gegeben. Gläschen gut verschließen und auf der Unterseite mit dem gleichen Zeichen markieren, damit die Kinder selbstständig kontrollieren können, ob sie das richtige Paar herausgefunden haben. Während die Kinder durch Schütteln der Gefäße herausfinden, welche beiden den gleichen Inhalt haben, ergeben sich Gespräche über die Art der Geräusche: laut, leise, schrill, dumpf, blechern …

Genau hinhören
2.31 Geräusche deuten
Hinter einer senkrecht gestellten Tischplatte geschieht etwas: Papier wird zerrissen, eine Nuss wird geknackt, ein Schlüssel fällt auf den Boden, ein Glas Wasser wird eingeschenkt, Papier wird zerschnitten, gelocht, zerknüllt …

Experimentieren
2.32 Ohrenklappen
Die Kinder sitzen im Kreis und bedecken die Ohren mit den Händen. Während sie alle einen Ton summen, öffnen und schließen sie die »Ohrenklappen«. Wie verändert sich der Ton?

Flüstern
2.33 Wer hört seinen Namen?
Die Erzieherin flüstert die Namen einzelner Kinder, ohne sie dabei anzusehen. Wer seinen Namen hört, steht auf. (Die Erzieherin achtet darauf, ob einzelne Kinder schlecht hören.)
Wenn alle Kinder stehen, setzen sie sich wieder, und ein Kind flüstert mit geschlossenen Augen den Namen eines anderen Kindes. Das aufgerufene Kind steht auf und darf selbst einen Namen aufrufen. Die Erzieherin achtet darauf, dass alle Kinder mal drankommen.

Konzentrationsspiel
2.34 Schatz bewachen
Auf einem Stuhl in der Kreismitte sitzt ein Kind mit einem Wattebällchen auf dem Kopf. Ein Kind, das hinter seinem Rücken sitzt, schleicht sich an und will den Schatz (Wattebällchen) rauben. Sowie der Schatzwächter ein Geräusch hört, zeigt er über die rechte oder die linke Schulter auf die Richtung, in der er den Räuber vermutet. Zeigt er auf den Räuber, muss der Schatzwächter sein. Zeigt er am Räuber vorbei, muss er weiterraten.

Sachbegegnung
2.35 Geräusche auf Band aufnehmen
Falls ein Aufnahmegerät vorhanden ist, können die Kinder bestimmte Geräusche im Büro oder in der Küche aufnehmen. (Phasen nicht zu kurz machen!) Z.B. Schubladen auf- und zumachen, mit dem Computer schreiben, Telefon bedienen, Buch umblättern … Rohe Kartoffeln schälen, Möhren schaben, Wasser in einen Topf gießen, Eischnee schlagen …
Andere Kinder sollen die Geräusche erkennen, die sie hören.

Stimmen identifizieren
2.37 Wer war das?
Einem Kind werden die Augen verbunden. Ein anderes Kind sagt etwas. Wer war das?
Noch spannender wird es, wenn verschiedene Kinder denselben Satz auf Tonband sprechen. Wer hat gesprochen?

Lautstärke regulieren
2.38 Laut und leise
Die Kinder singen ein Lied oder sprechen einen Text mit wechselnder Lautstärke, die ein Kind mit hochgestreckten Armen vorgibt. Wenn das Kind die Arme weit geöffnet hat, ist die maximale Lautstärke vorgegeben. Je näher die Arme zusammengeführt werden, desto leiser werden die Kinder. Wenn die Hände sich berühren, wird es still.

Organisieren und gestalten
2.39 Ort der Stille
Die Kinder suchen einen Platz im Kindergarten, zu dem möglichst wenig Lärm vordringt. Diesen Ort gestalten sie zum Ruheplatz mit Decken und Kissen. Dort darf nicht gesprochen und kein Lärm gemacht werden. Was kann man tun, damit dieser Platz besonders schön aussieht?

Wir können riechen

Konzentrationsspiel
2.40 Riechdosen (nach Montessori)
Material: 8–10 leere Joghurtbecher, dünner Stoff, Gummiringe, stark riechende Substanzen.
In je zwei Becher wird etwas vom selben stark riechenden Material eingefüllt, z.B. duftende Seife, Kaffee, Zwiebel, Gewürze, Wattebausch mit Parfüm, Käse usw. Die Unterseite der Becher wird paarweise mit einem Zeichen markiert, damit die Kinder selbst kontrollieren können, ob sie richtig zugeordnet haben.

Bauen – schnüffeln – finden
2.41 Hundespiel
Vorgespräch: Hunde können viel besser riechen als Menschen. Sie können sogar riechen, welchen Weg ein Mensch genommen hat. Die Polizei setzt Hunde z.B. auch ein, um Rauschgift zu finden, das Verbrecher versteckt haben. Menschen können zwar nicht so gut riechen wie Hunde, aber auch sie erfahren vieles über die Nase, z.B. was es zu essen gibt. (Falls eine Küche im Kindergarten vorhanden ist, gleich mal die Probe aufs Exempel machen: Könnt ihr riechen, was es heute gibt?) Sollen wir mal Polizeihund spielen?
Für dieses Spiel müssen wir erst einmal mit Legos oder Bauklötzen oder Karton viele kleine Zellen bauen, in die man von oben nicht hineinsehen kann. Einige dieser Zellen bleiben leer, in andere wird ein Wattebausch mit Kölnisch Wasser gelegt. Jetzt werden die »Hunde« auf Schnüffelsuche geschickt. Der »Hundeführer« legt ein Seil über den Rücken des Kindes, das den Hund spielen möchte, zieht die Seilenden unter den Armen über die Schultern hoch und folgt so dem »Hund«. Wer eine volle Zelle erkannt hat, bellt laut und wird vom »Polizisten« entsprechend gelobt und gestreichelt.

Kinderreim
2.42 Ilse Bilse
Ilse Bilse,
niemand willse.
Kam der Koch,
nahm sie doch,
weil sie so nach Zwiebeln roch.

Mimik
2.43 Duft oder Gestank?
Stellt euch vor, jemand schenkt euch eine wunderbar duftende Rose. Wie sieht das
aus? Stellt euch vor, ihr öffnet eine Dose, in der etwas liegt, das ekelhaft stinkt. Wie
schnüffelt ein Hund? Und wie sieht jemand aus, der hochnäsig ist?

Erzählen (Satzbildung)
2.44 Als ich nach Hause kam
Die Kinder sollen sich daran erinnern, was sie schon gerochen haben, als sie nach
Hause kamen.
Als ich die Tür aufmachte, roch es nach …
Als ich in die Küche kam, roch es nach …
Als ich auf die Toilette ging, roch es nach …
Als ich ins Badezimmer kam, roch es nach …
Als die Mama das Essen brachte, roch es nach …

Reagieren
2.45 Was stinkt?
Die Kinder nennen reihum etwas, das entweder gut riecht, also duftet (z.B. Rosen,
Parfüm, frisches Brot, Apfelsinen), oder schlecht riecht, also stinkt (z.B. faule Eier,
alter Fisch, volle Pampers, Katzenklo). Die anderen Kinder reagieren darauf mit
»Ahh!« (tief einatmen) oder mit »Puuu!« (Nase zuhalten).

Gesellschaftsspiel (für ältere Kinder)
2.46 Stühle riechen
Jemand behauptet, er könne mindestens so gut riechen wie ein Hund und könne
mit seiner Nase erkennen, auf welchem Stuhl ein anderes Kind gesessen habe. Drei
Stühle werden in eine Reihe gestellt: Stuhl Nummer eins, Nummer zwei und Nummer drei. Nun wird die Person mit der Hundenase vor die Tür geschickt. Ein anderes Kind setzt sich auf einen der drei Stühle und steht wieder auf. Das Hundenasen-
Kind wird hereingerufen und gefragt: Auf welchem Stuhl hat (die Susanne) gesessen? Das angesprochene Kind schnüffelt erst kurz bei Susanne, dann an den drei
Stühlen und zeigt dann auf den richtigen Stuhl. *Erklärung:* Wenn der erste Stuhl gemeint ist, wird das (vorher eingeweihte) Kind mit einem Wort hereingerufen, z.B.
»Kommen!«. Ist der zweite Stuhl richtig, werden zwei Wörter gesagt, z.B. »Bitte

kommen!«. Ist der dritte Stuhl gemeint, sind drei Wörter nötig, z.B. »Du kannst kommen!«.

Wir können schmecken

Kimspiel
2.47 Süß – sauer – salzig- bitter
Fünf Gläser werden halb mit Wasser gefüllt. In einem wird etwas Zucker, im anderen etwas Salz aufgelöst, dem dritten Glas wird etwas Zitronensaft beigemischt und das vierte enthält etwas bitteren Tee. Dieses Glas ist leicht an der anderen Farbe zu erkennen. Aber wer findet heraus, was süß, salzig, sauer, bitter ist und welches Glas mit purem Wasser gefüllt ist?

Kimspiel
2.48 Was hast du im Mund?
Auf einem Teller liegen kleine Stücke mit Äpfeln, Birnen, Bananen, Nüssen, Salzstangen, Brotstücken usw. Ein Kind schließt die Augen und öffnet den Mund. Ein anderes Kind legt ihm etwas in den Mund und fragt: Was hast du im Mund? (Vorher Hände waschen!)

Gespräch im Stuhlkreis mit Handpuppen
2.49 Würmer schmecken am besten!, sagt der Vogel
Je nachdem, welche Handpuppen vorhanden sind, empfehlen die Handpuppen den Kindern das, was ihnen selbst am besten schmeckt. Der Vogel sagt, die Kinder sollten unbedingt dicke Würmer suchen, denn die schmeckten am besten. Wenn das Kind widerspricht, fragt er, was denn besser schmecken würde. Der Hund empfiehlt einen alten Knochen, den er gestern im Garten vergraben hat. Dagegen findet er Apfelkuchen widerlich. Die Tiere kommen mit den Kindern ins Gespräch darüber, was gut schmeckt und was sie gar nicht mögen.

Wir können tasten

Basteln – Kimspiel
2.50 Fingerspitzenübung
Kleine Holzstücke (breite Holzlatte in Stücke sägen oder Bauklötze verwenden) werden auf einer Seite paarweise mit verschiedenem Material beklebt, z.B. mit Samt, Cordsamt, Plastik, Schmirgelpapier, Fell, Leder usw. Wer findet mit verbundenen Augen die richtigen Paare?

Basteln – Tasten
2.51 Wunderbare Schuhkartons
In die Schmalseite einiger Schuhkartons werden Löcher geschnitten und von innen mit einem Stück Stoff verhängt. In jedem Karton befindet sich etwas anderes, z.B. Tannenzapfen, Watte, Fell, Steine, Knetmasse … Wer wagt es, in den Karton zu greifen und den Inhalt zu identifizieren?

Spiel zu zweit
2.52 Ich pack was in den Krabbelsack
Ein Kind steckt etwas in ein Stoffsäckchen und sucht sich ein anderes Kind, das ertasten soll, was in dem Säckchen steckt.

Spiel im Kreis
2.53 Blinde Kuh
Zwei Kinder bewegen sich mit verbundenen Augen im Kreis. Wenn das eine Kind ruft: Blinde Kuh, wo bist du?, muss das andere antworten: Hier! Sowie der »Fänger« die »Kuh« erwischt hat, werden die Rollen getauscht. Danach sind zwei andere Kinder an der Reihe.

Spiel im Stuhlkreis
2.54 Hänschen, piep einmal
Ein Kind setzt sich mit verbundenen Augen einem anderen auf den Schoß und sagt: Hänschen, piep einmal. Das andere Kind antwortet mit »Piep!«. Das Ratekind darf die Arme über den Kopf nach hinten strecken und die Haare des Kindes, auf dessen Schoß es sitzt, ertasten. Wer ist es?

Wir können denken

Denkspiel
2.55 Wörter fangen
Die Erzieherin greift mit der einen Hand in die Luft und sagt die erste Silbe eines Wortes, z.B. »Hän«. Mit der anderen Hand fängt sie die Silbe »de«. Nun legt sie beide Fäuste nebeneinander und fragt: Was habe ich gefangen? (Dabei die Wörter aus der Wörterliste 2 nicht vergessen.) Schwieriger wird es, wenn die Silben in umgekehrter Reihe gefangen werden, z.B. ße – Fü für Füße. (In diesem Fall die Hände kreuzen.)

Abzählreim
2.56 Ich und du
Müllers Kuh,
Müllers Esel,
der bist du!

Abzählreim
2.57 Ich bin nicht dran
du bist nicht dran,
der Dritte aber, der muss ran!

Abzählreim
2.58 Tripp, tripp, trapp
du bist ab.
Trapp, trapp, tripp,
lieber nit.
Wer ist dran?
Dieser Mann!

Abzählreim
2.59 Ensele zensele
zitzele zäh
eichele beichele knell.

Rätsel
2.60 Fünf Spatzen saßen auf einem Dach
Wenn du's nicht glaubst, so zähle nach.
Da kam ein Jäger mit der Flint
und schoss zwei Spatzen ganz geschwind.
Nun rechne gut und sage mir:
Wie viel blieben sitzen hier?
(Alle flogen weg.)

Wir können singen

Gespräch mit Gesang
2.61 Nur Menschen können singen
Was können Menschen, was Affen nicht können? Affen können auf Bäume klettern,
sich von einem Ast zum anderen schwingen, können Bananen schälen, sich mit einem Stock Dinge angeln, an die sie sonst nicht kommen könnten (sie benutzen also
ein Werkzeug!), sie können Laute ausstoßen, aber nicht sprechen und nicht singen.
Menschen können singen. Gleich mal ausprobieren (mittlere Tonlage).
Sie können laut singen oder ganz leise (ausprobieren).
Sie können tiefe Töne singen (von der mittleren Tonlage langsam in die unteren Töne einsteigen) oder hohe Töne (Ton für Ton nach oben singen).
Menschen können summen oder mit offenem Mund Vokale singen. (Wer kann das
mal vorführen?)

Singen
2.62 Demokratische Liederwahl
Drei Lieder stehen zur Auswahl. Die Erzieherin singt sie vor und malt auf drei Papierbögen jeweils ein Symbol für das Lied, z.B. Stock und Hut für »Hänschen klein«. Jedes Kind hat einen Aufklebepunkt oder Aufklebestern und wählt damit sein Lieblingslied aus. Das Lied, das die höchste Stimmenzahl bekam, wird gesungen.

Wir haben Gefühle

Gespräch
2.63 Wohin mit der Wut?
Wenn man schrecklich wütend ist, muss man die Wut rauslassen – aber so, dass nicht andere darunter leiden müssen. Was könnte man machen?
Jonglierbälle mit aller Kraft gegen eine Wand donnern. (Sie springen nicht zurück)
Auf der Toilette ganz laut brüllen.
Im Waschraum triefnasse Lappen mit Wucht an die Wand klatschen.
Eine Kugel aus Knetmasse platt hauen.

Wortspiel
2.64 Neue Schimpfwörter erfinden
Schimpfwörter können verletzen. Wenn man neue Schimpfwörter erfindet, kann der Streit auch mit Lachen enden.
Du Grießbreilulatsch! Du Honigkuchenpferd! Du alte Blechkanne!

Gedicht von Helge May
2.65 Die Mauer

Bin ich mal sauer,
bau ich 'ne Mauer,
bleib ich allein,
lass keinen rein.

Bin ich mal traurig,
fühl ich mich schaurig.
Komm ich zu dir,
kuschel mit mir!

Heulen tut gut
gegen die Wut.
Bin nicht allein,
Mauer stürzt ein.

(Aus: Die schönsten neuen Kinderreime, a.a.O., S. 49)

Geschichte
2.66 Der Daumen darf nicht mitspielen.
Vor dem Erzählen Memory-Kärtchen und Bauklötze bereitlegen.
Eines Tages besah sich der Zeigefinger den Daumen und sagte: »He, du kleiner Dicker, du passt überhaupt nicht zu mir. Du spielst nicht mit!« Und der Mittelfinger rief gleich: »Das wollte ich dir auch schon sagen. Ich bin hier der Größte und ich kann bestimmen. So einen kurzen Dicken wollen wir nicht dabeihaben. Er kann ja

mit dem Ringfinger spielen.« »Nein«, sagte der Ringfinger, »zu mir passt der auch nicht. Ich trage ja einen Ring und der hat keinen! Soll doch der kleine Finger mit ihm spielen!« Aber der kleine Finger rückte ganz dicht an die drei Großen heran und sagte: »Mit so einem kleinen Dicken will ich auch nichts zu tun haben. Ich spiele lieber mit den Großen.«

Da stand der dicke Daumen ganz allein da. (Daumen spreizen.) Die anderen Finger wollten Kratzen spielen. Das ging ja noch ganz gut ohne Daumen. Aber dann wollten sie Memory spielen, und dann wollten sie einen Turm aus Bauklötzen bauen. Und wie ging die Geschichte aus?

Fingerspiel
2.67 Auf einer Kaffeetasse
Auf einer Kaffeetasse (linke Hand deutet Tassenform an) sitzt eine freche Fliege (rechter Zeigefinger berührt den »Tassenrand«), die fliegt mir auf die Nase (Zeigefinger bewegt sich in Spiralen zur Nase). Pass auf, wenn ich dich kriege! (Linke Hand schnappt nach Zeigefinger.)

3. Auto und Verkehr

Vorüberlegungen

Alles, was Erwachsene im Zusammenhang mit Autos und Verkehr erleben, übt auf Kinder eine starke Anziehungskraft aus und wird im Spiel nachvollzogen. Auf dieses Spiel soll die Aufmerksamkeit der Erzieherinnen in dieser Einheit besonders gelenkt werden. Während manche Kinder ereignisreiche Szenen mit Polizeiruf, Abschleppwagen und Schuldzuweisungen entwickeln, sind andere auf einer recht primitiven Stufe des Spiels stehen geblieben: Sie begnügen sich damit, ein Auto mit Gebrumm hin- und herzuschieben. Durch das Bauen von Parkhäusern und Tankstellen, Mondautos und Fantasiewagen wird das Funktionsspiel zum Konstruktionsspiel. Durch die Kontaktaufnahme der Autofahrer zu anderen Personen oder Organisationen im Straßenverkehr wird das Konstruktionsspiel zum Rollenspiel (siehe S. 25–28).

Es ist wichtig, darauf zu achten, dass auch die Mädchen solche Spiele initiieren können oder wenigstens einbezogen werden als Autofahrerinnen, Konstrukteurinnen, Polizistinnen …

Das Thema Auto und Verkehr soll neben Anleitungen zum niveauvollen Spiel auch einige Verkehrsregeln vermitteln, die für Kinder wichtig sind. Das könnte in Form einer Fahrschule geschehen, deren Unterricht nach bestandener Prüfung durch die Aushändigung eines von den Kindern gestalteten Führerscheins gekrönt wird (3.05–06). Denkbar wäre auch die Mitwirkung eines echten Verkehrspolizisten mit seinem Handpuppenkoffer. (Auskunft erteilt die örtliche Polizeistation.)

Themen für die Fahrschule könnten sein:

- die Farben rot, grün, gelb und ihre Bedeutung (3.02–03),
- das Überqueren der Straße und die Funktion von Zebrastreifen und Ampeln,
- die Funktion des Bürgersteiges,
- Verkehrsregeln: Wo dürfen Kinder im Auto sitzen? Wie anschnallen? Wer darf nicht ohne Kindersitz im Auto fahren?

Für viele Erwachsene ist das Auto eine Art Heiligtum. Kinder dürfen manchmal kaum daran rühren. Deshalb muss es für Kinder ein besonders lustvolles Erlebnis sein, ein Auto mit Fingerfarben oder Wasserfarben bemalen zu dürfen, falls ein Elternteil bereit ist, sein Auto dafür zur Verfügung zu stellen (3.15). Bei einer solchen Aktion werden automatisch auch die verschiedenen Teile des Autos benannt: Peter bemalt den Kotflügel. Die Heckscheibe lassen wir besser frei. Was ist mit dem Nummernschild?

Beim Bauen von Mondautos können Kinder ihrer Fantasie freien Lauf lassen. Wie immer soll das fertige Produkt aber nicht nur Ausstellungsstück, sondern Requisite für ein Spiel sein: Die Landung auf dem Mond (3.17–18).

Für das Spiel »Autos fahren durch die Stadt« (3.16) brauchen wir ein Straßennetz. In vielen Kindergärten ist eine Bodenmatte mit aufgemalten Straßen bereits vorhanden. Wo nicht, sollte die Erzieherin mit den Kindern ein Straßennetz mit Klebestreifen auf dem Fußboden markieren. Diese Straßen führen zum Zoo, zum Krankenhaus, zur Tankstelle, zum Einkaufszentrum, zum Sportplatz, zur Reparaturwerkstatt … Schon beim Aufbau dieser Gebäude (z.B. aus Legosteinen) setzt das Rollenspiel ein: Telefonisch werden Bausteine bestellt, die mit dem Lastwagen geliefert werden. Wenn die Bauarbeiter das Baumaterial nicht rechtzeitig bekommen, machen sie erst einmal Pause und gehen vielleicht in den Zoo. Aber auch dort sind noch nicht alle Tiere eingetroffen, die vorgesehen sind …

Tankstellen brauchen immer einen Schlauch für das Benzin: Ein Stück Bindfaden oder ein Schnürsenkel, der an einem Stuhlbein oder an einem Bauklotz festgebunden ist, lädt zum Tanken ein.

Autospiele eignen sich auch hervorragend, um soziale Kontakte unter den Kindern zu fördern und Kinder, die meistens allein spielen, in die Gruppe zu integrieren.

Beispiel: Ein Kind stellt eine Reihe kleiner Tiere auf. Die Erzieherin regt an, einen Zoo zu bauen. Also brauchen wir Zäune und ein Tor. Andere Kinder könnten inzwischen das Elefantenhaus, den Affenkäfig, das Kassenhäuschen, eine Imbissbude, Parkplätze bauen. Die benötigten (Lego-)Bausteine könnten telefonisch beim Händler für Baumaterial bestellt werden. Er liefert das Bestellte natürlich mit dem Lkw. Wenn der Zoo fertig gebaut ist, wird ein Fest gefeiert. Viele Leute kommen mit ihren Personenwagen. Sie steigen aus, lösen eine Eintrittskarte, besichtigen die Tiere, kaufen sich etwas zu trinken.

Daraus ergibt sich, dass solche Spielzeugautos, in die Personen aus- und einsteigen können, zum Rollenspiel natürlich besser geeignet sind als Spielzeugautos ohne Fahrer. Aber auch solche Autos können zur Sprachförderung eingesetzt werden, wenn z.B. ein Autorennen von einem Rundfunkreporter begleitet wird (3.13–14).

Solche Spiele entwickeln sich fast von selbst, wenn die Erzieherin das Spiel eines Kindes aufgreift und unter Einbeziehung weiterer Kinder weiterführt. Wenn solche Anleitungen von Zeit zu Zeit gegeben werden, sind auch die Kinder in der Lage, von sich aus weiterführende Impulse in das Spiel einzubringen.

Beim Autofahrerlied (3.00) ist die Pantomime wichtig.

Empfehlenswerte Bilderbücher

Wolfgang Metzger: Aufladen – Abfahren. Ravensburger, Ravensburg 1998.

Klaus Bliesener: Autos, Bagger und Traktoren. Ravensburger, Ravensburg 1989 (siehe 3.01).

Ali Mitgutsch: Unsere große Stadt. Ravensburger, Ravensburg 2001.

Irmgard Lucht: Das Raupenabenteuer. Ravensburger, Ravensburg 1997. *Eine Raupe muss die Straße überqueren, gerät dabei mehrfach in Todesgefahr, schafft es aber doch.*

Wörterliste 3

abbiegen	Geschwindigkeit	Rechnung
abblenden	Haltestelle	Reifen
abfahren	Halteverbot	Reise
Achtung	hupen	Rennwagen
Ampel	Kleinbus	Reparatur
anhalten	Kofferraum	reparieren
anschnallen	Kreuzung	Richtung
aussteigen	Lack	Rücklicht
Autobahn	Lampen	Rückspiegel
Batterie	lenken	Scheiben
Beleuchtung	Lenkrad	Scheinwerfer
Blechschaden	links, rechts, quer	sicher
Blinker	Mechaniker	Sicherheitsgurt
Bremse	Motor	steuern
Fahrlehrer	nah	Straßenkarte
Fahrprüfung	Nummernschild	tanken
Fahrschule	Öl	Traktor
Fahrt	Omnibus	überfahren
Führerschein	Pannendienst	überqueren
Fahrzeug	parken	Unfall
festhalten	Parkplatz	unsicher
Gang	Personenwagen	unterwegs
Gashebel	Polizeiauto	verboten
gefährlich	Radio	Werkstatt
geradeaus	rasen	Zebrastreifen

Angebote

Singspiel
3.00 Mein Auto springt nicht an

Text und Melodie: Rose Götte

2. Benzinkanister her! Tut – tut!
So 'n Pech, das Ding ist leer. Tut – tut!
Der Nachbar kommt mit seinem Tank,
macht mit dem Sprit
mein Auto fit.
Nun fährt es. Vielen Dank!

3. rrrrrr – tut – tut
(Die ganze Strophe besteht aus Rattern
und Tuten.)

*Vier mit den Lehnen aneinander gestellte Stühle stellen das Auto dar: zwei Sitze vorn,
Kofferraum hinten. Darin ein (leerer) Reservetank. Die Kinder sind entweder Autofahrer oder hilfreiche Nachbarn. Bei der dritten Strophe fährt der Nachbar mit.*

Bilderbuch – Geschichten erzählen
3.01 Vom Straßenverkehr und von Baustellen
Es gibt viele Bilderbücher, in denen Bilder Geschichten vom Straßenverkehr erzählen. Das soll nun verbalisiert werden, indem sich die Kinder mit einer der dargestellten Personen identifizieren und formulieren, was diese Person gerade denkt oder sagt oder über ein besonderes Erlebnis zu Hause berichtet.
Beispiel: Klaus Bliesener: Autos, Bagger und Traktoren (siehe oben).
Die Kinder wählen sich eine Figur: »Ich nehme den Lkw-Fahrer.« »Ich nehme den Baggerführer.« »Ich nehme den Bauarbeiter mit den Brettern.« …, und erzählen, was »ihre« Figur gerade sagt oder denkt. »Soll der doch arbeiten, so lange er will. Ich mach jetzt erst mal Pause und trinke in aller Ruhe meinen Kaffee!«, denkt der Lkw-Fahrer … »Hoffentlich habe ich heute pünktlich Feierabend, damit ich noch mit meinem Sohn Fußball spielen kann«, denkt der Baggerführer. »Die Bretter sind zu lang, da muss ich noch ein Stück absägen«, sagt der Bauarbeiter …

Ratespiel
3.02 Rot-grün-gelb
Ich seh etwas, was du nicht siehst, und das ist rot, sagt ein Kind und meint irgendeinen roten Gegenstand im Zimmer, den die anderen erraten müssen. Wer es herausgefunden hat, darf das nächste Rätsel stellen.

Turnen
3.03 Ampelzeichen
Alle Kinder stellen ein Fahrzeug dar. Sie halten die Hände links und rechts in etwa 30 cm Abstand vom Kopf: Das sind die Rückspiegel. So bewegen sie sich im Straßenverkehr und achten darauf, mit keinem anderen »Fahrzeug« zusammenzustoßen. Auf dem Fußboden wird eine Linie markiert, die man nur überfahren darf, wenn die Ampel grün zeigt. Als Verkehrsampeln könnten drei Tischlampen dienen, die mit rotem, grünem oder gelbem Papier bespannt wurden. Alternativ dazu könnten auch einfach rote, grüne oder gelbe Schilder oder Tücher hochgehalten werden. Noch mehr Spaß macht das *Ampelspiel im Freien* mit Kinderfahrzeugen.

Turnen
3.04 Erster Gang – zweiter Gang
Die »Fahrzeuge« (siehe oben) bewegen sich mit unterschiedlicher Geschwindigkeit. Beim Kommando: Erster Gang!, schleichen sie, im vierten Gang rennen sie. Mit dem akustischen Signal sollte die Erzieherin auch ein optisches Zeichen verbinden, z.B. durch Hochhalten von einem oder mehreren Stäben. Wer mit einem anderen Fahrzeug zusammenstößt, muss ins Krankenhaus, das heißt: ausscheiden und zusehen.

Basteln
3.05 Führerschein
Die Erzieherin zeigt den Kindern einen echten Führerschein und legt Material bereit, damit sich die Kinder einen eigenen Führerschein basteln können. Der wird natürlich erst nach bestandener Fahrprüfung ausgehändigt.

Rollenspiel
3.06 Fahrschule
Die Kinder melden sich in der Fahrschule an. Sie wollen einen Führerschein erwerben. Die Erzieherin ist der Fahrlehrer und erklärt den Fahrschülerinnen und -schülern die wichtigsten Verkehrsregeln. (Material dazu wird den Kindergärten von der Verkehrswacht zur Verfügung gestellt.) Wer die Fahrprüfung bestanden hat, bekommt den Führerschein.

Konzentrieren und Bewegen
3.07 Fahrzeuge fahren, Haltestelle steht
Die Kinder werden in zwei Gruppen eingeteilt und stellen sich an gegenüberliegenden Wänden des Raumes auf. Die Erzieherin nennt Gegenstände. Handelt es sich

um ein Fahrzeug, rennen die Kinder zur gegenüberliegenden Wand. Handelt es sich um einen anderen Gegenstand, müssen sie stehen bleiben. Wenn die Spielregeln eingeübt sind, gibt ein Kind das Kommando: Leberwurst! Elefant! Krankenhaus! (Alle bleiben stehen.) Krankenwagen! (Alle rennen los.)

Erkundung im Freien
3.08 Verkehrsgeräusche aufnehmen
Falls im Kindergarten ein Kassettengerät mit Mikrofon vorhanden ist, könnte die Erzieherin mit einer kleinen Gruppe von Kindern im Freien Verkehrsgeräusche aufnehmen. Autotür schlägt zu, Motor wird angelassen, Scheibenwischanlage wird betätigt, Straßenbahn fährt vorbei, Bus hält, Bus fährt an, Motorrad fährt vorbei …

Ratespiel
3.09 Verkehrsgeräusche raten
Die aufgezeichneten Verkehrsgeräusche werden anderen Kindern im Kindergarten vorgespielt. Wer zuerst das Gehörte richtig deuten kann, bekommt einen Punkt.

Spiel am Tisch
3.10 Ich wünsche mir
Die Kinder sitzen um einen Tisch. Jedes Kind bekommt ein anderes Spielzeugauto: Bus, Traktor, Rennwagen, Krankenwagen, Feuerwehrauto, Personenwagen, Lastwagen, Anhänger usw. Ein Kind hat kein Fahrzeug und darf sich ein Auto wünschen. Wer das Auto besitzt, lässt es quer über den Tisch zu dem anderen Kind fahren und darf sich nun selbst ein Fahrzeug wünschen.

Rollenspiel
3.11 Autohändler
Zunächst muss eine schöne Fahrzeughalle gebaut werden, in der die zum Verkauf stehenden Autos ausgestellt werden. Jetzt kommen die Kunden (Erzieherin), die sich die verschiedenen Modelle erklären lassen, nach dem Preis fragen, Vor- und Nachteile der einzelnen Fahrzeuge kennen lernen wollen. Wenn sich ein Käufer für ein Fahrzeug entschieden hat, muss er aber erst zur Bank fahren und sich das nötige Geld besorgen.

Rollenspiel im Freien
3.12 Autoreparaturwerkstatt
Alle vorhandenen Fahrzeuge sind im Einsatz. In einer Ecke des Freigeländes wird die Reparaturwerkstatt eingerichtet. Die Erzieherin sollte darauf achten, dass bei den »Kundengesprächen« mit den Fahrzeughaltern auch die Autoteile beim richtigen Namen genannt werden (siehe Wörterliste).

Messen – vergleichen
3.13 Rennbahn Bügelbrett
Welches Auto fährt am weitesten? Haltepunkte markieren.

Rollenspiel
3.14 Reporter beim Autorennen
Über Lautsprecher (Pappröhre) wird ein Autorennen (mehrere Autos werden auf ein leicht schräg gestelltes Brett gesetzt) kommentiert. Zunächst werden die Fahrzeuge am Start beschrieben, nach dem Rennen werden die Sieger bekannt gegeben.

Gestalten
3.15 Auto anmalen
Vielleicht besitzt jemand ein älteres Auto, das er dem Kindergarten zum Bemalen zur Verfügung stellt. (Sicherheitshalber an unverdächtiger Stelle prüfen, ob die Farben sich hinterher völlig abwaschen lassen.)
Die Kinder bekommen verdünnte Fingerfarben mit Pinseln und dürfen das im Hof abgestellte Fahrzeug bemalen, sodass von der ursprünglichen Farbe fast nichts mehr zu sehen ist. Beim Aufteilen der Malflächen werden die Teile der Karosserie benannt.

Rollenspiel
3.16 Autos fahren durch die Stadt
Wir brauchen viel Platz auf dem Fußboden und ein Straßennetz, das mehreren Kindern Aktionsmöglichkeiten bietet. Wenn die einzelnen Aktionsfelder (Sportplatz, Zoo, Einkaufszentrum, Park …) weit genug auseinander liegen, kommen sich die Kinder nicht zu oft in die Quere. Falls dennoch zwei Autos zusammenstoßen, muss natürlich die Polizei gerufen werden. Der Krankenwagen holt die Verletzten ab und bringt sie ins Krankenhaus. Freunde oder Verwandte machen dort natürlich einen Besuch. Sie kaufen unterwegs noch ein oder müssen tanken.
Die Kinder, die Inhaber der Bank, des Zoos, des Parkhauses usw. sind, setzen sich an die Außenseite des Straßennetzes. Der Spielleiter achtet darauf, dass alle etwas zu tun haben, und schickt notfalls die Kunden oder Besucher.
Gelegentlich kann die Erzieherin auch mit dem Polizeihubschrauber über das Gelände fliegen und von dort aus Regieanweisungen geben: Achtung, Achtung, Elefant ist aus dem Zoo ausgebrochen. Feuerwehr, bitte kommen!

Konstruktions- und Rollenspiel
3.17 Monderkundung
Aus Legomaterial oder anderen Konstruktionsbausteinen lassen sich fantasievolle Maschinen bauen, die nach intensiver Erprobungsphase tatsächlich auf dem Mond (markierte Fläche) landen. Die Astronauten steigen aus und untersuchen das Gelände: Gibt es Wasser? Gibt es Pflanzen? Tiere? Lebewesen? Oder taucht der Mann im Mond plötzlich auf? Oder ein Monster?

Basteln
3.18 Maschinenbau
Aus Schachteln, Dosen, Korken, Knöpfen und anderem Material eine Maschine zu bauen ist natürlich viel schwieriger als mit vorgefertigtem Baumaterial.

Die fertigen Maschinen könnten auf einer Maschinenmesse vorgestellt werden. Die Erfinder erklären, was diese Maschine alles kann. Durch geschicktes Nachfragen wird das Kind dazu gebracht, auch einen etwas komplizierten Sachverhalt in Worte zu fassen.

Text von Janosch mit Figuren nachspielen
3.19 Das Auto hier heißt Ferdinand
Wir brauchen für dieses Figurentheater ein Bügelbrett oder ein anderes schräg gestelltes Brett, ein Kissen als See, ein Pferd mit Seil und alle die Fahrzeuge, die in dem Gedicht vorkommen. Wenn die Geschichte mehrfach gespielt wurde, können die Kinder die Texte ganz oder teilweise auswendig.

Das Auto hier heißt Ferdinand
und steht an einem Bergesrand.
Es will den Berg besteigen
und sich den Leuten zeigen.
Da kommt das Taxi sieben,
den Ferdinand zu schieben.
Das Auto von der Post sagt: »Ach,
die beiden sind ja viel zu schwach.
Ich will das Taxi sieben
und auch den andern schieben.«
Das Auto von der Feuerwehr
kommt hier mit sieben Mann daher

und hätte fast bis oben
die andern drei geschoben.
Der Traktor von dem Bauern Nolte
steht hier, weil er auch schieben wollte,
und hat mit seiner Riesenkraft
sie alle auf den Berg geschafft.
Doch oben fällt der Ferdinand
hinunter übern Bergesrand
und von der steilen Höh
in einen tiefen See.
Da stand ein Pferd am Wegesrand
und rettete den Ferdinand.

Ausflug
3.20 Der macht es ganz falsch!
Diese Verkehrsregeln müssen für alle Kinder klar sein: Die Straße nur überqueren, wenn die Ampel grün zeigt. Das gilt auch, wenn gerade kein Auto vorbeifährt.

Wenn es keine Ampel gibt, nutzen wir die Zebrastreifen. Hand vorstrecken, wenn wir losmarschieren, damit die Autofahrer sehen, dass man überqueren will. Und immer daran denken, dass die Autos einen Bremsweg brauchen.

Im Straßenverkehr passen wir auf, dass wir alles richtig machen. Wenn Erwachsene sich falsch verhalten, dürfen die Kinder ganz laut rufen: »Der (die) macht es ganz falsch!«

4. Herbst

Vorüberlegungen

Jedes Kind sollte einmal die Chance haben, eigenhändig eine Kartoffel auszugraben. Wenn also in erreichbarer Nähe ein Kartoffelacker zu finden ist, wäre es lohnend, den Besitzer ausfindig zu machen und ihn zu bitten, einige Pflanzen bei der Kartoffelernte für die Kinder stehen zu lassen. Ein Ausflug auf den Kartoffelacker wird zahllose weitere Aktivitäten auslösen, von denen hier einige vorgestellt werden (4.01–17).

Wenn im einen Jahr ein Kartoffelfest und ein Ausflug auf den Kartoffelacker Höhepunkt beim Thema »Herbst« waren, könnten es im nächsten Jahr die Herbstbäume sein (4.18–27) oder das Thema Obst und Gemüse (4.28–38).

Bemerkungen zur Sache

Die Kartoffel. Die Kartoffelpflanze wurde erst im 16. Jahrhundert von den Spaniern aus Südamerika nach Europa gebracht und galt lange Zeit als Delikatesse für Reiche. Erst spät wurde sie zum Volksnahrungsmittel.

Im Frühjahr werden die Saatkartoffeln im Abstand von 30 bis 40 cm in Ackerfurchen gelegt und zugedeckt. Daraus erwächst eine Pflanze mit weißen und blasslila Blüten. Die Früchte der Kartoffelpflanze sind grüne, giftige Beeren. Genießbar sind nur die Knollen, die zwischen den Wurzeln heranwachsen. Sie enthalten vorwiegend Wasser und Stärke, aber auch Vitamine.

Der Kartoffelkäfer. Der Kartoffelkäfer ist ca. 1 cm lang und leicht an seinen zehn schwarzen Streifen auf der Flügeldecke zu erkennen. Er überwintert in 25 bis 50 cm tiefem Boden und erscheint Anfang Mai an der Oberfläche. Das Kartoffelkäferweibchen legt jährlich bis zu 800 Eier an der Blattunterseite der Kartoffelpflanze ab, aus denen nach vier bis sieben Tagen Larven schlüpfen, die an ihrer rotgelben Farbe und schwarzen Punktreihen zu erkennen sind. Nach der Verpuppung im Boden erscheint dann der Käfer. Käfer und Larve ernähren sich von den Blättern der Kartoffelpflanze, deshalb können sie großen Schaden anrichten. Ihre natürlichen Feinde sind Krähen, Stare, Fasane. Der Landwirt bekämpft den Kartoffelkäfer mit Chemikalien.

Empfehlenswerte Bilderbücher

Eric Carle: Die kleine Raupe Nimmersatt. Stalling, Oldenburg. Viele Auflagen seit 1969.
Leo Lionni: Frederick. Middelhauve, Köln. Viele Auflagen seit 1970.
        Das kleine Blau und das kleine Gelb. Oetinger o.J.
        Sechs Krähen. Middelhauve, Köln. o.J.

Wörterliste 4

abbrechen	faulen	Korb
Acker	Feuer	Korn
Ast	Förster	Larve
Ausflug	Frucht	Möhre
ausgraben	Furche	Pellkartoffel
ausreißen	Garten	Pflanze
Bauer	gierig	Pflaume
Baum	Gift	Raupe
beobachten	Girlande	Sack
Birne	Glut	Scheibe
Blatt	Gurke	Sonnenblume
Bratkartoffel	Hagebutte	Strauch
dürr	halbieren	Wanderung
Eicheln	Hälfte	Weg
enttäuscht	Kartoffeldruck	Weizen
Ernte	Kastanie	Zweig
fallen	Knolle	Zwetschge

Angebote

Herbstlied
4.00 Falle, falle, falle

Text: Lisa Bender - Melodie: Wilhelm Bender

Dieses Lied lässt sich besonders gut im Freien singen. Die Kinder nehmen beide Hände voll Laub und lassen es langsam mit hoch erhobenen Armen herunterfallen.

Rund um die Kartoffel

Vor dem Kartoffelessen
4.01 Gespräch über die Kartoffel
Ziel: Neugierig machen auf die Herkunft der Kartoffel. Vorhandenes Wissen in Zusammenhänge einordnen.
Einleitende Fragen könnten sein: Wer mag Pommes frites? Wer hat schon mal gesehen, wie die gemacht werden? Kann man aus Kartoffeln noch andere Gerichte herstellen? Was zum Beispiel? Wo kommen eigentlich die Kartoffeln her? Vom Supermarkt? Und woher hat sie der Supermarkt? Aus der Fabrik? (Meinungen sammeln und ankündigen, dass im Laufe der Woche ein Ausflug geplant ist, bei dem sich herausstellen wird, wer von den Kindern mit den Vermutungen über die Kartoffel Recht gehabt hat.)

Feinmotorik – Gespräch – Genuss
4.02 Pellkartoffeln
Zur Einstimmung auf das Thema Kartoffel sollte ein Topf frisch gekochter Pellkartoffeln bereitstehen, sodass jedes Kind die Möglichkeit bekommt, eine auf eine Gabel aufgespießte Kartoffel mit dem Messer zu schälen und anschließend mit Butter und Salz zu verzehren.
Welche Kartoffelgerichte kennt ihr noch? (Kartoffelbrei, Kartoffelsuppe, -chips, -klöße, -puffer, Bratkartoffeln, Kartoffelsalat …)

Geschichte erzählen, Wissen vermitteln
4.03 Die Kartoffelgeschichte
Vor ein paar hundert Jahren wussten die Menschen bei uns noch gar nicht, dass es Kartoffeln gibt. Sie aßen Haferbrei oder Gerstensuppe oder Roggenbrot und an Festtagen Kuchen aus Weizenmehl. Wer es bezahlen konnte, aß auch Fleisch oder fing sich Fische. Auch Äpfel gab es und Rüben, aber von Kartoffeln hatten die Menschen in Europa noch nie etwas gehört.
Da fuhr eines Tages in einen großen Hafen ein Schiff aus Amerika. Am Ufer warteten schon viele Leute, insbesondere viele Frauen und ihre Kinder auf die Seeleute. Die wollten so schnell wie möglich an Land zu ihren Familien. Einige schleppten schwere Säcke, als sie von Bord gingen.
»Papa, was hast du uns mitgebracht?«, riefen die Kinder, denn nach einer langen Reise brachten die Seeleute immer etwas mit. »Das werdet ihr schon sehen!«, sagte ein Vater. »Ich zeige es euch zu Hause.«
Daheim holte der Vater einige merkwürdige braune Knollen aus seinem Seesack. Die Kinder waren enttäuscht. »Wir dachten, du würdest uns etwas zum Essen oder zum Spielen mitbringen«, sagten sie ganz traurig. »Wartet's nur ab!«, sagte der Vater und legte einige Knollen in die Glut am Herd, andere in einen Topf mit Wasser, den er auf den Herd setzte. Nach einiger Zeit holte der Vater vorsichtig die braunen Knollen aus der Glut und aus dem Kochtopf und alle durften sie probieren. Hmmm!

So etwas Gutes hatten sie schon lange nicht mehr zu essen gehabt. »Was ist das bloß?«, fragten sie. »Das sind Kartoffeln!«, sagte der Vater. Kartoffeln? Was für ein lustiges Wort. Klingt ein bisschen wie Pantoffeln oder wie Stoffel oder Löffel. »Kann man auch Kartuffel sagen oder Kurtaffel oder Kirteffel?«, fragten die Kinder. (Hier werden sich die Zuhörer mit eigenen »Unwörtern« einschalten.) »Egal, wie die Dinger heißen, wir wollen noch mehr davon!«, riefen die Kinder. Aber der Vater sagte: »Nein, die restlichen Knollen sollen Junge kriegen! Wir legen sie im Frühjahr in die Erde im Garten, dann wächst aus jeder Kartoffel eine neue Kartoffelpflanze mit vielen, vielen goldgelben Kartoffeln dran.«

So geschah es dann auch. Im Frühjahr gruben sie kleine Gräben im Garten, legten die Kartoffeln hinein, deckten sie mit Erde zu und warteten, was geschah. Tatsächlich wuchs nach einigen Wochen ein grünes Pflänzchen mit feinen weißen oder bläulichen Blüten daran. Die Seeleute konnten aber die Kartoffelernte nicht abwarten, sondern mussten wieder auf ihr Schiff. Frauen und Kinder blieben zurück.

Jeden Tag gingen die Kinder in den Garten und sahen nach, ob die Kartoffelpflanzen auch tüchtig wuchsen. Wenn es nicht regnete, gossen sie die Pflanze mit der Gießkanne. Tatsächlich sahen sie bald an der Stelle, an der die Blüte gesessen hatte, kleine grüne Früchte heranwachsen. »Ich sehe schon eine Kartoffel!«, rief ein Junge, und das Wasser lief ihm im Mund zusammen, wenn er daran dachte, wie gut ihm die Kartoffel geschmeckt hatte. Am nächsten Tag konnte er es einfach nicht mehr aushalten. Er ging in den Garten, pflückte die grünen Früchte ab, kochte sie heimlich in einem kleinen Kochtopf, suchte sich ein verstecktes Plätzchen und begann, das Gekochte zu essen. Pfui Teufel! Das schmeckte ja fürchterlich! Entsetzt spuckte er aus, was er noch im Mund hatte, aber ein kleines bisschen hatte er schon runtergeschluckt. Gleich wurde ihm übel und er musste sich übergeben.

»Du bist bestimmt gar keine Kartoffelpflanze!«, rief der Junge empört und riss die ganze Pflanze wütend aus dem Boden. Und was meint ihr, was da geschah? (Kinder die Geschichte zu Ende erzählen lassen.)

Malen – Formulieren
4.04 Erinnerungsbrief an die Eltern
Die Eltern sollen daran erinnert werden, dass am kommenden Tag ein Ausflug auf den Kartoffelacker geplant ist. Gummistiefel und warme Kleidung, die auch schmutzig werden darf, werden gebraucht. Die Kinder malen das. (Gummistiefel auf den Tisch stellen, Umriss mit dem Zeigefinger umfahren, Stiefel in die Luft malen, dann auf das Papier. Viele Kartoffeln umrahmen das Bild.) Ideal wäre es, wenn jedes Kind dazu auch einen eigenen Text diktieren könnte, den die Erzieherin auf das Blatt schreibt.

Naturbegegnung
4.05 Kartoffelernte
Die Kinder graben mit kleinen Schaufeln oder mit den Händen vorsichtig Kartoffeln aus und legen sie in mitgebrachte Eimer oder Körbe.

Naturbegegnung
4.06 Kartoffelkäfer suchen
Vielleicht zeigen sich an einigen Pflanzen Spuren von Kartoffelkäfern: angefressene Blätter. Die Kinder erhalten eine Beschreibung von Kartoffelkäfern und deren Larven und werden aufgefordert, einen Käfer oder eine Larve zu finden. Die werden in einem mit Tüll bespannten Glas oder in einem Lupenglas in den Kindergarten mitgenommen. Futter (Blätter der Kartoffelpflanze) nicht vergessen.

Sachbegegnung
4.07 Feuerstelle bauen
Die Kinder sammeln trockenes Laub, trockene Ästchen und trockenes Holz und bauen auf dem geräumten Kartoffelacker eine Feuerstelle.

Sachbegegnung
4.08 Kartoffeln aus der Glut
Je nachdem, wie viele Kinder da sind, könnte es zweckmäßig sein, zwei Feuerstellen zu haben. Warten, bis genügend Glut vorhanden ist. Kartoffeln in die Glut schieben. Kein Holz mehr nachlegen. Garzeit 10–15 Minuten. Kartoffel aus dem Feuer holen, in ein Stück Papier einrollen und in der Mitte durchschneiden. So können die Kinder die Kartoffel halten und mit einem Löffel essen. Butter und Salz schmecken wunderbar dazu.

Feuerspruch
4.09 Brenne, brenne
Brenne, brenne lichterloh
gelb und rot und schwarz.
Brenne, brenne lichterloh
Rinde, Holz und Harz!

Mengen erfassen (Spiel im kleinen Kreis)
4.10 Wie viele Kartoffeln fehlen?
Vor jedem Kind liegen drei Kartoffeln. Während ein Kind die Augen schließt, nehmen die anderen Kinder eine oder zwei oder alle oder gar keine Kartoffel in die Hände und verbergen sie auf dem Rücken. Das Ratekind soll nun jedem Kind sagen, wie viele Kartoffeln fehlen.

Gestalten im Freien
4.11 Bilder legen aus Naturmaterial
Aus kleinen Stöcken, Blättern oder aus Kartoffelkraut können Figuren auf dem Boden gebildet werden: Häuser, Bäume, ein Tausendfüßler …

Bewegung im Freien
4.12 Furchenlaufen – Hindernisspringen
In schmalen Furchen zu laufen ist fast so schwierig wie Seiltanzen. Aus Kartoffelkraut lassen sich Hindernisse bauen, die beim Laufen übersprungen werden müssen.

Malen am Tisch
4.13 Feuerbild
Auf große Blätter wird mit roten, gelben und schwarzen Wasserfarben ein loderndes Feuer gemalt. Dabei sollen sich die Kinder erinnern, was sie am Feuer erlebt haben: Flammen lodern und züngeln, Holz knistert und knackt, Rauch steigt auf, Holzkohle glüht … Wer kennt noch den Feuerspruch (4.9)?

Basteln – gestalten
4.14 Kartoffelpuppen herstellen
Größere Kartoffeln werden vorsichtig so ausgehöhlt, dass sie auf den Zeigefinger gesteckt werden können. Mit Hilfe von Streichhölzern oder Stecknadeln oder Sonnenblumenkernen werden Augen und Mund markiert. Noch schöner wäre ein geschnitztes Gesicht. Haare oder Bärte aus Bast oder Federn ergänzen den Kopf. Als Kostüm wird ein Stück Stoff über den Zeigefinger gestülpt, darauf wird der Kartoffelkopf gesetzt: Fertig ist die Kartoffelpuppe.

Handpuppenspiel
4.15 Kartoffeltheater
Die Kinder sitzen mit ihren Kartoffelpuppen im Kreis. Auch die Erzieherin hält eine Kartoffelpuppe in der Hand. Das ist der Kartoffelkönig, der wissen will, welche Untertanen er hat. Er fragt die Kartoffelpuppen nach ihrem Namen, ihrem Beruf, ihrem Alter … Dann erklärt der König, dass er dringend Leute sucht, die auf seinem Schloss arbeiten sollen. Wer bewirbt sich? Die Kartoffelpuppe, die sich beim Kartoffelkönig meldet, wird nun einem »Bewerbungsgespräch« unterzogen: Was kannst du? Bist du stark? Hast du Ausdauer? Was machst du, wenn plötzlich … (Fragen so formulieren, dass die Kinder nicht nur mit Ja oder Nein antworten.)

Basteln – gestalten
4.16 Kartoffeldruck
Kartoffel halbieren, Ausstecherförmchen in die Schnittfläche drücken, 1 cm unterhalb der Schnittfläche Kartoffel bis zum Förmchen einschneiden, Förmchen herausziehen: Jetzt hat man einen Kartoffelstempel, der, mit Wasserfarbe bestrichen, Seidenpapier bedrucken kann. So entsteht festliches Einwickelpapier für den Geburtstag oder für Weihnachten.

Dreiermenge (Arbeitsblatt)
4.17 Drei Kartoffeln in den Sack
Die Vorschulkinder bekommen ein Arbeitsblatt mit vielen verstreuten Kartoffeln. Mit einem Buntstift sollen sie jeweils drei Kartoffeln in einen »Sack« sammeln.

Von Blättern und Bäumen

Im Freien
4.18 Blätter sammeln
Bunte Herbstblätter zu sammeln kann bei Kindern eine richtige Sammelleidenschaft
auslösen. Jedes Kind soll so viele Blätter sammeln, wie es in der Hand halten kann,
und darauf achten, dass auch grüne, rote, gelbe, braune, bunte dabei sind. Wer weiß,
zu welchen Bäumen die gefundenen Blätter gehören?

Experimentieren
4.19 Blätter pressen
Gesammelte Blätter zwischen saugfähiges Papier (Zeitungspapier, Telefonbuch …)
legen und beschweren. Mindestens drei Tage liegen lassen. (Da es vielen Kindern
nicht leicht fällt, sich von den gesammelten Blättern zu trennen, sollte jedes Kind
die Möglichkeit haben, seine Blätter auch wieder zu finden. Also Namen auf dem
Presspapier notieren.) Wie wird das Blatt nach drei Tagen aussehen? Warum bleibt
es nicht so, wie es ist?

Basteln
4.20 Mein schönstes Blatt
Jedes Kind klebt sein schönstes getrocknetes und gepresstes Blatt auf ein buntes Papier. (Glasplatte mit Tapetenkleister bestreichen, Blatt darauf legen, Papier darüber
legen und andrücken, Papier abziehen, Blatt mit Pinzette oder Fingern vorsichtig
von der Glasplatte wegnehmen und an der vorgesehenen Stelle andrücken.) Die Erzieherin sollte sich vom Kind einen Text zur Beschreibung des Blattes diktieren lassen. Vielleicht weiß es sogar, von welchem Baum das Blatt stammt?
Alternative: *Siebdruck*. Blatt wird auf Papier gelegt, Farbe darüber gesprüht (Sieb
und Zahnbürste sind besser als Spraydosen), Blatt vorsichtig abnehmen.

Zuordnen – basteln
4.21 Herbstbäume
Auf große Packpapierbogen werden mit Ölkreide Stamm und Äste von Bäumen gemalt und an der Wand befestigt oder auf dem Fußboden ausgelegt. Die Erzieherin
klebt an jeden Baum jeweils ein Blatt und benennt die Bäume: Ahorn, Buche, Eiche,
Kastanie … Die Kinder suchen sich aus den gesammelten und gepressten Blättern die
richtigen aus und kleben sie an den entsprechenden Baum (Klebetechnik siehe 4.19).

Klebebild
4.22 Was die Blätterkinder spielen
Je nachdem, wie kleine Blättchen auf einem (farbigen) Papier angeordnet werden,
könnten sie Fangen spielen oder marschieren oder ein Kreisspiel machen … (Klebetechnik siehe 4.19). Die Erzieherin geht von Kind zu Kind und lässt sich diktieren,
was auf dem Blätterbild zu sehen ist.

Tischtheater
4.23 Die Geschichte vom kleinen gelben Blättchen
Falls noch vorhanden: Zur Einführung Leo Leonis Bilderbuch »Das kleine Blau und das kleine Gelb« betrachten. Es erzählt die Geschichte von einem blauen und einem gelben Fleck, die sich von den Eltern lösen und nach einigen Abenteuern zusammenfinden, und regt dazu an, selbst eine Geschichte zu erfinden, diesmal mit Hilfe von Blättern als Tischtheater: Es war einmal ein kleines gelbes Blättchen, das wohnte mit seiner Mama und seinem Papa auf einem Baum. Von dort sah das kleine Blättchen, wie andere Blättchen auf der Straße im Wind Fangen spielten ...

Basteln – gestalten
4.24 Blätterbilderbuch herstellen
Man kann mit kleinen gepressten Blättern wunderschöne Bilderbücher schaffen. Die einzelnen Buchseiten können in Plastikfolie gesteckt und in ein Ringbuch eingehängt werden. Etwas aufwändiger wäre es, die Blätter in Folie einzuschweißen (laminieren) und mit Spiralbindung zu einem Buch zu machen.
Eine Geschichte könnte z.B. so aussehen:

1. Seite: Es war einmal ein kleines rotes Blättchen, das spielte gern mit vielen anderen Blätterkindern Fangen (verschiedene Blättchen in Schlangenlinie kleben)
2. Seite: ... oder Häschen in der Grube (Blättchen im Kreis kleben)
3. Seite: ... oder Verstecken (kleine Blättchen halb hinter große Blätter kleben ...).
4. Seite: Aber eines Tages sagten plötzlich die gelben Blättchen: Die roten und die grünen spielen nicht mehr mit! (Gelbe Blättchen zu einem dichten Kreis fügen, andere bleiben außerhalb.)
5. Seite: Aber als die gelben Blättchen gegen das Blätterteam aus der Nachbarstraße Fußball spielen wollten, verloren sie haushoch, weil die roten Stürmer und die grünen Verteidiger und die bunten Läufer fehlten. (5 gelbe Blättchen stürmen gegen 11 bunt gemischte Blättchen.)
6. Seite: Da merkten die gelben Blättchen, wie dumm sie waren, und wollten wieder mit den anderen spielen. Aber die waren beleidigt und wollten mit den gelben nichts mehr zu tun haben. (Verschiedene Blättchen schließen sich dicht zu einer Gruppe zusammen, die gelben bleiben außen vor.)
7. Seite: Da nahm das rote Blättchen all seinen Mut zusammen und rief: Ab heute spielen wir wieder alle zusammen. Los, wer fängt mich?, und schon rannte es los. (Rotes Blättchen entfernt sich von anderen, die am Bildrand noch zu sehen sind.)
8. Seite: Und stellt euch vor, alle Blättchen rannten hinterher! (Blättchen aller Farben in Schlangenlinie hinter das rote Blättchen kleben.)

Basteln
4.25 Blattgirlanden
Große Blätter können wie Perlen aufgefädelt und als Girlande im Raum aufgehängt werden. Die Blätter trocknen, und die Girlande verändert fast stündlich ihr Gesicht.

Basteln
4.26 Blätterpüppchen
Aus großen Kastanienblättern lassen sich hübsche Püppchen basteln: Man legt zwei oder drei etwa gleich große Blätter aufeinander. Die Blattstiele werden zusammengebunden und bilden den Marionettenfaden, an dem das Püppchen später bewegt werden kann. Ein Blattfinger bildet den Kopf. Die beiden Blattfinger links und rechts davon werden zusammengerollt, unten abgebunden und bilden die Arme, die restlichen Blatteile werden ebenfalls jeweils zusammengebunden und bilden die Beine.
Mit diesen Blätterpüppchen kann man Tischtheater spielen, z.B. »Brüderchen, komm tanz mit mir!«.

Beobachten und malen
4.27 Großes Baumbild
Die Erzieherin verteilt besonders große Papierbogen und erklärt, sie sei ganz sicher, dass jedes Kind ein großes Baumbild malen könne und zeigt »den Trick«, der das kinderleicht macht: Man sucht erst einmal im Freien einen schönen Laubbaum, sieht ihn an und betastet den Stamm. Der ist dick und geht vom Boden bis weit nach oben. Oben wird er dünner und verzweigt sich. Es gibt viele Äste, die wachsen aber nicht ganz unten. Mit dem Körper nachspielen: Geschlossene Beine und Rumpf sind der Stamm, die Arme zwei Äste. Zwei Kinder, mit dem Rücken aneinander gestellt, können einen Baum mit vier Ästen darstellen. Wo sind eigentlich die Wurzeln, wo wachsen die Blätter und gegebenenfalls die Früchte?
Danach kehren die Kinder zu ihrem Papier zurück, bekommen Pinsel und Farben und malen Stamm, Äste, Blätter, Früchte mit angerührten Farben. (Beim Farbwechsel jeweils eine kleine Pause einlegen, damit die Farben nicht ungewollt ineinander fließen.)

Von Obst und Gemüse

Sachbegegnung
4.28 Früchte – nicht vom Markt
Falls es einen Obstbaum gibt, den die Kinder plündern dürfen, oder einen Garten, in dem sie Tomaten, Möhren, Salat ernten dürfen, würde sich ein Ausflug dorthin auf jeden Fall lohnen. Natürlich muss die Ernte dann auch verwendet werden. (Rohkostsalat, Obstsalat, Apfelbrei [4.29].)

Sachbegegnung
4.29 Apfelbrei
Hier können viele Kinder gleichzeitig Äpfel in Stücke schneiden. Für jeden Apfel einen Esslöffel Wasser zugeben und aufkochen. Danach durch ein Sieb drücken, mit Zucker und Zimt abschmecken.
Als Rohkost ganze Äpfel raspeln.

Spiel am Tisch oder im Kreis
4.30 Essen mit Genehmigung
In der Mitte steht ein großer Teller mit Rohkost. (Stücke von Obst, Möhren, Sellerie, Blumenkohl usw.) Ein Kind beginnt: Der (Felix) darf die Pflaume essen. Das angesprochene Kind holt sich die Pflaume und isst sie. Nun darf es selbst weitermachen: Die (Anna) darf den Blumenkohl essen. Wenn Anna den Blumenkohl nicht essen mag, wird ein anderes Kind aufgerufen, so lange, bis ein Kind das angebotene Stück mag und selbst weiter bestimmen darf.

Singspiel
4.31 Spannenlanger Hansel
Spannenlanger Hansel! Nudeldicke Dirn!
Gehen wir in den Garten, schütteln wir die Birn'.
Schüttel ich die großen, schüttelst du die klein'.
Wenn das Säckchen voll ist, gehn wir wieder heim.

Lauf doch nicht so närrisch, spannenlanger Hans!
Ich verlier die Birnen und die Schuh noch ganz.
Trägst ja nur den kleinen Sack, nudeldicke Dirn,
und ich schlepp den großen Sack mit den großen Birn'.

Singspiel
4.32 Machet auf das Tor
Machet auf das Tor! Machet auf das Tor!
Es kommt ein goldner Wagen.
Was will er denn? Was will er denn?
Er will die (Bärbel) haben.
(Zwei Kinder bilden mit ihren Armen ein Tor, durch das alle Kinder ziehen. Wenn das Lied zu Ende ist, wird das Kind, das sich gerade unter dem Tor befindet, gefangen und löst eines von den »Torkindern« ab.

Singspiel
4.33 Es tanzt ein Bi-Ba-Butzemann
Es tanzt ein Bi-Ba-Butzemann
in unserm Haus herum, widebum,
es tanzt ein Bi-Ba-Butzemann
in unserm Haus herum.
Er rüttelt sich,
er schüttelt sich,
er wirft sein Säcklein hinter sich.
Es tanzt ein Bi-Ba-Butzemann
in unserm Haus herum.

Kneten
4.34 Volle Körbe für den Markt
Die Kinder stellen alle Früchte und Gemüsearten, die sie kennen, aus Knetmasse her und sortieren sie in Körbe.

Rollenspiel
4.35 Obst- und Gemüsemarkt
Einige Kinder sind Verkäufer und bauen ihre Stände auf. Andere kaufen ein. (Erzieherin auch!)

Feinmotorik
4.36 Früchte ausschneiden
Aus Katalogen (die vom Samenhändler eignen sich besonders gut!) werden Obst und Gemüse ausgeschnitten. Was ist Obst? Was ist Gemüse? Was ist rot? Was ist grün? …

Kinderreim
4.37 Ein Witz vom Onkel Fritz
Ich weiß 'nen Witz vom Onkel Fritz,
den darf ich nicht verraten,
sonst kommen die Soldaten
und schießen mit Tomaten.

Spiel im Kreis
4.38 Früchte benennen und sortieren
Die ausgeschnittenen Obst- und Gemüsebilder liegen in der Kreismitte. Reihum sagt jedes Kind: »Ich gehe in den Garten und hole mir (eine Birne).«
Variation: Ich gehe in den Garten und hole (eine Birne) für (Sebastian).
Das genannte Bild wird geholt bzw. dem angesprochenen Kind gegeben. Wenn alle Bilder verteilt sind, wird in die Kreismitte ein Tuch gelegt, darauf ein kleiner Tisch, darauf ein Stuhl. Reihum legen nun die Kinder ihre Bilder unter das Tuch, auf das Tuch, auf den Tisch oder ganz nach oben auf den Stuhl, je nachdem, ob die Frucht unter der Erde, auf dem Boden, an einem Strauch oder auf einem Baum wächst.

Reißen – malen – kleben
4.39 Die Krähen und die Vogelscheuche
Für das Tischtheater (4.40) nach dem Bilderbuch von Lionni »Sechs Krähen« brauchen wir sechs Vögel, die aus schwarzem Papier gerissen werden. Schnabel ankleben, Auge aufmalen. Andere Kinder malen oder kleben inzwischen eine kleine und eine große Vogelscheuche. Dann brauchen wir noch eine Eule, die ebenfalls aus Papier gerissen oder geschnitten wird. Für den Bauer nehmen wir den Zeigefinger, dem auf dem Fingernagel ein Gesicht gemalt und vielleicht noch eine kleine Mütze aufgesetzt wird.

Die Kinder, die noch nichts zu tun hatten, reißen inzwischen aus grünem und braunem Papier viele Blätter, oder sie verwenden richtige gepresste Blätter, die später auf ein Stück Pappe in Vogelform (das sollte die Erzieherin beisteuern) geklebt werden. Diese Figur brauchen wir wie die Vogelscheuchen in zwei verschiedenen Größen. Und Maiskörner.

Tischtheater
4.40 Sechs Krähen
Das Bilderbuch von Leo Lionni, Sechs Krähen, wird vorgelesen und gleichzeitig als Tischtheater dargestellt:
In einem friedlichen Tal in den Balabadurhügeln hatte ein Bauer ein Feld Mais gesät … (Hand mit nach oben gestrecktem Zeigefinger läuft als Bauer über den Tisch und lässt Maiskörner fallen.)
Alle hätten hier glücklich und zufrieden leben können. Aber da waren die sechs lärmenden Krähen … (Papiervögel erscheinen, krächzen, picken alle Maiskörner weg.)
Aus lauter Verzweiflung baute der Bauer eine Vogelscheuche … (Bauer bringt die Vogelscheuche, pflanzt sie mitten ins Feld und sät noch einmal Mais.)
Als die Krähen sahen, dass eine Vogelscheuche im Feld stand, erschraken sie sehr. Sie steckten die Köpfe zusammen und berieten sich … (Schwarze Vögel stecken die Köpfe zusammen.)
Zum Schluss einigten sie sich darauf, einen Furcht erregenden Gespenstervogel zu bauen. Sie sammelten trockene Blätter … (Kinder kleben Blätter auf die mit Leim beschmierte Vogelattrappe.)
Der Bauer bekam einen großen Schreck. Er rannte zu seiner Hütte … (Bauer rennt weg.)
… und holte eine viel größere Vogelscheuche … (Die zweite noch größere Vogelscheuche wird neben die erste gelegt oder gestellt.)
Als die Krähen die neue Bedrohung sahen, sammelten sie noch mehr Blätter und bauten einen noch größeren Gespenstervogel … (Kinder kleben das zweite Ungeheuer.)
Die Eule hatte aus ihrem Nest die Ereignisse beobachtet und beschloss, mit dem Bauern zu reden … (Eule fliegt zum Bauern und sagte: Sprecht doch miteinander!)
Dann ging sie zu den Krähen … (Eule fliegt zu den Krähen und sagt: Sprecht doch miteinander. Worte können Wunder wirken!)
Die Krähen und der Bauer kamen überein, sich zu treffen. Und sie redeten und redeten … (Dialog zwischen Krähen und Bauer erfinden.)
Und schon lachten sie zusammen. Sie wollten der Eule danken. Die saß auf einem Arm der Vogelscheuche, die auf einmal ganz lieb und lustig aussah.
»Was ist geschehen?«, fragten sie alle. »Ein Wunder«, sagte die Eule.

5. Kleidung

Vorüberlegungen

Das Thema Kleidung eignet sich hervorragend für einen *Elternabend*, denn die meisten Konflikte, die sich um Kleidung drehen, spielen sich zwischen Eltern und Kindern ab. Eine Gesprächsrunde ergibt sich ganz von selbst, wenn z.B. folgende Fragen in den Raum gestellt werden:

Dürfen Kinder sich schmutzig machen? Wo sind die Grenzen? Ab wann kann ein Kind selbst entscheiden, was es anziehen will? Müssen Eltern die Kinder fragen, ehe sie zu klein gewordene Kleidungsstücke verschenken oder verkaufen? Müssen Kinder unbedingt das tragen, was andere Kinder haben? Was tun, wenn der Geschmack von Mutter und Kind nicht in Einklang zu bringen ist? Ab wann sollte sich ein Kind allein an- und ausziehen können? Wie sollen Eltern sich verhalten, wenn ein Kind bestimmte Kleidungsstücke strikt ablehnt? Soll man einschreiten, wenn ein Kind sich mitten am Tag umzieht, obwohl dafür kein einleuchtender Grund vorhanden ist? Stimmt der Satz: »Es gibt kein schlechtes Wetter, es gibt nur falsche Kleidung?« Welche Probleme haben die Eltern wegen der Kleidung der Kinder mit den Erzieherinnen?

Für den *Jahrmarkt der Geschicklichkeiten* (5.07) könnten Eltern nach dem Vorbild von Montessori Rahmen basteln, in die zwei Stoffteile gespannt sind, die durch Knöpfe, Haken, Bänder, Reißverschlüsse usw. miteinander verbunden werden. Die einzelnen Stationen könnten aber auch von den Kindern selbst gestaltet werden, indem Kleidungsstücke für Stofftiere oder Puppen bereitliegen, bei denen Knöpfe geschlossen, ein Reißverschluss zugemacht werden muss usw.

Ein *Flohmarkt für gebrauchte Kleidung* im Kindergarten gäbe Eltern die Möglichkeit, sowohl zu kaufen als auch zu verkaufen. Dazu sollten die Eltern jedes Kleidungsstück, das sie verkaufen möchten, mit einem Zettel versehen, auf dem der Preis und eine Kennnummer für jede Familie vermerkt sind. Die Verkäufer tragen die Einnahmen in Listen ein und händigen die erzielten Beträge den einzelnen Familien aus.

Alternativ dazu käme auch eine *Kleidersammlung* in Frage. Dabei sollte aber von Anfang an klar sein, an wen die Sachen gehen. Möglicherweise engagiert sich jemand aus dem Elternkreis für ein Projekt oder ein Partnerschaftsabkommen, wo Kinderkleidung sehr erwünscht ist. Ansonsten geben die Kirchen oder die Wohlfahrtsverbände gern Hinweise. Falls die gespendete Kleidung eine weite Reise (z.B. nach Afrika) antreten sollen, muss die Frage der Transportkosten geklärt werden.

Die *Angebote* dieses Kapitels enthalten nicht nur Wortschatz- und Kommunikationstraining (5.01–06, 5.10–11), sondern sollen auch die Feinmotorik und Selbstständigkeit der Kinder fördern, indem sie lernen, mit Haken, Schleifen, Knöpfen, Schnallen und Klettverschlüssen klarzukommen (5.07, 5.09).

Bei der Mitmachgeschichte »Des Kaisers neue Kleider« darf über Leute gelacht werden, die es nicht wagen, sich zu ihrer eigenen Ansicht zu bekennen. Dieses Spiel könnte dann auch den Eltern gelegentlich präsentiert werden. Als Alternative bietet sich das Märchenspiel »Sterntaler« (5.17) an.

Bei den Mitmachgeschichten kommt es wie immer darauf an, die Kinder zum Mitspielen und schließlich auch zum Mitsprechen zu bewegen (5.15; siehe S. 33). Dass das Erfinden von Texten großen Spaß machen kann, können die Kinder beim Erfinden immer neuer Strophen (5.00, 5.14) erfahren.

Eine Verkleidungskiste (5.19) sollte in keinem Kindergarten fehlen.

Wörterliste 5

Abendkleid	gestreift	Rock
abreißen	Gewand	Saum
altmodisch	Gürtel	Schal
ankleiden	Haken	Schlafanzug
Anorak	Hemd	Schleife
anprobieren	Hose	Schnalle
anziehen	Jacke	Schneider
Ärmel	Kapuze	schnüren
aufhängen	kariert	Schürze
auftrennen	kaufen	schützen
ausziehen	Kleid	Seide
Baumwolle	Kleiderbügel	Sicherheitsnadel
Betrüger	Kniestrümpfe	Socken
binden	Knöpfe	Stoff
Bluse	Knopfloch	stricken
Brautkleid	Kordel	Sweatshirt
bügeln	Kostüm	T-Shirt
bunt	kratzen	umtauschen
Dirndl	leuchtend	umziehen
draußen	Mantel	ungeschickt
drinnen	Mode	unsichtbar
einfarbig	Muster	Unterhemd
eitel	Mütze	Unterhose
elegant	nähen	verkehrt
eng	Naht	Verschluss
Fleck	Oberbekleidung	Weste
flicken	Overall	Wolle
gemustert	Pullover	zauberhaft
Geschicklichkeit	Reißverschluss	zuknöpfen

Empfehlenswerte Bilderbücher

Mati Lepp, Ulf Ryberg: Die doofe Mütze. Ravensburger, Ravensburg 1993. *Ein Junge bekommt eine Mütze, die er schrecklich findet. Er wagt sich gar nicht damit in die Öffentlichkeit, weil er fürchtet, ausgelacht zu werden. Einfach wegwerfen kann er sie aber auch nicht, weil sein Vater dann traurig wäre. In diesem Fall gibt es ein Happyend: Die beste Freundin kommt mit der gleichen Mütze daher!*

Angebote

Singspiel
5.00 Wir haben bunte Hosen an

Text und Melodie: Rose Götte

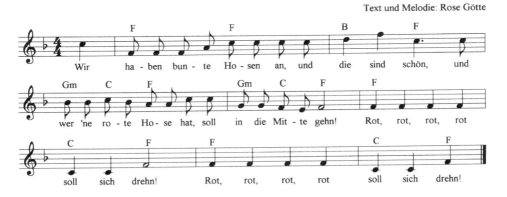

2. Wir haben bunte Pullis an und die sind schön, und wer 'nen blauen Pulli hat …
3. Wir haben bunte Strümpfe an und die sind schön, und wer zwei grüne Strümpfe hat …
(Weitere Strophen erfinden.)

Während des Singens bewegen sich die Kinder im Kreis, bis die Kinder mit den entsprechenden Kleidungsstücken in die Kreismitte treten und sich drehen, während die anderen Kinder klatschen.

Rollenspiel
5.01 Mäntel verkaufen in der Garderobe
Die Garderobe wird zum Fachgeschäft für Mäntel und Jacken. Vorher die Kinder fragen, welche Kleidungsstücke in das Spiel einbezogen werden dürfen. Falls die Gefahr besteht, dass die Kinder ihre Sachen später nicht identifizieren können, hilft ein Zettel, der am Kleidungsstück befestigt wird.
Ein Kind verkauft und beschreibt die Vorteile der einzelnen Kleidungsstücke, die der Kunde anprobiert.

Beschreiben und verstehen
5.02 Was zieht der Superstar heute an?
Wer möchte Superstar sein? Wer ist der Manager? Der Superstar besitzt unzählige
Mäntel und Jacken (alle Kleidungsstücke, die in der Garderobe hängen). Der Superstar lässt sich von seinem Manager bedienen. Er sitzt bequem mitten in der Garderobe und beschreibt die Jacke oder den Mantel, den er heute anziehen will. Der Manager muss genau hinhören und das richtige Kleidungsstück anreichen.

Gespräch – Sätze ergänzen
5.03 Im Land der Quatschköpfe
Im Land der Quatschköpfe ist alles anders als bei uns. Wenn die Kinder im Matsch
spielen wollen, ziehen sie das Feinste an, was sie haben. Wenn es heiß wird, holen sie
die dicksten Pullover aus dem Schrank. Wenn die Sonne scheint … Wenn es regnet
… Wenn es schneit … In der Badewanne tragen die Kinder … Aber im Supermarkt
laufen sie nackt herum. (Kinder beenden die Sätze.)

Spiel im Kreis
5.04 Kleidungsstücke tauschen: Wer merkt's?
Alle Kinder versuchen sich einzuprägen, was die einzelnen Kinder anhaben. Während sich ein Kind umdreht, vertauschen zwei Kinder ein Kleidungsstück, die Brille,
das Haarband … Was hat sich verändert?

Spiel im Kreis – Sätze ergänzen
5.05 Alle Kinder, die einen Gürtel tragen
Die Kinder beginnen reihum einen Satz (Alle Kinder, die einen Gürtel tragen …, alle
Kinder, die eine Jacke mit Knöpfen anhaben …, alle Kinder, die eine Hose mit Reißverschluss haben …), den die Erzieherin mit einem Auftrag ergänzt (… sollen
schnell unter ihrem Stuhl durchkriechen und sich wieder setzen, … sollen so hoch
hüpfen, wie sie können, … sollen die Andrea streicheln, … dürfen mir ein Haar aus-
reißen).

Schneiden, reißen, auftrennen
5.06 Alte Kleidungsstücke auftrennen
Etwas kaputtmachen zu dürfen hat für Kinder einen besonderen Reiz. Bei dieser Beschäftigung kann die Erzieherin durch ihre Anweisungen intensive Wortschatzübun-
gen veranstalten: Knöpfe abtrennen, Ärmel herausschneiden, Gestricktes aufziehen,
Saum suchen, Naht auftrennen … Zum Schluss gemeinsam überlegen: Was machen
wir mit den gesammelten Einzelteilen? (Collage, Vogelscheuche.)

Feinmotorik
5.07 Jahrmarkt der Geschicklichkeiten
Verschiedene Tische sind die Jahrmarktsbuden, an denen die Kinder ihre Geschicklichkeit erproben können. Für jede gelöste Aufgabe gibt es einen »Preis« (Glasperlen

o.Ä.) Die Aufgaben bestehen darin, einer Puppe die Jacke zuzuknöpfen oder dem Teddy die Hose mit dem Reißverschluss anzuziehen oder eine Schleife an einem Schuh zu binden usw. Dazwischen kann auch eine Bude angeboten werden, in der mit Bällen ein Ziel getroffen werden muss.

Falls Montessori-Rahmen vorhanden sind oder falls die Eltern ähnliche Materialien hergestellt haben, werden die »Buden« mit diesen Dingen bestückt.

Sachbegegnung
5.08 Puppenkleider waschen – trocknen – bügeln
Puppenkleider werden gewaschen, gespült, zum Trocknen aufgehängt und mit Kinderbügeleisen gebügelt. Es ist wichtig, dass die Jungen in solche Beschäftigungen einbezogen werden.

Feinmotorik
5.09 Papierpuppen
Aus Katalogen schneiden die Kinder Kleidungsstücke aus und ziehen sie den Models an, indem sie die ausgeschnittenen Sachen auf andere Fotos kleben.

Zuordnen
5.10 Kleidung für drinnen – Kleidung für draußen
Aus Katalogen wird Oberkleidung ausgeschnitten. Auf ein großes Packpapier wird ein Haus gemalt. Was zieht man an, wenn es kalt wird? Kleidung für drinnen wird im Haus, Kleidung für draußen außerhalb des Hauses befestigt.

Beschreiben – Spiel im Stuhlkreis
5.11 Polizei sucht Täter
Für jede Spielrunde brauchen wir einen Polizisten, der den Raum verlässt. Jetzt brauchen wir noch einen Täter, ein Opfer und einen Zeugen. Der Täter nimmt dem Opfer etwas weg oder »verletzt« es. Das Opfer ruft die Polizei herein und erzählt, was ihm passiert ist. Der Zeuge hat den Täter gesehen und kann ihn beschreiben. (Achtung: nicht hingucken!) Der Polizist muss herausfinden, wer der Täter war.

Turnen
5.12 Gangarten
Menschen bewegen sich unterschiedlich je nach der Situation, in der sie sich befinden. Entsprechend sind sie auch gekleidet. Alle Kinder begeben sich von einer Turnhallenwand zur anderen und stellen sich vor, sie tragen
eine Bundeswehruniform (marschieren),
eine Turnhose (rennen),
ein Brautkleid/einen feinen Anzug (schreiten),
ein Clownskostüm (Purzelbaum schlagen),
ein Ballkleid/einen Smoking (tanzen),
einen Sack (hüpfen).

Raten
5.13 Was habe ich an?
Nachdem die Kinder »kleidungsgemäße« Schritte in 5.12 schon vorgeübt haben, könnten einzelne Kinder sich entsprechend dem gewählten unsichtbaren Kostüm bewegen, während die anderen raten, was es wohl anhat.

Melodie erfinden – Text erfinden
5.14 Das Bein will immer in den Ärmel
In unserem Kindergarten war dies ein besonders beliebtes Lied, das die Kinder auf die Melodie von »Das ist die Liebe der Matrosen« mit immer neuen Strophen ergänzt haben.

Das Bein will immer in den Ärmel.
Da gehört es gar nicht hin, da gehört es gar nicht hin.
Das Bein will immer in den Ärmel.
Da gehört es, da gehört es, da gehört es gar nicht hin.

Der Fuß will immer in den Handschuh ...
Der Po will immer in den Pulli ...
Der Kopf will immer in die Hose ...

Der Kopf will immer in die Mütze.
Da gehört er ja auch hin, da gehört er ja auch hin.
Der Kopf will immer in die Mütze.
Da gehört er, da gehört er, da gehört er ja auch hin.

Puppenspiel
5.15 Die Puppe friert so
Die Erzieherin nimmt eine unbekleidete Puppe auf den Schoß und verteilt die passenden Kleidungsstücke (Hemd, Unterhose, Pulli, Hose, Strümpfe, Schuhe, Mantel, Mütze) an die Kinder. Während der Geschichte wird die Puppe von den Kindern angezogen, zunächst stumm. Im Lauf der Zeit sollen die Kinder aber ihre Texte selbst formulieren.
Die Puppe jammert: Huhuu! Mir ist so kalt! Ich habe gar nichts anzuziehen! Ich werde bestimmt krank und muss morgen das Bett hüten.
Da kommt das Hemdchen und sagt: Ich bin das Hemdchen und wärme dir den Bauch, da wirst du dich gleich besser fühlen!
Aber ich friere ja noch!, ruft der Popo. Hilfe! Hilfe! Da kommt das Höschen und sagt: Schrei doch nicht so! Ich bin ja schon da. So, einsteigen, hochziehen. Gleich wird es dir wärmer.
Aber nun werfen sich die Arme hoch und rufen: Und wer wärmt uns? Sollen wir vielleicht weiter frieren? Das ist ungerecht! Wir können doch nicht nackt bleiben bei dieser Kälte! Da kommt schon der Pullover und flüstert: Ihr braucht nicht zu jam-

mern, ich bin der Kuschelpulli. Fühlt mal, ihr Arme, wie schön weich und flauschig ich bin. Ich wärme die Arme und den Bauch und den Rücken und sogar noch den Hals.

Jetzt melden sich die Beine: Wann sind denn wir endlich mal dran? Wir frieren doch auch! Die Knie sind schon ganz blau vor lauter Kälte. Und schon kommt die Hose angerannt und sagt: Keine Angst! Ich bin die Hose und wärme euch. Gleich wird es ganz gemütlich …

So geht die Geschichte weiter, bis die Puppe vollständig angezogen ist. Jetzt wird die Puppe herumgereicht. Das erste Kind sagt: Die Puppe hat (einen Mantel) an und reicht die Puppe weiter. Das zweite Kind wiederholt das Kleidungsstück, das das erste Kind genannt hat, und fügt ein weiteres hinzu: Die Puppe hat einen Mantel und (eine Hose) an. Drittes Kind: Die Puppe hat einen Mantel und eine Hose und (ein Hemdchen) an …

Ausschneiden
5.16 Goldstücke für Sterntaler
Aus Goldpapier viele Taler in unterschiedlicher Größe schneiden.

Märchen der Brüder Grimm
5.17 Sterntaler
Es war einmal ein kleines Mädchen, dem waren Vater und Mutter gestorben, und es war so arm, dass es kein Kämmerchen mehr hatte, darin zu wohnen, und kein Bettchen mehr, darin zu schlafen, und endlich gar nichts mehr als die Kleider auf dem Leib und ein Stückchen Brot in der Hand, das ihm ein mitleidiges Herz geschenkt hatte. Es war aber gut und fromm. Und weil es so von aller Welt verlassen war, ging es im Vertrauen auf den lieben Gott hinaus ins Feld.

Da begegnete ihm ein armer Mann, der sprach: »Ach, gib mir etwas zu essen, ich bin so hungrig.« Es reichte ihm das ganze Stückchen Brot und sagte: »Gott segne dir's!«, und ging weiter.

Da kam ein Kind, das jammerte und sprach: »Es friert mich so an meinem Kopfe, schenk mir etwas, womit ich ihn bedecken kann.« Da tat es seine Mütze ab und gab sie ihm.

Und als es noch eine Weile gegangen war, kam wieder ein Kind und hatte kein Leibchen an und fror, da gab es ihm seins; und noch weiter, da bat eins um ein Röcklein, das gab es auch von sich hin.

Endlich gelangte es in einen Wald, und es war schon dunkel geworden, da kam noch eins und bat um ein Hemdlein, und das fromme Mädchen dachte: »Es ist dunkle Nacht, da sieht dich niemand, du kannst wohl dein Hemd weggeben«, und gab es auch noch hin.

Und wie es so stand und gar nichts mehr hatte, fielen auf einmal die Sterne vom Himmel und waren lauter harte, blanke, Taler, und ob es gleich sein Hemdlein weggeben, so hatte es ein neues an, und das war vom allerfeinsten Linnen. Da sammelte es sich die Taler hinein und war reich für sein Lebtag.

Vorschlag für die Erarbeitung eines Theaterstückes:
Zunächst den Originaltext vorlesen. Dann die Reden der Bittsteller mit den Kindern in die heutige Sprache übersetzen und die Rollen verteilen. Beim Spielen gibt es ein Problem, weil das Sterntalerkind im Märchen nackt dasteht.

Das könnte gelöst werden, indem die letzte Szene des Verschenkens einfach weggelassen wird, sodass das Kind nur Brot, Mütze, Jäckchen und Rock verschenkt. Soll es eigentlich auch Schuhe haben? Wem schenkt es die?

Nach diesem Vorgespräch werden die Kostüme gesucht und verteilt.

Wer keine Rolle hat, ist Sterne-Werfer (siehe 5.16).

Das Spiel: Alle Kinder sitzen in einem großen Stuhlkreis. Wer kein Kostüm hat, bekommt Goldtaler, die es am Schluss werfen kann. Die Erzieherin liest das Märchen vor, das Sterntalerkind bewegt sich im Kreis, bis ihr der arme Mann begegnet … Die direkte Rede soll jeweils von den Mitspielern übernommen werden.

Mitmachgeschichte
5.18 Des Kaisers neue Kleider (nach H.C. Andersen)

Es war einmal ein Kaiser, der war so eitel, dass er sich den ganzen Tag vor dem Spiegel hin und herdrehte, so etwa. (Erzieherin dreht und wendet sich vor einem unsichtbaren Spiegel.) Macht mal mit und zeigt, wie der Kaiser vor dem Spiegel stand. (Kinder bewegen sich ebenfalls vor einem unsichtbaren Spiegel und setzen sich dann wieder.) Etwa jede Stunde zog der Kaiser ein anderes Gewand an. Manchmal fragte er seine Minister (Erzieherin wendet sich an ein Kind und hält ihm pantomimisch zwei Gewänder hin): Soll ich das rote Gewand anziehen oder doch lieber das Grüne mit der goldenen Borte? (Kind antwortet.)

Wenn jemand wissen wollte, wo der Kaiser sei, hieß es meistens: Der Kaiser ist in der Kleiderkammer! (Erzieherin wendet sich an ein Kind.) Entschuldigung, wissen Sie vielleicht, wo der Kaiser ist? Ich suche ihn schon den ganzen Morgen! (Falls das Kind nicht antwortet oder nur verneint, fragt die Erzieherin das nächste Kind.)

Eines Tages kamen zwei Betrüger auf den Schlosshof. Betrüger sind Leute, die andere anlügen, um ihnen etwas wegzunehmen. Sie sagten, sie wären Schneider und könnten Gewänder nähen, die schöner wären als alles, was man je gesehen habe. Aber diese Kleider hätten eine ganz besondere Eigenschaft: Für dumme Menschen seien sie unsichtbar. Nur kluge Menschen könnten diese wundervollen, allerfeinsten Gewänder sehen. »Wie«, fragte der Kaiser, »habe ich recht verstanden: Die Gewänder, die ihr macht, können nur die Klugen sehen?« »Ganz recht, Majestät!«, antworteten die Betrüger. »Es sind Wunderkleider: so fein wie Spinnweben, so farbig wie die schönsten Blumen und für Dumme unsichtbar. Die haben natürlich auch ihren Preis.«

»Das muss ich haben! Das muss ich haben!«, rief der Kaiser aufgeregt. Ich wollte schon immer wissen, wer von meinen Untertanen klug ist und wer dumm ist. Dumme Minister jage ich davon!« Also bestellte er gleich mehrere von den Wunderkleidern und gab den beiden Schneidern gleich ein Goldstück als Anzahlung.

Und überall erzählten sich die Leute, was für neue Kleider der Kaiser bestellt hatte. (Kinder geben flüsternd die neuesten Nachrichten weiter.)

In Wirklichkeit aber waren das gar keine Schneider, sondern Betrüger. Die konnten gar keine Kleider nähen, Wunderkleider schon gar nicht. Sie hatten auch keine Stoffe dabei. Sie taten nur so, als ob sie Stoffe zuschneiden und die Teile zusammennähen würden. Zeigt mal, wie die das machten. (Die Erzieherin näht gemeinsam mit den Kindern pantomimisch und sucht sich zwei Kinder aus, die die Betrüger spielen dürfen. Sie setzen sich mit ihren Stühlen in die Kreismitte und »arbeiten«.)

Der Kaiser konnte es kaum erwarten, bis die neuen Kleider fertig waren, und schickte immer wieder Leute in die Schneiderei, die berichten sollten, ob die Sache vorangeht. Also gingen zwei Minister in die Schneiderei. (Erzieherin winkt zwei Kinder herbei und schickt sie zu den Betrügern.) Die bekamen einen gewaltigen Schreck, als sie keine Kleider sehen konnten. »Ach du liebe Güte! Ich sehe ja nichts. Also bin ich ganz dumm! Das darf aber niemand merken!«, dachte der eine und rief laut: »Oh wie schön! Ach wie herrlich!« Der andere Minister konnte natürlich auch nichts sehen, wollte sich das aber auch nicht anmerken lassen und rief: »Diese prächtigen Farben! Diese zauberhaften Stoffe! Diese einzigartigen Muster!« Und er winkte gleich noch andere Hofleute herbei (weitere Kinder treten in den Kreis) und fragte: »Gefallen Ihnen die Kleider auch so gut wie mir? Finden Sie die Muster auch so herrlich?«

Und die Hofleute, die nicht zugeben wollten, dass sie gar nichts von diesen Kleidern sehen konnten, riefen ebenfalls: »Ach wie schön! Oh wie wunderbar!« (Kinder erfinden eigenen Texte.)

Schließlich kam der Kaiser selbst in die Schneiderei. Und wie erschrak er, als er selbst nichts sehen konnte von dem, was die Betrüger ihm angeblich hinhielten. »Ein Kaiser darf doch nicht dumm sein!«, dachte er. »Niemand darf merken, dass ich die Kleider nicht sehen kann!« Und laut befahl er: »Ich will die wunderschönen Kleider gleich anlegen und sie meinem Volk zeigen!«

Sofort taten die Betrüger so, als wären sie dem Kaiser beim Ankleiden behilflich. (Kinder spielen pantomimisch mit.) »So, da hätten wir die allerschönsten Hosen aus ganz zartem Gewebe in den Regenbogenfarben. Man spürt sie kaum! Und hier kommt das silberfarbene Hemd mit den hellblauen Schleifen und der zarte goldene Umhang darüber …«

Der Kaiser gab den Betrügern viele Goldstücke und befahl sogleich, einen Umzug durch die Stadt zu machen und allen Leuten die neuen Kleider zu zeigen. Zuerst kamen zwei Trompeter, die führten den Zug an. Dann kam der König, der nur eine Unterhose anhatte. Dann kamen zwei Minister, die so taten, als ob sie eine Schleppe trügen, obwohl sie gar nichts in der Hand hielten. Dahinter alle anderen Diener. (Die Kinder bilden den entsprechenden Zug und ziehen um den Stuhlkreis herum.) Und die Leute standen auf der Straße oder schauten aus dem Fenster (Kinder im Stuhlkreis stehen auf und blicken über die Stuhllehne) und riefen: »Oh wie schön!«, denn keiner wollte für dumm gehalten werden.

Aber da stand ein Kind am Straßenrand, das rief ganz laut: »Der Kaiser läuft ja in den Unterhosen herum!« Und andere Kinder wiederholten das: »Ja, in den Unterhosen, hahaha!« Und immer mehr Leute stimmten in das Gelächter ein, bis schließlich alle riefen: »Der Kaiser ohne Kleider! Der Kaiser ohne Kleider!«

Da merkte der Kaiser, dass er auf Betrüger hereingefallen war, und rannte, so schnell ihn seine Füße trugen, mit den Ministern zurück ins Schloss. Die Betrüger aber waren mit ihrem Lohn längst über alle Berge.

(Hinweise zur Mitmachgeschichte siehe S. 29)

Fantasiespiel
5.19 Verkleiden
Falls es noch keine Verkleidungskiste gibt, wird es höchste Zeit, sie anzulegen. Die Kinder werden gebeten, ihre Eltern zu fragen, ob sie ein interessantes Kleidungsstück der Erwachsenen für die Verkleidungskiste spenden wollen. Auch Tücher oder Stoffreste sind willkommen.

Die Erzieherin sollte es zunächst völlig den Kindern überlassen, was sie mit den Sachen machen und welche Spiele sich daraus entwickeln. Wenn nötig, kann sie Impulse geben zur Weiterentwicklung des Spiels. (Die feine Dame braucht vielleicht ein Taxi, um ins Theater zu fahren, oder sie ist auf dem Weg zu einem Restaurant, wo sie ihre Freundin trifft ...)

6. Schuhe

Vorüberlegungen

Das Thema Schuhe könnte alternativ zum Thema Kleidung angeboten werden, damit in jedem Jahr genügend Spielraum für Programmwechsel gegeben ist. Schuhe, das klingt als Spielprogramm zunächst nicht besonders attraktiv. Aber dann zeigt sich, dass auch die Auseinandersetzung mit einem so alltäglichen Gegenstand viele kindliche Bedürfnisse befriedigen kann und dass dabei viele Lernziele spielerisch erreicht werden können.

Schuhe putzen (6.01) macht den meisten Kindern Spaß, weil Wischen und Schmieren den natürlichen Bedürfnissen der Kinder entgegenkommen, zumal das Hantieren mit Schuhputzzeug zu Hause meistens nicht erlaubt ist.

Alte Schuhe auseinander zu nehmen (6.03) stellt nicht nur ein Geschicklichkeitstraining dar, sondern kommt auch dem kindlichen Forschungsdrang, vielleicht auch aggressiven Bedürfnissen entgegen. Eine Schleife zu binden ist für viele Kinder ein Problem. Auch das sollte im Kindergarten geübt werden (6.12–13).

Dass auch Schuhe die Kreativität der Kinder beflügeln können, zeigen Erfahrungen mit dem tausendfüßigen Ungeheuer (6.17–19) und mit Collagen aus Schuhteilen (6.20).

Empfehlenswerte Bilderbücher

Imme Dros, Harrie Geelen: Ich will die! Middelhauve, Köln 1992. *Lisa braucht neue Schuhe. Sie weiß auch schon, welche sie haben möchte, und lässt sich auch nicht davon abbringen, als sich herausstellt, dass die Schuhe schon viel zu klein sind. Leider eignen sie sich nur zum Anschauen, nicht zum Laufen.*

Wörterliste 6

abgetragen	Halbschuh	polieren	Skistiefel
Absatz	Hammer	Profilsohle	Sohle
bequem	Holzschuh	Riemen	Stiefel
billig preiswert	Hüttenschuh	Riss	Stollen
binden	Innenfutter	Sandale	Turnschuhe
Bürste	kaputt	Schleife	unbequem
bürsten	Kinderschuh	Schnalle	Ungeheuer
Damenschuh	Klettverschluss	schnüren	vergleichen
Einlagen	Lackschuhe	Schnürsenkel	Wanderschuh
einsprühen	Lappen	Schuhband	wichsen
eng	Lasche	Schuhcreme	Wildleder
flach	Leder	Schuhgröße	Zange
Fußballschuhe	Loch	Schuhkarton	zu eng
gefüttert	Nagel	Schuhlöffel	zu klein
Gummistiefel	neu	Schuhmacher	zu weit
Haken	Öse	Schuster	Zunge

Angebote

Singspiel
6.00 Wozu sind die Füße da

2. Wozu sind die Hände da, Hände da, Hände da?
   Wozu sind die Hände da, wozu sind sie da?
   Die Hände sind zum Klatschen da …

3. Wozu sind die Beine da …
   Die Beine sind zum Hüpfen da …

Die Kinder stehen sich in zwei Reihen gegenüber. Die eine Gruppe bewegt sich singend zur anderen Gruppe und wieder zurück, während sie singt: »Wozu sind die Füße da …« Dann bewegt sich die zweite Gruppe auf die erste zu und antwortet, wobei kräftig aufgestampft wird. Selbstverständlich können sich die Kinder auch eigene Texte für weitere Strophen ausdenken.

Sachbegegnung
6.01 Schuhe putzen
Wer will Schuhe putzen? (In kleinen Gruppen arbeiten.) Malkittel anziehen. Falls das Wetter es zulässt, im Freien hantieren. Am besten farblose Schuhcreme verwenden, die mit alten Zahnbürsten auf die vorher mit einer trockenen Bürste vom Schmutz befreiten Schuhe aufgetragen wird. Mit weichen Lappen glänzend reiben.
Schuhe brauchen Pflege. »Ich bin so schmutzig, ich möchte gebürstet werden!«, ruft dieser Halbschuh. Und der Gummistiefel ruft: »Nein, nicht bürsten, ich will mit Wasser und Schwamm sauber gemacht werden!«
Und dieser Turnschuh jammert: »Schaut euch bloß mal meine Schnürsenkel an, die sind so schmutzig, weil sie immer am Boden schleifen.« »Ach«, sagt dieser Stiefel, »wenn ich doch nur so glänzen könnte wie ein Lackschuh. Ich möchte so gern ein Lackschuh sein!« »Bäh! Ich habe eine Zunge und du nicht«, sagt der Stiefel und streckt der Sandale die Zunge raus.

Rollenspiel
6.02 Schuhgeschäft
Der Lieferant holt die geputzten Schuhe in der »Schuhfabrik« ab und bringt sie in das Schuhgeschäft. Dort sind die Verkäufer gerade damit beschäftigt, den Laden aufzubauen. Wenn das Geschäft eröffnet wird, kann eingekauft werden. (Es sollten auch Schuhe von Erwachsenen angeboten werden, damit die Kinder beim Anprobieren ihren Spaß haben.) Leere Schuhkartons sind eine Bereicherung für dieses Projekt.

Zerlegen, untersuchen
6.03 Forscherwerkstatt Schuhe
Eine kleine Gruppe der älteren Kinder untersucht in der Forscherwerkstatt zwei Schuhe, die nicht mehr gebraucht werden. Mit kleinen Beißzangen werden die Schuhe in möglichst viele Zeile zerlegt. Turnschuhe bestehen aus vielen Schichten mit unterschiedlichem Material. Beim Zerlegen muss die Erzieherin aber mit einer kleinen Säge oder mit einer Schere nachhelfen. Später berichten die Forscher über ihre Forschungsergebnisse (6.16).

Spiel im Kreis
6.04 Paare suchen
Die Kinder sitzen im Kreis auf dem Boden. Jedes Kind zieht einen Schuh aus und wirft ihn in die Kreismitte. Wer eine Frage der Erzieherin zuerst beantwortet hat und noch nicht dran war, darf einen Schuh aus der Kreismitte holen (nicht den eige-

nen!), den Partner am Fuß eines Kindes suchen und ihm den Schuh anziehen. (Damit das Suchen und Anziehen nicht zu lange dauert, könnten immer zwei Kinder gleichzeitig auf Paarsuche sein.)

Fragen der Erzieherin, z.B.: Welche Schuhe gibt es? Welche Verschlüsse gibt es bei Schuhen? Wie heißen die Teile der Schuhe? (Ganz schwierig: Ösen, Stollen, Lasche.)

Logisches Denken

6.05 Was passt nicht?

Die Erzieherin nennt jeweils vier Dinge. Eines davon hat mit Schuhen nichts zu tun:

Schuhmacher	Schuster	Handschuh	Sohle
Schuhlöffel	Schule	Turnschuh	Schnürsenkel
Schuhverkäufer	Schuhband	Wanderschuh	Absatz
Schulter	Schuhgeschäft	Skistiefel	Ärmel

Kimspiel

6.06 Schuhpaare ertasten

Unter einem Tuch liegen 5 verschiedene Schuhe. Einer davon ist der Partner des Schuhs, der sichtbar daneben liegt. Welcher Schuh ist das?

Tasten

6.07 Blinde Kuh sucht Schuh

Auf einem Tisch (einer Bank) stehen einzelne Schuhe. Mehrere Kinder mit verbundenen Augen haben einen Schuh in der Hand und sollen nun den Partner suchen. Noch schwieriger wird es, wenn die Schuhe mit der Sohle nach oben liegen und anhand des Profils identifiziert werden sollen.

Genau hinsehen

6.08 Spurensuche im Sandkasten

Wir benötigen dafür ein Paar Schuhe und drei bis vier einzelne Schuhe mit unterschiedlichem Profil. Ein Kind drückt nun die Profilsohlen in den glatt gerechten feuchten Sand. Ein anderes soll herausfinden, welche beiden aus der Reihe der Profile zusammengehören.

Messen

6.09 Welche Schuhgröße habe ich?

Die Erzieherin hat Schablonen mit unterschiedlichen Schuhgrößen vorbereitet und die entsprechende Ziffer aufgemalt. Die Kinder stellen einen Schuh auf Papier, umfahren ihn mit einem Stift, schneiden die Form aus und messen dann anhand der Schablonen, welche Schuhgröße sie haben. (Das Thema Schuhgröße sollte auch beim Rollenspiel Schuhkauf [6.2] eine Rolle spielen.)

Rätsel
6.10 Schuh-Rätsel
Welcher Schuh passt an keinen Fuß? Der Handschuh.
Mit welchem Löffel kann man nicht essen? Mit dem Schuhlöffel.

Witz zum Nacherzählen
6.11 Elefant und Maus
Elefant und Maus wollten ausgehen. »Elefant, Elefant, komm schnell her!«, rief die Maus. Der Elefant kam dahergestampft. »Was ist denn schon wieder?«, fragte er. »Du kannst wieder gehen«, antwortete die Maus, »ich wollte nur mal sehen, ob du vielleicht meine Hausschuhe angezogen hast.«

Geschichte
6.12 Von Felix und der verflixten Schleife
Felix hatte neue Stiefel bekommen. Sie waren braun und rochen wunderbar, wie neues Leder eben riecht. Felix war sehr stolz auf die neuen Schuhe und zog sie gleich an. Weil er aber noch keine Schleife binden konnte, schlurfte er mit offenen Schuhen durch die Wohnung. (Peter, zeig mal, wie das aussieht, wenn einer schlurft.)
Zweimal stolperte er, weil er mit den Schnürsenkeln hängen blieb. (Vormachen.) Felix suchte seine Mutter in der Küche, die gerade einen Apfelkuchen backen wollte. »Mama, binde mir bitte die Schuhe zu!«, rief er.
Aber die Mutter antwortete: Du siehst doch, dass ich gerade die Hände voller Teig habe. Geh zu Papa!« Da suchte Felix seinen Vater, der gerade im Wohnzimmer vor dem Fernsehen saß. »Papa, binde mir die Schuhe zu. Bitte!«, sagte Felix. Aber der Papa hörte gar nicht richtig zu und sagte nur: »Störe mich jetzt nicht. Wenn die Tagesschau zu Ende ist, habe ich Zeit für dich.«
Das dauerte dem Felix aber zu lange. Deshalb ging er zu seinem großen Bruder Henrik. Der lag in seinem Zimmer auf dem Boden, hatte seinen CD-Player ganz laut gestellt und hörte Musik. Er merkte überhaupt nicht, dass Felix schon zweimal gerufen hatte: … Ja, was hat er denn gerufen?
Und als er seinen Bruder schließlich an der Schulter packte, reagierte der ganz ärgerlich und sagte nur: »Lass mich bloß in Ruhe!«
»So was Blödes!«, schimpfte Felix. Kein Mensch bindet mir die verflixte Schleife. Das ist mir jetzt zu dumm. Wenn die Mama mit ihrem blöden Kuchen fertig ist, soll sie mir mal zeigen, wie das geht mit der Schleife.
Und das hat die Mama dann auch gemacht. Und der Felix war erstaunt, dass Schleife binden gar nicht so schwierig ist, wie er dachte.

Feinmotorik
6.13 Schleife binden
Am besten binden wir eine Schnur um den Oberschenkel. Schnur unter dem Bein durchziehen, beide Enden festhalten. Dann einen Knoten machen: Bandende einmal drüber, einmal drunter durch, an beiden Enden ziehen, fertig. Mit dem einen

Schnurende Schleife bilden, mit dem anderen Ende drum herum und durchs kleine Loch drücken.

Andere Art: In der linken und in der rechten Hand eine Schleife halten und miteinander verknoten.

Spiel im Stuhlkreis

6.14 Ich habe Hausschuhe an

Das erste Kind sagt etwas über seine Schuhe, z.B.: »Ich habe Hausschuhe an.« Reihum betrachtet jedes Kind seine Schuhe und antwortet: »Ich auch!«, oder: »Ich nicht!« Wer verneint, macht sofort eine andere Aussage, z.B.: »Meine Schuhe haben Schnallen.« Reihum muss ganz schnell reagiert werden: »Meine auch!«, bis die Antwort kommt: »Meine nicht!«, und eine neue Aussage gemacht wird.

Wer nicht schnell genug oder falsch antwortet, muss einen Schuh als Pfand geben.

Spiel im Stuhlkreis

6.15 Pfänderspiel mit Schuhen

Die Schuhe, die als Pfand eingesammelt wurden (6.14), befinden sich in einem Sack. Ein Kind ergreift einen Schuh im Sack und fragt: »Was soll das Pfand in meiner Hand, was soll da jemand tun?« Die Antwort wird von den Kindern vorgeschlagen, z.B. auf einem Bein bis zur Tür hüpfen, die Mathilda streicheln, dem Leo das Haar zerzausen … (Darauf achten, dass kein Kind bloßgestellt oder verletzt wird!)

Gespräch im Stuhlkreis

6.16 Forschungsbericht

Die »Wissenschaftler«, die die Schuhe genauer untersucht und zerlegt haben, berichten, was sie entdeckt haben. Dabei sollte die Erzieherin die einleitenden Sätze übernehmen: Der Forscher Michael hat die Zunge eines Stiefels untersucht. Erzählen Sie doch bitte, was Sie dabei entdeckt haben …

Feinmotorik

6.17 Das tausendfüßige Ungeheuer

Auf ein zwei Meter langes Papier wird ein Drachen mit unzähligen Beinen gemalt. (Das geht übrigens auch mit schwarzer Schuhcreme, die mit Zahnbürsten aufgetragen wird.) Der Drache verlangt Schuhe, sonst … Die Kinder schneiden aus Katalogen Schuhe aus und verpassen jedem Drachenfuß einen anderen Schuh. Zum Schluss im Chor laut zählen, wie viele Schuhe der Drache nun hat.

Beschreiben

6.18 Der Lieblingsschuh des Ungeheuers

Ich glaube, der Lieblingsschuh des Drachens ist braun und hat Schnürsenkel … Reihum darf jedes Kind einen Schuh beschreiben, den die anderen erraten sollen.

Musikerziehung
6.19 Das Ungeheuer macht Geräusche
Was für Töne gibt der tausendfüßige Drache wohl von sich? Wer findet das unheimlichste Geräusch? Welches Instrument könnte man nehmen, um das Kommen des Ungeheuers anzukündigen? Wenn es ganz still ist (Stecknadel fallen hören), wirkt die Ankündigungsmusik (z.B. mit der Trommel) noch unheimlicher.

Musikerziehung
6.20 Das Schuhkarton-Orchester
Leere Schuhkartons werden mit einem Gummi bespannt. Gummi anziehen, loslassen. Das knallt ganz schön. Man kann aber auch mit den Händen auf dem Schuhkarton trommeln. Gemeinsamen Rhythmus finden. Mit den Fingerspitzen auf den Karton trommeln: Es regnet. Verschiedene Rhythmen ausprobieren.

Gestalten
6.21 Collage aus Schuhteilen
Auf ein (nicht zu hartes) Brett werden die Schuhteile genagelt, die das Forscherteam (6.03) geliefert hat. Dabei soll ein kleines Kunstwerk entstehen. Man könnte das Werk zum Schluss auch mit Sprühfarbe einfärben.

Sachbegegnung
6.22 Was macht der Schuster?
Zur Vorbereitung auf 6.23 müssen die Kinder eine Vorstellung davon haben, dass früher alle Schuhe von Hand vom Schuster gemacht wurden. Auch wenn es nicht möglich ist, im Kindergarten Schuhe herzustellen, kann man doch anhand von Stoff- und Papierteilen zeigen, was der Schuster macht: Er schneidet das Oberleder für einen Stiefel zu (zwei Teile in Stiefelform) und näht sie seitlich zu. Die untere Öffnung wird an die Sohle genäht, zum Schluss der Absatz auf die Sohle genagelt.

Märchen der Brüder Grimm (Originaltext)
6.23 Die Wichtelmänner
Es war ein Schuster ohne seine Schuld so arm geworden, dass ihm endlich nichts mehr übrig blieb als Leder zu einem einzigen Paar Schuhe. Nun schnitt er am Abend die Schuhe zu; die wollte er den nächsten Morgen in Arbeit nehmen. Weil er ein gutes Gewissen hatte, so legte er sich ruhig zu Bett, befahl sich dem lieben Gott und schlief ein.

Morgens, nachdem er sein Gebet verrichtet hatte und sich zur Arbeit niedersetzen wollte, so standen die beiden Schuhe ganz fertig auf seinem Tisch. Er verwunderte sich und wusste nicht, was er dazu sagen sollte. Er nahm die Schuhe in die Hand, um sie näher zu betrachten: Sie waren sauber gearbeitet, dass kein Stich daran falsch war, gerade als wenn es ein Meisterstück sein sollte.

Bald darauf trat auch schon ein Käufer ein, und weil ihm die Schuhe so gut gefielen, so bezahlte er mehr als gewöhnlich dafür, und der Schuster konnte von dem

Geld Leder zu zwei Paar Schuhen erhandeln. Er schnitt sie abends zu und wollte am Morgen mit frischem Mut an die Arbeit gehen; aber er brauchte es nicht, denn als er aufstand, waren sie schon fertig, und es blieben auch nicht die Käufer aus, die ihm so viel Geld gaben, dass er Leder zu vier Paar Schuhen einkaufen konnte. Er fand frühmorgens auch die vier Paar fertig; und so ging's immerfort, was er abends zuschnitt, das war am Morgen verarbeitet, also dass er bald wieder sein ehrliches Auskommen hatte und endlich ein reicher Mann ward.

Nun geschah es eins Abends, nicht lange vor Weihnachten, als der Mann wieder zugeschnitten hatte, dass er vor dem Schlafengehen zu seiner Frau sprach: »Wie wär's, wenn wir diese Nacht aufblieben, um zu sehen, wer uns so hilfreiche Hand leistet?« Die Frau war's zufrieden und steckte ein Licht an; darauf verbargen sie sich in den Stubenecken hinter den Kleidern, die da aufgehängt waren, und gaben Acht.

Als es Mitternacht war, da kamen zwei kleine, niedliche, nackte Männlein, setzten sich auf des Schusters Tisch, nahmen alle zugeschnittene Arbeit zu sich und fingen an, mit ihren Fingerlein so behänd und schnell zu stechen, zu nähen, zu klopfen, dass der Schuster vor Verwunderung die Augen nicht abwenden konnte. Sie ließen nicht nach, bis alles zu Ende gebracht war und fertig auf dem Tisch stand, dann sprangen sie schnell fort.

Am andern Morgen sprach die Frau: »Die kleinen Männer haben uns reich gemacht, wir müssten uns doch dankbar dafür zeigen. Weißt du was? Ich will Hemdlein, Rock, Wams und Höslein für sie nähen, auch jedem ein Paar Strümpfe stricken, mach du jedem ein Paar Schühlein dazu.«

Der Mann sprach: »Da bin ich wohl zufrieden!« Und abends, wie sie alles fertig hatten, legten sie die Geschenke statt der zugeschnittenen Arbeit zusammen auf den Tisch und versteckten sich dann, um mit anzusehen, wie sich die Männlein dazu anstellen würden.

Um Mitternacht kamen sie herangesprungen und wollten sich gleich an die Arbeit machen; als sie aber kein zugeschnittenes Leder, sondern die niedlichen Kleidungsstücke fanden, verwunderten sie sich erst, dann aber bezeigten sie eine gewaltige Freude. Mit der größten Geschwindigkeit zogen sie sich an, strichen die schönen Kleider am Leib und sangen: «Sind wir nicht Knaben hübsch und fein? Was sollen wir länger Schuster sein!« Dann hüpften und tanzten sie und sprangen über Stühle und Bänke. Endlich tanzten sie zur Tür hinaus.

Von nun an kamen sie nicht wieder. Dem Schuster aber ging es wohl, so lang er lebte, und es glückte ihm alles, was er unternahm.

Tischtheater
6.24 Der Schuster und die Wichtelmänner
Wir brauchen: Viele Paar Schuhe (Zettel mit dem Namen der Kinder in die Schuhe legen, damit jeder seine Schuhe wieder findet), Leder, Spielgeld, Kleidungsstücke aus der Puppenecke.

Das Märchen (6.23) wird vorgelesen. Die Requisiten spielen mit: Leder für ein Paar Schuhe, in Schuhe verwandelt, die in Geld eingetauscht werden. Das Geld wird wieder gegen Leder getauscht, mit dem Leder werden noch mehr Schuhe hergestellt. Zum Schluss liegen die kleinen Kleidungsstücke für die Männlein auf dem Tisch.

Darstellendes Spiel
6.25 Der Schuster und die Wichtelmänner
Während die Geschichte 6.23 vorgelesen wird, stellen die Kinder die Geschichte dar und übernehmen die direkte Rede. Der Gesang der Wichtelmänner: Melodie »Ein Vogel wollte Hochzeit feiern« oder eigene Melodie.
Es spielen mit:
der Schuster mit Arbeitsschürze,
seine Frau mit Küchenschürze,
zwei Wichtelmännchen,
Käuferinnen und Käufer mit Hüten und Mänteln.
Leder, Schuhe, Spielgeld, Kleidungsstücke für die Wichtelmännchen.
Bühnenbild: Ein Tisch, zwei Stühle, zwei Schlafplätze, ein Kleiderständer, hinter dem sich der Schuster und seine Frau verstecken können.

Schattenspiel
6.26 Der Schuster und die Wichtelmänner
Das Märchen 6.23 lässt sich auch sehr gut als Schattenspiel darstellen: Ein weißes Leintuch wird auf einen Rahmen (z.B. Türöffnung) gespannt und von vorn mit einer kräftigen Lampe angestrahlt. Hinter dem Tuch agieren die Darsteller. Je dichter sie sich an der Leinwand bewegen, desto schärfer wird das Bild. Die besten Schattenbilder entstehen, wenn im Profil gespielt wird.

7. Essen und Trinken

Vorüberlegungen

Einkaufen, kochen, Tisch decken, essen: Das wird ein Fest, das noch gekrönt werden kann durch die Bewirtung von Gästen. Es geht aber in diesem Plan nicht nur um diese Tätigkeiten, sondern auch um Fragen der gesunden Ernährung. Was brauchen wir? Was ist gesund? Was ist ungesund? Was heißt ökologischer Anbau?

Planung

Einkaufen und Kochen (7.01–04) ist nur in Kleingruppen möglich. Es ist deshalb nötig, auch Eltern als zusätzliche Betreuung für dieses Projekt zu gewinnen. Dabei muss besonders darauf geachtet werden, dass nicht nur die Erwachsenen die Kinder, sondern dass auch die älteren Kinder die jüngeren in ihre Tätigkeiten einbeziehen. (»Dir fällt doch bestimmt was ein, was (Peter) auch schon machen kann!«)

Sinnvoll wäre es, wenn an vier Tagen mit einer Kleingruppe eingekauft, mit der zweiten gekocht, mit der dritten Tisch gedeckt und mit der vierten abgewaschen würde. Das bedeutet, dass die Kleingruppen für eine ganze Woche bestehen bleiben. Dabei besteht die Chance, auch Kinder in Kontakt zu bringen, die bisher wenig zusammen unternommen haben. Damit auch die Kinder leichter erkennen können, wer in welche Kleingruppe gehört, empfiehlt sich ein Erkennungszeichen, z.B. ein Armband aus Wollfäden (7.07). Falls im Kindergarten ein Mittagessen angeboten wird, sollte man es für Dienstag bis Freitag abbestellen bzw. reduzieren und das selbst zubereitete Gericht stattdessen anbieten. Falls die Kinder in der Regel zu Hause essen, könnte die selbst zubereitete Mahlzeit am späten Vormittag als zweites Frühstück angeboten werden. Die Eltern müssten natürlich wissen, dass die Kinder schon im Kindergarten gegessen haben (siehe Elternabend).

Lernziele dieser Einheit sind: Lebensmittel und Küchengeräte benennen (7.05, 7.10–13), Oberbegriffe bilden können (7.25–27,7.31), Pluralbildung (7.28–29), Rezept wiedergeben können (7.09), Sätze bilden (7.30, 7.40), in kleinen Gruppen erfolgreich zusammenarbeiten. Mit Küchengeräten, auch mit einem Messer, umgehen können, im Supermarkt etwas finden, etwas Essbares zubereiten, Tisch decken, verstehen, dass Nahrungsmittel verderblich sind und dass es gesunde und weniger gesunde Nahrungsmittel gibt (7.20–22).

Wichtig sind deshalb Gespräche mit den Kindern über gesunde Ernährung, die in Frage gestellt ist, wenn Kinder eine ganze Lebensmittelgruppe (z.B. Gemüse, Milchprodukte usw.) ablehnen. Der Körper braucht Kohlenhydrate, Eiweiß, Fette, Ballaststoffe, Vitamine und viel Wasser. Das muss nun in die Sprache der Kinder übersetzt werden. Zum Beispiel so: Der Bauch sagt:

Ich möchte nicht immer nur Nudeln und Reis und Kartoffeln, ich will auch Gemüse und Obst. Und die Muskeln sagen: Wenn wir stark und dick werden sollen, brauchen wir auch Obst und Fleisch oder Eier. Und die Zähne jammern: Diese Süßigkeiten machen uns ganz kaputt! Wir wollen nicht so weiches Zeug, wir wollen richtig was zum Beißen, rohe Möhren zum Beispiel. Und die Knochen schimpfen: Wenn wir nicht regelmäßig Milch oder Joghurt oder wenigstens Käse kriegen, wachsen wir einfach nicht, bäh!

Alle Erfahrungen dieser Woche sollen im Rollenspiel nachgearbeitet werden, (7.14–16, 7.38–39). Dass es Freude macht, Gäste einzuladen und sie zu bewirten, kann erlebt werden, wenn die Eltern kommen (7.05–6, 7.36–37).

Erste Begegnung mit Literatur bietet neben den Bilderbüchern auch das Gedicht von Guggenmos (7.34), das zum Variieren im ersten Teil einladen soll (7.35). Die beiden Märchen (7.19 und 7.44) lassen sich weiterentwickeln zum darstellenden Spiel (7.19) oder zum Tischtheater (7.44–46). Im Schlaraffenland kann man schließlich seiner Fantasie freien Lauf lassen (7.42) oder sich mit dem Kasper freuen, der den Teufel überlistet (7.09).

Ehe mit dem Wochenthema im Kindergarten begonnen wird, sollte ein *Elternabend* stattfinden, an dem Wochenplan und Speiseplan besprochen werden. Eltern könnten auch eingeladen werden, sich am Freitagnachmittag von den Kindern mit Tee oder Limonade bewirten zu lassen. Dabei könnte ihnen die Geschichte vom dicken, fetten Pfannkuchen (7.19) vorgeführt werden. Für die Kaufladenspiele (7.14–16) werden außerdem viele leere Lebensmittelpackungen gebraucht, die Eltern den Kindern mitgeben könnten.

Das Thema Ernährung führt fast von selbst zu einem *Elterngespräch*. Soll man Kinder mit Essbarem belohnen? Süßigkeiten als Erziehungsmittel? Müssen Kinder ihren Teller leer essen? Was tun, wenn das Kind behauptet, etwas nicht zu mögen, das es noch gar nicht probiert hat? Hier sollten die Eltern von ihren Erfahrungen berichten und die Regeln der häuslichen Mahlzeiten miteinander vergleichen.

Lebensmittel sollten weder von den Eltern noch von den Kindern als Druckmittel eingesetzt werden. Haben Kinder erst einmal erkannt, dass man die uneingeschränkte Aufmerksamkeit beim Essen auf sich lenken kann, indem man das Essen verweigert, werden sie es bei jeder Mahlzeit darauf anlegen, lange Diskussionen auszulösen und sich ein paar Bissen wortreich abringen zu lassen. Das Essen auf dem Tisch sollte ein Angebot sein. Wer es nicht will, hat Pech gehabt und sollte auf keinen Fall etwas anderes angeboten bekommen. Die meisten Kinder sind ohnehin eher zu dick als zu dünn. Erst wenn es zu einem Gewichtsverlust oder zu monatelangem Gewichtsstillstand kommt, sollte der Kinderarzt um Rat gefragt werden.

Die Eltern sollten grundsätzlich Süßigkeiten nicht als Belohnung einsetzen, weil das Gewohnheiten schaffen und Abhängigkeiten auslösen kann.

Die Koppelung zwischen Anerkennung finden und Süßigkeiten essen kann nämlich später zwanghafte Formen annehmen. Freude und Lob sollten durch Zuwendung in Worten und Gesten ausgedrückt werden, nicht durch Schokolade.

Lebensmittel sind keine Erziehungsmittel für Eltern, aber auch keine Machtinstrumente für Kinder. Wie denken die Eltern darüber? Was tun, wenn ein Kind überhaupt kein Fleisch oder grundsätzlich kein Gemüse oder kein Obst isst? Hier kann vielleicht der Kindergarten festgefahrene Vorurteile durch das Verhalten anderer Kinder auflösen oder zumindest erschüttern. Wenn den anderen Kindern Rohkost so gut schmeckt, greift der »Verneiner« plötzlich auch zu. Wenn andere sich so gern ein Müsli mischen, holt er sich plötzlich auch ein Schüsselchen. Dann aber am besten nicht kommentieren.

Vorschlag für die Einteilung der Kleingruppen

Montag	Dienstag	Mittwoch	Donnerstag	Freitag
	Erste Kleingruppe kocht.	Zweite Kleingruppe kocht.	Dritte Kleingruppe kocht.	Vierte Kleingruppe kocht.
Erste Kleingruppe malt Einkaufszettel und kauft ein.	Zweite Kleingruppe malt Einkaufszettel und kauft ein.	Dritte Kleingruppe malt Einkaufszettel und kauft ein.	Vierte Kleingruppe malt Einkaufszettel und kauft ein.	
	Dritte Kleingruppe deckt den Tisch.	Vierte Kleingruppe deckt den Tisch.	Erste Kleingruppe deckt den Tisch.	Zweite Kleingruppe deckt den Tisch.
	Vierte Kleingruppe macht den Abwasch.	Erste Kleingruppe macht den Abwasch.	Zweite Kleingruppe macht den Abwasch.	Dritte Kleingruppe macht den Abwasch.

Menüvorschläge und Rezepte (für jeweils 20 Kinder)

Dienstag: Kartoffelsuppe mit Dosenwürstchen. Zum Nachtisch Mandarinen.
Zutaten: 3 kg mehlig kochende Kartoffeln, 4 l Gemüse- oder Hühnerbrühe aus Paste oder Instantpulver, ein Bund Frühlingszwiebeln, zwei Becher Crème fraiche, Salz, Pfeffer, Koriander. 20 Würstchen. 20 Mandarinen.

Die Kartoffeln waschen, schälen, in kleine Würfel schneiden. Die Brühe in einem Topf aufkochen lassen. Die Kartoffelwürfel hineingeben und bei schwacher Hitze etwa 15 Minuten gar kochen. Den fein geschnittenen Lauch hinzufügen und noch 5 Minuten mitkochen. Dann das Ganze mit dem Pürierstab pürieren, Crème fraiche darunter mischen, mit Salz, Pfeffer und Koriander abschmecken. Würstchen in Scheiben schneiden, auf Suppenteller verteilen, heiße Suppe drübergießen.
Zum Nachtisch für jedes Kind eine Mandarine.

Mittwoch: Eier im Gemüsenest. Bananen.
Zutaten: 4 rote, 4 grüne und 4 gelbe Paprikaschoten, 4 Zucchinis, 4 Stangen Lauch, 8 Möhren, 4 Auberginen, 8 Fleischtomaten, Öl. Brühwürfel für 1 Liter Gemüsebrühe. 20 Eier. Zwei runde Bauernbrote oder vier Pakete geschnittenes Bauernbrot. 20 Bananen.
Das Gemüse in Würfel und Streifen schneiden. Öl in großer Pfanne erhitzen, das klein geschnittene Gemüse hineingeben und unter Rühren kurz anbraten. Mit 1 Liter Gemüsebrühe aus Brühwürfeln verrühren und bei schwacher Hitze etwa 10 Minuten garen. Inzwischen für jedes Kind ein hart gekochtes Ei schälen, halbieren und auf jeden Teller ins »Gemüsenest« legen. Dazu Bauernbrot.
Zum Nachtisch eine Banane für jedes Kind.

Donnerstag: Schinkenhörnchen und Gurkensalat. Zum Nachtisch Falsche Spiegeleier.
Zutaten: 4 große Packungen tiefgefrorenen Blätterteig. 20 Scheiben gekochten Schinken. 4 Bund Petersilie, 3 Eier. Für den Salat 2 Bund Dill, 4–6 Salatgurken, Essig, Öl, zwei Becher Naturjoghurt. Für den Nachtisch 2 l Milch, 4 Tüten Puddingpulver, 2 Essl. Zucker, 2 Dosen Aprikosen.
Blätterteig aus der Tiefkühltruhe auftauen, einzelne Scheiben ausrollen. Dreiecke schneiden. Auf jedes Dreieck etwas klein geschnittenen Schinken und Petersilie geben, zusammenrollen, halbkreisförmig biegen, mit Eigelb bestreichen, auf ein Blech setzen und im vorgeheizten Backofen goldgelb backen. Warm essen.
Gurkensalat: Gurke schälen, längs halbieren, in kleine Stücke schneiden. Dazu Marinade aus Essig, Öl, Joghurt, Dill, Salz, Pfeffer.
Falsche Spiegeleier: Vanillepudding kochen, auf flache Teller verteilen, in die Mitte eine Aprikosenhälfte setzen.

Freitag: Pfannkuchen mit Apfelmus
Zutaten: 1 kg Mehl, 20 Eier, 2 l Milch. 5 Gläser Apfelmus. Jedes Kind der Kleingruppe darf einen Pfannkuchenteig glatt rühren aus 4 Eiern, 8 gehäuften Esslöffeln Mehl, einer Tasse Milch und einer Prise Salz. Ein Erwachsener backt daraus die Pfannkuchen. Dazu passt Apfelmus aus dem Glas.

Alternative Menüvorschläge (vegetarisch)

Gemüsesuppe mit Soja-Würstchen. Zum Nachtisch Eis.
Mit Kräuterquark gefüllte Pfannkuchen und Tomatensalat. Zum Nachtisch Joghurt mit Beeren aus der Tiefkühltruhe oder frischen Früchten.
Nudeln mit Tomatensoße. Zum Nachtisch Obstsalat mit Schlagsahne.
Reispfanne mit Gemüse. Zum Nachtisch Bratäpfel mit Vanillesoße.

Bemerkungen zur Sache

Unsere Grundlebensmittel lassen sich in sieben Gruppen zusammenfassen:

1. Getreide, Getreideprodukte, Kartoffeln, Zucker
2. Obst, Gemüse und Kräuter
3. Hülsenfrüchte
4. Getränke
5. Milch und Milchprodukte
6. Fleisch, Fisch, Eier
7. Speisefette und Öle

Lebensmittel enthalten in unterschiedlicher Menge die Nährstoffe, die den Zellen die Energie liefern, die sie ununterbrochen verbrauchen:
Kohlenhydrate, Eiweißstoffe, Fette, Wasser, Vitamine, Mineralstoffe und Ballaststoffe.

Eiweiß gibt es nicht nur in Eiern, sondern auch in Vollmilch, Käse, Fleisch, Fisch und in verschiedenen Bohnensorten, z.B. in Soja. Fett findet man besonders in pflanzlichen Ölen, in Butter und Speck, Vollmilch, Nüssen, Fleisch.

Kohlenhydrate sind in Zucker, in Brot, Nudeln, Kartoffeln, Hülsenfrüchten, aber auch in Milch, Gemüse, Obst enthalten. Da der Körper zu 75% aus Wasser besteht, braucht er täglich zwei bis drei Liter Flüssigkeit.

Vitamine und Mineralstoffe werden nicht oder nur in unzureichender Menge im Körper gebildet. Sie müssen also mit der Nahrung zugeführt werden. Es gibt sie in nahezu allen Nahrungsmitteln außer im Zucker, der dem Körper sogar Vitamine (B1) entzieht, die er zur Umwandlung in Energie braucht. Schließlich benötigt der Körper auch noch Ballaststoffe, damit der Darm funktioniert.

Die Deutsche Gesellschaft für Ernährung[1] empfiehlt: Täglich mindestens eine Portion Gemüse (200 g) und eine Portion Salat (ca. 75 g) verzehren, außerdem ca. 200 bis 250 g Obst, wenn man sich gesund ernähren will.

Aber auch »gesunde« Lebensmittel werden gefährlich, wenn sie mit Schadstoffen belastet sind, die durch »Anreicherung« der Futtermittel in die Milch oder in das Fleisch von Tieren gelangen oder die durch Düngung im Trinkwasser oder in Pflanzen wieder auftauchen. Auto- und Industrieabgase können u.a. Bleivergiftungen von Pflanzen verursachen. Man sollte deshalb kein Obst oder Gemüse kaufen, das vor Geschäften in Hauptverkehrsstraßen angeboten wird. Bei Kohl und Salat die äußeren Blätter sicherheitshalber entfernen. Makellose Früchte der Handelsklasse Extra und I enthalten oft mehr Rückstände von Düngemitteln und Schädlingsbekämpfungsmitteln als weniger makellose kleinere Früchte.

---

1 Deutsche Gesellschaft für Ernährung, e.V., Godesberger Allee 18, 5315 Bonn. Im Internet ausführliche Informationen unter www.dge.de.

Aufwändige Lebensmittelverpackungen belasten die Umwelt und erhöhen den Preis. Obst und Gemüse möglichst entsprechend der Jahreszeit verbrauchen, denn weite Transporte und Gewächshausproduktionen verbrauchen viel Energie.

Empfehlenswerte Bilderbücher

Catharina Valckx: Spinat! Moritz, Frankfurt/M. 2000. *Spinat wollten die beiden Helden der Geschichte eigentlich nicht essen. Auf der Suchen nach einer vernünftigen Alternative werden sie durch die halbe Welt geschickt und landen nach allerlei Abenteuer eben doch wieder beim Spinat – und der schmeckt auf einmal wunderbar.*

Wörterliste 7

Abendessen	kneten	salzen
abtrocknen	Konserve	Salzstangen
abwaschen	köstlich	sauer
Aprikose	Kräuter	schaumig
Bäckerei	Kuchen	Schimmel
Banane	Lebensmittel	Schinken
Besteck	Leckerbissen	schlagen
bitter	Lieblingsspeise	schlucken
Blumenkohl	Löffel	Schmalz
braten	Margarine	schneiden
Brei	Mehl	Schüssel
Brezel	Messer	Schwarzbrot
Brot	Metzgerei	Servietten
Butter	Milch	spülen
Dose	mischen	Suppe
Eigelb	Mittagessen	süß
Eiweiß	Möhren	Süßigkeiten
ekelhaft	Nachtisch	Teigwaren
faulen	Nudeln	Teller
Fett	Nuss	Tisch decken
feucht	Obst	Tischschmuck
Fleisch	Öl	Tischtuch
Fleischwaren	Petersilie	ungesund
Frühstück	Pfannkuchen	verdorben
Gabel	Pfeffer	verschimmelt
Gemüse	Pudding	versuchen
Geschäft	raspeln	vertrocknet
Geschirr	Reibeisen	Vollkornbrot
Getränk	Reis	Weißbrot
Gewürz	rühren	Wurst
giftig	Sahne	würzen
kauen	Salat	Zitrone
Keks	Salz	Zucker

Angebote

Lied mit Instrumentenbegleitung
7.00 Backe, backe Kuchen

für Singstimmen und Begleitung:
x = z.B. klatschen, o = z.B. Schlaghölzer und Schellenbänder,
sowie beliebige Melodie- und Bass-Instrumente

überliefert

Ba-cke, ba-cke Ku-chen, der Bä-cker hat ge-ru-fen:

Wer will gu-ten Ku-chen ba-cken, der muss ha-ben sie-ben Sa-chen:

Ei-er und Schmalz, Zu-cker und Salz, Milch und Mehl, Saf-ran macht den Ku-chen gel'.

(Xylophone, Glockenspiele, Flöten, Klangstäbe usw.)

Pauke oder Bass-Xylophon in F

Schieb, schieb in' O-fen rein! ZU!
Alle rufen und schlagen
gleichzeitig einmal auf ihr Instrument.

Zeichnen und malen
7.01 Kleingruppe Rot malt einen Einkaufszettel
Die Erzieherin liest die Liste der Einkäufe vor, die gemeinsam besorgt werden sollen.
Damit man nicht vergisst, was man kaufen wollte, macht man sich am besten einen
Einkaufszettel. Jedes Kind wählt sich einen Gegenstand aus der Einkaufsliste aus
und malt ihn. Danach werden die bemalten Blätter umgedreht. Jedes Kind zieht sich
ein Blatt. Den hier gemalten Gegenstand soll es am nächsten Tag mit der Gruppe
einkaufen.

Sachbegegnung
7.02 Kleingruppe Blau im Supermarkt
Mit Unterstützung einer zusätzlichen Betreuungsperson zieht die Kleingruppe zum Supermarkt. Dort soll jedes Kind das Teil suchen, das auf seinen Zettel gemalt ist, und es zur Kasse bringen, wo die Erzieherin mit dem Einkaufswagen wartet.

Ordnen und gestalten
7.03 Kleingruppe Grün deckt den Tisch
Für das von Kindern gekochte Essen soll der Tisch besonders schön gedeckt werden. Dazu werden die Papierarbeiten (7.05–06) benötigt. Liegen Besteck und Glas für jedes Kind bereit? Sollen noch Blumen oder Kerzen auf den Tisch?

Sachbegegnung
7.04 Kleingruppe Gelb macht den Abwasch
Ein Teil des benutzten Geschirrs und das ganze Besteck wird von den Kindern abgewaschen und abgetrocknet. Vorspülen – spülen (nicht so viel Spülmittel nehmen!) – abtrocknen – wegräumen.

Basteln
7.05 Tischsets
Aus farbigen Papierblättern (DIN A4) werden im Faltschnitt hübsche Platzdeckchen hergestellt.

Gestalten
7.06 Tischdecke bedrucken
Auf weißes Papier (von der Rolle) werden Blattmotive aufgedruckt. Dazu wird Farbe auf eine Glasplatte gestrichen, ein Blatt darauf gelegt und mit einem Stück Zeitungspapier abgedeckt. Drüberstreichen. Zeitungspapier abnehmen, Blatt von der Platte nehmen, mit der Farbseite auf weißes Papier (Tischtuch) legen, wieder mit Papier abdecken, drüberstreichen. Abdeckung und Blatt vorsichtig abnehmen. Farbabdruck trocknen lassen.

Flechten
7.07 Armbänder für die Kleingruppen
Material: Vier verschiedene Woll- (oder Baumwoll-)knäuel. Jede Kleingruppe wählt sich eine Farbe. Wer schon flechten kann, flicht sich einen Zopf, der zu einem Armband zusammengebunden wird. Man kann aber auch einen Drahtreifen umwickeln oder einfach nur Fäden ums Handgelenk schlingen. (Vorsicht: nicht zu fest!)

Spiel am Tisch (4–6 Kinder)
7.08 Ich hätte gern
Material: Möglichst verschiedene Früchte der Jahreszeit. Ein Messer. Ein Würfel. Reihum wird gewürfelt. Wer eine 6 würfelt, darf einen Wunsch äußern: Ich hätte

gern ein Stück Birne. Die Erzieherin schneidet ein Stück ab und gibt es dem Kind. Wer eine 1 würfelt, darf ebenfalls einen Wunsch äußern, aber das Obststück nicht selber essen, sondern bestimmen, wer es bekommen soll.

Anschließend könnte auch das Kimspiel 2.48 »Was hast du im Mund?« angeboten werden.

Handpuppenspiel (2 Handpuppen)
7.09 Wie der Teufel den Geburtstagskuchen für die Großmutter klauen wollte
Teufel tritt auf. Ihm ist langweilig. Er möchte wie jeden Tag Leute ärgern. Da sieht er den Kaspar kommen. Schnell versteckt er sich.

Kaspar kommt, begrüßt die Kinder, erzählt, dass er gerade einkaufen geht, weil er für die Großmutter einen Kuchen zum Geburtstag backen will. Er hat eine Einkaufsliste dabei und liest sie laut vor: Mehl, Eier, Zucker, Mandeln, Zitrone. Beim Weiterlaufen greift der Teufel von hinten über seine Schulter und reißt ihm die Liste aus der Hand. Kaspar jammert: »Oh, jetzt hat mir der Wind meine Liste weggeweht! Und jetzt weiß ich nicht mehr, was ich besorgen wollte. Mehl, das fällt mir noch ein. Blumenkohl? Nein. Oder Frankfurter Würstchen? Das war's auch nicht.« (Die Kinder helfen dem Kaspar und sagen ihm, was auf der Liste stand.) Der Kaspar bedankt sich und geht einkaufen, damit er dann rasch für die Großmutter den besten Kuchen backen kann, den sie je bekommen hat.

Der Teufel erscheint. Er hat alles gehört. »So, so, den besten Kuchen der Welt will er der Großmutter schenken? Da kann die Großmutter aber lange warten. Den Kuchen kriegt sie nie, weil ich den nämlich klaue, sowie er fertig ist, haha!«

Kaspar kommt vom Einkaufen zurück. Er hat alles bekommen, was auf der Liste stand. (Kinder nennen die einzelnen Zutaten.) Kasper zeigt, was er gekauft hat.

Jetzt malt er aus, wie sehr die Großmutter sich freuen wird. (Natürlich werden die Kinder jetzt den Teufel verraten.) Der Kaspar hat eine Idee: Aber vorher sieht er nach, ob der Teufel auch wirklich weg ist. Dann weiht er die Kinder in seinen Plan ein. Er wird zwei Kuchen backen. Erst einen für den Teufel, dann den richtigen Kuchen für die Großmutter. Gleich fängt er an, den Teufelskuchen zu backen: In ein bisschen Mehl schüttet er (unsichtbar) eine Hand voll Nägel, Schrauben, Glasscherben, Steine, Zinken von einem schmutzigen Kamm, ein gebrauchtes Heftpflaster, sieben kleine Seifen … (Kinder machen weitere Vorschläge.)

Wenn alles zusammengerührt ist, gibt Kaspar noch etwas Milch und Backpulver dazu und sagt: »So, das fülle ich jetzt in eine Kuchenform und schiebe es gleich in den Backofen.« Kaspar ab.

Der Teufel erscheint, kann es kaum erwarten, bis der Kuchen endlich fertig ist, beschließt, in die Küche zu gehen und ihn aus dem Ofen zu stehlen. Teufel ab. Hinter der Bühne großes Wehgeschrei. Der Teufel kommt laut heulend wieder hervor. Bauch und Mund tun ihm weh, jammernd zieht er ab, will nie wieder Kuchen essen. Kaspar freut sich und kann nun den richtigen Kuchen für die Großmutter backen.

Benennen (Stuhlkreis)
7.10 Was ist da drin?
Die mitgebrachten Lebensmittelverpackungen befinden sich in einer großen Tasche. Die Erzieherin klopft auf die Tasche und sagt dazu: »Was ist da drin, was ist da drin, was ist in meiner Tasche drin?« Gleichzeitig holt sie einen Gegenstand aus der Tasche. Das Kind, das zuerst den Gegenstand benennt (und noch keinen bekommen hat), erhält ihn.

Wortschatz sichern (Stuhlkreis)
7.11 Ich habe – was hast du?
Die Kinder behalten den Gegenstand aus 7.10 in der Hand und sagen reihum: Ich habe … (Zum rechten Nachbarn:) Und was hast du?
In der zweiten Runde könnte der Satz lauten: Mein Nachbar hat … und was hat dein Nachbar?

Spiel im Stuhlkreis
7.12 Da wünsch ich mir den Zucker her
Ein leerer Stuhl im Kreis. Alle Kinder haben einen Gegenstand in der Hand. Das Kind links vom leeren Stuhl beginnt: Mein rechter, rechter Platz ist leer, da wünsch ich mir … (und nun statt eines Kindes den Gegenstand benennen, den es in der Hand hält, z.B. den Zucker) her.

Spiel im Kreis
7.13 Hinter dem Rücken weitergeben
Jedes Kind bekommt einen Gegenstand, den es auf das Kommando »Los!« hinter seinem Rücken an den rechten Nachbarn weitergibt. Die Gegenstände werden so lange weitergereicht, bis der Spielleiter »Stopp!« ruft.
Nun sollen die Kinder erfühlen, was sie hinter dem Rücken halten. Dann nachschauen, ob richtig geraten wurde.

Sortieren – Oberbegriffe suchen
7.14 Supermarkt einrichten
Die mitgebrachten Lebensmittelverpackungen werden mit Tesafilm wieder geschlossen und in Regale sortiert: Abteilung für Süßwaren, Teigwaren, Konserven, Getränke, Babynahrung, Backwaren … Was nehmen wir als Kasse? Was als Einkaufswagen?

Rollenspiel
7.15 Einkaufen im Supermarkt
Hausfrauen und Hausmänner holen sich im Supermarkt, was sie brauchen, legen die Waren in den Einkaufswagen (umgekippter Kinderstuhl) und bezahlen an der Kasse.

Rollenspiel
7.16 Einkaufen im »Tante-Emma-Laden«
Es gibt auch Läden, bei denen der Verkäufer oder die Verkäuferin hinter der Theke steht. Hier müssen die Kunden sagen, was sie brauchen. Sie können sich auch beraten lassen. In Bäckereien und Metzgereien ist Selbstbedienung ohnehin nicht erlaubt.

Kneten
7.17 Fleischwaren herstellen
Die Produkte aus Knetmasse werden anschließend in einer Metzgerei verkauft. (Von der Wurst können auch Scheiben abgeschnitten werden!)

Salzteig
7.18 Obst oder Backwaren herstellen
500 g Mehl, 200 g Salz, ¼ l Wasser und ein Teelöffel Öl gut durchkneten. Aus dieser Masse Teile formen, die im Ofen bei 150 Grad gebacken und anschließend bemalt werden können.

Spielgeschichte
7.19 Die Geschichte vom dicken, fetten Pfannkuchen
Vorbereitung: Wir brauchen einen kleinen Tisch, eine große leere Schüssel, einen Kochlöffel, einen Schöpflöffel, eine Pfanne, vier kleine Kissen für die dicken Bäuche und je ein Band, um es festzubinden. Tiermasken für Hase, Wildschwein, Pferd sind entbehrlich. Lebensmittel auch. Der Pfannkuchen-Darsteller könnte einen gemalten großen Pfannkuchen angeheftet haben, falls nicht ein Holz- oder Plastikreif vorhanden ist, der mit Papier beklebt wurde und später vom Pfannkuchen-Darsteller durch den Raum gerollt wird.
Die Kinder sitzen im Stuhlkreis. In der Mitte steht der kleine Tisch.
Einleitung: Kinder erzählen lassen, wie sie einen Pfannkuchenteig angerührt haben und was sie dazu gebraucht haben.
Geschichte vorlesen: Es waren einmal vier dicke, fette Leute, die wollten einen dicken, fetten Pfannkuchen backen. Der Erste brachte die Schüssel, die Zweite brachte die Pfanne, die Dritte brachte den Kochlöffel. Der Vierte brachte den Schöpflöffel. Der Erste schüttete Mehl in die Schüssel, die Zweite schlug ein Ei hinein, die Dritte goss Milch darüber und rührte alles um. Der Vierte schöpfte den Teig in die Pfanne und stellte sie auf den Herd. Als der Pfannkuchen fertig war, richtete er sich auf, sprang aus der Pfanne und rollte zur Tür hinaus.
Die dicken, fetten Leute riefen: »Bleib stehen, dicker, fetter Pfannkuchen, bleib stehen!« Aber der dicke, fette Pfannkuchen hörte nicht auf sie und rannte in den Wald hinein.
Da begegnete ihm ein Hase, der rief: »Bleib stehen, dicker, fetter Pfannkuchen, ich will dich fressen!« Aber der Pfannkuchen lachte nur: »Ich bin vier dicken, fetten Leuten weggelaufen, ich lauf auch dir davon!«

Da begegnete ihm ein hungriges Wildschwein, das grunzte: »Bleib stehen, dicker, fetter Pfannkuchen, ich will dich fressen!« Aber der Pfannkuchen lief weiter und rief: »Ich bin vier dicken, fetten Leuten weggelaufen, ich bin dem Hasen davongelaufen. Ich lauf auch dir davon!«

Da kam ein Pferd dahergetrabt, das wieherte: »Bleib stehen, dicker, fetter Pfannkuchen, ich will dich fressen!« Aber der Pfannkuchen lief weiter und entgegnete: »Ich bin vier dicken, fetten Leuten weggelaufen, ich bin dem Hasen weggelaufen, ich bin dem Wildschwein weggelaufen, ich laufe auch dir davon!« (Diesen Text können vielleicht einige Kinder schon erraten und mitsprechen.)

Da kamen zwei Kinder den Weg entlang, die hatten keinen Vater und keine Mutter mehr und baten: »Ach bleib doch stehen, du lieber Pfannkuchen, wir haben den ganzen Tag noch nichts gegessen und haben solchen Hunger!«

Da blieb der dicke, fette Pfannkuchen stehen und ließ sich aufessen. Und im Bauch von den Kindern hat er sich dann vom vielen Laufen gründlich ausgeruht.

Spiel: Die Rollen und die Requisiten werden verteilt. Das Kind, das den Pfannkuchen spielt, sitzt unter dem Tisch und springt dann hervor, wenn es heißt: »… sprang aus der Pfanne«. Die anderen Kinder treten vom Stuhlkreis auf und setzen sich nach ihrem Auftritt wieder an ihren Platz. Beim ersten Durchlauf spielen die Kinder nur pantomimisch, während die Erzieherin (stellenweise unterstützt von Kindern im Stuhlkreis) den Text spricht. Nach und nach übernehmen die Spieler ihren Text.

Ausschneiden und kleben, Fragen beantworten
7.20 Was ist genießbar? Was ungenießbar?
Aus Reklameseiten werden essbare und ungenießbare Gegenstände ausgeschnitten und auf zwei verschiedene Kartons geklebt. Dabei fragen, warum der ausgeschnittene Gegenstand zur einen oder anderen Gruppe gehört.

Gespräch
7.21 Vorsicht, Gift!
Zur Einleitung könnte das Märchen von Schneewittchen erzählt werden, die von der bösen Stiefmutter einen vergifteten Apfel bekam. Gibt es Gift nur im Märchen oder auch in Wirklichkeit? Wer hat schon einmal davon gehört? Was ist giftig? (Reinigungsmittel, bestimmte Beeren, bestimmte Pilze. Auch Medikamente können sehr gefährlich sein, wenn sie jemand schluckt, für den sie nicht vom Arzt verschrieben wurden, oder wenn man die falsche Menge schluckt. Auch Lebensmittel können giftig werden, wenn sie verdorben sind.)

Experimente
7.22 Nahrungsmittel können verderben
Ein Stück Brot im Plastikbeutel, ein Eigelb im Glas, eine (angefaulte) Birne, ein halbes Glas Milch, eine Scheibe Wurst an einem warmen Ort, für Kinder sichtbar, aber nicht zugänglich, einige Tage aufbewahren. Dann nachschauen, was daraus geworden ist: Das Brot ist verschimmelt, das Eigelb stinkt, die Birne ist verfault, die Milch

ist sauer, die Wurst ist schlecht und riecht ekelhaft. Nichts ist mehr genießbar. Was hätte man tun müssen, um das zu verhindern? Kann Wurst im Kühlschrank eigentlich nie schlecht werden?

Wortspiel
7.23 Übrigens …
Kann ein Apfel faulen? Kann eine Birne faulen? Kann eine Tomate faulen? Kann ein Kind faulen? Gibt es faule Äpfel? Gibt es faule Birnen? Gibt es faule Tomaten? Gibt es faule Kinder?
Was faul ist, stinkt. Meine Oma hat einmal zu mir gesagt: »Du bist stinkfaul!« Eine Frau hat einmal zu einem Mann gesagt: »Du stinkst vor Faulheit!«

Frecher Kinderreim
7.24 Faul
Sechs mal sechs ist sechsunddreißig,
und die Kinder sind so fleißig,
und der Lehrer ist so faul
wie ein alter Sattelgaul!

Spiel im Kreis
7.25 Bei »Lebensmittel« kauen
Die Erzieherin nennt Dinge, von denen in letzter Zeit die Rede war. Handelt es sich um Lebensmittel, reagieren die Kinder mit Essbewegungen. Handelt es sich um andere Dinge, wird mit dem Fuß aufgestampft.

Spiel im Kreis mit Ball
7.26 Obst – Getränke – Süßigkeiten
Die Erzieherin nennt einen der drei Oberbegriffe und rollt einem Kind einen Ball zu. Das muss so schnell wie möglich einen Gegenstand nennen, der zu diesem Oberbegriff gehört. Nachbarschaftshilfe ist erlaubt.

Kimspiel (Oberbegriffe erkennen)
7.27 Was stimmt nicht?
Auf dem Tisch liegen Backwaren, Wurstwaren und Gemüse als Bilder oder als Nachbildungen aus Knete (7.17–18). Sie werden sortiert. Zwei Kinder drehen sich um, während andere einige Gegenstände austauschen. Was stimmt nicht mehr?

Geschichte zum Mitsprechen (Pluralbildung)
7.28 Kann ich bitte zwei haben?
Es war einmal ein kleiner Junge, den hatten alle Leute gern, deshalb bekam er auch oft etwas geschenkt, wenn er mit seiner Mama einkaufen ging oder einen Besuch machte. Mal bekam er einen Keks, mal ein Stück Schokolade, mal einen Luftballon … (Habt ihr auch schon mal etwas geschenkt bekommen?)

Eines Tages bekam der kleine Junge noch ein Schwesterchen. Darüber freute er sich sehr und dachte, wenn ich wieder mal etwas geschenkt bekomme, muss ich den Leuten sagen, dass wir jetzt zu zweit sind, damit auch das Schwesterchen etwas bekommt. Bald darauf schickte ihn die Mutter zur Nachbarin mit einem Brief. Die Nachbarin bedankte sich bei dem kleinen Jungen und sagte: »Warte einen Moment, ich hab was für dich!«, und schenkte ihm eine Banane. Der Junge nahm seinen ganzen Mut zusammen und fragte: »Kann ich bitte zwei Bananen haben? Ich habe nämlich noch eine Schwester.« Da lachte die Nachbarin und gab ihm zwei Bananen. Und als der Junge wieder einmal mit seiner Mutter beim Metzger einkaufen ging und ein Würstchen bekam, sagte er (Kinder sollen mitsprechen): »Kann ich bitte zwei Würstchen haben? Ich habe nämlich noch eine Schwester.«

Und als ihm eine Frau auf dem Wochenmarkt einen Apfel schenkte, sagte er: »Kann ich bitte zwei Äpfel haben? Ich habe nämlich noch eine Schwester zu Hause.« Und als er auf einem Kindergeburtstag einen Mohrenkopf gewann, spielte er so lange weiter, bis er zwei Mohrenköpfe hatte.

Zu Hause zeigte er seine Schätze der Mama:« Schau mal, was ich alles habe: Zwei Bananen und zwei Würstchen und zwei Äpfel und zwei Mohrenköpfe. Und die Hälfte gebe ich dem Schwesterchen.« Die Mama lachte und sagte, dass die Schwester noch zu klein sei, um das essen zu können.

»Na«, dachte der kleine Junge, dann muss ich das alles gut aufbewahren, bis die Schwester größer ist, und versteckte alles ganz weit hinten in einer Schublade.

Als die kleine Schwester dann schon laufen und sprechen konnte, fiel dem Bruder wieder ein, was er für die Schwester gesammelt hatte. Er nahm die Schwester bei der Hand und wollte die Schätze aus der Schublade holen. Aber die Würstchen stanken ganz entsetzlich und der Apfel war völlig verfault und den Mohrenkopf hatten die Ameisen gefressen. »So eine Gemeinheit!«, schimpfte der kleine Junge. »Hätte ich doch lieber gleich alles selbst aufgegessen!«

Spiel im Kreis (Mehrzahlbildung)
7.29 Ein Apfel – zwei Äpfel
Die Erzieherin rollt einem der Kinder, die mit gegrätschten Beinen auf dem Boden sitzen, mit einer Hand einen Ball zu und sagt: Ein Apfel. Das Kind rollt den Ball mit beiden Händen zurück und sagt: Zwei Äpfel. Weiter mit Birne - zwei Birnen, Nuss – zwei Nüsse, Erdbeere – zwei Erdbeeren usw.

Handpuppenspiel (Sätze bilden)
7.30 Kasperle will Pfannkuchen backen
Kasperle braucht Rat. Er will Pfannkuchen backen, aber kennt das Rezept nicht. Nun fragt er einzelne Kinder, wie das geht. Weil er sich alles nicht so schnell merken kann, schreibt er das Rezept auf. Die Kinder sollen diktieren. Jetzt will er von anderen Kindern auch noch wissen, wie man eine Kartoffelsuppe oder ein »Falsches Spiegelei« herstellt. Er will sich ein kleines Kochbuch diktieren lassen.

Malen – schneiden – ordnen – kleben

7.31 Schaufenster

Leere Packpapierbögen werden an die Wand gehängt. Sie sind die Schaufenster verschiedener Geschäfte: Bäckerei, Obst- und Gemüseladen, Haushaltswarenladen, Metzgerei. Die gemalten oder aus Katalogen ausgeschnittenen Gegenstände werden in das richtige Schaufenster geklebt.

Turnen

7.32 Lauft schnell und kauft Brot

Die »Schaufenster« aus 7.31 werden an den vier Wänden der Turnhalle oder des Gymnastikraumes befestigt, Die Kinder sitzen in der Mitte des Raumes. Auf einen Pfiff erfolgt das Kommando: Lauft schnell und kauft ein Brot (ein Pfund Kirschen, ein Küchenmesser, ein Kilo Rindfleisch …) Wer ist zuerst am richtigen Schaufenster?

Turnen

7.33 Käse für die Maus

Jedes Kind kriecht unter einen Stuhl. Alle nicht besetzten Stühle werden beiseite gerückt. Ein Kind (ohne Stuhl) ist die Katze. Wenn die Katze ruft:
Maus, Maus, komm heraus,
komm aus deinem Haus heraus,
hier gibt's frischen Käse!,
müssen alle Mäuse ihr Haus verlassen und auf allen vieren durch den Raum kriechen. Sowie die Katze »Miau!« schreit, muss jedes Mäuschen schleunigst wieder ein Loch (Stuhl) finden. Auch die Katze sucht sich ein Loch. Wer übrig bleibt, ist in der nächsten Runde die Katze.

Gedicht von Josef Guggenmos

7.34 Was denkt die Maus am Donnerstag

Das Gedicht sollte mehrmals vorgelesen werden, sodass die Kinder zumindest den Anfang des Gedichtes auswendig können und den Text mit verteilten Rollen sprechen können.
Kind: Was denkt die Maus am Donnerstag?
Alle: am Donnerstag, am Donnerstag?
Kind: Dasselbe wie an jedem Tag,
Alle: an jedem Tag, an jedem Tag.
Zweites Kind: Was denkt die Maus an jedem Tag?
Erzieherin: am Dienstag, Mittwoch, Donnerstag
Alle: und jeden Tag und jeden Tag?
Erzieherin: O hätte ich ein Wurstebrot
mit ganz viel Wurst und wenig Brot!
O fände ich zu meinem Glück
ein riesengroßes Schinkenstück!
Das gäbe Saft, das gäbe Kraft!

Da wär ich bald nicht mehr mäuschenklein,
da würd ich bald groß wie ein Ochse sein.
Doch wär ich erst so groß wie ein Stier,
dann würde ein tapferer Held aus mir.
Das wäre herrlich, das wäre recht,
und der Katze, der Katze ginge es schlecht!

Sätze bilden
7.35 Was denkt der Tom am Donnerstag?
Im Anschluss an 7.34 könnte sich ein halb strukturiertes Gespräch entwickeln:
Erzieherin: Was denkt der (Tom) am Donnerstag?
Alle: Am Donnerstag, am Donnerstag?
Kind: Dasselbe wie an jedem Tag,
Alle: an jedem Tag, an jedem Tag.
Tom: O hätte ich … (ein Käsebrot)!
Erzieherin: Was denkt Marie am Donnerstag? …

Gestalten – basteln
7.36 Tischschmuck herstellen
Mit den Kindern besprechen, was als Tischschmuck in Frage käme, wenn die Eltern am Freitag zum Tee eingeladen werden. Blumen und Gräser in Blumenvasen stellen, Blumen und Zweige als Gesteck anordnen, kleine Steine hübsch arrangieren, kleine Figuren basteln aus Naturmaterial.
Beispiel: Mit einem Bohrer werden Löcher in Kastanien oder Tannenzapfen oder in kleine Holzstücke vorgebohrt, in die kleine Hölzchen oder kleine Stücke eines 3 mm starken Kabels gesteckt werden. Für Haare oder Schwänze eignet sich Bast. Solches Material hat für die Kinder so viel Aufforderungscharakter, dass sie sofort beginnen, fantasievolle Figuren zu basteln.

Feinmotorik
7.37 Eingießen
Jedes Kind hat ein mit Wasser gefülltes Gefäß vor sich und ein Glas. Wer kann das Glas halb voll gießen, ohne etwas zu verschütten? Wenn mit Tee oder Limonade gearbeitet wird, könnte die Flasche auch reihum weitergegeben werden. Wer kann eingießen, ohne die Flasche auf dem Glas aufzusetzen? Wer kann ein volles Glas bis zum nächsten Tisch tragen, ohne den Inhalt zu verschütten? Wer kann später den Eltern Tee oder Limonade eingießen? Wie fragt man nach den Wünschen der Eltern?

Rollenspiel
7.38 Gasthaus
Einige Gäste kommen ins Gasthaus. Die Bedienung fragt, was sie trinken wollen, und bedient sie anschließend. Die Gäste unterhalten sich, schließlich wollen sie bezahlen und gehen wieder.

Rollenspiel
7.39 Puppengeburtstag
Eine Puppe hat Geburtstag. Wer wird eingeladen? Es müssen Vorbereitungen für das Fest getroffen werden: Einkaufen, »Kaffee« kochen, Tisch decken.
Gäste kommen und bringen Geschenke mit. Auspacken und bedanken. Anschließend vielleicht den Gästen Fotos (Bilderbuch) zeigen? Oder einen kleinen Spaziergang zur Rutschbahn im Garten machen?

Erzählen
7.40 An meinem Geburtstag wünsche ich mir zum Mittagessen
Jedes Kind darf einen Wunsch äußern. Zweite Runde: Zum Nachtisch wünsche ich mir … Auf keinen Fall möchte ich … (Der Satz soll jeweils ganz gesprochen werden.) Schwieriger wird es, wenn die Wünsche der Vorredner wiederholt und mit einem eigenen Wunsch ergänzt werden wie bei dem Spiel »Kofferpacken«.

Kinderreim
7.41 Meine Mi-Ma-Mu
Meine Mi, meine Ma, meine Mutter schickt mich her,
ob der Ki, ob der Ka, ob der Kuchen fertig wär.
Wenn er ni, wenn er na, wenn er noch nicht fertig wär,
käm ich mi, käm ich ma, käm ich morgen wieder her.

Gestalten
7.42 Schlaraffenland
Die Erzieherin malt auf ein sehr großes Papier (Wandfries) eine kahle Landschaft mit Bäumen, Sträuchern, Hauswänden, angedeuteten Gartenzäunen. Die Kinder schneiden aus Illustrierten Bilder von Essbarem aus. Dabei erzählt die Erzieherin vom Schlaraffenland, indem auf Bäumen Würste wachsen, die Dächer mit Kuchen gedeckt sind und einem die gebratenen Tauben in den Mund fliegen. Die Blumen haben statt Blüten Bonbons, die Wege sind mit Schokolade gepflastert, die Seen sind mit Suppe gefüllt, statt Steinen liegen Essiggurken herum …
Die Kinder kleben ihre ausgeschnittenen Bilder so auf das Wandfries, dass aus der Landschaft ein Schlaraffenland wird.

Spiel im Stuhlkreis
7.43 Grießbrei
Die Erzieherin stellt reihum Fragen, die die Kinder immer nur mit »Grießbrei!« beantworten. Sie dürfen aber nicht lachen. Beispiel:
Was steckt in den Cola-Flaschen?
Womit wäscht sich deine Mutter die Haare?
Was liegt im Sandkasten?
Was passt gut zu sauren Heringen?
Was tankt dein Vater an der Tankstelle? usw.

Märchen (nach Gebrüder Grimm)

7.44 Das Märchen vom süßen Hirsebrei

Es war einmal ein armes Mädchen, das lebte mit seiner Mutter allein, und sie hatten nichts mehr zu essen: Kein Brot, keine Suppe und erst recht keinen Kuchen. Da ging das Mädchen in den Wald und dachte: Vielleicht finde ich Beeren oder Pilze, die man essen kann. Da begegnete ihm eine alte Frau, die wusste, dass das Mädchen Hunger hatte, schenkte ihm ein Kochtöpfchen und sagte: »Wenn du zu dem Töpfchen sagst: ›Töpfchen koch!‹, so kocht es süßen Hirsebrei, und wenn du sagst: ›Töpfchen steh!‹, so hört es auf zu kochen.«

Da hat sich das Mädchen aber gefreut und ist heimgesprungen zur Mutter. Und von da an hatten beide genug zu essen.

Eines Tages musste das Mädchen in die Stadt, und als die Mutter Hunger hatte, sagte sie: »Töpfchen koch!« Und gleich fing das Töpfchen an zu kochen. Als sie nun satt war, wollte sie, dass das Töpfchen aufhören sollte zu kochen, aber sie wusste nicht mehr, dass sie »Töpfchen steh!« rufen muss. Und so rief sie immer wieder: »Töpfchen, hör doch auf zu kochen!«

Aber der Brei, was macht der? Der kocht immer weiter und steigt über den Rand in die Küche und ins Treppenhaus, und bald ist das ganze Haus voll und das Nachbarhaus, und läuft auf die Straße und in die anderen Häuser, und schließlich war nur noch ein Haus ohne Brei.

Da kam das Mädchen nach Hause und rief schon von weitem: »Töpfchen steh!« Und gleich hörte es auf zu kochen. Wer aber in das Dorf hineinwollte, der musste erst einmal viel Brei essen.

Basteln

7.45 Figuren und Requisiten für das Märchen vom süßen Brei

Wir brauchen drei Püppchen: Das Mädchen, die Mutter, die alte Frau. Dazu nehmen wir drei Stoffreste in Taschentuchgröße. In die Mitte legen wir ein Bällchen aus Watte oder Stoffresten und binden das Tuch darum ab, sodass ein Kopf entsteht. Zwei Ecken des Tuchs herauszupfen und abbinden: Das sind die Arme. Wer will, kann das Tuch unterhalb der Arme noch einmal zusammenbinden und hat damit die Taille markiert. Der Kopf bekommt Haare aus Wollfäden oder ein Kopftuch. Die Püppchen können entweder direkt per Hand bewegt werden oder als Marionetten, wenn man einen Faden am Kopf befestigt.

Die Häuser bauen wir aus Legosteinen oder Bauklötzen.

Für den Wald sammeln wir kleine Zweige und stecken sie in ein Fundament aus Knetmasse oder Salzteig (siehe 7.18).

Das Kochtöpfchen holen wir uns aus der Puppenecke.

Aber wie sollen wir den Brei darstellen? Wir brauchen dazu Material, das sich sehr klein zusammendrücken lässt und sich beim Loslassen ausbreitet, z.B. Watte oder Seidentücher oder Nylonstoff oder Kosmetiktücher.

Tischtheater
7.46 Das Märchen vom süßen Brei
Die Erzieherin spricht den verbindenden Text (siehe 7.44), die Kinder erfinden die Dialoge zwischen den Personen, z.B. so:

Erzieherin: Es war einmal ein armes Mädchen, das lebte mit seiner Mutter allein und sie hatten nichts mehr zu essen.

Kind: Mama, ich habe Hunger!

Mutter: Ach Kind, wenn ich nur etwas zu essen hätte! Aber der Brotkasten ist leer und Kartoffeln haben wir auch nicht mehr. Was sollen wir bloß machen? …

Kochen und probieren
7.47 Echter Hirsebrei
Wollt ihr mal probieren, wie der süße Brei geschmeckt hat?

Gemahlene Hirse aus dem Reformhaus wie Grießbrei mit Milch zubereiten, Honig und ein Stückchen Butter oder Eigelb unterrühren.

Rhythmisches Sprechen
7.48 Wir haben Hunger, Hunger, Hunger
Wir haben Hunger, Hunger, Hunger,
haben Hunger, Hunger, Hunger,
haben Hunger, Hunger, Hunger,
haben Durst.
Wenn wir nichts kriegen, kriegen, kriegen,
fang'n wir Fliegen, Fliegen, Fliegen,
fang'n wir Fliegen, Fliegen, Fliegen,
fang'n wir 'n Frosch.
(Dazu mit den flachen Händen auf den Tisch schlagen.)

8. Weihnachtszeit

Vorüberlegungen

Weihnachten ist für Kinder die Zeit, in der sich die Umwelt in einen riesigen Jahrmarkt verwandelt. Die Straßen sind festlich beleuchtet, die Schaufenster geschmückt, die Kaufhäuser scheinen von oben bis unten mit Spielzeug und Süßigkeiten voll gepackt zu sein, und aus den Lautsprechern erklingen Weihnachtslieder non-stopp. Kataloge flattern täglich ins Haus, das Fernsehen verdoppelt die Werbesendungen: Der Wünsche-Weckungs-Mechanismus läuft auf Hochtouren. Brennende Wünsche und hoch gesteckte Erwartungen versetzen das Kind in einen Spannungszustand, dem die Erwachsenen ein besonderes Maß an Geduld und Beruhigung entgegensetzen müssten. Aber gerade dazu sind sie in der Vorweihnachtszeit oft am wenigsten in der Lage. Hektische Betriebsamkeit der Erwachsenen, schlecht gelaunte, überarbeitete Eltern, überfüllte Busse, Menschengedränge in der Fußgängerzone oder auf dem Weihnachtsmarkt, weinende Kinder – das bestimmt häufig die Atmosphäre der Adventszeit, deren Höhepunkt oft nur noch in einem sinnentleerten Warentausch am Heiligen Abend mit anschließendem (für Kinder nicht sonderlich angenehmem) Festessen besteht.

Es kann nicht von jeder Erzieherin erwartet werden, dass sie dem ein christliches Weihnachtsverständnis entgegensetzt, aber vielleicht kann sie sich doch im Kindergarten gerade in der Adventszeit um eine ruhige, entspannte Atmosphäre bemühen und den Kindern die Erfahrung vermitteln, dass es jenseits von Kaufhausrummel und Bestellkatalogen viele Möglichkeiten gibt, um weihnachtliche Spannung und Vorfreude zu erleben. Durch Handeln, nicht durch Ermahnungen sollen Kinder erleben, dass nicht nur das Wünschen, sondern auch das Schenken, Überraschen, das Ausdenken Spaß machen (8.05, 8.09, 8.10, 8.11, 8.12–19, 8.21), dass Stille und Konzentration erholsam sein können, dass man mit kleinen Dingen wie Bratäpfeln oder Kastanien oder Nüssen richtige Feste feiern kann (8.20, 8.22, 8.24).

Ich empfehle, an jedem Vormittag im Dezember eine ruhige Viertelstunde einzuplanen, in der alle Kinder einer Gruppe zu einem möglichst gleich bleibenden »Ritual« zusammenkommen: Ein Kind darf die entsprechenden Kerzen am Adventskranz anzünden (ein gefüllter Wassereimer muss immer griffbereit sein, wenn brennende Kerzen im Spiel sind!), ein anderes darf eine Tüte vom Adventskalender (8.01 oder 8.02) holen und den Inhalt verteilen. Nun könnte, während die Kerzen brennen, eine kurze Geschichte vorgelesen werden, (empfehlenswerte Bücher mit Kurzgeschichten s.u.). Noch schöner wäre es, wenn Geschichten über die Kinder in der

Gruppe zur Verfügung stünden, die im Lauf des Jahres gesammelt wurden (siehe S. 29). Wenn ein Weihnachtslied gesungen wird, so lange die Kerzen brennen, bekommt dieses Lied eine ganz andere Bedeutung, als wenn Weihnachtslieder zur Hintergrundsdudelei missbraucht werden.

Nach der Geschichte und dem Lied könnte »die Überraschung des Tages« verkündet werden: eine Idee, was jetzt Besonderes unternommen werden soll. (Anregungen siehe 8.01–26, 8.28.) Diese Vorschläge bestimmen auch weitgehend das Dezember-Programm. Jeder Tag der Vorweihnachtszeit soll ein besonderer Tag sein, an dem neben dem »Überraschungsprogramm« viel Zeit zum Reden und Zuhören bleibt.

Am 4. Dezember, dem *Barbara-Tag,* sollte die Möglichkeit bestehen, Zweige von Obstbäumen oder Sträuchern zu schneiden, die dann bis Weihnachten aufgeblüht sein werden (8.04). Einer der Höhepunkte der Vorweihnachtszeit könnte das *Nikolausfest* (8.07) sein, zu dem auch die Eltern eingeladen werden sollten. Falls ein Wald oder Park in der Nähe liegt, wäre es schön, dort den Nikolaus mit Laternen oder Taschenlampen aufzustöbern. Die Kinder unseres Kindergartens haben dabei den Nikolausruf (8.00) erfunden, der mögliche Ängste der Kinder vertreiben kann. Ob der Nikolaus, nachdem er seine Gaben verteilt hat, einfach wieder im Wald verschwindet oder ob er in einem nahe gelegenen Gasthaus von den Kindern enttarnt werden darf, sollte mit den Eltern vorher besprochen werden. Ich persönlich habe die Erfahrung gemacht, dass es die Spannung kein bisschen schmälert, wenn den Kindern schon vorher gesagt wird, dass ein Erwachsener den Nikolaus spielt, den sie zum Schluss »auspacken« dürfen. Auf keinen Fall darf der Nikolaus den Kindern Angst machen oder als Erziehungsmittel eingesetzt werden. Bei diesem Nikolausfest könnte vielleicht aus dem Wald ein großer Tannenzweig oder ein kleiner Baum mitgenommen werden, wenn der Förster einverstanden ist. Dann wären das Material für den Adventskranz (8.06) und der »Aufhänger« für den Weihnachtsschmuck (8.25) schon vorhanden. Auf eine an manchen Orten übliche *»Weihnachtsfeier«* kann meiner Meinung nach im Kindergarten verzichtet werden, weil mit der Vorbereitung einer solchen Veranstaltung dann doch wieder Stress und Hektik verbunden sind, die wir doch gerade vermeiden wollten. Stattdessen könnten am letzten Tag die Kerzen am Weihnachtsbaum oder am Weihnachtszweig, der im Lauf der Adventszeit immer mehr mit Basteleien der Kinder geschmückt wurde, angezündet und die Weihnachtsgeschichte in einer kindgemäßen Fassung (8.27) erzählt oder vorgelesen werden. Danach könnte sich jedes Kind ein »Schmuckstück« vom Baum holen und mit nach Hause nehmen. Wem schenken wir die aufgeblühten Barbara-Zweige (8.04)?

Um auch den Stress der Erzieherinnen im Dezember zu mindern, füge ich eine Liste der Vorbereitungen und den Entwurf für einen Elternbrief bei:

Vorbereitungen (können z.T. schon im Lauf des Novembers getroffen werden)
● Vorrat an Bastelmaterial ergänzen (Buntpapier, Gold- und Silberfolie, Seidenpapier, Flechtbögen, Knetwachs, Watte, Klebstoff, Zahnstocher, Strohhalme, Farben, Wollfäden, leere Kartons, leere Klopapierrollen …).

- Material für die Weihnachtsgeschenke besorgen (8.12–19).
- 20 Geschichten aussuchen. Den Titel jeweils auf einen kleinen Zettel für Adventskalender (8.02) schreiben. Rätsel notieren (8.03).
- Einkaufen: Nüsse und Süßigkeiten für den Adventskalender (8.01), Zutaten für das Weihnachtsgebäck (8.23), Walnüsse für das Nussknacker-Fest (8.24), Esskastanien für das Kastanienfest (8.22), Äpfel für das Bratapfelfest (8.20) und für die Apfel-Männlein (8.08), Kerzen für den Adventskranz (8.06), Orangen, Mandarinen, ganze Nelken und Zimtstangen für den Weihnachtsduft (8.26).
- Adresse besorgen von einem Kinderheim, das ein Paket (8.05) bekommt.
- Pfarramt fragen, wo (möglichst in der Nähe) gesungen werden soll (8.09).
- Einen Mann für die Rolle des Nikolaus finden (8.07).
- Die Gruppe für den 6. Dezember in einem Lokal anmelden.
- Elternbrief schreiben und kopieren.

Vorschlag für einen Elternbrief

Liebe Eltern,
am 6. Dezember würden wir gern ein Nikolausfest mit Eltern und Kindern feiern. Folgendes Programm ist vorgesehen:
Wir treffen uns um … Uhr am … (Parkplatz oder Haltestelle in der Nähe des Parks oder Waldstückes angeben). Geben Sie Ihrem Kind bitte eine Laterne oder eine Taschenlampe mit, falls vorhanden. Wir ziehen dann gemeinsam in den Wald (Park), um den Nikolaus zu suchen. Wenn wir ihn aufgestöbert haben, verteilt er seine Gaben und zieht mit uns in das Lokal … Dort gibt es Kakao und Glühwein. Wir schlagen vor, dass die Kinder dann den Nikolaus aus seinem Kostüm schälen dürfen. Sie werden sehen, dass diese Enttarnung keineswegs den Zauber der Weihnachtszeit zerstört, aber verhindert, dass angstbesetzte Gefühle mit dem Nikolaus verbunden werden.
Für den Nikolaussack bitten wir um ein Päckchen für Ihr Kind, das mit seinem Namen versehen ist. Bitte nur eine Kleinigkeit einpacken (Kosten: maximal fünf Euro, besser weniger). Das Päckchen sollte spätestens bis … im Kindergarten abgeliefert werden. Teilen Sie uns dabei bitte mit, ob Sie am Nikolausfest teilnehmen können oder nicht.
Nun haben wir noch eine Bitte: Wir möchten den Kindern gern die Erfahrung vermitteln, dass nicht nur das Beschenktwerden, sondern auch das Schenken Freude macht. Zweimal soll Ihr Kind etwas von seinen Sachen verschenken dürfen: einmal ein Spielzeug oder Kleidungsstück aus dem eigenen Bestand, das an ein Kinderheim in … verschickt werden soll, und einmal eine Kleinigkeit (Bildchen, Aufkleber, kleine Figur, kleines Auto), das als Überraschung einem anderen Kind aus dem Kindergarten in den Schuh gesteckt werden soll. Sicher haben wir am 6. Dezember Gelegenheit, darüber ausführlicher zu sprechen. Wir freuen uns auf Ihr Kommen.
Mit freundlichen Grüßen …

Empfehlenswerte Bücher

(Da in diesen Sammlungen nicht alle Geschichten gleich gut sind, muss man sich die besten Texte aussuchen.)

Ursel Geisler, Hanne Viehoff: Lilli Langeweile und andere Impulsgeschichten für Kinder von 4 bis 10. Don Bosco, München 1996.

Kristina Franke (Hrsg.), Paul Mangold: Wir warten auf's Christkind. Coppenrath, Münster 1995.

Ursula Wölfel: Achtundzwanzig Lachgeschichten. Thienemann Stuttgart o.J.

Wörterliste 8 (Ganz alte Wörter)

Advent	ein Gebot	jubelnd
anbetend	Engel	Klarheit
Bethlehem	Es begab sich	Krippe
betrachten	gebären	Morgenland
Chor	Heiland	redlich
Christenheit	Heiligabend	selig
Christmette	Herberge	verkündigen
Christus	Herde	Weiser
daselbst	Hirten	zum Zeichen

Angebote

8.00 Nikolausruf

Dieser Ruf, von dem Kindergartenkind Charlotte erfunden, ist unentbehrlich beim Ni-kolausfest im Wald (8.06).

Basteln, zählen, gestalten
8.01 Süßer Adventskalender
Für jeden Tag bis zum 24. Dezember, an dem der Kindergarten geöffnet ist, wird eine Tüte gebastelt, bemalt und mit dem Datum versehen. In jede Tüte kommen genauso viele Nüsse oder getrocknete Früchte oder Süßigkeiten wie Kinder in der Gruppe sind (vorher Hände waschen!). Die Tüten werden mit Reißzwecken in beliebiger Reihenfolge an ein Brett genagelt oder zugebunden und an eine Schnur gehängt. Jeden Tag darf ein anderes Kind die richtige Tüte suchen und den Inhalt verteilen.

Ausschneiden
8.02 Adventskalender mit Sternen-Geschichten
Die Erzieherin stellt einige aus Pappe geschnittene Sterne oder Ausstecherförmchen zur Verfügung, die auf buntem Papier mit Bleistift umfahren werden. Nun werden die so gezeichneten Sterne ausgeschnitten, auf der Rückseite mit der Überschrift oder der Nummer einer Geschichte versehen und mit Klebefolie an einer Wand befestigt oder mit einem Faden an einen Tannenzweig gehängt. Jeden Tag darf ein anderes Kind einen Stern holen. Die Erzieherin liest die entsprechende Geschichte vor, und das Kind schenkt den Stern einem anderen Kind, das noch keinen Stern bekommen hat. (Vorschläge für Kurzgeschichten: siehe Vorüberlegungen in diesem Kapitel.)

Basteln
8.03 Adventskalender mit Rätseln
In leere Klopapierrollen wird ein Rätselblatt geschoben, die Rolle in farbiges Papier gewickelt, an beiden Seiten verschlossen und zu einem Turm zusammengeklebt. Jeden Tag wird eine Rolle geöffnet und das Rätsel vorgelesen. Wer die Lösung weiß, darf später eine Kerze am Adventskalender ausblasen. (Einige der vorgeschlagenen Rätsel sind für jüngere Kinder noch zu schwierig, deshalb hier ein Auswahlangebot.)
Rätsel
Welche Birne kann man nicht essen? (Glühbirne)
Welches Glöckchen gibt keinen Ton von sich? (Schneeglöckchen)
Was mögen Kinder lieber als ein Stück Schokolade? (Zwei Stück)
Welcher Mann wird kleiner, wenn die Sonne scheint? (Schneemann)
Welcher Abend fängt schon am Morgen an? (Sonnabend)
Welcher Stein raucht? (Schornstein)
Welche Brille ist nicht für die Augen? (Klobrille)
Wer geht und geht und rührt sich nicht vom Fleck? (Uhr)
Wer guckt in euer Wohnzimmer und sieht euch nicht? (Nachrichtensprecher im Fernsehen)
Wer gibt dir nach jedem Waschen die Hand? (Handtuch)
Welcher grüne Baum hat kein einziges Blatt? (Tanne)
Man schiebt es in den Mund, aber man isst es nicht auf. (Zahnbürste)
Was macht der Glaser, wenn er kein Glas hat? (Er trinkt aus der Flasche)

Mit welcher Gabel kann man nicht essen? (Astgabel, Heugabel)

Was macht der Lehrer, wenn keine Kinder in die Schule kommen? (Urlaub)

Manche Kinder gehen immer dann zu Bett, wenn ihr gerade aufsteht. (Auf der anderen Seite der Erdkugel)

Welches Tier hat Löffel am Kopf? (Hase)

Wer kann sein Haus spazieren tragen? (Schnecke)

Er liegt in seinem Bett und läuft davon. (Fluss)

Was hat ein Schimmel für Haare? (Pferdehaare)

Welche Feigen sind ganz ungesund? (Ohrfeigen)

Welches Pflaster kann man nicht auf eine Wunde legen? (Straßenpflaster)

Wer hat einen Hut, aber keinen Kopf? (Pilz)

Klein und spitz, sticht wie der Blitz! (Nadel)

Ich bin ein kleiner schwarzer Zwerg und heb ganz leicht doch einen Berg. (Maulwurf)

Wer hat 25 Kinder? (Ich, die Erzieherin)

Sachbegegnung
8.04 Barbara-Zweig

Am 4. Dezember, dem Barbara-Tag, werden nach altem Brauch Zweige von Obstbäumen oder früh blühenden Sträuchern (z.B. Forsythien) abgeschnitten und im warmen Zimmer ins Wasser gestellt, damit sie an Weihnachten aufblühen.

Die Zweigenden sollen eine große Schnittfläche haben. Das Gefäß soll oben nicht zu eng sein, dass auch die Luft um die Knospen etwas befeuchtet werden kann. Die Zweige sollten von Zeit zu Zeit mit etwas Wasser besprüht werden.

Sozialerziehung
8.05 Paket für andere Kinder packen

Die Erzieherin erzählt, dass es Kinder gibt, die gar nichts zu Weihnachten bekommen. (Adresse beim Pfarramt oder beim Kinderschutzbund oder bei Terre des Hommes oder beim Jugendamt erfragen.) Für diese Kinder soll nun ein Paket gepackt werden. Schön wäre es, wenn die Kinder dafür etwas von ihren eigenen Spielsachen oder Kleidungsstücken opfern würden. (Eltern informieren.) Die Sachen werden in Weihnachtspapier (8.19) eingewickelt und mit kleinen Briefen versehen, die die Kinder diktieren. Wenn das Paket auf die Post gebracht wird, sollten einige Kinder dabei sein.

Sachbegegnung
8.06 Adventskranz

Große Tannenzweige werden in kleine Zweige zerteilt und von den Kindern der Erzieherin gereicht, die sie mit Blumendraht um einen Ring aus Ruten oder Peddigrohr oder Styropor wickelt.

Gleichzeitig könnten ältere Kinder versuchen, einen Adventskranz für die Puppenecke herzustellen. Kleine Kerzen samt Haltern gibt es im Kaufhaus (für Geburtstagstorten). Dass die Kerzen nur unter Aufsicht eines Erwachsenen entzündet werden dürfen, versteht sich von selbst.

Erlebnis im Wald
8.07 Nikolausfest
Kinder, Eltern und Erzieher suchen den Nikolaus mit Laternen und Taschenlampen, der sich hinter Bäumen oder im Gebüsch versteckt hält. Mit Gesängen (siehe 8.00) kann man ihn herbeilocken. Er hat in seinem Sack für jedes Kind ein Päckchen. (Für alle Fälle einige zusätzliche Päckchen in den Sack stecken, damit kein Kind leer ausgeht.) Wenn der Nikolaus seine Gaben verteilt hat, ziehen alle in ein nahe gelegenes Gasthaus, wo es für die Kinder Kakao, für die Erwachsenen Glühwein geben könnte. Dabei darf der Nikolaus aus seinem Kostüm geschält werden.

Basteln
8.08 Apfelmännlein
Material: Rote Äpfel, Walnüsse, Zahnstocher, Watte, Klebstoff.
Mit einem Zahnstocher wird die Kopf-Nuss mit dem Apfel-Bauch verbunden. Nun fehlen noch Bart und Haare. Bekommt das Männlein noch einen spitzen Hut? Wer soll das Apfelmännlein bekommen?

Sozialerziehung
8.09 Adventssingen
Die Kinder üben ein Weihnachtslied ein, um es im Krankenhaus oder in einem Altersheim vorzutragen. Denkbar wäre auch, bei einer Sozialstation nachzufragen, ob die Kinder im einen oder anderen Fall bei der Verteilung von »Essen auf Rädern« mitwirken und ihr Lied vortragen können. Vielleicht will jemand bei dieser Gelegenheit sein Apfelmännlein (8.08) verschenken?

Sozialerziehung
8.10 Überraschung im Schuh
Am Vortag wurde mit den Kindern der Plan besprochen, von den eigenen Sachen eine Kleinigkeit (kleine Figur, Aufkleber, Sammelbildchen …), die in einen Kinderschuh gesteckt werden kann, zu verschenken. Heute wickelt jeder sein kleines Geschenk so, dass die anderen es nicht sehen können, in selbst bemaltes Papier ein. (Für Kinder, die nichts zum Verschenken mitgebracht haben, sollte die Erzieherin eine Kleinigkeit parat haben.)

Alle Kinder stellen sich im Kreis auf. Jeder zieht einen Schuh aus und stellt ihn vor sich hin. Nun laufen die Kinder mit einem Schuh und dem Überraschungspäckchen in der Hand hintereinander im Kreis herum. Wenn der Gong ertönt, stehen die Kinder still und eine Gruppe (z.B. wer ein rotes T-Shirt trägt, alle Mädchen, die Zöpfe haben …) legt ihre Geschenke in einen leeren Schuh. Beim zweiten Gongschlag bewegen sich alle Kinder wieder im Kreis, bis die nächste Gruppe ihre Päckchen ablegt. (Vorsicht! Es darf immer nur ein Überraschungspäckchen in einem

Schuh liegen!) Wenn alle Päckchen verteilt sind, laufen die Kinder noch bis zum nächsten Gongschlag im Kreis herum und singen ein Lied dazu. Dann nimmt jeder wieder seinen Schuh an sich und packt seine Überraschung aus.

Basteln
8.11 Geheimniskiste
Für die kleinen Weihnachtsgeschenke, die die Kinder im Laufe des Monats basteln, brauchen sie eine »Schatzkiste«. Falls möglich, begibt sich eine Gruppe zum Supermarkt oder in ein Schuhgeschäft, um leere Kartons zu sammeln. Im Kindergarten werden diese Kartons farbig gestrichen, mit Papierfetzen beklebt oder mit ausgeschnittenen Sternen verschönt. Zum Schluss bekommt die »Schatzkiste« noch ein Schild, auf das die Erzieherin schreibt, was die Kinder diktieren: ACHTUNG! STRENG GEHEIM! ÖFFNEN STRENG VERBOTEN! usw. Diesen Karton können die Kinder mit nach Haus nehmen und an einem sicheren Ort (z.B. unter dem Bett) verstecken. Alle Bastelarbeiten, die nach und nach entstehen, werden dort bis Weihnachten untergebracht.

Geschenke herstellen
8.12 Briefbeschwerer
Ein größerer, glatter Kieselstein wird mit Lackfarbe bemalt. Es dauert etwa zwei Tage, bis die Farbe richtig trocken ist.

Malen
8.13 Kleiderbügel
Ein Kleiderbügel aus Holz wird bemalt und zum Trocknen auf eine Leine gehängt.

Basteln
8.14 Notizbuch
Zunächst wird der Umschlag aus farbigem Papier mit kleinen Figuren beklebt. Dann werden weiße Blätter mit dem Umschlag zu einem kleinen Heft zusammengenäht.

Gestalten
8.15 Schöne Streichholzschachtel
Es gibt viele Möglichkeiten, eine Streichholzschachtel zu verschönern. Ein Stückchen Brokatborde oder ein gepresstes Blümchen oder eine kleine Zeichnung werden mit Klebefolie um die Schachtel geklebt.

Basteln
8.16 Streichholzschachtel-Behälter
Vier Streichholzschachteln werden auf ein quadratisches Stück Karton geklebt, dessen Seiten die Länge plus die Breite einer Streichholzschachtel betragen. Jede Streichholzschachtel stößt mit einer Breitseite an die schmale Seite einer anderen, sodass in der Mitte ein kleines Quadrat frei bleibt. Zuletzt wird das Ganze mit einem zweiten quadratischen Papier oder Karton abgedeckt.

Basteln und gestalten
8.17 Zierkerze
Eine kleine dicke Kerze wird mit buntem Knetwachs verziert und zu Hause in der Geheimniskiste (8.11) versteckt.

Basteln
8.18 Serviettenringe
Röhren aus Küchenpapierrollen werden mit einem scharfen Messer in Stücke gesägt und mit hübscher Klebefolie, die die Erzieherin in entsprechend breite Streifen geschnitten hat, beklebt oder mit dicken Wollfäden umwickelt. Zum Schluss eine gerollte Papierserviette in den Ring schieben, damit klar ist, worum es sich handelt.

Basteln
8.19 Prachteinband
Wer ein Flechtwerk aus Papierstreifen (geschlitzte Bögen und Flechtstreifen gibt es fertig zu kaufen) hergestellt hat, sollte dieses Werk auch für ein größeres Geschenk einsetzen, z.B. den Einband eines Heftes oder eines Fotoalbums damit bekleben.

Kochen
8.20 Bratäpfelfest
Äpfel waschen, das Kernhaus herausstechen, die Äpfel auf eine mit Butter bestrichene feuerfeste Auflaufform geben und in der Mitte mit einer Mischung aus Zucker, Zimt, Weckmehl und gehackten Nüssen oder Mandeln füllen. In den Ofen schieben und braten. Inzwischen Tisch decken und eine Geschichte vorlesen.

Gestalten
8.21 Weihnachtspapier drucken
Aus Tesamollresten (zum Abdichten der Fenster) lassen sich kleine Figuren schneiden, die mit der Klebeseite auf einen Bauklotz gedrückt werden. Mit Plakafarbe bestreichen und auf weißes Seidenpapier hübsche Motive drucken.
Alternative: Kartoffelstempel (siehe 4.16).
Einen bedruckten Bogen sollten die Kinder nach dem Trocknen mit nach Hause nehmen und in der Geheimniskiste (8.11) verstauen dürfen.

Essen
8.22 Kastanienfest
Die vom Erzieher eingeschnittenen Kastanien können in einem Gefäß mit wenig Wasser im Ofen geröstet werden. Inzwischen Tisch besonders schön decken, z.B. mit hübschen Papier-Untersetzern für die (Apfelsaft-)gläser.

Sachbegegnung
8.23 Plätzchen backen
Rezeptvorschlag 1: Vanille-Brezelchen (ca. 30 Stück)
250 g Mehl, 125 g Zucker, 125 g Butter oder Margarine mit einem Ei auf der Tischplatte zusammenarbeiten (Knetteig). Eine lange Rolle kneten, in gleichmäßige Stücke zerteilen und aus jedem Teilstück eine kleine Wurst rollen, die zu einem Brezelchen geschlungen oder zu einer Schnecke gerollt wird. Auf ein gefettetes Blech setzen und im Ofen goldgelb backen. Inzwischen die Glasur zubereiten: Staubzucker mit frischem Zitronensaft zu einem dickflüssigen Brei anrühren. Nach dem Backen die noch warmen Plätzchen mit der Oberfläche auf die Glasur legen und gleich wieder herunternehmen, damit nicht auch die Unterseite glasiert wird, trocknen lassen.
Rezeptvorschlag 2: Ausstecher (je nach Größe 30–40 Stück)
Zutaten: 250 g Butter oder Margarine, 375 g Zucker, 750 g Mehl, 3–4 Eier (davon 1–2 Eigelb zum Bestreichen der Teigfiguren reservieren), eine Zitrone, ein Päckchen Backpulver.
Die Butter wird schaumig gerührt, die ganzen Eier und der Zucker werden mitgerührt, die geriebene Zitronenschale und fast das ganze Mehl, dem das Backpulver untergemischt wurde, beigegeben. Der Teig wird ausgerollt und auf bemehltem Untergrund ausgestochen. Die Figuren auf ein gefettetes Blech setzen, mit Eigelb bestreichen und mit Mandeln oder buntem Zucker verzieren und im Ofen goldbraun backen.

Überraschung
8.24 Nussknacker-Fest
Überraschung in Nüssen: Reihum sucht sich jedes Kind eine Walnuss zum Knacken aus. In einige Nüsse hat die Erzieherin aber einen kleinen Zettel gelegt, auf dem etwas Nettes steht, z.B.: Du bist heute besonders geschickt, lieb, stark, hilfsbereit … Dieses Kind bekommt eine volle Nuss noch dazu.

Spiel mit Nüssen: Aus einer bestimmten Entfernung sollen Nüsse so in einen (vielleicht mit Silberfarbe eingesprühten und getrockneten) Eierkarton geworfen werden, dass sie in den Vertiefungen liegen bleiben. Wer trifft?

Basteln mit Nüssen: Aus halben Nussschalen werden Schwimmkerzen gebastelt: Mit flüssigem Wachs füllen, Docht mit Hilfe eines Zahnstochers hineindrücken, solange das Wachs noch weich ist.

Basteln
8.25 Weihnachtsschmuck
Es gibt zahlreiche Literatur zum Basteln von Weihnachtsschmuck. Deshalb soll hier nur der Hinweis erfolgen, dass nur solche Dinge den (noch kahlen) Weihnachtsbaum oder Weihnachtszweig schmücken sollten, die die Kinder selbst gebastelt haben, z.B. Ketten aus Papierringen oder aus klein geschnittenen Strohhalmen. Ganze Nussschalenhälften vom Nussknackerfest (8.24) könnten, mit einem Wollfaden versehen, wieder zusammengeklebt und mit Silber- oder Goldfarbe besprüht werden.

Riechen
8.26 Weihnachtsduft
Eine Orange mit ganzen Nelken spicken. Zimtstange auf einen Tannenzweig binden. Mandarinenschalen zerdrücken. Alle Kinder riechen lassen. Nicht ganz ungefährlich, aber bei Kindern sehr beliebt: Kleine frische Tannenzweige in die Flamme einer Kerze halten. (Wenn ein großes Backblech als Unterlage dient, können Funken keine Löcher in den Tisch brennen.)

Erzählen
8.27 Die Weihnachtsgeschichte (für Kinder im Alter von drei bis sechs Jahren erzählt oder vorgelesen)

In einer kleinen Stadt wohnte vor 2000 Jahren ein junger Mann, der hieß Joseph. Er war ein Zimmermann. Wenn jemand ein Haus bauen wollte, rief er den Joseph herbei. Der kam dann und sägte die Balken und setzte sie zusammen. Und die Leute sagten: Dieser Josef ist ein tüchtiger Handwerker, den kann man wirklich gebrauchen!

Der Joseph hatte auch eine Frau, die hieß Maria und war eine ganz besonders liebe Frau. Wenn z.B. vor ihrer Tür ein Kind stand, das Hunger hatte, gab sie ihm ein Stück Brot. Und wenn auf der Straße ein Kind hingefallen war und weinte, lief sie schnell hin und tröstete es, und gleich hat's dem Kind nicht mehr wehgetan.

Diese Maria war sehr glücklich. Weißt du, warum? Sie wusste nämlich, dass sie bald ein eigenes Kind bekommen würde, und freute sich sehr auf das Baby. Joseph hatte schon ein Bettchen gezimmert, und Maria hatte kleine Hemden und Jäckchen genäht und Windeln aus Stoff vorbereitet, denn damals gab es noch keine Pampers.

Aber eines Tages geschah etwas Schlimmes. Ein Bote des Kaisers kam auf einem Pferd dahergeritten und rief so laut, dass es alle hören konnten: »Aufgepasst, Leute! Hört, was der Kaiser befiehlt! Der Kaiser will wissen, wie viele Menschen in seinem Reich leben. Alle werden gezählt!« »Na gut«, sagten die Leute, »dann zählen wir eben ab. Eins, zwei, drei, vier, fünf, sechs …« »Nein«, sagte der Bote, »so geht das nicht. Ihr müsst alle an den Ort gehen, in dem ihr geboren wurdet. Und die ganze Familie muss mit.« Und schon packte er den Joseph und fragte: »He du, wo bist du denn geboren?« Joseph antwortete: »In Bethlehem.« »Gut, dann musst du dich sofort auf den Weg machen nach Bethlehem.« »Und meine Frau?«, fragte der Joseph. »Die muss natürlich mit!«, antwortete der Bote. »Aber das geht nicht!«, klagte Joseph. »Sie bekommt doch bald ein Baby.« »Das interessiert mich nicht«, sagte der Bote und ritt in die nächste Stadt, um auch dort den Leuten Bescheid zu sagen.

Joseph war ganz verzweifelt. Es gab ja damals noch keine Autos und keine Eisenbahn. Und der Weg nach Bethlehem war sehr weit. »Vielleicht leiht unser Nachbar uns seinen Esel? Er muss ja nicht in eine andere Stadt, denn er ist hier geboren. Ich frag ihn mal«, sagte Maria. Und der Nachbar hat tatsächlich seinen Esel aus dem Stall geholt und gesagt: »Nun sei schön brav, Eselchen, und trage die Maria vorsichtig!«

Gleich machten sich Joseph und Maria auf den Weg. Sie nahmen etwas zu essen und zu trinken mit, und Maria packte die Windeln ein, die sie für das Baby genäht hatte.

Viele Leute waren unterwegs. Alle mussten in die Stadt, in der sie geboren waren. Joseph führte den Esel, aber sie kamen nur langsam voran. Schon wurde es dunkel. »Wir müssen noch bis zu einem Gasthaus kommen, das ganz in der Nähe sein muss!«, sagte Joseph und trieb den Esel an. Maria hatte Bauchschmerzen und sehnte sich nach einem Bett.

Aber als sie schließlich in dem Gasthaus ankamen, waren alle Zimmer belegt. Die Leute schliefen schon auf dem Gang und unter der Treppe.

»Meine Frau erwartet ein Kind, sie kann doch nicht auf der Straße übernachten!«, klagte Joseph. Da hatte die Wirtin eine Idee: »Wenn ihr wollt, könnt ihr im Stall übernachten. Da gibt es Heu und Stroh, und unser Ochse verbreitet Wärme, wenn es heute Nacht kalt wird. Euren Esel könnt ihr auch mit reinnehmen.« Maria und Joseph nahmen dieses Angebot an. Sie waren froh, dass sie wenigstens ein Dach über dem Kopf hatten. Die Bauchschmerzen von Maria wurden immer stärker und sie sagte: »Joseph, ich glaube, das Kind kommt heute Nacht auf die Welt.« Und so war es auch. Mitten in der Nacht wurde das Kind geboren. Es war ein Junge und er sollte Jesus heißen. Maria wickelte das Kind in die Windeln und sagte: »Schade, dass wir das schöne Bettchen nicht mitnehmen konnten, das du gezimmert hast, Joseph.«

Aber der Joseph sagte: »Schau mal, was ich habe!«, und stellte eine Futterkrippe neben die Maria (das ist ein Holzkasten, in den man das Futter für die Tiere schütten kann). Joseph hatte weiches Heu hineingelegt und so hatte der kleine Jesus doch noch ein Bettchen bekommen. Und Maria und Josef waren so froh, dass sie mitten in den Nacht anfingen zu singen.

In derselben Nacht geschah aber noch mehr. Ganz in der Nähe stand nämlich dicht gedrängt im Freien eine große Schafherde, die von Hirten bewacht wurde, damit kein wildes Tier den Schafen etwas zu Leide tun konnte. Diese Hirten sahen auf einmal ein grelles Licht, das immer heller wurde und näher kam, sodass sie schreckliche Angst bekamen. Da hörten sie die Stimme eines Engels, der sagte: »Habt keine Angst! Ich sage euch etwas Wunderschönes: Der, auf den die ganze Welt gewartet hat, der alles in Ordnung bringt, was nicht in Ordnung ist, wurde heute geboren. Das Kind, das in Windeln gewickelt in einer Futterkrippe liegt, das ist es!« Und gleich hörten die Hirten eine Musik, die schöner war als alles, was sie jemals gehört hatten.

Natürlich machten sie sich sofort auf den Weg und fragten überall nach, ob ein Kind geboren worden sei, das in einer Futterkrippe liege.

Und tatsächlich fanden sie Josef und Maria und das Kind in der Krippe.

Und jeder, der das Kind sah, wurde plötzlich ganz freundlich und froh. Zwei Hirten, die sich kurz davor noch heftig gestritten hatten, redeten wieder miteinander, und einer, der dem anderen was geklaut hatte, gab es ihm zurück und bat um Verzeihung.

Maria aber sagte gar nichts. Sie sah nur das Kind an und wusste: Dieses Kind wird die Welt verändern. Und von da an hieß das Kind Jesus Christus. Und alle Menschen, die seitdem von Jesus gehört haben und tun, was er gesagt hat, heißen Christen.

Und statt »Weihnachten« kann man auch Christfest sagen.

Spaziergang
8.28 Weihnachtskrippe betrachten
Wenn eine Kirche mit Weihnachtskrippe zu Fuß erreicht werden kann, sollte ein Spaziergang mit dem Besuch dieser Ausstellung verbunden werden. Alternative: Dias von einer Weihnachtskrippe beim örtlichen Filmdienst oder in der Bücherei besorgen; die Kinder erzählen lassen, was sie sehen.

9. Spielzeug

Vorüberlegungen

Noch nie in der Geschichte der Menschheit gab es eine so ausgedehnte Spielzeugindustrie wie heute. Dabei wurde eine Fülle von Spielmaterial entwickelt, das keineswegs immer die Fantasie der Kinder oder ihre eigene Aktivität blockiert. Im Gegenteil: Die erfolgreichsten Produkte der Spielzeugindustrie können durchaus in vielen Fällen das Prädikat »pädagogisch besonders wertvoll« für sich in Anspruch nehmen.

Das Problem mit den Spielsachen ist also weniger deren Qualität als ihre Fülle. Die meisten Kinder werden mit Spielsachen überhäuft. Im überladenen Kinderzimmer sendet jedes Objekt einen Aufforderungsimpuls an das Kind. Und so, wie es unmöglich ist, ein konzentriertes Gespräch zu führen, wenn gleichzeitig viele Menschen auf einen einreden, ist es auch schwierig, sich konzentriert mit einem Spielzeug zu beschäftigen, wenn schon das nächste ins Blickfeld rückt, ehe das Spiel mit dem einen überhaupt richtig begonnen hat. Das Kind wehrt sich unbewusst gegen diese Überforderung, indem es gegen diese Aufforderungsimpulse abstumpft und mit den Dingen nichts mehr anzufangen weiß.

Dabei entdecken und nutzen viele Kinder nur einen Bruchteil der Möglichkeiten, die ein Spielzeug bietet. Puppen können nicht nur aus- und angezogen werden. Sie haben Hunger, werden müde, wollen andere Kinder besuchen. Playmobil-Ritter brauchen nicht nur Rüstung und Pferd, sie wollen auch im Turnier gewinnen und anschließend ein Fest feiern. Mondfahrzeuge müssen nicht nur hergestellt werden, sie sollen auch auf dem Mond landen und ihre Forschungsaufträge erfüllen. Holz- oder Plastiktiere können nicht nur einen Bauernhof oder einen Zoo bevölkern, man kann auch mit ihnen Geschichten darstellen, wie z.B. Arche Noah (9.33). Gutes Spielzeug lässt immer viele Spielvarianten zu. Man muss sie nur wahrnehmen.

In vielen Kindergärten wird regelmäßig eine »spielzeugfreie« Woche angeordnet. Die Kinder räumen gemeinsam alle gekauften Spielsachen in Umzugskisten und verbannen sie für eine bestimmte Zeit aus dem Gruppenraum. Und nun beginnt das Abenteuer, die eigene Fantasie in Anspruch zu nehmen und in Absprache mit anderen Kindern tätig zu werden. Aufforderungscharakter haben jetzt die Kindergartenmöbel, Tücher, Seile, Papier, Naturmaterial, Räume, Spielflächen, Treppenstufen. Ein Tisch verwandelt sich mit Hilfe einer darüber gehängten Decke in eine Höhle, mit Seil und Tüchern können Wände errichtet werden. Denkbar wäre auch, eine bestimmte Zeit nur mit einer Spielzeuggruppe auszukommen. Darüber sollte mit den Kindern gesprochen werden (9.01).

Eine Variante der »spielzeugfreien« Erlebnistage wird als »Waldkindergarten« an manchen Orten mit großem Erfolg erprobt (siehe S. 11–12). Die Natur bietet nicht nur viele Möglichkeiten des Forschens und Erkennens, sondern regt auch zu immer neuen Spielen an. Spiele mit Wasser, Sand und Erde sind hier nicht eigens aufgeführt, dafür aber viele Spiele mit Naturmaterial im Freien (9.06–15).

Dass man Spielzeug auch selbst herstellen kann (9.02–05) oder dass man zu vielen Spielen überhaupt keine Spielsachen braucht (9.20–24), soll erlebt und bewusst gemacht werden.

Das Thema Spielzeug soll also zu einem kritischen Blick auf den Umgang der Kinder mit Spielmaterial lenken und das eigene Verhalten der Erzieherinnen überdenken helfen. Gleichzeitig sollen die Kinder Anregungen bekommen, wie bekannte Dinge immer wieder neu im Spiel eingesetzt und gängige Spiele weiterentwickelt werden können (9.27). Das Tischtheater von Hans im Glück (9.32) oder Arche Noah (9.33) sind Beispiele dafür, wie vielseitig die vorhandenen Spielsachen eingesetzt werden können.

Wichtig ist auch die Diskussion darüber, dass es keine Spielsachen oder Spiele gibt, die nur für Jungen oder nur für Mädchen da sind. (9.18–19).

Vielen Kindern fehlt es also nicht an Spielzeug, sondern an der Fähigkeit, Spiele zu entwickeln. Spielpflege im Kindergarten ist daher viel wichtiger als der Einkauf von immer neuem Spielzeug. Spielpflege heißt, den Kindern zu helfen, von einer Niveaustufe des Spiels zur nächsten zu gelangen. Das setzt voraus, dass die Erzieherin beurteilen kann, ob ein Kind auf dem Niveau spielen gelernt hat, das seinem Alter und seiner sonstigen Entwicklung entspricht. Natürlich spielen Kinder häufig auch »unter ihrem Niveau«, je nach ihrer körperlichen, seelischen und geistigen Verfassung. Das ist völlig normal und sogar für die »Psychohygiene« notwendig. Wenn das Spiel des Kindes sich aber auch unter günstigen Bedingungen nicht weiterentwickelt, sollten die Erzieherinnen sich bemühen, ihm den Zugang zu den gehobenen Spielformen seiner Altersgruppe zu ermöglichen (siehe dazu S. 25–28). Bis zum Ende der Kindergartenzeit sollten alle Kinder in der Lage sein, sich wenigstens eine halbe Stunde konzentriert mit einer Sache zu beschäftigen und dabei einen konstruktiven Dialog mit den Mitspielern zu führen.

Sicher wäre es gut, wenn die Erzieherin sich still in eine Ecke des Spielzimmers setzen und ihre Beobachtungen über das Spielverhalten der Kinder niederschreiben könnte. Aber dazu fehlt in der Regel die Zeit. Falls Praktikanten im Kindergarten zur Verfügung stehen, sollten sie aber unbedingt mit dieser Aufgabe betraut werden. Die Beobachtung sollte dann beginnen, wenn ein Kind sich von selbst einem Spielzeug zugewandt hat und sich damit zu beschäftigen beginnt.

Ein *Beobachtungsbogen* für die Arbeit im Kindergarten könnte z.B. so aussehen:

Name.................................. **Alter**:............**Jahre**..........**Monate**

Gewähltes Spielzeug: ....**Datum** ....

Wie lange ist der gewählte Gegenstand im Zentrum der Aufmerksamkeit des Kindes? Von ....bis ....
Wird etwas hergestellt? (Falls ja: was?)

Arbeitet das Kind mit Sorgfalt und Ausdauer oder eher ungenau und fahrig?

Was macht das Kind mit dem fertigen oder fertig gestellten Gegenstand bzw. der angezogenen Puppe?

Wird das Spiel erweitert durch konstruktiven Kontakt zu anderen Gegenständen? (Beispiel: Auto fährt zum Tanken oder in die Garage)

Werden andere Kinder ins eigene Spiel einbezogen?
Oder wird ein »negativer Kontaktversuch« gestartet (andere Kinder stören oder ärgern)?

Spielt es stumm?
Oder führt es Selbstgespräche?
Oder spricht es andere Kinder im Spiel an?

Antwortet es, wenn andere Kinder sich in das Spiel einschalten?

Findet eine Spielabsprache statt (Beispiel: Ich hätte einen Unfall, du würdest die Polizei holen ...)?

Weitere Bemerkungen:

Das Thema »Umgang mit Spielzeug« sollte auch an einem *Elternabend* besprochen werden. Viele Eltern sind sich längst darüber im Klaren, dass ihr Kind viel zu viele Spielsachen besitzt, und ändern dennoch nichts in ihrem Kaufverhalten, sei es, dass sie den Wünschen der Kinder entgegenkommen wollen, sei es, dass Großeltern, Onkel und Tanten meinen, das Kind mit Spielzeug überschütten zu müssen. Oft ist es für Erwachsene auch einfach bequemer, Geld im Spielzeugladen auszugeben als einige Stunden Zeit für Spiele mit Kindern zu investieren.

Kinder beim Spielen zu beobachten sollte auch Aufgabe der Eltern sein. Vielleicht könnte ein Beobachtungsbogen für Eltern an einem Elternabend gemeinsam entwickelt werden.

Einige der Spiele mit Naturmaterial sollten die Eltern gleich während des Elternabends ausprobieren. Dabei kann die Leiterin des Kindergartens das Programm des Projektes »Spielzeug« erklären und gegebenenfalls um Mithilfe bitten, so z.B. beim Reparieren von Spielzeug (9.30).

Empfehlenswerte Bilderbücher

Zum Thema Angeben (9.17): Olivier Douzou, Lynda Corazza: Die Allertollsten. Picus, Wien 2001. *Vier Kinder überbieten sich gegenseitig mit Angebereien, nur der Fünfte kann da nicht mithalten. Aber schließlich macht er doch mächtig Eindruck, weil er etwas sagt, worunter sich die anderen nicht so viel vorstellen können.*

Karoline Kehr, Jürgen Bauscherus: Max Freundefinder. Thienemann, Stuttgart Wien Bern 1997. *Max hat massenhaft Spielzeug, aber keine Freunde. So bleiben ihm nur gespielte Freundschaften, bis Fritz in das Nachbarhaus einzieht …*

Zum Thema Arche Noah (9.33): Heinz Janisch, Lisbeth Zwerger: Die Arche Noah. Neugebauer, Gossau Zürich Hamburg Salzburg 1997.
Laura Fischetto, Letizia Galli: Die Arche Noah. Pattloch, Augsburg 1992. *Darin geht es um die Frage, was sich wohl im Inneren der Arche während der langen Wartezeit abgespielt haben könnte Dieses Buch sollte aber erst eingesetzt werden, wenn die biblische Version schon bekannt ist.*

Wörterliste 9

an der Reihe	Golfschläger	Schaukelpferd
angeben	Hampelmann	schieben
ärgern	Holzspielzeug	schmusen
Ball	Kartenspiel	Schnipp-Schnapp
basteln	Karussell	schubsen
Baukasten	Los	schwarzer Peter
beschreiben	Lotto	spannend
Blechspielzeug	lustig	Spielregel
Boule	Malefiz	Tennisball
Buntstift	Memory	Theater
Domino	Mensch ärgere dich	verkleiden
erfinden	nicht	verlieren
fair	Minigolf	verstecken
Figuren	Puppenstube	Wippe
gemeinsam	Puzzle	würfeln
Geschicklichkeit	Quartett	Würfelspiel
gewinnen	reparieren	Ziel

Angebote

Kinderlied
9.00 Mein Schmusebär

Text und Melodie: Rose Götte
(Teile überliefert)

Mein Schmu-se-bär, wenn der nicht wär, so wär die gan-ze Welt so leer.

Will bei mir sein, schläft bei mir ein, so sind wir bei-de nie al - lein.

2. Den Schmusebär
   geb ich nicht her.
   Ich will auch keinen andern mehr.
   In dunkler Nacht
   halt ich ihn sacht,
   bis morgen früh die Sonne lacht.

Gespräch
9.01 Spielideen sammeln
Die Erzieherin erklärt, dass am folgenden Tag nur wenige Spielsachen zur Verfügung stehen, weil der andere Teil mal gereinigt, desinfiziert, repariert, sortiert werden muss. Was könnten wir spielen, wenn nur noch eine Spielzeuggruppe vorhanden ist?
Stofftiere: Tierarzt und Tierklinik. Kranke Tiere werden vom Tierarzt untersucht, müssen Tabletten schlucken, Krankengymnastik machen oder werden operiert und verbunden.
Holztiere und andere Holzspielzeuge: Zoo. Um einen Zoo zu bauen, brauchen wir auch Bauklötze für Mauern und Zäune, Futter für die Tiere, Wege für die Zoobesucher, Parkplätze für die Autos der Besucher und natürlich die Zoobesucher selbst.
Puppen: Puppengeburtstag. Geschenke nicht vergessen!
Autos: Autohandel, Reparaturwerkstatt und Verkauf. Hier geht es auch um viel Geld. Eine Bank sollte geöffnet haben.
Playmobil: Geschichten aus Bilderbüchern nachspielen.
Legos: Flug zum Mars und Landung.
Bauklötze: Wolkenkratzer-Stadt. Wer baut die höchsten Häuser, ohne dass sie einstürzen?

Spielzeug herstellen
9.02 Becherball
Material: Für jedes Kind einen leeren Joghurtbecher, ein Stückchen Wolle oder Bindfaden, eine dicke Perle aus Holz, Glas oder Plastik. Anleitung: Durch den Becherboden ein Loch brennen. (Stopfnadel auf einen Korken spießen, mit brennender Kerze zum Glühen bringen und durch den Becherboden stechen.) Faden durchziehen und von außen verknoten. An das andere Ende des etwa 20 cm langen Fadens die Perle knüpfen. Nun soll versucht werden, die hochgeschleuderte Perle mit dem Becher aufzufangen.

Basteln
9.03 Flattervogel
Material: Buntes Krepppapier, Zeitung, Band, Schere, Klebstoff.
Anleitung: Auf ein quadratisches Stück Krepppapier wird ein Ball aus zerknülltem Zeitungspapier gelegt. Ecken und Kanten des Krepppapiers zusammenfassen und das Bündel mit einem Band so zusammenbinden, dass ein etwa 50 cm langes Band frei bleibt. Nun den »Vogel« mit langen bunten Papierstreifen bekleben. Band festhalten, Vogel schleudern und loslassen. Nun fliegt er durch den Raum und die Bänder flattern wunderschön.

Basteln
9.04 Flattervogel auf der Stange
Statt durch die Luft zu fliegen, kann der Flattervogel auch auf einer Stange sitzen. Der Ball aus Zeitungspapier wird auf einen Stab gesteckt, mit dem bunten Krepppapier bezogen, mit Klebestreifen am Stab festgebunden, mit Papierstreifen beklebt. Diese Vögel eignen sich auch hervorragend für einen Festzug. Auf jeden Fall sollte mit den fertigen Stangenvögeln ein Umzug durch den ganzen Kindergarten stattfinden.

Instrument bauen
9.05 Regentrommel
In stabile Papprollen werden rundherum einige Nägel eingeschlagen, Füllmaterial (Knöpfe, Steinchen, Büroklammern …) eingefüllt und die Röhre an beiden Enden verschlossen. Bewegt man das fertige Instrument, rieselt das eingefüllte Material von einem Ende zum anderen und macht Regengeräusche. (Gut einsetzbar bei Arche Noah, 9.33.)

Spiel aus Naturmaterial
9.06 Blätter blasen
Jedes Kind sucht sich drei Blätter. Alle hocken um eine »Landefläche« (Platte, markierte ebene Bodenfläche) herum, legen der Reihe nach ein Blatt auf die flache Hand und versuchen, es auf die Landefläche zu blasen. Für jede Punktlandung gibt es einen Siegpunkt.

Spiel im Freien

9.07 Zielwerfen mit Tannenzapfen

Die Kinder sammeln Tannenzapfen und versuchen, damit von einem Platz hinter einer gezogenen Linie aus ein bestimmtes Ziel (Mauer, Baum, Regentonne …) zu treffen. *Vorsicht: Keine Steine oder andere harten Objekte verwenden, weil die Geschosse von der Mauer abprallen und ein Kind treffen könnten.*

Werfen

9.08 Korbball mit Kiefernzapfen, Kastanien, Eicheln *(nicht mit Steinen!)*

Ein Korb (eine Schale, ein Loch im Boden) ist das Ziel. Jedes Kind sammelt sich zehn Kiefernzapfen, Eicheln, Kastanien oder Nüsse und versucht, sie von einem bestimmten Punkt aus in den Korb zu werfen. Für jedes Wurfgeschoss, das im Korb landet, gibt es einen Punkt. Wer ein anderes Kind trifft, muss ausscheiden.

Kimspiel

9.09 Was fehlt?

Aus Naturmaterial wird ein Kreis gelegt. Im Kreis liegen verschiedene Gegenstände: Blätter, Steinchen, Stöckchen … Während ein Kind sich umdreht, nimmt ein anderes zwei Objekte aus dem Kreis heraus. Was fehlt?

Spiel mit Naturmaterial

9.10 Schwarzer Peter ohne Karten

Vier bis fünf Kinder können mitspielen. Für vier Kinder brauchen wir acht mal, für fünf Kinder zehn mal zwei möglichst gleiche Gegenstände, z.B. zwei Tannenzapfen, zwei rote Steinchen, zwei schwarze Steine, zwei Eichenblätter usw. Unter diesen Gegenständen sind auch zwei hässliche Objekte (z.B. Zigarettenkippe, faules Obst), die keiner haben will (schwarzer Peter). Außerdem braucht jedes Kind vier große Blätter zum Abdecken. Die Gegenstände werden in ein Körbchen gelegt und gleichmäßig an die Kinder verteilt, sodass jeder vier Gegenstände besitzt. Diese Gegenstände legen die Kinder vor sich auf den Boden und bedecken sie jeweils mit einem großen Blatt. Reihum darf nun jedes Kind von seinem rechten Nachbarn ein (vom Blatt verdecktes) Objekt mitsamt dem Blatt fordern. Kann er mit einem seiner eigenen Gegenstände jetzt ein Paar bilden, deckt er die beiden Gegenstände auf. Aufgedeckte Gegenstände dürfen nicht mehr angefordert werden. Mit den beiden hässlichen Gegenständen (schwarzer Peter) darf kein Paar gebildet werden. Das bedeutet, dass zum Schluss diese beiden Gegenstände übrig bleiben. Wer sie hat, ist schwarzer Peter geworden. Er darf beim nächsten Mal austeilen. Wenn zwei Kinder schwarzer Peter sind, wird ausgezählt.

Geschicklichkeitsspiel

9.11 Steine schubsen auf glatter Fläche

Jedes Kind sucht sich 10 Steinchen, die entweder durch ihre Farbe oder durch Markierung von anderen Steinchen unterschieden werden können. Ziel ist nun, von einer bestimmten Entfernung aus mit möglichst wenig Versuchen die eigenen Steine auf ein markiertes Feld zu schubsen.

Zielen
9.12 Boule mit runden Steinen
In manchen Gegenden findet man Steine, die im Lauf der Jahrtausende rund geschliffen wurden. Mit ihnen kann man Boule spielen: Jedes Kind markiert seine »Kugel« (z.B. mit Ölkreide). Hinter eine Linie wird ein kleiner Zielstein geworfen. Nun versucht jedes Kind von dieser Linie aus seinen Stein mit einem einzigen Wurf möglichst nahe an den Zielstein zu werfen. Wer dem Zielstein am nächsten gekommen ist, hat gewonnen. *Vorsicht: Bei diesem Spiel darauf achten, dass während des Werfens alle Kinder hinter der Startlinie stehen, damit kein Kind von einem Stein getroffen wird!*

Geschicklichkeitsspiel
9.13 Minigolf mit Tennisball auf selbst gebauter Bahn
Wir bauen eine eigene Minigolfbahn. Mit Stöcken wird die Bahn links und rechts begrenzt, die über ein Stück Rasen oder Sand, um Hindernisse herum oder über eine Vertiefung hinweg zum Zielloch führt. (Mit Fahne, bestehend aus Stöckchen und großem Blatt, markieren.) Als Golfschläger werden Stöcke verwendet.

Geschicklichkeitsspiel
9.14 Eicheln fangen
Fünf Eicheln liegen in beiden aneinander gelegten Händen. Jetzt werden die Eicheln hochgeworfen. Gleichzeitig werden die Hände gedreht und wieder aneinander gelegt. Wie viele Eicheln können mit den Außenflächen der Hände aufgefangen werden?

Basteln mit Naturmaterial
9.15 Boote bauen
Aus Rindenstücken werden kleine Boote geschnitten. (Weiche Rindenstücke lassen sich mit verhältnismäßig stumpfen Messern bearbeiten.) Schwimmen die Boote?

Malen und erzählen
9.16 Das habe ich an Weihnachten zum Spielen bekommen
Die Kinder malen ein Spielzeug, das sie zu Weihnachten bekommen haben. Die Erzieherin beschriftet den Gegenstand und seine Teile nach den Angaben der Kinder und lässt sich erzählen, was man damit spielen kann.

Gespräch
9.17 Angeber-Spiel
Manche Kinder sind Angeber. Sie prahlen mit Spielsachen, die sie in Wirklichkeit oft gar nicht haben. Ein Kind hat einmal gesagt: »Ich habe zu Hause ein Schaukelpferd, das ist so groß wie ein richtiges Pferd.« Ein anderes Kind hat gesagt: »Ich habe

eine Puppe, die blutet echt, wenn sie hinfällt.« Sollen wir mal Angeber spielen? Ich habe zu Hause einen Fußball, der ist …

Ausschneiden – zuordnen – besprechen
9.18 Spielzeug für wen?
Aus Katalogen werden Spielsachen, aus Illustrierten Fotos von Menschen verschiedener Altersstufen ausgeschnitten. Auch Erwachsene spielen! Sie nennen ihr Spielzeug aber meistens Sportgerät. Aber sie mögen auch Kartenspiele und Glücksspiele. Auch Babys, die noch gar nicht laufen oder sprechen können, spielen schon.
Die ausgeschnittenen Spielsachen sollen nun benannt und den ausgeschnittenen Personen zugeordnet werden. Dabei wird sich ganz von selbst ein Gespräch über Jungenspielzeug–Mädchenspielzeug ergeben. Das sollte problematisiert werden. Es ist wichtig, die Kinder an ihre eigenen Erfahrungen zu erinnern: Hat die Susanne nicht tolle Autos gebaut? War der Sebastian neulich nicht ein prima Puppenvater?

Benennen, soziales Verhalten üben
9.19 Ich schenke dem Peter eine Puppe
In der Mitte des Kreises liegen viele ausgeschnittene Bilder von Spielsachen. Reihum darf nun jedes Kind ein Spielzeug auswählen, es vor ein anderes Kind legen und dabei sagen: Ich schenke dem Peter … Jedes Kind darf nur einmal »beschenkt« werden.

Spiel im Raum
9.20 Genau hinhören – sehen – rennen
Die Kinder rennen durch den Raum und sollen so schnell wie möglich Anweisungen befolgen: Berührt ein Spielzeug aus Holz! Sucht ein winzig kleines Spielzeug! Berührt etwas, das *kein* Spielzeug ist! Rennt in die Puppenecke! Sucht ein Stofftier! usw. Ein Gongschlag könnte jeweils die nächste Anweisung ankündigen, damit die Aufmerksamkeit der Kinder gesichert ist.

Turnen
9.21 Schaukelpferd
Die Kinder verwandeln sich in ein Schaukelpferd, indem sie in Bauchlage die Arme nach hinten nehmen und die Fußgelenke mit den Händen umfassen. Den Kopf nach hinten neigen und auf dem Bauch schaukeln.

Gymnastik
9.22 Hampelmann
Zunächst hampeln nur die Arme: Mit ausgestreckten Armen seitlich mit den Händen auf die Oberschenkel klatschen, dann die Hände über dem Kopf zusammenschlagen. Rhythmisch wiederholen. Jetzt hampeln die Beine: Aus der Grätschstellung hüpfend, die Beine zusammenschlagen und wieder in die Grätschstellung zurückhüpfen. Jetzt alles zusammen üben (siehe auch 16.01).

Bewegungsspiel mit Kinderreim
9.23 Karussell
Vier Kinder bilden zusammen ein Karussell, indem jedes mit der rechten Hand das rechte Handgelenk eines anderen Kindes umfasst. Nun soll sich das Karussell immer schneller in Bewegung setzen, wobei die Kinder sprechen:
»Wir fahren mit dem Karussell,
zuerst geht's langsam, dann geht's schnell!«

Turnen
9.24 Wippe
Zwei Kinder stehen sich gegenüber, die Füße nah beieinander, und halten sich mit ausgestreckten Armen an den Händen, wobei sie den Oberkörper nach hinten beugen. Abwechselnd geht immer ein Kind in die Hocke, während das andere sich aufrichtet. Vorsicht! Die Wippe darf nicht umfallen!

Ratespiel (Pantomime)
9.25 Rate mal, womit ich spiele
Ein Kind stellt sich in den Kreis und sagt: Rate mal, womit ich spiele. Dabei spielt es pantomimisch mit einem unsichtbaren Spielzeug.
Das Spiel wird leichter, wenn nur solche Spielsachen erraten werden sollen, die in der Mitte des Kreises liegen, aber nicht berührt werden dürfen.

Einzelgespräch
9.26 Spielregeln erklären
Die Erzieherin lässt sich von einzelnen Kinder die Spielregeln des Spiels, das sie gerade spielen, erklären. Am besten geht das mit einer Handpuppe, die »ein bisschen schwer von Begriff« ist. Wenn die Regeln klar sind, muss das Spiel natürlich auch gespielt werden!

Kleingruppengespräch
9.27 Spielregeln erfinden
Naturmaterial oder Elemente aus vorgefertigten Spielen liegen auf dem Tisch, z.B. Memory-Kärtchen. Was könnte man damit spielen, wenn die vorgegebene Spielregel zu schwierig ist für kleinere Kinder? (Beispiel: 10 Kärtchen liegen aufgedeckt auf dem Tisch. Die restlichen Kärtchen werden als kleine verdeckte Stapel an die Mitspielenden verteilt. Reihum deckt jedes Kind ein Kärtchen auf und prüft, ob das gleiche Kärtchen sich unter den Aufgedeckten befindet. Ist dies der Fall, darf es das Paar auf seine Seite legen und eines seiner verdeckten Kärtchen auf den freigewordenen Platz offen auf den Tisch legen. Wer zuerst keine Kärtchen mehr hat, ist Sieger.)

Spiel im Kreis (Oberbegriffe verstehen)
9.28 Spielzeugtraum
Die Kinder lehnen sich bequem zurück und schließen die Augen. Sie träumen von Spielzeug. Die Erzieherin nennt viele Dinge, die zum Oberbegriff Spielzeug gehören. Sobald sie aber ein Wort nennt, das nicht zum Oberbegriff Spielzeug gehört, wachen die Kinder auf und stellen sich kurz hin.

Rollenspiel
9.29 Spielzeugladen
Eine Ecke des Raumes wird zum Spielzeugfachgeschäft umfunktioniert mit Regalen, in die Spielzeug einsortiert wird, und einer Theke mit Kasse und Verpackungsmaterial. Die Erzieherin spielt zunächst einmal die Kundin, die sich beraten lässt, was sie einem kleinen Jungen zum Geburtstag schenken könnte …

Sachbegegnung, Fachgespräch
9.30 Wer kann das reparieren?
Alle Spielsachen, die schmutzig, schadhaft oder unvollständig sind, werden aussortiert. Die Kinder benennen die Schäden und überlegen, was sie selbst in Ordnung bringen können (waschen, fehlende Teile suchen, kleben) und wo die Hilfe eines Erwachsenen gebraucht wird. Vielleicht sind die Eltern bereit, auch mal ein Puppenkleid zu flicken oder einen Kran zu reparieren? In eine Liste wird eingetragen, wer welches Teil mitgenommen hat. Nach der Rückgabe achten die Kinder mit darauf, dass das betreffende Spielzeug aus der Liste wieder ausgestrichen wird.

Kindergedicht von Janosch (Parabel München 1967)
9.31 Ich kenne einen Hampelmann
Ich kenne einen Hampelmann,
der wohnt in einem Haus,
und einen Baum mit Äpfeln dran
und eine kleine Maus.
Dann kenne ich das Krokodil,
die weiße Katze Murr
und einen Fisch, der schwimmt im Nil,
die Taube Gurrdiwurr.
Dort hinten fährt die Bimmelbahn.
Schlafe, lieber Hampelmann.
Zunächst Suchaufträge an einzelne Kinder verteilen: Wir brauchen einen Hampelmann, ein Haus, einen Baum mit Äpfeln dran (Bild?), eine Maus, ein Krokodil, eine weiße Katze, einen Fisch, eine Taube, eine kleine Eisenbahn. Wenn alles gefunden oder gemalt ist, werden die Gegenstände an die Kinder verteilt und hinter dem Rücken gehalten, bis sie dran sind. Die Erzieherin spricht den Text . Beim zweiten Durchgang sprechen die Kinder das letzte Wort der Zeilen, bis sie schließlich den ganzen Text auswendig mitsprechen können.

Tischtheater mit Playmobil-Figuren und Holztieren

9.32 Hans im Glück (nach Grimm)

Vorüberlegungen: Ironische Märchen sind selten unter den Hausmärchen der Gebrüder Grimm. Die Moral der Geschichte kann natürlich nicht sein, dass nur der Dumme wirklich glücklich ist. Aber ein Gespräch darüber, dass manche Menschen glauben, sie wären nur glücklich, wenn sie immer noch mehr bekommen, als sie schon haben, lohnt sich auf jeden Fall.

Um die Geschichte verstehen zu können, müssten die Kinder gewisse Wertvorstellungen haben: Für einen Goldklumpen kann man sehr viele Pferde kaufen; ein Pferd ist teurer als eine Kuh; eine Kuh ist mehr wert als ein Schwein usw.

Wir brauchen zum Mitspielen: Den Hans, seinen Meister, einen Reiter, einen Bauern, einen Metzger, einen Burschen, einen Scherenschleifer, eine Mutter. Dazu einen Goldklumpen, ein Pferd, eine Kuh, ein Schwein, eine Gans und einen kleinen (Schleif-)Stein. Die Erzieherin erzählt, während die Kinder die Figuren bewegen. Später sollen die Kinder auch Textteile übernehmen.

Das Märchen: Hans hatte sieben Jahre bei seinem Meister gearbeitet. Nun wollte er wieder heim zu seiner Mutter. »Ist mir recht«, sagte der Meister. »Hier hast du deinen Lohn für sieben Jahre Arbeit!«, und gab ihm einen Goldklumpen, der war so groß wie sein Kopf. Hans freute sich, nahm den Goldklumpen auf die Schulter und machte sich auf den Weg. Aber der Weg war weit und Hans wurde sehr müde. Da kam ihm ein Reiter entgegen. »Ach«, sagte Hans, »der hat es gut! Der sitzt da oben wie auf einem Stuhl und kommt trotzdem voran. Und schont noch seine Schuhe dabei.« Als der Reiter das hörte, fragte er: »Sollen wir tauschen? Du gibst mir den schweren Goldklumpen und ich gebe dir dafür mein Pferd.«

»Ach, das wäre wunderbar! Mir tut ja schon die Schulter weh!«, sagte Hans, gab dem Reiter das Gold und stieg auf das Pferd. »Was habe ich doch für ein Glück, dass ich einem so netten Menschen begegnet bin!«, rief er aus und ritt vergnügt davon. Nach einer Weile wollte er, dass das Pferd schneller gehen sollte. Er schnalzte mit der Zunge und rief: »Hopp! Hopp!« Sofort fing das Pferd an zu galoppieren, und ehe Hans es sich versah, wurde er abgeworfen und lag im Gras.

Zum Glück kam gerade ein Bauer mit einer Kuh des Weges, der hielt das Pferd fest und brachte es dem Hans zurück. »Ach, dieses Pferd mag ich nicht mehr, das hat mich ja abgeworfen!«, sagte Hans. »Da lob ich mir deine Kuh, die tut einem nichts, sondern gibt noch Milch, sodass man nie mehr Hunger leiden muss.« »Sollen wir tauschen?«, fragte der Bauer. »Wollt ihr das wirklich tun?«, antwortete Hans und strahlte über das ganze Gesicht, nahm die Kuh, dankte dem Bauern vielmals und ließ ihm das Pferd. Die Sonne stand hoch am Himmel und nach einer Weile bekam Hans Durst. »Jetzt melke ich meine Kuh!«, sagte er sich, nahm seinen Hut und wollte die Milch darin auffangen. Aber so sehr er sich auch bemühte, es kam kein Tropfen Milch aus dem Euter heraus, denn es war eine ganz alte Kuh. Und weil er sich so ungeschickt dabei anstellte, wurde die Kuh ungeduldig und gab ihm einen Tritt mit dem Hinterbein.

In diesem Augenblick kam ein Metzger vorbei, der hatte ein Schwein bei sich, das er schlachten wollte. Der half dem Hans wieder auf die Beine und sagte: »Das ist eine ganz alte Kuh, die gibt schon lange keine Milch mehr.« »Ach«, sagte Hans, »das habe ich nicht gewusst. Ist dein Schwein auch so alt?« »Nein, nein, sagte der Metzger, das ist ein junges Tier, das gibt wunderbares Fleisch und herrliche Würste, wenn es geschlachtet wird.« »Was bist du für ein Glückspilz! Man könnte dich wirklich beneiden!«, sagte Hans. »Na, weil du so ein netter Kerl bist, bin ich bereit, das Schwein gegen die Kuh einzutauschen«, sagte der Metzger. »Ach, das ist wunderbar! Ich bin ein wahrer Glückspilz!«, rief Hans begeistert und zog selig mit seinem Schwein weiter.

Nach einiger Zeit gesellte sich ein Bursche mit einer Gans unterm Arm zu ihm und grüßte ihn freundlich. Hans erzählte ihm, was er immer für ein Glück im Unglück gehabt und wie er jedes Mal so vorteilhaft getauscht habe. Der Bursche hörte gut zu und flüsterte dann: »Die Sache mit dem Schwein könnte schwierig werden. Es wurde nämlich im Nachbardorf gerade eines gestohlen. Wenn man dich mit dem Schwein sieht, denken die Leute, du wärst der Dieb!« »Ach du liebe Güte!«, rief Hans erschrocken aus. »Was mache ich bloß?« »Am besten nehme ich das Schwein und du nimmst meine fette Gans!« »Du bist ein wahrer Freund!«, sagte Hans, machte einen Luftsprung vor Freude, nahm die Gans und ging schnell davon. Als er schon in die Nähe seines Dorfes gekommen war, stand da ein Scherenschleifer, der schliff stumpfe Messer und Scheren und sang dabei. Hans blieb stehen und hörte ihm zu. Der Scherenschleifer drehte sich um und sagte: »Du hast aber eine schöne Gans. Wo hast du die denn gekauft?« »Die habe ich nicht gekauft, sondern gegen ein Schwein eingetauscht.« »Und das Schwein?« »Das habe ich gegen eine Kuh eingetauscht.« »Und die Kuh?« »Die habe ich gegen ein Pferd eingetauscht.« »Und das Pferd?« »Das habe ich gegen den Goldklumpen eingetauscht, den ich für sieben Jahre Arbeit bekommen habe.« »Du hast dir immer zu helfen gewusst«, sagte der Scherenschleifer. »Jetzt brauchst du nur noch ein gutes Handwerkszeug, dann kannst du dein Leben lang damit Geld verdienen und hast keine Sorgen mehr.« »Ja, wenn ich so einen Wetzstein hätte wie du!«, sagte Hans. »Weißt du was«, sagte der Scherenschleifer, »weil du es bist, tausche ich meinen Wetzstein gegen deine Gans.« Hans war ganz begeistert und tauschte, pfiff ein Lied und ging glücklich weiter. Es war aber noch ein ganzes Stück bis nach Hause, und Hans war froh, dass er an einem Brunnen vorbeikam. Er legte den schweren Stein auf den Rand und beugte sich vor, um zu trinken. Dabei stieß er ein klein wenig an den Stein, der in den tiefen Brunnen plumpste. »Ich danke dir, lieber Gott«, rief Hans überglücklich, »nun muss ich den schweren Stein nicht mehr schleppen und bin viel schneller bei meiner Mutter.« Er warf seinen Hut vor Freude in die Luft und sprang glücklich nach Hause. Dort sah ihn schon von weitem seine Mutter …

Was hat sie wohl gesagt? Hauptsache, du bist wieder da! – Oder hat sie geschimpft und Hans gezwungen, noch einmal sieben Jahre in der Fremde zu arbeiten? Oder hat sie sich auf den Weg gemacht, um die betrügerischen Tauschgeschäfte rückgängig zu machen?

Fußbodentheater, Geschichte
9.33 Die Arche Noah

Aus einem Schuhkarton bauen wir die Arche: In den Deckel schneiden wir ein auf- und zuklappbares Fenster. In eine Breitseite des unteren Teils kommt eine Tür, die nach unten aufgeklappt werden kann und somit eine Einstiegsrampe bildet. Für den Regen können wir die Regentrommel (9.05) verwenden oder ihn uns dazudenken. Dann brauchen wir einige Menschenfiguren, die den Noah und seine Familie darstellen, und möglichst viele Tiere, die später gerettet werden, darunter auch eine Taube oder ein anderer Vogel. Jetzt fehlt uns noch ein kleiner grüner Zweig – schon haben wir alles, was wir brauchen.

Die Menschenfiguren sollten nun an die Kinder verteilt werden, die im Kreis auf dem Fußboden sitzen. Ein Kind übernimmt die Regengeräusche.

Die Geschichte (nach 1. Mose 6–8):
Vor langer, langer Zeit lebte ein Mann namens Noah. (Figur des Noah tritt auf.) Der hatte drei Söhne: Sem, Ham und Japheth. (Drei weitere Figuren stellen sich zu Noah.) Und natürlich auch eine Frau und Töchter und Schwiegertöchter. (Weitere Figuren kommen hinzu.) Die ganze Familie war eine besonders liebe Familie. Es gab keinen Streit, und sie hegten und pflegten auch die Tiere, die sie besaßen. Eines Tages geschah etwas Merkwürdiges:
Noah hörte Gottes Stimme, die ihm sagte: »Es wird ein schrecklicher Regen kommen, aber ich will dich und deine Familie retten. Deshalb musst du eine Arche bauen, das ist ein großes Schiff mit drei Etagen und vielen, vielen Kammern. Wenn es fertig ist, sollst du mit deiner Familie dort einziehen, aber du sollst auch von allen Tieren, die du findest, ein Männlein und ein Weiblein mitnehmen!«
Noah rief sofort seine Familie zusammen (alle Figuren kommen zu Noah) und erklärte ihnen, dass sie ein riesiges Schiff bauen müssten. Und alle taten, was man ihnen sagte, obwohl sie noch gar nicht wussten, was sie mit einem Schiff ohne Meer anfangen sollten. (Alle Figuren hämmern und ziehen am Arche-Karton.) Als das Schiff fertig und wasserdicht war, sagte Noah: »Nun holen wir alle Tiere, die wir finden können, ein männliches und ein weibliches von jeder Art, die sollen sich in einer langen Reihe vor der Arche aufstellen.«
Da machten sich alle auf den Weg und holten die Tiere herbei. (Alle Menschenfiguren holen Tierfiguren und stellen sie in einer langen Reihe vor der Arche auf.) Als die Tiere alle da waren, wurde der Himmel plötzlich ganz dunkel und es begann heftig zu regnen. (Regentrommel macht Regengeräusche.) Jetzt war es höchste Zeit, in die Arche zu gehen. Zuerst wurden die Tiere in ihre Ställe im Schiff geleitet (alle Tiere gehen in die Arche), dann kamen die Futterkisten (Bauklötze in die Arche holen) und zuletzt gingen die Menschen in die Arche (alle Figuren in die Arche). Noah machte von innen alle Türen und Fenster zu. Und es regnete und regnete und regnete und die Bäche traten über die Ufer und die Wiesen wurden überschwemmt und die Straßen waren bald unter dem Wasser gar nicht mehr zu erkennen. Und das Wasser stieg und stieg und Noah sagte: »Das ist

eine Sintflut!« In diesem Augenblick merkten sie, dass das Schiff vom Boden abhob – und es schwamm! (Arche »schwimmt« auf dem Fußboden.) Die Häuser standen im Wasser, die Bäume verschwanden im Wasser, die Büsche und Zäune waren nicht mehr zu sehen, nur noch Wasser, Wasser, Wasser, und es regnete immer weiter. So ging das vierzig Tage und Nächte. Dann endlich hörte der Regen auf. (Regentrommel ruht.) »Noah, der Regen hat aufgehört!«, riefen die Leute in der Arche, und die Tiere liefen aufgeregt hin und her, denn sie wollten endlich wieder raus aus dem engen Kasten. Noah sagte: »Ihr seht doch, dass rings um uns herum noch Wasser ist, wir können erst aussteigen, wenn das Wasser sich verlaufen hat und wieder Land zu sehen ist.« Aber er ließ eine Taube aus dem Dachfenster herausfliegen, die sollte erkunden, ob es schon trockene Plätze gab. (Taube fliegt los.) Aber die Taube konnte nirgends landen und kam wieder zurückgeflogen in die Arche. (Taube fliegt zurück.) Nach sieben Tagen machte Noah einen weiteren Versuch: Er ließ wieder eine Taube aus dem Dachfenster fliegen. (Taube fliegt weg und kommt mit grünem Zweig zurück.) Und stellt euch vor, diese Taube kam zurück und hatte ein grünes Zweiglein im Schnabel. Da freuten sich alle: Noah und seine Familie und die Tiere, denn sie wussten: Wenn schon wieder Bäume und Büsche aus dem Wasser ragen, kann es nicht mehr lange dauern, bis wir aussteigen können. Und sie hatten Recht. Nach einigen Tagen konnten sie die Arche verlassen. (Alle Figuren kommen aus der Arche heraus.) Die Tiere rannten, flogen, krochen gleich los: die Kühe und Pferde auf die Wiese, die Rehe in den Wald, die Maulwürfe in die Erde, die Vögel auf die Bäume …
Noah und seine Familie machten ein Feuer, stellten sich im Kreis darum auf und sangen Gott ein Dankeslied. (Alle singen.) Und Gott antwortete: Er schickte einen wunderschönen Regenbogen und sprach: »Solange die Erde steht, soll nicht aufhören Saat und Ernte, Frost und Hitze, Sommer und Winter, Tag und Nacht.«
Sollen wir den Regenbogen jetzt malen?

Experiment
9.34 Regenbogen
Von einer Kaffeefiltertüte wird oben ein breiter Rand abgeschnitten, sodass man ein Stück Bogen in der Hand hält. Jetzt fehlen noch die Farben. An den Rand des abgeschnittenen Streifens malen wir mit Filzstiften kleine Farbkleckse nebeneinander. Streifen nass machen und zusehen, wie der Regenbogen sichtbar wird.

10. Arzt und Zahnarzt

Vorüberlegungen

Die meisten Kinder müssen irgendwann zum Arzt oder zum Zahnarzt, und sie haben Angst davor. Sie wissen nicht, was sie dort erwartet, gehen manchmal aufgrund gut gemeinter Beschwichtigungen ihrer Eltern (»Der macht nichts!«) mit falschen Vorstellungen in die Praxis und lernen daraus, dass man sich auf die Versprechungen der Erwachsenen beim Arztbesuch nicht verlassen kann. Besonders beim Anblick einer Spritze geraten Kinder oft außer sich, weil sie deren Funktion nicht verstehen und sich hilflos dem Arzt ausgesetzt fühlen, den sie als Angreifer erleben.

Das Wochenthema Arzt soll den Kindern Gelegenheit geben, Arzt oder Zahnarzt als freundlichen Helfer zu erleben und die Praxis nicht als Schreckenskammer, sondern als einen Ort, an dem Menschen geholfen wird, kennen zu lernen. Ein Besuch in einer Arzt- oder Zahnarztpraxis wäre deshalb sehr zu empfehlen. Also beim nächstgelegenen Arzt anrufen und fragen, ob und wann ein Besuch mit den älteren Kindern der Gruppe möglich wäre. Falls ein »Arztkind« in der Gruppe ist, könnte es die anderen Kinder in die Praxis von Papa oder Mama führen und wäre sicher auch bereit, sich als »Untersuchungskind« zur Verfügung zu stellen.

Ein solcher Besuch in einer Praxis wäre auch eine gute Vorbereitung für das Erscheinen eines Zahnarztes im Kindergarten, der Routineuntersuchungen im Auftrag des Gesundheitsamtes durchführt.

Das Tischtheater (10.05) hat den Zweck, den Kindern die Funktion einer Spritze zu erklären und ihnen die Angst davor zu nehmen.

Der Arztbesuch soll auch dem Rollenspiel neue Impulse geben. Kranke Puppen, kranke Tiere, »kranke« Kinder können wunderbare Spiele auslösen, in die viele Kinder eingebunden werden als Arzt und Ärztin, Krankenschwester oder -pfleger, Sprechstundenhilfe, Rettungssanitäter oder Apothekerin …

Natürlich werden die Kinder solche »Doktorspiele« auch nutzen, um ihre sexuelle Neugier zu befriedigen. Es ist nicht einfach für Erzieherinnen und Erzieher, mit diesem Phänomen umzugehen. Man kann aber nicht die Sexualität von Erwachsenen bejahen und gleichzeitig die sexuellen Neigungen von Kindern verteufeln, aus denen ja Erwachsene mit positiven Sexualgefühlen werden sollen. Sexuelle Neugier ist naturgegeben und nichts Schmutziges oder Böses. Böse ist nur, wer verletzt oder bedrängt. Die Erzieherin sollte deshalb bei »Doktorspielen« nur eingreifen, wenn die Gefahr besteht, dass ein Kind einem anderen wehtut oder von einem anderen Kind zu etwas gedrängt wird, was es gar nicht will.

Das Thema Sexualerziehung im Kindergarten wird ausführlich behandelt in den Vorüberlegungen zur Einheit 15 (Baby). In den dort aufgelisteten Angeboten wird deutlich, dass Sexualerziehung viel mehr ist als biologische Wissensvermittlung: nämlich Erziehung zur Behutsamkeit und zur Achtung vor dem Anderen.

Empfehlenswerte Bilderbücher

Zum Thema Zahnweh: Eva Schwab: Leo Löwenzahn. Moritz, Frankfurt/M. 1997. *Leo, der Löwe, muss einen faulen Zahn loswerden. Sein Freund Felix, das Schwein, hat eine Idee. Wenn Kinder ihre Zähne im Boden vergraben, zaubert ihnen die Zaubermaus dafür Geschenke.*

Cornelia Funke, Julia Kaergel: Der verlorene Wackelzahn. Oetinger, Hamburg 2000. *Auch Anna erwartet viel von der Zahnfee, die herausgefallene Zähne gegen Geschenke umtauscht. Aber was macht man, wenn der Zahn beim Toben mit dem frechen kleinen Bruder verloren geht?*

Wörterliste 10

Angst	erkältet	Salbe
ansteckend	Erkältung	schlucken
Apotheke	Fieber	Schmerzen
Arznei	Fieber messen	Schnupfen
Arzt	gesund	Sprechzimmer
Arzthelferin	Gewicht	spülen
Ärztin	gurgeln	Tabletten
aufrufen	heilen	Tee
ausatmen	helfen	Thermometer
Ausschlag	Husten	Tropfen
behutsam	krank	untersuchen
bestrahlen	Krankengymnastik	Verband
Beule	Krankenhaus	verbinden
Binde	Krankenwagen	verletzen
blass	Krankheit	verschreiben
bleich	Labor	Wartezimmer
Blut	Medizin	Watte
bluten	operieren	wehleidig
Brandwunde	Pflaster	Wunde
brechen	pflegen	Zäpfchen
Entzündung	Pinzette	zucken
erkälten	Rezept	

Angebote

Singspiel
10.00 Sieben kleine Mausezähne

Text und Melodie: Rose Götte

1. Sie - ben klei - ne Mau - se - zäh - ne kau - ten so he - rum.
2. Da wuchs dem Kind ein neu - er Zahn, ganz lang - sam, seht mal, so!

Da fing ein Zahn zu wa - ckeln an und fiel auf ein - mal um.
Das Kind fing gleich zu kau - en an und wur - de wie - der froh.

Die Kinder stehen im Kreis und gehen bei »Sieben kleine Mausezähne kauten so he-rum« jeweils in die Knie und wieder hoch. Bei »da fing ein Zahn zu wackeln an« wiegt sich ein Kind hin und her und lässt sich auf den Boden fallen, wenn es heißt: »und fiel auf einmal um«.
Wenn man will, geht das Spiel mit sechs, dann mit fünf, dann mit vier (usw.) klei-nen Mauszähnen wieder von vorn los, wobei in jeder Strophe ein Zahn umfällt.
Wenn es heißt: »da wuchs dem Kind ein neuer Zahn ganz langsam, seht mal, so!«, kommt eines der umgefallenen Kinder wieder hoch. Bei »Das Kind fing gleich zu kauen an und wurde wieder froh« gehen alle wieder im Takt in die Knie und zurück. Das wird so lange wiederholt, bis kein umgefallener Zahn mehr vorhanden ist.

Konstruktion
10.01 Tragbahre bauen
Für verletzte Puppen oder Stofftiere braucht der Rettungsdienst Tragbahren. Dazu benötigen wir jeweils zwei Stöcke, ein Stück Stoff und kleine Nägel oder Reißzwe-cken. Die Stöcke werden seitlich doppelt in das Tuch eingerollt. Festnageln.
Großes Vergnügen kann es Kindern auch machen, eine »echte« Tragbahre zu nageln, auf der Kinder transportiert werden können. Hier ist natürlich sowohl bei der Kons-truktion als auch beim Transport die verstärkte Hilfe von Erwachsenen unverzicht-bar.

Rollenspiel
10.02 Unfall
Rollenverteilung: Wir brauchen einen Motorradfahrer (Helm!) der mit seinem Fahr-zeug gestürzt ist, Passanten im Mantel, die ihn finden und den Rettungsdienst anru-fen, Rettungssanitäter mit Krankenwagen (aus Stühlen).
Das Ereignis: Ein Motorradfahrer ist gestürzt. Er liegt verletzt auf der Straße. Zwei Spaziergänger kommen zufällig vorbei. Der eine läuft zur nächsten Telefonzelle und ruft den Rettungsdienst an unter der Nummer 110.

Die zweite Person kümmert sich um den Verletzten, rollt ihn vorsichtig auf die Seite und deckt ihn mit dem eigenen Mantel zu. Bald kommt der Krankenwagen. Die Sanitäter nehmen dem Verletzten vorsichtig den Helm ab und tragen ihn auf der Tragbahre (falls vorhanden) zum Krankenwagen. Der bringt den Verletzten in die Unfallklinik. Dort warten schon die Notärztin und der Notarzt ...

Damit bei diesem Rollenspiel auch die nötigen Dialoge stattfinden, sollte die Erzieherin als Einsatzleiterin mitspielen, die z.B. die Unfallmeldung annimmt, die notwendigen Fragen stellt und die Anweisungen an den Rettungsdienst weiterleitet.

Dieses Spiel kann natürlich auch mit Puppen oder Stofftieren als Unfallopfer gestaltet werden.

Turnen
10.03 »Krankengymnastik«
Die Kinder sind Patienten in einer Rehabilitationsklinik. Bestimmte Körperteile müssen noch geschont werden und dürfen bei bestimmten Übungen nicht mitmachen: vorwärts rutschen ohne die Beine mithelfen zu lassen, sitzen und mit den Händen vom Boden abstemmen. Wenn nur ein Bein nicht mitspielt: auf dem anderen hüpfen ...

Bilderbuch kommentieren
10.04 Lauter Unfallgeschichten
Über eine Ali-Mitgutsch-Bilderbuch-Seite (auf der bekanntlich immer viel los ist) wird ein Papier mit Loch gelegt. Einzelne Kinder suchen sich einen Bildausschnitt, auf dem etwas passiert, und erzählen dabei, was da vorgefallen sein könnte.

Tischtheater
10.05 Spritze, du bist Klasse!
Es spielen mit: ein Pflaster, eine Mullbinde, eine Pinzette, eine Spritze, ein Stofftier mit möglichst großem Fuß, ein Nagel.

Die Geschichte: An einem schönen Sommertag rannte der kleine Hase (Bär, Hund) vergnügt im Freien herum. Plötzlich fühlte er einen stechenden Schmerz an seinem Fuß.

Er war nämlich in einen Nagel getreten, den irgendein Mensch da wohl einfach mal weggeworfen hatte. Jammernd hinkte der kleine Hase mit seinem blutenden Fuß zu seiner Mama, die ihm ein Heftpflaster auf die Wunde klebte, und sagte: Bald ist alles wieder gut! (Heftpflaster auf die Wunde kleben.)

Aber diesmal hatte seine Mama nicht Recht. Der Fuß tat immer mehr weh und der kleine Hase konnte es vor Schmerzen kaum mehr aushalten. Da sagte die Mutter: »Weißt du was, wir gehen zum Arzt.«

Und nun erzähle ich euch, was mit dem Fuß wirklich los war. Der Fuß dachte immer: »Ja merken die denn nicht, dass immer noch dieses blöde spitze Ding in mir drinsteckt?« (Wenn der Fuß »denkt«, wackelt er im Tischtheater immer ein bisschen hin und her.) »Bitte, bitte, holt das Ding raus!«

Leider hörte der kleine Hase aber nicht, was der Fuß sagte, aber die Pinzette beim Arzt, die hat sofort verstanden, was der Fuß sagte.

Pinzette: Ich bin die Pinzette, ich habe zwei so geschickte Fingerchen, die können ganz feine Dinge viel besser packen als die Menschen mit ihren dicken Fingern!

Fuß: Na dann hol doch endlich dieses Ding aus meinem Fuß, das mir so wehtut, und red nicht lang!

Pinzette: Mach ich, mach ich, ich komme ja schon. (Pinzette geht zum Fuß.) Das werden wir gleich haben. Mach mal das Pflaster ab, damit ich das Ding packen kann. (Hase macht das Pflaster ab.) Oh je, oh je, das ist ein schwieriger Fall. Das Ding steckt so tief im Fuß, dass ich gar nicht drankomme. Ich würde dir wehtun.

Fuß: Weh tun? Nein, das will ich auf keinen Fall! Ich habe heute schon genug Schmerzen gehabt. Es reicht jetzt!

Pinzette: Was machen wir jetzt bloß? Was machen wir bloß?

Fuß: Ich habe mal gehört, es gibt ein Zaubermittel. Wenn man auch nur ein paar Tropfen auf eine Stelle gibt, die wehtut, spürt man da eine Zeit lang gar nichts mehr.

Pinzette: Richtig, das habe ich auch schon gehört. Wenn ich so ein Zaubermittel hätte, könnte ich das Ding aus deinem Fuß rausholen, und es würde kein bisschen wehtun! (Weint.) Aber ich weiß nicht, wo dieses Zaubermittel zu finden ist.

Spritze: Entschuldigt, aber ich habe alles mit angehört, was ihr gesagt habt. Ich kann euch helfen. Ich habe nämlich das Zaubermittel in meinem Bauch.

Fuß und Pinzette: Waas? Du?

Spritze: Ja ich! Wenn ich in deinen Fuß ein Tröpfchen von dem Wundermittel gebe, können alle Instrumente, die der Arzt braucht, arbeiten, ohne dass du auch nur ein Fitzelchen spürst. Ehrenwort.

Fuß: Aber ich habe Angst, wenn du mich piekst.

Spritze: Du, das ist noch nicht einmal so schlimm, wie wenn man sich an einer Brombeerhecke sticht. Bei mir gibt es nur einen klitzekleinen Piekser, den spürst du kaum.

Fuß: Und du tust das Zaubermittel dann auch wirklich an die richtige Stelle?

Spritze: Ehrenwort!

Fuß: Also los!

Spritze (spitzt): Schon vorbei.

Fuß: Einen ganz kleinen Piekser habe ich gespürt.

Spritze: Das war aber auch alles. Jetzt sind für eine Zeit alle Schmerzen weg.

Pinzette: Kann ich jetzt das Ding aus dem Fuß holen?

Fuß: Ja mach mal!

Pinzette (arbeitet am Fuß): Tut das weh?

Fuß: Kein bisschen!

Pinzette: Auch kein winziges klitzekleines bisschen?

Fuß: Nein, wirklich nicht!!

Spritze: Hab ich doch gesagt.

Fuß: Spritze, du bist Klasse! So eine tolle Erfindung!

Pinzette: Ja was haben wir denn da! (Holt den Nagel aus dem Fuß.) Ein alter Nagel! Kein Wunder, dass dir der Fuß wehgetan hat!

Fuß: Na da kann ich jetzt heimgehen. Vielen Dank, Pinzette und Spritze.

Mullbinde: Halt, zuerst muss ich dich noch einwickeln, damit kein Schmutz in die Wunde kommt! (Verband wird um den Fuß gewickelt.)

Fuß: Danke, Verband. Danke, Pinzette. Danke, Spritze, du warst Klasse!

Tischtheater endet mit »Heile, heile, Segen« (1.00).

Exkursion

10.06 Besuch in der Praxis

Fragen, ob ein Kind Lust hat, sich untersuchen zu lassen. Wenn niemand dazu bereit ist, kann auch eine Puppe als Patient herhalten. Ansonsten sollte der Praxisbesuch möglichst realitätsnah gestaltet werden. Details sind auch für das spätere Nachspielen wichtig. Zur Vorbereitung sollte den Kindern schon erklärt werden, was sie vermutlich erwartet:

Anmelden: Die Sprechstundenhilfe fragt nach Namen und Geburtsdatum, notiert einiges und bittet den Patienten, im Wartezimmer Platz zu nehmen. (Alle Kinder gehen jeweils mit.)

Warten: Im Wartezimmer liegen Zeitschriften, damit die Wartezeit leichter zu überstehen ist. Jetzt wird der nächste Patient aufgerufen. Er begibt sich ins Sprechzimmer.

Untersuchung: Der Arzt oder die Ärztin begrüßt den Patienten, fragt, was ihm fehlt und entscheidet dann, was er genauer untersuchen muss. Akute Verletzungen werden versorgt und verbunden. Bei inneren Krankheiten muss der Puls gemessen werden, die Lunge abgehört werden, in den Hals geguckt werden usw. Wenn der Arzt herausgefunden hat, was dem Patienten fehlt, gibt er ihm ein Rezept mit für das notwendige Medikament. Beim Zahnarzt brauchen wir einen bequemen Behandlungsstuhl, verschiedene Apparate und Schläuche für die Bearbeitung der Zähne.

Natürlich sollte bei so einem Arztbesuch auch Gelegenheit bestehen, Fragen an den Arzt zu richten oder bestimmte Hilfsmittel zu sehen. Auch das sollte vorbereitet werden, ohne dass den Kindern Fragen in den Mund gelegt werden.

Rollenspiel

10.07 Praxis eröffnen

Wir richten eine Praxis ein. Falls Stellwände zur Verfügung stehen, können die einzelnen Räume besonders gut voneinander abgetrennt werden. Es geht aber auch mit Stühlen oder einfach mit Klebebändern auf dem Boden, die unsichtbare Wände markieren. Wir brauchen einen Raum für die Anmeldung mit Formularen, »Computer«, Schreibgeräten, Stempeln … Ein Wartezimmer mit Stühlen, Zeitschriften … Ein Untersuchungszimmer mit Liege, Schreibtisch, mindestens zwei Stühlen, Rezeptblock und Schreibgerät …

Jetzt werden die Rollen verteilt: Ärztin, Arzthelferinnen, Patienten ... Falls mehrere Ärzte vorhanden sind, können mehrere Patienten gleichzeitig behandelt werden. Außerdem können auch die Sprechstundenhilfen bestimmte Aufgaben übernehmen, sind also nicht nur bei der Anmeldung aktiv.

Um das Spiel in Gang zu bringen, sollte vielleicht zunächst die Erzieherin eine Ärztin spielen, damit sie Regie führen und möglichst viele Kinder in das Spiel einbeziehen kann.

Sachbegegnung
10.08 Kräutertee

Es gibt viele Pflanzen, die heilen. Schon vor vielen hundert Jahren haben die Menschen das gewusst und in den Klostergärten große Heilkräuterbeete angelegt. Die Erzieherin hat verschiedene Blätter und Kräuter mitgebracht, oder eine kleine Gruppe von Kindern war in einer Apotheke und hat dort verschiedene Teesorten geholt, falls sie dort überhaupt noch ohne Teebeutel vorrätig sind. In Bioläden sind aber getrocknete Pflanzen für verschiedene Teesorten zu haben:

Fencheltee (gegen Bauchschmerzen),
Kamillenblütentee (entzündungshemmend, heilend),
Majorantee (zur Beruhigung des Magens),
Pfefferminze (krampflösend, nervenberuhigend),
Rosmarin (kreislaufanregend),
Salbei (zum Gurgeln gegen Halsentzündung),
Zitronenmelisse (harmonisierende Magenwirkung).

Die Kinder versuchen die verschiedenen Teesorten, können sie auch im Rollenspiel (10.3) als Medikament (1–2 Teelöffel) verwenden. Gleichzeitig sollte aber auch ein Tee angeboten werden, den die Kinder gern trinken, z.B. Hagebutten- oder Früchtetee.

Handpuppenspiel
10.09 Der Kaspar als Doktor

Alle Handpuppen werden verteilt. Die Erzieherin nimmt den Kaspar, der behauptet, er sei der Arzt, in Wirklichkeit aber lauter unsinnige Ratschläge erteilt, wenn die Handpuppen ihr Leid klagen. Zum Beispiel so:

»Herr Doktor, mir tun die Füße weh!« »Da musst du eben auf den Händen laufen.«

»Herr Doktor, mir tun die Finger weh!« »Dann mach einfach eine Faust, dann sind die Finger weg.«

»Herr Doktor, ich habe Zahnweh!« »Dann kauf dir ein Gebiss!«

»Herr Doktor, ich habe hohes Fieber!« »Dann mach schnell das Thermometer kaputt.«

»Herr Doktor, ich kriege keine Luft mehr!« »Musst du immer so viel Luft haben? Nimm halt mal was anderes.«

Witz erzählen

10.10 Vom Mann, der eine Maus verschluckt hatte

Ein Mann kam zum Arzt und jammerte: »Herr Doktor, Herr Doktor, ich habe eine Maus verschluckt!« Da sagte der Arzt: »Verschluck 'ne Miezekatz dazu, dann lässt die Maus dich gleich in Ruh!«

Witz erzählen

10.11 Vom Bauern, der nur die Kartoffeln abliefern wollte

Die Frau vom Arzt hatte beim Bauern neue Kartoffeln bestellt. Der Bauer hielt mit seinem Traktor voller Kartoffelsäcke vor dem Haus und ging hinein, um zu fragen, wohin die Kartoffeln sollen.

»Setzen Sie sich!«, sagte der Arzt.

»Aber ich wollte doch nur …«, begann der Bauer.

»Ziehen Sie sich erst mal aus!«, unterbrach ihn der Arzt

»Aber ich bin doch gar nicht …«, rief der Bauer.

»Erst mal untersuchen, dann sehen wir weiter«, unterbrach ihn wieder der Arzt.

Da zog sich der Bauer halt aus und der Arzt untersuchte ihn.

»Aber Ihnen fehlt ja gar nichts!«, sagte der Arzt.

»Das weiß ich«, antwortete der Bauer, »ich wollte ja nur die Kartoffeln abliefern.«

Gespräch

10.12 Warum zu viele Süßigkeiten krank machen

Wer gesund bleiben will, kann dafür eine Menge tun, z.B. das Richtige essen. Süßigkeiten schmecken gut, sie sind aber nicht gesund, weil Zucker dem Körper wichtige Vitamine klaut. Jedes Mal, wenn man Süßigkeiten isst, holt sich der Zucker nämlich wichtige Vitamine aus dem Körper und verbraucht sie, um sich in Energie umwandeln zu können. Und wenn zu viele Vitamine vom Zucker geklaut werden, werden die Kinder zappelig und nervös und werden häufiger krank. Außerdem schadet zu viel Süßes den Zähnen. Zucker steckt aber nicht nur in Süßigkeiten, Kuchen und Eis, sondern auch in Limonade und Cola, in Fruchtjoghurt und im Pudding. Da kommt im Lauf des Tages schon eine ganze Menge zusammen.

Was ist gesund und bringt Vitamine, statt sie dem Körper zu stehlen? Frisches Obst, Gemüse, Milchprodukte, Getreide und mageres Fleisch.

Spiel am Tisch (Wortschatzübung)

10.13 Wenn die Musik aussetzt

Am Rande von zwei aneinander gerückten Kindertischen liegen so viele Gegenstände, die in dieser Einheit eine Rolle spielen (siehe Wörterliste 10), wie Kinder vorhanden sind.

Die Kinder laufen, während Musik ertönt, um den Tisch herum. Wenn die Musik aussetzt, bleiben alle stehen und benennen den Gegenstand, der vor ihnen liegt.

Spiel im Stuhlkreis (Wortschatzübung)

10.14 Schneller Platzwechsel

Jedes Kind im Stuhlkreis bekommt einen Gegenstand (oder eine Abbildung). Auf Zuruf tauschen jeweils zwei oder mehr Kinder ihre Plätze. Beispiel: Pinzette tauscht mit Pflaster und Thermometer!

Anschließend könnte eine »Versteigerung« stattfinden. Ein Kind beginnt, indem es seinen Gegenstand anpreist. (Ich habe hier ein wunderbares Pflaster, das heilt blitzschnell jede Wunde. Man kann sogar noch etwas drauf malen. Wer bietet was dafür?) Wenn ein anderes Kind bereit ist, seinen Gegenstand dagegen einzutauschen, darf es bestimmen, wer als Nächster dran ist. Es ist aber auch denkbar, dass mehrere Bieter ein Tauschangebot machen. Dann hat das erste Kind die Wahl.

11. Katze

Vorüberlegungen

Fast alle Kinder sind von Tieren fasziniert, aber sie bringen noch wenig echtes Verständnis für diese Lebewesen auf, weil sie ihre eigenen Gefühle und Gedanken auf das Tier übertragen (was durch die vielen Tier-Vermenschlichungsgeschichten im Fernsehen und in Bilderbüchern noch verstärkt wird). Die Kinder müssen erst lernen, dass Tiere andere Verhaltensweisen und andere Bedürfnisse als Menschen haben. Dazu kann eine Begegnung mit einem Tier im Kindergarten ein erster Schritt sein. Denkbar wäre der Kontakt z.B. zu einem Hund, einem Hasen, einem Meerschweinchen oder einer Katze, wie es in diesem Kapitel vorgeschlagen wird – vorausgesetzt, man hat kein Kind mit einer Katzenallergie in der Gruppe. Die »Verarbeitung« des Themas Tier könnte auch bei anderen Tieren ähnlich wie bei der Katze verlaufen: Beobachten (11.01), das Erlebte in Bildern (11.02), in Mimik und Gymnastik (11.03), in Worten (11.06), Sätzen (11.07) und Tönen (11.00) wiedergeben, Spiele (11.04, 11.15) und Reime (11.05, 11.08) dazu suchen, das Gelernte in Puzzlespielen (11.09–11) überprüfen, eine Geschichte zum Thema erfinden (11.16).

Wenn eine lebendige Katze in den Kindergarten gebracht wird, kann das für das Tier, die Erzieherinnen und die Kinder sehr aufregend werden. Um von vornherein auszuschließen, dass die Kinder mit lautem Geschrei ein verängstigtes Tier durch den Kindergarten jagen, müssen die Kinder auf den Katzenbesuch gut vorbereitet werden. Sie müssen wissen, dass die Katze im fremden Kindergarten Angst hat, dass man sie nicht erschrecken oder durch die Räume hetzen darf, dass Katzen sich mit ihren Zähnen und Krallen auch wehren können, wenn sie gequält oder belästigt werden.

Günstig wäre es, wenn der Halter des Tieres während der Katzenbegegnung anwesend sein und die Katze auf den Schoß nehmen könnte, damit die Kinder das Tier zunächst einmal ansehen, streicheln und kraulen können und hören, wie sie schnurrt.

Für die Puzzlespiele (11.8–10) werden Tierbilder (Fotos, Postkarten, Poster) benötigt. Also rechtzeitig sammeln.

Bemerkungen zur Sache: Die Hauskatze

Die Katze ist ein Haustier, gehört aber zur Familie der Raubtiere. Ihre Vorfahren stammen aus wärmeren Ländern, daher das große Wärmebedürfnis der Katze. Sie frisst Fleisch und Milch, stellt aber auch lebenden Tieren nach (Mäusen, Vögeln, Ratten). Dazu befähigt sie ihr außerordentlich scharfes Gehör, das auch im Schlaf auf Geräusche sofort reagiert, Augen, die auch in der Dunkelheit noch gut zu sehen vermögen, lange Schnurrbarthaare zum Tasten, scharfe Krallen zum Packen der Beute, Reißzähne (scharfe, zackige Backenzähne) zum Zerlegen der Beute, kleine Schneidezähne (oben und unter je sechs) zum Abnagen der Knochen. Mit ihrer rauen Zunge leckt sie Milch. Ihre Krallen sind gewöhnlich in je eine Hautfalte der Pfote zurückgezogen. So kann die Katze auf ihren »Sammetpfötchen« leise schleichen und verhindern, dass die Krallen vom ständigen Aufstoßen stumpf werden.

Die Katze kann mit Hilfe ihrer Krallen senkrecht an Bäumen hochklettern und springt zwei bis drei Meter weit. Dazu duckt sie sich, krümmt den Rücken, zieht den Hals ein und biegt die Beine stark in den Gelenken. Dann stößt sie sich mit den Hinterbeinen kräftig vom Boden ab und streckt Rumpf und Hals nach vorn.

Die Katze sieht auch im Dunkeln gut: Bei Tageslicht schließen sich ihre Pupillen zu schmalen Schlitzen, nachts öffnen sie sich.

Die Hauskatze ist zahm und lässt sich gern streicheln oder kraulen. Wenn sie sich wohl fühlt, schnurrt sie. Sie spielt gern mit Gegenständen, die am Boden rollen. Die Katze hängt stärker an ihrer vertrauten Umgebung als an den Bewohnern (beim Hund ist das umgekehrt) und findet ihre Heimat oft auch aus größerer Entfernung wieder. Hunde mag sie nicht und flüchtet, wenn sie gejagt wird, auf die Bäume. Es gibt allerdings keine »Naturfeindschaft« zwischen Hund und Katze.

Zweimal im Jahr kann die Katze vier bis sechs Junge werfen. Die kleinen Kätzchen werden von der Mutter in einem weichen, warmen Versteck gesäugt, gewärmt und mit der Zunge gereinigt. Wenn Gefahr droht, packt die Alte ihre Jungen nacheinander vorsichtig mit dem Maul im Genick und trägt sie an einen sicheren Ort.

Empfehlenswerte Bilderbücher

Wenche Blomberg, Jan-K. Oien: Ich bekomme eine Katze. Carlsen, Hamburg 1985.

Hanne Brandt, Corinna Naujok: Katzennächte. Wolfgang Mann, Berlin 1990.

Honor Head, Jane Burton: Mein Haustier Hund. Saatkorn, Lüneburg 2000. *In leicht verständlicher Sprache wird Kindern anhand vieler Farbfotos erklärt, was ein Hund braucht und wie man ihn richtig behandelt.*

Ernst Jandl, Norman Junge: ottos mops. Beltz, Weinheim und Basel 2001. *Ein wunderbares Zungenbrecher-Bilderbuch, das nur Wörter mit o enthält und den Kindern sowohl beim Zuhören als auch beim Nachsprechen großen Spaß macht* (siehe 11.17).

Angebote

Schwäbisches Lied
11.00 D'Bäure hot d'Katz verlorn

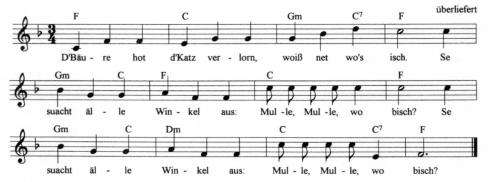

2. Plötzlich da hört se se maunza im Stroh,
    do liegt se mit vier kleine Mulle, Mulle ganz froh,
    do liegt se mit vier kleine Mulle, Mulle ganz froh.

Sachbegegnung
11.01 Katze beobachten
Nachdem die Kinder schon am Vortag auf den Besuch der Katze vorbereitet wurden,
dürfen sie nun die mitgebrachte Katze betrachten und streicheln. Wer kann hören,
wie die Katze schnurrt? Im Stuhlkreis erforschen wir, was die Katze mag. Wir stellen
ein Tellerchen mit Salat, eines mit Fleisch (z.B. Leber), eines mit Milch vor die Katze.
Wie holt sie sich die Milch? Wer kann die Katzenzunge sehen? Warum bleibt Milch
daran hängen? Wie sieht ein Katzenauge aus? Was ist der Unterschied zu einem
Menschenauge? Wie sehen die Ohren aus? Wer kann einen Katzenbuckel machen,
sich ducken, sich zusammenrollen, sich recken und strecken? Wir lassen einen kleinen Ball durch das Zimmer rollen. Wie verhält sich die Katze?

Malen
11.02 Katzenkopf zeichnen
Ohne Vorlage zeichnen die Kinder, was ihnen an der Katze aufgefallen ist: runder
Kopf mit nach oben spitz zulaufenden kleinen Ohren. Mandelförmige Augen mit
schmalen Pupillen, kleines Nasendreieck, lange Schnurrbarthaare ...

Turnen
11.03 Katzengymnastik
Einen krummen Katzenbuckel machen. Sich zusammenrollen wie eine Katze. Mit
der Zunge andere Körperteile erreichen. Zum Sprung ansetzen (in die Hocke gehen,
auf Händen und Füßen stehen, dann die Beine plötzlich durchdrücken. Lautlos
schleichen auf weichen Pfoten. Sich ducken und aufrichten ...

Bewegungsspiel
11.04 Katz und Maus
Die Kinder bilden einen Kreis und halten sich an den Händen. Im Kreis steht die
Maus, außerhalb des Kreises die Katze. Sie lockt:
Mäuslein, Mäuslein, komm heraus, sonst kratz ich dir die Augen aus!
Maus: Ich komme nicht!
Katze (springt in den Kreis): Dann hol ich dich!
Nun muss die Katze versuchen, die Maus zu fangen, wobei Katz und Maus sich aber
nur so lange außerhalb des Kreises bewegen dürfen, wie es nötig ist, um hinter eini-
gen Kindern wieder in den Kreis zu gelangen. Die Kinder helfen der Maus, indem
sie sie durchschlüpfen lassen, während sie der Katze den Weg mit den Armen ver-
sperren.

Kinderreim
11.05 Schnurre, Katze
Schnurre, Katze, leise Tatze,
kratze, kratze, kratze Katze.
Mit der Schnauze – miaut se.

Verstehen – ergänzen
11.06 Dingsbums
Die Erzieherin erzählt von der Katzenbegegnung, ersetzt aber die einschlägigen Wörter durch »Dingsbums« oder macht eine Pause. Die Kinder nennen das richtige
Wort. Beispiel:
Also Kinder, heute Morgen war was los im Kindergarten. Wir hatten eine Dingsbums zu Besuch. Ein wunderschönes Tier, sage ich euch, mit so einem kuscheligen
weichen Dingsbums und vier samtigen … In diesen Pfoten stecken aber scharfe …,
die braucht sie zum … und zum Mäusefangen. Sie mochte keinen Salat, aber Dingsbums und … Wir haben genau gesehen, wie sie die Milch geholt hat mit ihrer … Sie
hat ganz scharfe …, damit kann sie sogar … zerbeißen. Sie mag es, wenn man sie …
Peter hat auch gehört, wie sie vor Wohlbehagen ganz laut … hat.

Satzbildung
11.07 Wenn ich eine Maus wäre
Stellt euch vor, ihr wärt lauter Mäuse und wohnt in einer alten Mauer wie die
Freunde von Frederik, der Maus (Bilderbuch von Lionni). Auf einmal seht ihr, dass
die Katze herumschleicht. Was würdet ihr tun? (Die Kinder sollen reihum ihre Sätze
beginnen: Wenn ich eine Maus wäre, würde ich … mich verstecken, die anderen
Mäuse warnen, schnell die Mäusekinder in Sicherheit bringen, vom Mäuseloch aus
die Katze auslachen, mir eine andere Wohnung suchen, schnell weglaufen …)

Kinderschreck
11.08 In einem großen, großen Land
(Muss mit geheimnisvoller Stimme gesprochen werden. Dabei mit den Armen große
Kreise beschreiben. Zum Schluss die Hände zu einer Hohlform zusammenfügen
und dann einen Arm nach vorn schnellen lassen.)
In einem große, großen Land,
da steht ein großer, großer Wald,
und in dem großen, großen Wald,
da steht ein großes, großes Haus,
und in dem großen, großen Haus,
da steht ein großer, großer Schrank,
und in dem großen, großen Schrank,
da sitzt ne klitzekleine Maus,
die springt heraus!

Richtig zusammensetzen
11.09 Tierpuzzle
Tierbilder aus Zeitschriften oder Fotos von Tieren werden auf dünnen Karton geklebt und zunächst in sechs Teile zerschnitten. Wenn ein Kind sein Puzzle wieder
richtig zusammengesetzt hat, kann es die Teile in weitere Teile zerlegen, je nach dem
Schwierigkeitsgrad, den sie sich selbst zutrauen.

Spiel am Tisch
11.10 Puzzle-Mix
Vier Kinder vermischen ihre Puzzleteile und suchen dann das eigene Puzzle wieder
zusammen. Noch schwieriger wird es, wenn man das Puzzlebild des Nachbarn zu-
sammensuchen soll.

Spiel am Tisch
11.11 Tausche Kopf gegen Schwanz
Zwei oder drei Kinder haben ein Tierbild jeweils in sechs Teile zerlegt. Ein Teil behalten sie, die anderen kommen in die Mitte, werden gemischt und gleichmäßig an die
Spieler verteilt. Nun wird reihum getauscht: Ich möchte von dir … (eine Pfote, einen Bauch, die Ohren). Dafür gibt das Kind ein beliebiges Puzzleteil an das andere
Kind ab. *Erfahrungsgemäß zeigen die Kinder einfach auf das Teil, das sie haben wollen.*
Wenn das Spiel schwieriger werden soll, kann verabredet werden, dass das Zeigen mit
den Fingern nicht erlaubt ist, sondern dass sie benennen müssen, was sie haben wollen.

Rollenspiel
11.12 Beim Tierarzt
Der Tierarzt hat Sprechstunde. Die Leute kommen mit ihren kranken (Stoff-)Tieren
und nehmen im Wartezimmer Platz. Die Sprechstundenhilfe notiert die Namen und
fragt, was den Tieren fehlt. Der Arzt spricht mit den Tierhaltern über die Krankheit

des Tieres, fragt nach den Fressgewohnheiten, auffälligem Verhalten usw. Er verbindet das Tier, gibt ihm eine Spritze, falls notwendig, und zeigt, wie das Tier gepflegt werden muss.

Hinweis: Am besten spielt zunächst die Erzieherin die Tierärztin, bis das Spiel richtig in Gang gekommen ist.

Konzentrationsspiel
11.13 Wo schleicht die Katze?
Alle Kinder verteilen sich im Raum und stehen mit geschlossenen Augen still. Zwischen ihnen bewegt sich so leise wie möglich ein Kind als Katze, die von Zeit zu Zeit leise miaut. Alle Kinder zeigen mit ausgestrecktem Arm in die Richtung, in der sie die Katze vermuten. Wenn das Kommando »Augen auf!« ertönt, stellt jedes Kind fest, ob es richtig gehört hat. Die Erzieherin soll darauf achten, ob bestimmte Kinder häufig in die falsche Richtung zeigen. Möglicherweise hören sie schlecht.

Konzentrationsspiel
11.14 Hören wie ein Kätzchen
Selbst wenn die Katze schläft, hört sie alle Geräusche und kann genau unterscheiden, ob sie eine Maus rascheln hört oder ob es etwas anderes ist. Die Kinder einigen sich auf ein bestimmtes Geräusch, das als Mäusegeräusch gelten soll, z.B. mit den Nägeln auf dem Boden kratzen. Nun spielen alle Kinder schlafende Katzen. Sie rollen sich zusammen und schließen die Augen. Jemand macht verschiedene Geräusche: Schlüssel fallen lassen, Papier zerknüllen, Tür öffnen … Die »Katzen« reagieren erst, wenn das Mäusegeräusch zu hören ist, und springen auf die Beine.

Mimisches Spiel
11.15 Armer schwarzer Kater
Die Kinder sitzen im Kreis. Ein Kind bewegt sich auf allen vieren im Kreis und wendet sich mit kläglichem Miauen einem Kind im Kreis zu. Das streichelt den Kater und sagt dazu: Armer schwarzer Kater!, darf dabei aber nicht lachen. Wer lachen muss, wechselt die Rolle und ist selbst der schwarze Kater.

Mitmachgeschichte
11.16 Die Geschichte von der Katze Winnetu
Soll ich euch mal eine Katzengeschichte erzählen? Dann müsst ihr mir aber dabei helfen und alle die Geräusche machen, die in der Geschichte vorkommen.

> Ich kenne eine Familie, die heißt Familie Klein. Es gibt drei Kinder: einen Matthias, der ist so groß, einen Andreas, der ist so groß, und eine Bärbel, die ist genauso groß wie die … und geht wie ihr in den Kindergarten. Außerdem gibt es in der Familie noch eine schwarze Katze mit weißen Pfoten. Die heißt aber nicht Mohrle oder Blacky oder Pussi, sondern Winnetu, und ist eine Katzenfrau.
> Die Geschichte fängt an dem Morgen an, als die Familie Klein mit allen Möbeln und Büchern und Spielsachen in eine andere Stadt umziehen muss, weil Frau

Klein eine andere Arbeitsstelle gefunden hatte. Die Möbelpacker haben fast alles schon eingepackt, aber die ganze Familie rennt noch durch die fast leere Wohnung, weil jeder noch etwas sucht (macht mal mit!). Haben Sie etwa meine Handtasche aus Versehen mit in die Kiste gepackt? Wer hat meinen Autoschlüssel gesehen? Wo sind denn meine Legos, die wollte ich doch in meinen Rucksack tun! Wer hat den Korb hier weggenommen? …

Schließlich rief Herr Klein: »Schluss jetzt mit der Sucherei, wir müssen losfahren. Die Möbelpacker nehmen ohnehin alles mit, was hier noch herumliegt.« Da rief Bärbel plötzlich: »Winnetu ist weg! Gerade war sie doch noch da! Ohne Winnetu fahre ich nicht mit!« Nun rannte die ganze Familie durch die Wohnung und rief: … (Na, was rief sie denn? Ruft alle mal nach Winnetu, aber so, dass sie keine Angst bekommt!) Endlich hörten sie die Katze ganz leise miauen. (Kinder: miau!) Sie hatte sich auf dem Speicher versteckt, weil es ihr in der Wohnung zu ungemütlich geworden war. Schnell nahm Bärbel Winnetu auf den Arm, setzte sie in einen Katzenkorb im Auto, stieg mit ihren Brüdern und den Eltern ins Auto ein und schon ging es los. (Kinder: Brrrr…) Zum Abschied drückte Herr Klein noch kräftig auf die Hupe, obwohl das eigentlich gar nicht erlaubt ist (Kinder: Tuut! Tuut!), und alle Nachbarn winkten und riefen: »Gute Fahrt! Kommt bald wieder!« (Und was noch? Ihr seid die Nachbarn!) Unterwegs jammerte Bärbel: »Ich habe so einen Durst. Können wir nicht kurz anhalten und was trinken?« »Also gut«, sagte Herr Klein, »da drüben ist ein Schnellimbiss.« Sie hielten an und jeder durfte sich ein Getränk aussuchen. (Kinder: Ich möchte eine Cola, ich möchte …) Und für die Katze kauften sie … (Was?) »So, weiter geht's!«, sagte Herr Klein und alle stiegen wieder ein. Als die Familie Klein in der neuen Wohnung angekommen war, stand der Möbelwagen schon vor dem Haus, und die Möbelpacker begannen mit dem Ausladen. Frau Klein bekam richtig Kopfschmerzen, weil alle Leute gleichzeitig fragten: »Wohin mit dem Schrank?« »Sollen die Stühle in die Küche?« »Wohin soll diese Kiste?« (Die Kinder erfinden ähnliche Fragen, die der Erzähler beantwortet: In das Wohnzimmer im ersten Stock. In den Keller …) So ging das bis zum Abend.

Niemand hatte Zeit, sich um Winnetu zu kümmern. Aber als es draußen dunkel wurde, fragte Andreas: »Wo ist eigentlich Winnetu?« Ja, wo war die Katze? Wieder lief die ganze Familie durch die neue Wohnung und rief überall nach der Katze. (Macht mal mit: Winnetu! Winnetu!) Aber von Winnetu war keine Spur zu entdecken.

Wisst wir, was geschehen war? Der Katze hatte nämlich die neue Wohnung gar nicht gefallen. Sie wollte wieder in die alte Wohnung, wo sie sich auskannte, wo ihr jeder Winkel vertraut war, wo sie ein Mäuseloch kannte und sich heimisch fühlte. Und was tat sie da? Sie machte sich einfach auf den Weg in die alte Heimat. Und obwohl sie weder Straßenschilder noch eine Landkarte lesen konnte, schlug sie die richtige Richtung ein.

Aber der Weg war nicht ungefährlich. Als sie gerade die Straße überqueren wollte, kam ein Auto angerast, das sie beinahe überfahren hätte, wenn der Fahrer nicht noch rechtzeitig gebremst hätte. (Kinder: Ühühühü!) Und eine Viertelstunde später kam ein Hund angerannt und bellte wütend. (Kinder: wau, wau, wau …) Winnetu konnte sich gerade noch auf einen Baum retten. Sie blieb so lange oben sitzen, bis es dem Hund zu dumm wurde: Er knurrte noch einmal böse (Kinder: Rrrr!) und trollte sich. Schnell sprang Winnetu vom Baum herunter und lief weiter und immer weiter, bis sie spät in der Nacht ganz müde an der alten Wohnung ankam. Sie miaute kläglich vor der Tür (Kinder: Miau! Miau!), aber niemand öffnete. Was sollte Winnetu machen? Sie legte sich auf die Schuhmatte vor der Tür und schlief ein.

Sie wachte auf, als am nächsten Morgen ein Auto angefahren kam (Kinder: Brrrr…), das genau vor Winnetus Tür anhielt. Zwei Leute stiegen aus, knallten die Autotüren zu (Kinder klatschen in die Hände) und holten einen Schlüssel aus der Tasche, mit dem sie die Wohnung aufschließen konnten. Kaum war die Tür einen Spalt offen, schlüpfte Winnetu hindurch und rannte in die Küche, in der früher immer ihr Fressnapf gestanden hatte. Aber die Küche war leer!

Da entdeckten auch die neuen Mieter die Katze. »So eine Unverschämtheit!«, rief die Frau. »Die haben ihre Katze zurückgelassen, dabei kann ich Katzen nicht ausstehen!« »Moment«, sagte der Mann, »das haben wir gleich. Ich habe nämlich die Handynummer von den Kleins.« Und schon wählte er und schrie ins Telefon: »Hallo, hallo, ist dort Herr Klein? Wer? Also hören Sie mal, sie können doch nicht einfach so ein Tier zurücklassen, was denken Sie sich eigentlich! Das ist doch wirklich allerhand! Was? Wie? … (Es soll sich nun ein Dialog entwickeln, wobei die Kinder die Stimmen der Familie Klein übernehmen können, die den Sachverhalt erklärt und anbietet, die Katze sofort abzuholen.)

Nachmittags kam dann Herr Klein mit Bärbel angefahren und holte Winnetu ab. »Nun dürft ihr sie aber nicht gleich wieder rauslassen«, sagte Herr Klein zu Matthias und Andreas. »Sie muss jetzt einige Tage in der Wohnung bleiben, bis sie sich an die neue Umgebung gewöhnt hat.« »Ja«, sagte Bärbel, »und wer die Tür offen lässt, sodass Winnetu wieder abhauen kann, der soll zu Fuß bis zur alten Wohnung laufen und sie wieder holen!«

Zungenbrecher (von Ernst Jandl)
11.17 Ottos Mops
Wer kann diese Sätze nachsprechen?
Ottos Mops trotzt.
Ottos Mops hopst fort.
Ottos Mops kotzt.

12. Fastnacht

Vorüberlegungen

Fragen Sie die einzelnen Kinder, was sie an Fastnacht darstellen wollen. Eine Kiste mit Kleidungsstücken, Tüchern, Kopfbedeckungen, Brillen, Taschen usw. kann anregend sein. Manche Kinder werden auch von zu Hause fertige Kostüme mitbringen wollen.

Es kommt nun darauf an, aus diesen Verkleidungen kleine Szenen abzuleiten. Je nach Fähigkeit und Alter können die Kinder verschiedene Stufen des darstellenden Spieles erreichen. Die erste Stufe besteht darin, gemeinsam mit anderen Kindern Bewegungsübungen mit Pantomime zu Texten (Anleitungen) der Erzieherin zu machen. Etwas schwieriger wird es, wenn unterschiedliche pantomimische Darstellungen aufeinander bezogen werden, wenn also reagiert werden muss. Die nächste Stufe wird erreicht, wenn Kinder nicht nur stumm spielen, sondern auch verbal mit Hilfe der Erzieherin einsteigen. Dazu brauchen wir aber eine Geschichte, die entweder vorgegeben ist oder während des Spieles entwickelt wird. Die höchste Stufe stellt dann das selbstständige Spiel kleiner Szenen mit vorgegebenen oder selbst erdachten Texten dar. Wie das zu verstehen ist, wird nun an praktischen Beispielen aus sechs Themenbereichen aufgezeigt: Feen und Waldgeister (12.01), Indianer und Cowboys (12.02), Zwerge und Schneewittchen (12.03), Prinzen und Prinzessinnen (12.04), Zauberer und Hexen (12.05), Zirkus (12.06–22). Dabei werden die Handlungen frei erfunden oder aus Bilderbüchern bzw. Märchen abgeleitet.

Ein *Zirkus* vereint sehr viele unterschiedliche Rollen und eignet sich deshalb besonders gut für ein *Fest in der Fastnachtszeit*. Ob Clown, Artist, Seiltänzerin, Zauberer, Schlangenbeschwörer, Dompteurin, Pferd, Raubtier oder Reiterin – ein Zirkus braucht alles, auch Kartenverkäufer und Bühnenarbeiter. Kostüme brauchen nur angedeutet zu werden und sollten den Kindern auch die Möglichkeit geben, immer wieder einmal die Rollen zu tauschen. Die Vorbereitungen für das Zirkusfest sind natürlich wichtiger als die Vorstellung selbst, für die nicht unbedingt Publikum von außen eingeladen werden muss. Es genügt, wenn die Kinder einer anderen Gruppe zusehen. Bei der Gestaltung des »Zirkuszeltes« kommt es darauf an, dass die Dekoration wirklich von den Kindern und nicht von den Erzieherinnen gestaltet wird. Eine perfekte Dekoration, die von den Erzieherinnen in vielen Überstunden geschaffen wurde, könnte die Kinder durch die zur Schau gestellte Perfektion entmutigen oder sie zu passiven Genießern machen, die mit verschränkten Armen darauf warten, dass ihnen etwas geboten wird.

Für die Fastnachtsangebote sollte genügend Zeit eingeplant werden, damit die Erzieherinnen mit kleinen Gruppen oder einzelnen Kindern die zum Kostüm passenden Aktionen an verschiedenen Tagen ausprobieren können. Diese Aktionen können dann bei der Zirkusvorstellung wiederholt werden als freie Improvisation ohne den Anspruch auf Perfektion.

Das Knatsch-Lied (12.00) gibt Gelegenheit zu stark mimischem Gesang. Das Spiel vom bösen Tier (12.26) regt zunächst einmal zum kreativen Gestalten an (12.25), kann aber dann sehr aufregen. Obwohl die Kinder genau wissen, dass ein anderes Kind das böse Tier darstellt, wird die Spannung durch das Zählen so gesteigert, dass nicht alle Kinder dem gewachsen sind. Also dabei insbesondere auf die jüngeren Kinder achten.

Empfehlenswerte Bilderbücher

Zum Thema Hexen
Senta Kapoun, Pija Lindenbaum: Café Schwuppdiwupp. Gabriel, Wien 1999. *Hexe und Hexenkind beschließen, lieb zu werden, aber so einfach geht das nicht …*
Von Lieve Baeten gibt es bei Oetinger, Hamburg 1999, die Bilderbücher von der kleinen Hexe: In jedem Buch steckt auch eine Überraschung die beim Betrachten entdeckt werden kann.
Die neugierige kleine Hexe.   Die kleine Hexe feiert Geburtstag.
Die kleine Hexe feiert Weihnachten.   Die kleine Hexe geht auf Reisen.

Anna Benthin/Edda Skibbe: Kleine Hexe Billerbix. Kerle, Freiburg Wien (siehe 12.05).

Zum Thema Zauberer
Helmut Kollars: Der vergessene Zauberspruch. A. Betz, Wien München 1997. *Der Zauberer will sich ein Auto zaubern, aber er kann trotz intensiver Suche den richtigen Zauberspruch nicht finden. Schließlich merkt er: Selbermachen ist sowieso schöner als zaubern.*

Zum Thema Clown
Maura Fazzi, Peter Kühner: August und das rote Ding. Norg-Süd, Gossau Zürich Hamburg Salzburg 1999. *Als August die rote Nase fand und sie aufsetzte, sah er plötzlich die graue Welt in den schönsten Farben.*

Zum Thema Riesen
Sophie Brandes: Der einsame Riese. Ellermann, München 1986.

Zum Thema wilde Tiere
Maurice Sendak: Wo die wilden Kerle wohnen. Diogenes, Zürich 1963. *Gehört zu Klassikern. Max, der ein Wolfspelzkostüm besitzt, träumt von den wilden Kerlen, die ihn zu ihrem König machen. »Und jetzt«, rief Max, »machen wir Krach!«*

Wörterliste 12

anmutig	Karneval	schminken
Auftritt	knatschen	Seiltänzer
Beifall klatschen	Kostüm	stark
Bühne	lautlos	unheimlich
Clown	lügen	verhexen
Dekoration	Maske	verhexen
Dompteur	mutig	Vorstellung
edel	prahlen	Wimpel
Fastnacht	Publikum	zahm
flattern	Raubtier	Zauberer
geduckt	Schlange	zaubern
		Zirkus

Angebote

Lied mit Mimik

12.00 Wir knatschen schon, wenn man uns weckt

Text und Melodie: Rose Götte

2. Wir knatschen, wenn wir spieln solln: Knatsch – knatsch – knatsch – knatsch,
   weil wir viel lieber knatschen wolln: Knatsch – knatsch – knatsch – knatsch.
   I – pfui Teufel! So was spielen wir nicht! Knatsch – knatsch – knatsch – knatsch.
   Lieber machen wir …

3. Wir knatschen noch bis heute Nacht: Knatsch – knatsch – knatsch- knatsch.
   Und wehe, wenn hier einer lacht! Knatsch – knatsch – knatsch – knatsch.
   I – pfui Teufel! Lachen mögen wir nicht! Knatsch – knatsch – knatsch – knatsch.
   Lieber machen wir …

Diesem Lied sollte ein Wettbewerb vorangestellt werden: Wer kann das knatschigste Knatschgesicht machen? Und wer kann dazu die beiden Knatschtöne (h-a-h-a) aus dem Lied singen?

Kostüm ausdenken – Turnen – Pantomime – Spiel

12.01 Welt der Feen und Waldgeister

Feen tragen leichte, flatternde Gewänder, Tücher, Schleier, weit schwingende Ärmel usw. Waldgeister sind »erdverbunden«, tragen Hosen und Kapuzen, Halstücher, Zipfelmützen, vielleicht Bärte … Der Fantasie sind keine Grenzen gesetzt.

Bewegungsspiel

Feen sind lautlos. Sie können schweben und fliegen. Sie sind sanft und freundlich und können sich ganz schnell von einem Ort zum anderen begeben. Manchmal bewegen sie sich wie Schmetterlinge.

Waldgeister sind fröhliche Gesellen. Sie schlagen Purzelbäume, sie können klettern, sie verstecken sich und springen plötzlich aus ihrem Versteck hervor und erschrecken die Feen. Sie mögen Tiere und warnen sie vor dem Jäger, indem sie durch hohe Sprünge oder andere Gesten auf die Gefahr aufmerksam machen …

Pantomimisches Spiel

Die Feen treffen sich im Wald. Sie tanzen auf einer Lichtung. Die Waldgeister schleichen sich heran. Sie ärgern sich, dass sie nicht eingeladen wurden, und stören den Feenreigen, indem sie sich Purzelbaum schlagend unter die Feen mischen. Die Feen können aber die Waldgeister mit einem Zauberstab berühren, dann erstarren die in der Pose, die sie zuletzt eingenommen hatten. Wenn sich kein Waldgeist mehr rühren kann, werden sie von den Feen auch wieder durch eine Berührung erlöst.

Spiel mit Dialogen

Die Erzieherin übernimmt die Rolle der Feenkönigin oder des Waldgeister-Meisters. Nun halten die Feen einen Feenrat und überlegen, was sie als Nächstes unternehmen wollen. Gleichzeitig gehen die Waldgeister in eine Höhle und überlegen, wem sie einen Streich spielen könnten. (Bei diesen Überlegungen ist meistens noch die Hilfe eines weiteren Erwachsenen nötig.)

Die Feen könnten z.B. beschließen, zu einem neugeborenen Kind (Puppe) zu schweben und ihm gute Wünsche zu überbringen: Ich wünsche dir, dass du ein schönes Kind wirst. Ich wünsche dir, dass du ein kluges (gesundes, reiches, fröhliches …) Kind wirst.

Die Waldgeister wollen vielleicht auch ihre Wünsche loswerden:

Sie wünschen sich ein freches, ungezogenes, Kind, das sich nie waschen will, rücksichtslos ist, alle Hindernisse umwirft … Die Waldgeister könnten sich aber auch etwas ganz anderes überlegen: Sie könnten Tieren im Wald helfen, die in Not sind. Sie könnten den Jäger auf die falsche Fährte locken, ihn müde machen, sodass er sich schlafen legt, und ihm dann das Gewehr stehlen …

Diese Szenen werden nun gespielt.

Kostümieren – turnen – Pantomime – darstellendes Spiel

12.02 Indianer und Cowboys

Bewegungsspiel

Indianer kriechen lautlos heran, schleichen geduckt hinter Hindernissen vorbei, klettern, springen (auf eine Matte) ab. Sie schießen (pantomimisch) mit Pfeil und Bogen. Indianerfrauen können das auch.

Cowboys müssen gut zielen können und üben fleißig. (Mit Bällen auf Dosen werfen.) Indianer und Cowboys sind gute Reiter. Sie besteigen Berge, sie waten durch Bäche oder schwimmen im See. Sie haben gute Augen und können von weitem bestimmte Gegenstände erspähen.

Indianer sitzen mit gekreuzten Beinen am Feuer. Cowboys schlafen im Freien. Es gibt berühmte Freundschaften zwischen Indianern und Cowboys (Karl May: Winnetou und Old Shatterhand). Sie sitzen am Feuer, sie rauchen die Friedenspfeife, sie tauschen Geschenke aus, sie gehen gemeinsam auf die Jagd, sie sammeln Holz und kochen eine Suppe über dem Lagerfeuer. Selbstverständlich gibt es auch Cowgirls.

Rollenspiel

Wenn die Erzieherin mitspielt, entwickeln sich schnell Szenen, in denen die Kinder begeistert mitmachen und mitsprechen. Sie sitzen um das Lagerfeuer herum, einer bekommt schreckliche Bauchschmerzen und hat hohes Fieber. Jemand muss, so schnell er kann, in die Stadt reiten und einen Arzt holen. Die anderen kümmern sich um den Kranken, machen kühle Stirnumschläge, flößen ihm Wasser ein. Jemand hat gehört, es gibt einen alten Indianer, der kennt Heilkräuter und Pflanzensäfte, die viel besser sind als die Medikamente, die der Arzt mitbringt. Diesen alten Indianer muss man suchen und herbitten …

Darstellendes Spiel

12.03 Zwerge und Schneewittchen

Einstieg in die Rollen

Die Zwerge haben alle einen Beruf, denn sie sind fleißige kleine Leute. Jeder Zwerg denkt sich einen Beruf aus und bastelt sich ein Werkzeug aus Legosteinen oder sucht einen Gegenstand, den er für seinen Beruf benötigt. Nacheinander stellen die Zwerge ihren Beruf dar, und die anderen Kinder raten, welcher Beruf das sein könnte.

Die Zwerge haben ein Häuschen mit kleinen Tischen, auf denen Essen und Trinken bereitsteht, mit kleinen Stühlen und Betten. Ehe sie zur Arbeit gehen, richten sie alles gemütlich her. Die Schneewittchen (es kann ruhig mehrere geben) machen sich schön, verirren sich im Wald, haben Angst oder Hunger, sind müde, suchen einen Platz zum Schlafen, finden endlich ein Häuschen.

Darstellendes Spiel

Die Schneewittchen haben endlich das Zwergenhaus entdeckt, beraten, ob sie sich hineintrauen sollen. Schließlich wagen sie es, setzen sich an die Tische, essen vom bereitgestellten Brei, trinken aus den Bechern, entdecken die Betten, legen sich schlafen, sind froh. Jetzt kommen die Zwerge zurück von der Arbeit und merken gleich, dass da etwas nicht stimmt: Wer hat auf meinem Stühlchen gesessen? Wer hat von meinem Tellerchen gegessen? Wer hat aus meinem Becherchen getrunken? Und dann entdecken sie die schlafenden Schneewittchen in ihren Betten.

Die Schneewittchen wachen auf, erzählen, dass sie nicht wussten, wohin. Sie wollen bei den Zwergen bleiben und machen den Haushalt, während die Zwerge zur Arbeit gehen.

Aber vielleicht beschließen sie auch, dass die Zwerge den Haushalt machen und die Schneewittchen künftig zur Arbeit gehen? Vielleicht teilen sie sich auch Berufs- und Hausarbeit?

Darstellendes Spiel
12.04 Prinzessinnen und Prinzen
Einstieg in die Rollen

Königskinder sind natürlich sehr verwöhnt. Sie tragen kostbare Kostüme, besitzen eine Krone, wohnen in einem Schloss und dürfen nicht wie andere Kinder einfach so herumtoben, sondern müssen sich würdig bewegen. Sie winken ihre Diener herbei und lächeln huldvoll den Untertanen zu.

Theater

Als Thema könnte gewählt werden: *Die Geschichte von der Prinzessin auf der Erbse.* (Frei nach Andersens Märchen erzählt.)

> Es war einmal ein Prinz, der wollte eine Prinzessin heiraten. Als das im Land bekannt wurde, meldeten sich auf einmal viele junge Mädchen und erklärten, sie seien echte Prinzessinnen. Da wurde der Prinz sehr misstrauisch, denn er sagte sich: »So viele Prinzessinnen kann es doch bei uns gar nicht geben. Bestimmt haben sich die jungen Mädchen einfach wie eine Prinzessin angezogen und eine Krone gekauft oder gestohlen. Wie soll ich bloß herausfinden, ob eine echte Prinzessin dabei ist?«
>
> Da sagte seine Mutter, die Königin, das sei ganz einfach. Echte Prinzessinnen seien nämlich so empfindlich, dass sie etwas Hartes im Bett noch durch die Matratzen hindurch spüren würden.
>
> Da hatte der Prinz eine Idee. Er ließ für jede Prinzessin ein Bett mit zwanzig Matratzen herrichten und legte heimlich in jedes Bett unter die unterste Matratze eine Erbse. Dann wünschte er den Prinzessinnen eine gute Nacht und ging schlafen. Am nächsten Morgen rief er jede Prinzessin einzeln zu sich und fragte, ob sie gut geschlafen hätte.
>
> »Ja«, sagte die erste, »so wunderbar habe ich noch nie geschlafen!«
>
> »So ein herrliches Bett habe ich noch nie gehabt!«, sagte die zweite.
>
> »Ach was habt Ihr für wunderbare Matratzen!«, sagte die dritte.
>
> Aber die vierte klagte: »Wenn ich ehrlich sein soll, muss ich zugeben, dass ich entsetzlich schlecht geschlafen habe. In meinem Bett war etwas Hartes, das hat mich so gedrückt, dass ich jetzt am ganzen Leib blaue Flecken habe!«
>
> Da wusste der Prinz, dass dies die echte Prinzessin war und nahm sie zur Frau.

(Natürlich kann diese Geschichte auch mit mehreren Prinzen gespielt werden. Als Matratzen können Schaumstoffstücke, z.B. Stuhlkissen, verwendet werden).

Erste Szene: Alle Prinzessinnen begrüßen nacheinander den oder die Prinzen, demonstrieren, wie schön sie sind.
Zweite Szene: Der Prinz ist ratlos, fragt die Königin, was er machen soll. Die Königin hat die Idee mit der Erbse.
Dritte Szene: Der Prinz lässt die Betten herrichten und legt jeweils unter die unterste Matratze eine Erbse.
Vierte Szene: Die Prinzessinnen sind müde. Der Prinz sagt ihnen gute Nacht. Die Prinzessinnen gehen schlafen. Alle schlafen gut bis auf eine, die sich stöhnend hin- und herwälzt.
Fünfte Szene: Der Prinz lässt die Prinzessinnen zu sich kommen, fragt jede, ob sie gut geschlafen habe. Alle bejahen, nur eine jammert und zeigt ihre blauen Flecken. Der Prinz nimmt sie an der Hand und führt sie zu seiner Mutter: Das ist die echte Prinzessin, die werde ich heiraten.

Pantomime – Spiel im Kreis – Darstellendes Spiel (Bilderbuchgeschichte)
12.05 Zauberer und Hexen
Einstieg in die Rollen
Die Zauberer brauchen einen bodenlangen Zaubermantel und einen Zauberhut. Auch die Hexen tragen spitze Hüte, haben einen Besen zum Reiten und einen ausgefransten Rock. Die Bewegungen der Zauberer sind langsam und pathetisch, während die Hexen auch gern mal einen wilden Hexentanz aufführen oder auf dem Besen »durch die Luft« reiten.
Ein Zauberer kann natürlich eine ganze Kindergruppe, die einen Kreis um ihn bildet, verzaubern: Ich zaubere, ich zaubere, ihr seid alle Hunde! (Die Kinder laufen auf allen vieren und bellen.) Ich zaubere, ich zaubere, ihr seid alle Vögel! (Kinder laufen mit flatternden Armen.) Ich zaubere, ich zaubere, ihr seid alle Steine! (Kinder stehen wie erstarrt.) Schlangen kriechen, Pferde galoppieren, Katzen miauen.
Die Hexen kochen Zaubertränke. Dazu brauchen sie von den Kindern im Kreis bestimmte Zutaten: von dir einen Schuh, von dir einen Zahn, ein Taschentuch, von dir eine Haarspange … Alles wird pantomimisch eingesammelt, in einen Kochtopf geworfen und umgerührt. Willst du meinen Zaubertrank probieren? Wenn das angesprochene Kind verneint, muss die Hexe das nächste Kind fragen. Wer den Zaubertrank probiert, wird selbst Hexe und übernimmt von der Hexe den Zauberhut.

Darstellendes Spiel
(Geschichte aus einem Bilderbuch)
Nach diesen Vorübungen könnte die Geschichte von der Kleinen Hexe Billerbix (siehe oben) nachgespielt werden, die eine feine Hexensuppe kochen wollte. Aber der Frosch weigert sich, in den Suppentopf zu springen, die Prinzessin will ihr goldenes Haar behalten … Die Hexe ist zum Verhandeln gezwungen: Soll ich dich verscho-

nen, musst du mich belohnen! Sie bekommt Gemüse und zaubert daraus eine Gemüsesuppe, die alle aufessen können.

Ein Fest in der Fastnachtszeit: Zirkus

Gestalten
12.06 Zirkus bauen
Wir brauchen eine Andeutung von Zelt. Vielleicht können von einem Haken in der Mitte der Zimmerdecke aus Schnüre zu den Wänden gespannt werden, an denen bunte Wimpel hängen. Wo sitzen die Zuschauer? Wo treten die Artisten auf? Wo ist die Kasse, wo die Limonadenbar, die mit Papierblumen geschmückt sein könnte?

Bewegungsspiel
12.07 Zirkuspferde
Die Erzieherin spielt zunächst den Zirkusdirektor. Die Pferdchen traben hintereinander in der Manege (Die Kinder laufen aufrecht, heben die Knie möglichst hoch und nicken mit den Köpfen.) Auf ein Zeichen des Direktors drehen sich die Pferchen um die eigene Achse und laufen in entgegengesetzter Richtung weiter.
Nun stellen sich die Pferde in einer Reihe auf. (Die Kinder stellen sich auf Hände und Füße.) Die Pferde schlagen mal mit den Vorder-, mal mit den Hinterbeinen aus. Zum Schluss springen die Pferde über ein Hindernis. (Die Kinder laufen dabei wieder auf zwei Beinen.)

Turnen
12.08 Dompteurszenen
Raubtiere springen durch einen vorgehaltenen Reifen, klettern auf Hocker oder kriechen zwischen den Beinen des mutigen Dompteurs hindurch. Sie legen sich auf Befehl des Dompteurs auf den Rücken und wälzen sich auf dem Boden zweimal um die eigene Achse, ehe sie ihren Platz auf dem Hocker wieder einnehmen. Die gefährlichen Raubtiere fauchen den Dompteur manchmal an und wollen nicht immer gehorchen. Schließlich machen sie aber doch genau das, was der Dompteur von ihnen verlangt, weil er sie mit seinem strengen Blick bezwingt.

Gymnastik
12.09 Kamele
Kamele bewegen sich im Passgang, das heißt, sie bewegen gleichzeitig Vorder- und Hinterbein derselben Körperseite. Wer kann das? Im Zirkus werden sie von anmutigen arabischen Prinzen und Prinzessinnen vorgeführt.

Gymnastik
12.10 Seiltänzerinnen und Seiltänzer
Seiltänzerinnen und Seiltänzer können barfuß auf Besenstielen balancieren. Am Anfang tut's auch ein Klebestreifen auf dem Fußboden. Fortgeschrittene üben auf einer

Balancierbank. Die anmutigen Seiltänzerinnen und Seiltänzer wagen den gefährlichen Gang auf dem »Hochseil«, setzen vorsichtig Fuß vor Fuß und können sich nur durch geschicktes Lavieren mit Schirm und Armen vor dem Absturz bewahren.

Geschicklichkeitsübung
12.11 Ballartisten und Jongleure

Ballartisten und Jongleure führen allerlei Kunststücke mit Bällen vor: Ball unter dem hochgehobenen Knie durchwerfen, Ball mit den Füßen packen und hochwerfen, Ball auf der flachen Hand halten, ohne dass er herunterfällt, Ball zwischen Kinn und Brust halten …

Witzige Einfälle
12.12 Zauberkunststücke

Zauberer behaupten, sie könnten eine Kugel (Kaugummi im Mund) in einen Faden verwandeln: Sie ziehen ihn lang.
Sie können einen Keks und ein Stück Apfelsine spurlos verschwinden lassen: Sie essen alles auf.
Sie können Wasser im Sieb tragen: Eiswürfel aus dem Kühlschrank.
Sie können Luftballons in Raketen verwandeln: Aufblasen und loslassen.
Sie können ein Seil doppelt so lang zaubern: Hosengummi.
Das alles funktioniert natürlich nur mit Zaubersprüchen: Abrakadabra, dreimal schwarzer Kater …

Basteln – darstellendes Spiel
12.13 Schlangenbeschwörer

Der unheimliche Schlangenbeschwörer kann Schlangen tanzen lassen. Weinkorken werden auf einen Faden gezogen, am vorderen Ende abgerundet und mit Augen (Stecknadelköpfen) versehen, sodass das Ganze einer Schlange ähnlich sieht. Diese »Schlange« wird mit einem Plastikfaden am Ende einer Papphöre (»Flöte«) befestigt, und zwar so, dass zwischen Schlange und Papprohr etwa 15 cm Abstand bleibt, und in einen Korb gelegt.
Das Papprohr stellt die Flöte dar, in die der Schlangenbeschwörer hineinsingt (oder sich zur Musik bewegt). Wenn der Meister zu flöten beginnt, erhebt sich die Schlange aus dem Korb, solange Musik erklingt. Wenn die Musik abbricht, fällt die Schlange wieder in ihren Korb zurück. (Flöte senkt sich nach unten.)

Schminken – Kostüm ausdenken
12.14 Clown

Ein Clown hat immer viel zu große Schuhe, viel zu weite Hosen an, die mit Hosenträgern festgehalten werden. Er hat eine rote Nase und einen viel zu großen Mund.

Pantomime
12.15 Sich bewegen wie ein Clown
Der Clown stolpert oft über seine Füße, er bewegt sich tollpatschig und fällt immer wieder auf den Hosenboden. Aber manchmal, wenn alle damit rechnen, dass er wieder stolpert oder anstößt, hält er die Balance oder weicht im letzten Moment dem Hindernis sehr geschickt aus. Eigentlich ist er ein versteckter Akrobat. Der Clown bringt andere zum Lachen, aber er selbst lacht nie.

Kleine Szene
12.16 Die Clowns und die unbequemen Schuhe
Zwei Clowns wollen barfuß laufen und ziehen ihre Schuhe aus. Einer behauptet, er könne innerhalb von Sekunden »so viel« (Handbreit zeigen) wachsen, wenn der andere bis fünf zähle und die Augen schließe. Der andere will das zunächst nicht glauben, schließt aber dann doch die Augen und zählt bis fünf. Der erste geht auf Zehenspitzen und ist dadurch tatsächlich größer geworden. Nun beschließen sie, die Schuhe wieder anzuziehen. Aber der eine erwischt die beiden linken Schuhe, der andere die beiden rechten. Jetzt jammern beide, dass die Schuhe nicht mehr passen und humpeln heulend davon.

Kleine Szene
12.17 Clown und Sessel
Ein Clown will seine Ruhe haben, setzt sich auf einen Sessel und zieht ein Tuch über den Kopf, damit er endlich schlafen kann.
Ein zweiter Clown kommt, sucht einen bequemen Platz, entdeckt den Sessel, freut sich, setzt sich. Jetzt bewegt sich der »Sessel« unter ihm. Er bekommt einen furchtbaren Schreck und rennt schreiend davon. Der erste Clown steht auch auf und setzt sich in einen anderen Sessel. Jetzt kommt der zweite mit einem dritten Clown zurück, dem er erzählt, der Sessel sei lebendig und habe ihn in den Po gezwickt. Er will ihm den unheimlichen Sessel zeigen. Aber dort ist nur noch ein ganz normales Möbelstück zu finden. »Na, da habe ich wohl geträumt«, sagt Clown Nr. 2 und setzt sich in den zweiten Sessel …

Kleine Szene
12.18 Der Clown und die Dame
Ein Clown will eine Dame ansprechen, aber er weiß nicht, wie man das macht. Ein zweiter Clown bietet seine Hilfe an: »Ich sage dir, wie man so etwas macht. Du musst nur alles genau so machen, wie ich es dir sage!« Die Dame nähert sich.
»Zuerst nimmst du den Hut ab!« Der Clown geht auf die Dame zu und wiederholt den Satz. »Nein, du Blödmann, du sollst den Hut abnehmen!« Der Clown wiederholt natürlich auch dies. So geht das weiter, bis die Dame den beiden empört den Rücken kehrt.

Clownsgedicht (Kinderreim)
12.19 Ich red nicht mit dir
Ich red nicht mit dir,
dein Hemd ist aus Papier,
deine Hose ist aus Blech,
du bist mir viel zu frech!

Clownsgedicht
12.20 Was sollen wir machen?
Was sollen wir machen?
Auf dem Kopf stehn und lachen!
Was sollen wir spielen?
Auf dem Kopf stehn und schielen.
Was sollen wir tun?
Auf dem Kopf stehn und muhn.

Clownsgedicht
12.21 Auf dem Klavier
Auf dem Klavier
steht ein Glas Bier
Wer daraus trinkt,
der stinkt.

Clownsgedicht
12.22 Da droben auf dem Berge
Da droben auf dem Berge
da ist der Teufel los.
Da zanken sich vier Zwerge
um einen dicken Kloß.
Der eine will ihn haben,
der andre lässt nicht los,
der dritte fällt in 'n Graben,
dem vierten platzt die Hos.

Weitere Lustige Kinderreime: Ilse Bilse (2.42), Auf einer Kaffeetasse (2.43), Witz vom Onkel Fritz (4.37).

Geschichte zum Vorlesen
12.23 Lüge, Lüge, nichts als Lüge
Ich saß auf einem Baum und aß Pflaumen.
Die Steine spuckte ich einer Frau auf den Kopf.
Als sie mich sah, rief sie: »Komm mal her!«
Ich aber verstand: »Spuck noch mehr!«

Also spuckte ich weiter.

Dann ging ich zum Hafen.

Dort lagen drei Schiffe,

ein gelbes, ein grünes und eines, das nicht da war.

Ich setzte mich in das, das nicht da war, und fuhr nach Amerika.

Dort stand ein Mann und rief: »Leute, kauft Nüsse!«

Ich aber verstand: »Leute, klaut Nüsse!«

Also nahm ich mir beide Hände voll.

Da kam ein Polizist und rief: »Komm mal her!«

Ich aber verstand: »Klau noch mehr!«,

und klaute, bis mir die Taschen platzten.

Dann kam ich in eine Kirche.

Da sang der Pfarrer: »Halleluja!«

Ich aber verstand: »Es ist kein Stuhl da!«

Also setzte ich mich auf den Altar.

Da rief der Pfarrer: »Was machst du, du Wurm!«

Ich aber verstand: »Ab in den Turm!«

Als ich auf dem Turm war, sah mich meine Mutter und rief: »Bist du verrückt?«

Ich aber verstand: »Komm zurück!«, und flog zu ihr durch die Luft.

Witz erzählen

12.24 Vom Breitmaulfrosch

Der Breitmaulfrosch geht spazieren. Er trifft eine Kuh und fragt sie (mit breit gezogenen Lippen sprechen): »Was machst du denn da?« »Ich fresse Gras«, sagt die Kuh. »Na, dann friss schön weiter!«, sagt der Breitmaulfrosch. Nach einer Weile trifft er einen Hasen und fragt auch ihn: »Was machst du denn da?« »Ich fresse Karotten!«, sagt der Hase. »Na, dann friss schön weiter!«, sagt der Breitmaulfrosch. Dann trifft er einen Storch. »Was machst du denn da?«, fragt er ihn. »Ich fresse Breitmaulfrösche!«, sagt der Storch. Darauf der Frosch (jetzt mit gespitzten Lippen): »Ü, ü, dü gübt's doch gar nücht möhr!«

Kreatives Gestalten

12.25 Wilde Tiere

Papiertüten werden zu Masken wilder Fantasietiere umgestaltet, mit Löchern für die Augen versehen und über den Kopf gestülpt. Abstimmen lassen: Welches ist die gruseligste Maske? Sie wird die Maske für das »böse Tier« (12.26).

Singspiel im Freien

12.26 Das böse Tier

Das böse Tier mit oder ohne Papiermaske versteckt sich hinter einem Baum, einem Busch. Die anderen Kinder laufen im Gänsemarsch durch den Garten und singen:

Wir woll'n einmal spazieren geh'n in unserm schönen Garten.

Wenn nur das böse Tier nicht käm, wir woll'n nicht länger warten.

Um eins kommt's nicht,
um zwei kommt's nicht,
um drei kommt's nicht (und so weiter bis 10),
um elf da klopft's (das böse Tier macht ein Geräusch),
um zwölf da kommt's! (Das böse Tier stürzt mit wildem Geschrei auf die Kinder zu,
die kreischend davonrennen. Wen das böse Tier erwischt, der muss die Rolle mit
ihm tauschen.)

Kinderreim
12.27 Morgen früh um sechs
Morgenfrüh um sechs
kommt die kleine Hex.
Morgen früh um sieben
schabt sie Gelbe Rüben.
Morgen früh um acht
wird Kaffe gemacht.
Morgen früh um neun
geht sie in die Scheun.
Morgen früh um zehn
Hackt sie Holz und Spän.
Feuert an um elfe,
kocht dann bis um zwölfe
Krötenbein und Krebs und Fisch.
Hurtig, Kinder, kommt zu Tisch!

13. Frühling

Vorüberlegungen

Dieses Kapitel bietet eine Auswahl an Themenbereichen, sodass in jedem Jahr ein anderer Schwerpunkt gesetzt werden kann: Frühlingsblumen und Gräser (13.01–07), Ausflug in den Wald oder in den Park (13.08–13.18), Jahreszeiten und Wetter (13.00, 13.09–30). Die Angebote sollen Kinder zur Naturbeobachtung anregen, ihr Interesse auf die Jahreszeiten und das Wetter lenken und sie mit kleinen Experimenten vertraut machen (13.22–29). In einer Zeit, in der Kinder immer seltener Natur »aus erster Hand« erleben und immer häufiger virtuelle oder mediale Naturbilder vorgesetzt bekommen, werden Ausflüge nach draußen immer wichtiger. Wenn solche Aktionen rechtzeitig angekündigt werden, finden sich sicher auch Eltern oder Großeltern, die bereit und in der Lage sind, als Helfer dabei zu sein.

Es kommt nun darauf an, ganz persönliche Kontakte zwischen Kindern und ihrem »Forschungsobjekt«, z.B. einer Pflanze, herzustellen. Was ein Kind selbst gesät hat (13.07), wird mit größerer Aufmerksamkeit beim Wachsen beobachtet als das, was scheinbar von selbst gedeiht.

Bei einem Ausflug in den Wald oder in den Park (13.11) könnte sich jedes Kind einen Zweig suchen, an dem die Knospen gerade aus den Blättern brechen wollen. An diesen Zweig wird nun ein mitgebrachtes Schildchen gehängt, sodass das Kind »seinen« Zweig auch beim zweiten Ausflug wieder finden und untersuchen kann. Vielleicht haben manche Kinder Gelegenheit, auch mit ihren Eltern immer wieder zu »ihrem« Zweig zurückzukehren und so seine Veränderung bis in den Herbst hinein zu erleben.

Wenn hier also naturwissenschaftliche Fragen eine Rolle spielen, gleichzeitig aber auch märchenhafte Begegnungen mit Pflanzen und Tieren vorgeschlagen werden (13.31–32, 13.35–39), ist das kein Widerspruch. Im Gegenteil: Im darstellenden Spiel von den Wurzelkindern (13.31–32) und in der spielerischen Umsetzung des Märchens von Brüderchen und Schwesterchen (13.35–39) können viele Eindrücke und Erlebnisse aus der realen Welt psychisch verarbeitet werden. Der Wunderbaum (13.18), der Kinder überraschen soll, wird bestimmt nicht als Naturerfahrung missverstanden, sondern auch von den Kindern augenzwinkernd als liebe Geste registriert.

Wenn der Wald Thema wird, kann es nicht bei der reinen Naturbeschreibung bleiben. Dann sind auch Gespräche darüber nötig, wie Kinder den Wald erleben und welche Bilder vom Wald aus Fernsehen und Videos in den Köpfen existieren (13.34).

Ein »Frühlingstisch« (13.01) im Eingangsbereich soll auf das Thema einstimmen und auch den Eltern signalisieren, womit sich die Kinder zurzeit befassen.

Und zum Thema Jahreszeiten wird diesmal ein Lied mit instrumentaler Begleitung vorgeschlagen (13.00). Eine Anleitung zur praktischen Umsetzung ist beigefügt.

Empfehlenswerte Bilderbücher

Eric Carle: Nur ein kleines Samenkorn. Gerstenberg Hildesheim 1993.

Natur im Märchen: Sibylle von Olfers: Etwas von den Wurzelkindern. J.F. Schreiber, Esslingen München o.J. *Ein Buch, das schon mehrere Generationen erfreut hat und immer noch die Kinder fasziniert* (siehe 13.31–32).

Elsa Beskow: Hänschen im Blaubeerenwald. Loewes, Bayreuth o.J. *Auch dieses Jugendstil-Bilderbuch gehört zu den »Klassikern«, die seit Jahrzehnten immer wieder aufgelegt werden. Hänschen, der Blaubeeren und Preiselbeeren sammeln wollte, wird vom Zwergenkönig in ein so kleines Kind verwandelt, dass die Blaubeeren ihm wie blaue Äpfel an Bäumen erscheinen.*

Wörterliste 13

Angst	Jagd	Sturm
ängstlich	Jahreszeiten	strecken
Ast	Käfer	Tanne
Ausflug	keimen	Tiger
Beet	Knospe	Tulpe
beobachten	Märchen	Versuch
bewölkt	markieren	verzweifelt
bezeichnen	Moos	wachsen
Blitz	morsch	Wetterbericht
Blüte	murmeln	Wetterkarte
Donner	Narzisse	windig
durstig	Pfütze	Winter
Experiment	recken	Wipfel
flechten	Reh	Wolf
flehentlich	säen	Wolken
Frühling	Samen	Wurzel
Geschwister	Schildchen	Zaun
Gewitter	Schneeglöckchen	Zopf
Herbst	Sommer	Zweig
im Stich lassen	Stamm	Zwiebel
Insekten	Stängel	

Angebote

Lied mit Instrumentenbegleitung
13.00 Es war eine Mutter, die hatte vier Kinder

Text: überliefert. Melodie: nach "Im Märzen der Bauer"

o x + * = Symbole für verschiedene Rhythmusinstrumente

Vorschlag für die Erarbeitung des Liedes mit Instrumentenbegleitung:

1. *Lied vorstellen:* Ich kenne ein Lied, darin wird von einer Mutter und vier Kindern erzählt. Aber es ist keine richtige Mutter mit richtigen Kindern gemeint. Mal sehen, ob ihr herausbringt, wer gemeint ist, wenn von Kindern erzählt wird.
2. *Lied vorsingen mit Textlücken:* Es war eine Mutter, die hatte vier Kinder: den hm-hm, den hm-hm, den hm und den hm-hm. Der hm-hm bringt Blumen, der hm-hm den Klee, der hm der bringt Trauben, der hm-hm den Schnee. (Bei hm-hm jeweils die Hand vor den Mund halten.)
3. *Rätsel lösen:* Wer bringt Schnee? Der Winter! ... Und die Mutter ist das Jahr. Die sagt zu ihrem ersten Kind: Frühling, du bist jetzt dran, damit die Menschen Schneeglöckchen und Tulpen und Ostereier finden. Und nach drei Monaten sagt sie zum nächsten Kind: Sommer, du kannst jetzt mal den Frühling ablösen und den Kühen auf der Weide den Klee bringen, damit sie was zu fressen haben. Und nach drei Monaten ...
4. *Lernen des ersten Teils:* Gemeinsam singen: Es war eine Mutter, die hatte vier Kinder. Den Frühling, den Sommer, den Herbst und den Winter. Vielleicht ist es eine ganz dicke Mutter mit ganz dicken Kindern. (Gemeinsam sehr breit und langsam singen.) Vielleicht ist es aber auch eine ganz schlanke Mutter mit spindeldürren Kindern. (Ganz schnell singen.) Jetzt erzählen wir die Geschichte Leuten, die weit weg sind. (Ganz laut singen.) Jetzt singen wir die Geschichte einem Baby zum Einschlafen. (Ganz leise singen.)
5. *Instrumente einführen:* Schellenband, Kuhglocke, Tamburin und Triangel wollen so gern mal die Jahreszeiten spielen. Wer soll der Frühling sein, wenn die Schnee-

glöckchen im Garten stehen? (Schellenband.) Und welches Instrument nehmen wir für den Sommer, wenn die Kühe auf der Weide den Klee fressen? (Kuhglocke.) Und welches Instrument nehmen wir für den Herbst, wenn die Trauben reif sind und die Äpfel von den Bäumen fallen? (Tamburin.) Und was bleibt übrig für den kalten Winter? (Triangel.) Nacheinander hören wir jetzt den Frühling, den Sommer, den Herbst und den Winter. Wiederholen mit Gesangsbegleitung. Alle Kinder, die noch kein Instrument haben, bekommen jetzt zwei Schlaghölzer, um den ersten Teil des Liedes rhythmisch zu begleiten.

6. *Das ganze Lied mit Instrumenten* kurz ansingen, dann abbrechen und am nächsten Tag wiederholen.

Von Frühlingsblumen und Gräsern

Gestalten
13.01 Frühlingstisch
Ein Tisch für den Frühling wird gestaltet mit Schneeglöckchen, Narzissen, Tulpen, Bändern und Bildern.

Sachbegegnung
13.02 Schneeglöckchen aus- und eingraben
Nach einem Gespräch mit den Kindern darüber, dass die Blumen am liebsten ungestört wachsen, schlägt die Erzieherin vor, ein einzelnes Schneeglöckchen einmal ganz vorsichtig auszugraben, um herauszufinden, wo der Stängel herkommt. Steckt er einfach nur so in der Erde? Wenn alle Kinder das ausgegrabene Schneeglöckchen mit Zwiebel und Würzelchen gesehen haben, wird es wieder an seinen alten Platz zurückverpflanzt.

Würfelspiel für vier bis sechs Kinder
13.03 Schneeglöckchen zusammensetzen
Die Umrisse eines Schneeglöckchens mit Zwiebel und Blättern werden so oft kopiert, dass für jedes Kind ein Blatt vorhanden ist. Diese Blätter werden in je sechs Teile geschnitten, sodass Blüte, Stängel, Blätter, Zwiebel und Wurzel getrennt sind. Ein Würfel, der auf drei Seiten rot, auf drei Seiten grün bemalt ist, macht die Runde. Wer grün würfelt, darf sich ein Schneeglöckchenteil wünschen, muss es aber richtig benennen. Wer rot würfelt, muss warten bis zur nächsten Runde.

Kleben und anmalen
13.04 Schneeglöckchenbild
Wer alle Teile richtig benannt und bekommen hat, klebt sie auf schwarzen Karton, malt Blätter und Zwiebel, Stängel und Wurzeln an und darf das Bild mit nach Hause nehmen.

Malen
13.05 Tulpenfenster
Eine Tulpe wird genau betrachtet, mit geschlossenen Augen ertastet, mit dem Finger unsichtbar auf den Tisch oder auf den Fußboden gemalt. Anschließend wird ein Fenster mit Fingerfarben in ein Tulpenbeet verwandelt. Soll es auch ein Narzissenfenster geben?

Gymnastik
13.06 Tulpengymnastik
Die Erzieherin macht die Bewegungen vor und spricht dazu: Es ist noch Winter. In der Erde liegen viele braune Tulpenzwiebeln. (Kinder legen sich auf die Erde und versuchen, sich möglichst eng zusammenzurollen.) Im Frühling, wenn es wärmer wird, brechen zwei schmale Blätter aus der Zwiebel und schieben sich durch den Erdboden ins Freie. (Arme langsam hoch strecken.) Zwischen ihnen wächst der Stängel mit der Blüte hoch. (Oberkörper aufrichten, Kopf recken.) Die Blume wird immer größer. (Kinder stellen sich auf die Zehenspitzen, recken sich.) Der Wind wiegt die Pflanze hin und her. (Oberkörper hin- und her bewegen.) Manchmal haben die Blumen zu wenig Wasser und lassen Blüte und Blätter hängen. (Kopf und Arme hängen lassen.) Manchmal kommt ein Sturm und knickt die ganze Blume um. (Auf den Boden fallen lassen.) Aber die Zwiebel in der Erde ist heil geblieben und wartet auf das nächste Frühjahr … (Geschichte beginnt von vorn.)

Sachbegegnung
13.07 Gras säen
Die Kinder füllen kleine flache Tonschalen mit Blumenerde, befeuchten sie und streuen Grassamen darüber, die mit der flachen Hand fest in die Blumenerde gedrückt werden. Wenn die Kinder die Schälchen ans Fensterbrett stellen und das (vorsichtige) Gießen nicht vergessen, haben sie nach zwei Wochen eine kleine dekorative Wiese, in der auch ein Osterei gut wirken würde (14.06).
Schneller keimen *Kressesamen.* Eine flache Schüssel wird mit saugfähigem nassem Papier ausgelegt, Kressesamen darauf gestreut und vorsichtig so gegossen, dass das Papier immer nass bleibt. Nach wenigen Tagen kann die Kresse schon geerntet werden. Schmeckt gut auf Butterbrot!
Zungenbrecher: Schneller keimen Kressesamen. Wer kann das ganz schnell sagen?

Ein Ausflug in den Wald oder Park

Spiel im Kreis (Satzwiederholung)
13.08 Komm, wir machen einen Ausflug!
Alle sitzen im Kreis. Ein Kind hat einen Schlüssel in der Hand, geht auf ein anderes Kind zu und sagt: Komm, wir machen einen Ausflug! Das angesprochene Kind erhebt sich und geht nun ebenfalls auf ein sitzendes Kind zu, sodass beide Kinder nun

andere Kinder ansprechen, die selbst auch wieder andere auffordern, einen Ausflug zu machen, bis das erste Kind seinen Schlüssel hörbar fallen lässt. Wer den Schlüssel erwischt, darf die nächste Runde beginnen.

Vorbereitung eines Ausflugs
13.09 Gespräch über einen Ausflug in den Wald
Die Kinder erfahren, dass an einem der folgenden Tage tatsächlich ein Ausflug in den Wald geplant ist. Gemeinsam wird im Stuhlkreis überlegt, durch welche Ereignisse der Spaß an einem solchen Ausflug verdorben werden könnte. (Beispiele: Ein Kind rennt vor, überquert ohne Erlaubnis die Straße und könnte Opfer eines Verkehrsunfalls werden. Ein Kind entfernt sich zu weit von der Gruppe und findet die anderen nicht mehr. Ein Kind verletzt ein anderes mit einem Stock …) Die Kinder überlegen sich ein lautes Zeichen, das geeignet ist, alle Kinder rasch zusammenzurufen, z.B. einen Pfiff. Wenn dieses Zeichen ertönt, müssen alle Kinder sofort zur Erzieherin laufen. Es wird vereinbart, dass schon im Laufe dieses Tages irgendwann dieses Zeichen probeweise ertönt. Alle Kinder sollen dann sofort ihr Spiel unterbrechen und zur Erzieherin laufen. Wenn ein Kind darauf überhaupt nicht reagiert, muss überlegt werden, ob es am Ausflug teilnehmen darf.

Basteln – schreiben
13.10 Erkennungsschildchen herstellen
Wer seinen Namen schon schreiben kann, setzt ihn auf ein kleines Schildchen, das mit Tesafilm oder Plastikfolie (Regenschutz) überklebt und mit einem dicken Faden zum Anbinden versehen wird. Kinder, die ihren Namen noch nicht schreiben können, malen ihn von einer Vorlage ab oder malen ein Erkennungszeichen auf ihr Schildchen. Dieses Schildchen soll später im Freien an einen Zweig gehängt werden, den das Kind sich als sein Beobachtungsobjekt ausgesucht hat.

Sachbegegnung
13.11 Zweig markieren im Wald
Jedes Kind sucht sich an einem von der Erzieherin bestimmten Platz im Wald oder im Park an niedrigen Bäumen oder Büschen einen Zweig, an dem es sein Erkennungsschildchen (13.10) befestigen kann. Die Kinder versuchen, sich den Entwicklungszustand der Knospen genau zu merken, und sollen nach einer Woche »ihren« Zweig wieder finden, um zu sehen, was sich verändert hat.

Zuordnen
13.12 Blätter vom vorigen Jahr zuordnen
Trockene Blätter verschiedener Bäume liegen in der Kreismitte. Reihum nimmt sich jeder zwei Blätter derselben Baumart. Anschließend sucht er den dazugehörigen Baum. Die Erzieherin benennt ihn.

Kimspiel
13.13 Was fehlt?
In ein markiertes Feld auf dem Boden legen die Kinder verschiedene Gegenstände, die sie im Wald gefunden haben. Einige Kinder drehen sich um, während andere einen oder zwei Gegenstände aus dem markierten Feld herausnehmen. Alle schauen wieder auf das Feld. Was fehlt?

Suchen und finden
13.14 Morsch – glatt – rau
Die Kinder erfüllen, so schnell sie können, bestimmte Aufträge: Wer bringt der Susanne am schnellsten ein morsches Stück Holz? (Das Wort morsch sollen alle Kinder sinnlich erfahren, indem sie ein solches Stück Holz zerkrümeln). Wer bringt dem Peter am schnellsten ein Stück raue Rinde?

Fantasiespiel
13.15 Geburtstagsgeschenke
Alle Kinder suchen ein Geschenk für das Geburtstagskind und erklären, was das ist: Ich schenke dir ein Stück Kuchen, sagt Tom, und überreicht ein Stück Rinde. Ich schenke dir ein Messer, sagt Anna, und übergibt einen Stock. Ich schenke dir viel Geld, sagt Sven, und übergibt schöne Steine …

Tastspiel im Freien
13.16 Gegenstück erfühlen
Die Kinder werden aufgefordert, zwei fast gleiche Gegenstände zu suchen, z.B. zwei ähnlich große Steine, zwei Kiefernzapfen, zwei mit demselben Moos bewachsene Rindenstücke, zwei Schneckenhäuser usw. Dann stellen sich die Kinder im Kreis auf und legen eines ihrer beiden Objekte in der Kreismitte ab. Der andere Gegenstand wird auf das Kommando »Weitergeben!« hinter dem Rücken an den Nachbarn zur Rechten weitergereicht. Der Nachbar darf nicht nachsehen, was er hinter dem Rücken in der Hand hält, soll aber das Gegenstück in der Kreismitte erkennen und es holen. Jetzt nachsehen, ob die beiden Gegenstände sich ähnlich sehen. Dann beginnt das Spiel von vorn.

Bewegungsspiel im Freien
13.17 Bäumchen, Bäumchen, wechsle dich!
Jedes Kind sucht sich einen Baum, von dem aus es die Erzieherin gut sehen kann, und markiert ihn mit einem farbigen Bindfaden. Wenn der Ruf ertönt: Bäumchen, Bäumchen, wechsle dich!, muss jedes Kind seinen Platz verlassen und einen anderen markierten Baum suchen. Es darf aber unter jedem Baum immer nur ein Kind stehen.

Überraschung im Wald
13.18 Wunderbaum suchen
Eine der Erzieherinnen hat sich von der Gruppe entfernt, um an einem Busch oder niedrigen Baum für jedes Kind eine Brezel, ein Bonbon o.Ä. aufzuhängen. Sie kommt zur Gruppe zurück, erzählt von einem Wunderbaum, auf dem Brezeln (Bonbons) wachsen würden, und fordert die Kinder auf, ihn zu suchen.

Jahreszeiten und Wetter

Melodie erfinden
13.19 Frühling, Sommer, Herbst und Winter
Frühling, Sommer, Herbst und Winter,
das sind die vier Jahreskinder.
Die Kinder lernen zunächst den Text, stampfen und klatschen dazu.
Die Erzieherin (Lehrkraft) erfindet eine passende Melodie und ermuntert die Kinder, sich ebenfalls eine Melodie auszudenken.

Kleidungsstücke zuordnen
13.20 Sommerpuppen –Winterpuppen
Nach einem Gespräch über den heißen Sommer und den kalten Winter suchen wir in der Puppenecke nach Sommerkleidung und Winterkleidung, ziehen die Puppen an und ordnen sie. Nun können weitere Gegenstände zugeordnet werden: Fotos vom Sommer, Sandförmchen, Kirschen, Badehosen zu den Sommerpuppen, Handschuhe, Mütze, Weihnachtsstern zu den Winterpuppen.
Erweiterung: Es gibt auch Frühlingspuppen und Herbstpuppen! Nicht vergessen, die Puppen zu fragen, was sie am liebsten machen. Die Frühjahrspuppen suchen Ostereier, die Sommerpuppen wollen ins Schwimmbad, die Herbstpuppen gehen zur Weinernte, die Winterpuppen wollen Schlitten fahren.

Zuordnen
13.21 Was gehört zum Frühling?
Nachdem die Erzieherin (am besten im Stuhlkreis) an einigen Beispielen demonstriert hat, dass bestimmte Gegenstände den Jahreszeiten zugeordnet werden können, fordert sie alle Kinder auf, einen Gegenstand aus dem Kindergarten zu holen und in den Stuhlkreis zurückzukehren. Nun wird reihum gefragt, ob dieser Gegenstand im Frühling, im Sommer, im Herbst, im Winter oder das ganze Jahr über gebraucht wird. Dabei können alle Kinder mitreden, ob die Zuordnung akzeptabel ist.

Experiment
13.22 Regen machen
Wasser zum Kochen bringen, den aufsteigenden Dampf beobachten. Einige Eisstücke auf einen Teller legen oder ihn im Kühlschrank kühlen. Den kalten Teller über

den Dampf halten (das muss die Erzieherin machen, weil die Kinder sich leicht am Dampf verbrühen könnten) und beobachten, wie sich der Dampf am kalten Teller niederschlägt und als Regentropfen erscheint. (Tropfen auf die Kinder fallen lassen.)

Experiment
13.23 Verdunsten
Wenig Wasser zum Kochen bringen. Zuschauen, wie das Wasser verschwindet. Wohin ist es gegangen? Warum trocknet die Wäsche auf der Leine? Was macht der Wind dabei?

Experiment
13.24 Warme Luft – kalte Luft
Zwei gleich große Stofftaschentücher werden gefaltet und mit je zwei Esslöffeln Wasser befeuchtet. Beide Tücher werden an eine Leine gehängt. Das eine wird mit Warmluft, das andere mit Kaltluft aus einem Föhn getrocknet und die Zeit gestoppt.

Experiment
13.25 Warm – wärmer – am wärmsten
Plastikflaschen werden mit unterssschiedlich warmem Wasser gefüllt. Die Kinder ordnen die Flaschen nach dem Wärmegrad.

Naturbeobachtung
13.26 Wetterkalender
An der Wand wird ein Papierbogen befestigt, auf dem für die kommenden Tage die Wetterlage festgehalten wird. Am oberen Rand werden die Tage, am linken Rand die Tageszeiten notiert und die entsprechenden Wettersymbole (13.27) eingeklebt.

Malen
13.27 Symbolkärtchen für Wetter
Auf kleine Kärtchen malen die Kinder Wettersymbole, auf die sie sich vorher geeinigt haben. Wir brauchen Symbole für Sonne, Regen, Gewitter, Schnee, Hagel, leichte Bewölkung, dichte Bewölkung, Wind, Nebel.

Formulieren
13.28 Wetterbericht
Im Fernsehen (ausgeschnittener Karton) wird der Wetterbericht gesendet.

Bilderbücher untersuchen
13.29 Wetter im Bilderbuch
Welches Wetter wird eigentlich in unseren Bilderbüchern dargestellt? Die Kinder suchen in den vorhandenen Bilderbüchern nach Darstellungen des Wetters. Woran erkennt man z.B., dass ein starker Wind weht oder dass es sehr kalt ist?

Spiel im Kreis – Konzentration
13.30 Alle Vögel fliegen hoch
So oft der Spielleiter Tiere oder Dinge nennt, die fliegen können, reißen alle Kinder die Arme hoch: Die Schwalben fliegen, die Wespen fliegen, die Tische fliegen … Jetzt müssen die Arme unten bleiben! Das Spiel wird noch schwieriger, wenn der Spielleiter grundsätzlich die Arme hochreißt.

Erlebtes und Gefühltes im Spiel verarbeiten

Gestalten
13.31 Kostüme für die Wurzelkinder
Nachdem das Bilderbuch »Etwas von den Wurzelkindern« (siehe oben) schon am Vortag betrachtet wurde, denken sich die Kinder aus, welches Wurzelkind sie gerne sein wollen: Blume, Gras oder Mutter Erde. Farblich passend zur ausgewählten Rolle wird nun aus Krepppapier ein kleiner Umhang gebastelt oder eine kleine Mütze.

Bilderbuch
13.32 Etwas von den Wurzelkindern
Nachdem das Bilderbuch an anderen Tagen bereits vorgelesen und betrachtet wurde und die Kostüme bereitliegen, beginnt das Spiel mit pantomimischen Vorübungen: schlafen, aufwachen, recken und strecken, durch die Haare fahren, nähen, sich in einer langen Schlange aufstellen, Käfer fangen, bürsten, waschen, anstreichen …
Dann beginnt das stumme Spiel, zu dem die Erzieherin den Text spricht.

Wacht auf, wacht auf, ihr Kinderlein,
es wird nun wohl bald Frühling sein!
Da reckt und streckt die kleine Schar
und fährt sich durch das wirre Haar.
(Alle Wurzelkinder schlafen und werden von Mutter Erde geweckt.)
Schnell machen alle sich bereit
und nähn sich selbst ihr Frühlingskleid.
Mit Nadel, Schere, Fingerhut
geht ihre Arbeit schon ganz gut.
(Alle holen sich ihr Kostüm und tun so, als würden sie es gerade erst zuschneiden und nähen.)
Nun kommt ein jedes Wurzelkind
und bringt sein Kleidchen ganz geschwind
hinein zur guten Mutter Erde,
damit's von ihr gemustert werde.
(Alle stellen sich in einer langen Schlange vor Mutter Erde auf und präsentieren ihr das fertige Kostüm.)
Die Wurzeljungen unterdessen

haben auch nicht ihr Amt vergessen.
Mit Pinsel, Bürste, Farbentopf
gehen sie den Käfern an den Schopf.
(Die Wurzeljungen fangen sich einen Käfer – kann ein kleines Kissen sein oder ein Stück Holz – und bearbeiten ihn mit Bürste, Pinsel, Lappen oder Schwamm.)
Und als der Frühling kommt ins Land,
da ziehn gleich einem bunten Band
die Käfer, Blumen, Gräser klein
frohlockend in die Welt hinein.
(Alle ziehen hintereinander durch den Raum oder durch den ganzen Kindergarten. Musikbegleitung wäre schön.)
Im Walde, unterm dichten Grün,
sieht man alsbald Maiglöckchen blühn.
Ein lustger Schelm die Schneck erschreckt,
das Veilchen sich am Baum versteckt.
(Einige Kinder aus der Gruppe bleiben stehen und spielen miteinander.)
Es spielen hier den ganzen Tag
Vergissmeinnicht am klaren Bach.
Wie eine kleine Königin
lässt's Mummelkind umher sich ziehn.
(Wieder scheiden einige Kinder aus der umherziehenden Gruppe aus und bilden eine kleine Spielgruppe. Auf einem Tuch oder einer kleinen Matte kann ein Kind über den Fußboden gezogen werden.)
Auf grüner Wies am Feldesrand
die Blümlein tanzen Hand in Hand.
Gräslein und Käfer freun sich sehr,
ach, wenn's doch immer Sommer wär!
(Die übrigen Kinder beenden ihren Zug durch die Räume, fassen sich an den Händen und bewegen sich im Kreis.)
Da kommt der Herbst mit Sturm und Wind,
treibt sie zur Mutter heim geschwind.
Geh nun zu Bett, du kleine Schar
und schlaf dich aus bis nächstes Jahr!
(Wer noch keine Rolle hat, muss jetzt kräftig mitblasen, damit der Sturm auch zu hören ist. Alle Kinder laufen zur Mutter Erde und suchen sich ein Plätzchen zum Kuscheln und Schlafen. Eine Schlafmelodie hilft, die Augen zu schließen. Dabei muss es im Kindergarten so still werden, dass nur noch die Musik zu hören ist.)

Ausschneiden – Kleben (Gemeinschaftsarbeit)
13.33 Bäume für den Tannenwald
Die Erzieherin und die Kinder, die das schon können, zeichnen typisierte halbe Tannen auf gefaltetes Papier, welche die Kinder ausschneiden und auf ein großes Papier kleben, sodass in Gemeinschaftsarbeit ein möglichst dichter Wald entsteht.

Gespräch
13.34 Wie gefährlich ist der Wald?

Wie haben die Kinder den Wald erlebt? Haben sie Angst gehabt? Hätte ein Wolf kommen können wie bei Rotkäppchen? Hätten sie sich verirren können wie Hänsel und Gretel? Wie wird der Wald bei Biene Maja im Fernsehen dargestellt? Welche Walderlebnisse haben die Kinder noch im Fernsehen gehabt? Gab es da wilde Ungeheuer? Es gibt bei uns keine gefährlichen wilden Tiere mehr im Wald. Auch keine Bären oder Wölfe. Aber Rehe, Hasen, Eichhörnchen … Der Wald ist bei uns auch nicht undurchdringlich und unerforscht, es gibt Landkarten und bezeichnete Wege und Straßen.

Früher war das anders. Die Menschen fürchteten sich vor dem Wald, weil es meistens keine Wege gab und weil sie nicht wussten, wer eigentlich alles im Wald lebt. Sie haben sich Dinge ausgedacht, die es in Wirklichkeit gar nicht gibt, und sich vorgestellt, das gäbe es alles im Wald: Zwerge und Zauberer, Hexen und verzauberte Tiere, Riesen und Drachen. Und sie haben sich Geschichten dazu ausgedacht, die nennt man Märchen.

Märchen zum Erzählen oder Vorlesen (Vorlage Grimm verkürzt)
13.35 Brüderchen und Schwesterchen

Es waren einmal zwei Geschwister: ein Brüderchen und ein Schwesterchen, die hatten keine Eltern mehr. Weil auch sonst niemand da war, der sich um sie gekümmert hätte, nahm das Brüderchen sein Schwesterchen an der Hand und sagte: »Komm, wir gehen weg von hier und suchen uns ein schönes Plätzchen, wo wir bleiben können.« Das Schwesterchen war einverstanden und sie machten sich auf den Weg.

Sie liefen den ganzen Tag, bis sie abends in einen großen Wald kamen. Und weil sie so müde waren und ihnen die Füße wehtaten, legten sie sich auf das weiche Moos und schliefen ein. Sie wussten aber nicht, dass sie in einem Zauberwald schliefen, in dem jeder, der aus einer Quelle trank, in ein Tier verwandelt wurde. Am nächsten Morgen wachten die Kinder auf, als die Sonne schon hoch am Himmel stand. »Habe ich einen Durst!«, sagte das Brüderchen. »Komm, Schwesterchen, wir suchen eine Quelle, aus der wir trinken können!« Bald darauf kamen sie an ein Bächlein, aber als sie sich hinabbeugten, um zu trinken, hörte das Schwesterchen, wie das Bächlein murmelte: »Wer aus mir trinkt, der wird ein Tiger!« Da rief das Schwesterchen erschrocken: »Trink nicht, Brüderchen! Sonst wirst du ein wildes Tier und zerreißt mich!« Das Brüderchen hörte auf sie und sagte: »Nun gut, ich will warten, bis wir eine andere Wasserstelle finden.«

Als sie schließlich an einen anderen Bach kamen, aus dem das Brüderchen Wasser schöpfen wollte, hörte das Schwesterchen, wie der Bach rauschte: »Wer aus mir trinkt, der wird ein Wolf!« Schnell zog das Schwesterchen ihr Brüderchen vom Wasser weg und rief: »Trink nicht! Sonst wirst du ein Wolf!«

Das Brüderchen trank nicht, sagte aber: »Ich kann es kaum mehr aushalten vor lauter Durst, lass uns schnell ein anderes Wasser suchen.«

Als sie zum dritten Bächlein kamen, hörte das Schwesterchen, wie das Wasser gurgelte: »Wer aus mir trinkt, der wird ein Reh!« Das Schwesterchen rief flehentlich: »Trink nicht, Brüderchen, sonst wirst du ein Reh und läufst mir weg!«
Aber das Brüderchen hörte nicht auf sie, sondern beugte sich hinunter zum Wasser und trank gierig daraus, denn es war schon halb verdurstet. Kaum hatte es einen Schluck genommen, so lag es am Ufer als Reh.
Nun weinte das Schwesterchen und das Rehlein neben ihm weinte auch. Schließlich sagte das Schwesterlein: »Sei nicht traurig, liebes Rehlein, bleibe bei mir, ich sorge für dich. Dann flocht sie aus ihren Haarbändern ein Halsband für das Rehlein, band ihren weichen Gürtel daran und führte das Reh tiefer in den Wald hinein, wo es keine Zauberbäche mehr gab.
Nachdem sie lange gegangen waren, fanden sie ein kleines Häuschen, das leer stand. »Hier können wir bleiben«, sagte das Schwesterchen und machte für sich und das Rehlein ein Bett aus Laub und Moos. Abends, wenn es müde war, legte es seinen Kopf auf den Rücken des Rehleins, und morgens gingen beide in den Wald. Das Schwesterchen sammelte Beeren und Nüsse, und das Rehlein sprang umher und holte sich frisches Gras.
Eines Tages, als das Rehlein gerade im Wald umhersprang, war der junge König mit seinen Jägern auf der Jagd. Kaum hatte er das Rehlein erblickt, rief er: »Habt ihr das wunderschöne Reh gesehen? Das muss ich haben!« Und schon galoppierte er auf seinem Pferd hinter dem Rehlein her, das in großen Sätzen davonsprang, bis es an sein Häuschen kam, wo das Schwesterchen ihm schnell die Tür öffnete. Der König hatte gerade noch gesehen, dass das Rehlein in dem Häuschen verschwunden war, sprang vom Pferd und klopfte an die Tür. Wie staunte der König, als ein Mädchen in der Tür erschien, das so schön und anmutig war, dass der König sich sofort in sie verliebte und sagte:
»Ein Mädchen wie dich habe ich die ganze Zeit gesucht. Willst du mit mir auf mein Schloss gehen und mich heiraten?« »Ja, gern«, sagte das Schwesterchen, »aber mein Rehlein muss mitkommen, das lasse ich nicht im Stich.« Und nun erzählte das Schwesterchen, was im Zauberwald geschehen war. Sofort gab der König den Befehl, alle Bäche, die durch den Zauberwald führten, umzuleiten oder zuzuschütten. Kaum war das getan, erhielt das Brüderchen seine ursprüngliche Gestalt wieder und konnte die Hochzeit seiner Schwester als schöner junger Ritter miterleben.
Und wenn sie nicht gestorben sind, so leben sie noch heute.

Tischtheater
13.36 Brüderchen und Schwesterchen mit Playmobil
Zunächst suchen wir die passenden Figuren: Brüderchen, Schwesterchen, König mit Pferd, Jäger und andere Begleiter des Königs zu Pferde, ein Reh, Bäume, ein Häuschen. Wie könnte man die Bäche darstellen? Vielleicht mit durchsichtiger Plastikfolie? Nun beginnt das Spiel: Brüderchen und Schwesterchen (die jeweils von einem Kind bewegt werden), machen sich auf den Weg …

Papiertheater
13.37 Brüderchen und Schwesterchen mit Papierfiguren
Die handelnden Personen werden als Papierfiguren, die die Kinder hergestellt haben (siehe S. 33 und S. 224), bewegt. Hintergrundsprospekt ist ein Waldbild, das in Gemeinschaftsarbeit entstand (13.33).

Darstellendes Spiel im großen Stuhlkreis
13.38 Kinder als Brüderchen und Schwesterchen
Brüderchen und Schwesterchen bewegen sich innerhalb des Kreises. Die Bäche werden von Kindern dargestellt, die ein blaues Tuch über sich geworfen haben. Die Verwandlung des Brüderchens erfolgt dadurch, dass es als Reh auf allen vieren geht. Der König reitet auf einem Besenstiel. Das Häuschen ist der Platz unter einem Tisch.

Feinmotorik
13.39 Flechten
Für das Rehlein brauchen wir ein weiches Seil (nicht um den Hals binden, sondern unter den Armen über die Schultern legen!), das aus Bast geflochten wird. Erst einmal das Flechten üben mit Bändern, die an einem Tischbein festgebunden sind.

Tanzspiel
13.40 Brüderchen, komm tanz mit mir!
Brüderchen, komm tanz mit mir!
Beide Hände reich ich dir.
Einmal hin, einmal her,
rundherum, das ist nicht schwer.

Mit den Füßen trapp, trapp, trapp!
Mit den Händen klapp, klapp, klapp!
Einmal hin …

Mit dem Köpfchen nick, nick, nick!
Mit den Fingerchen tick, tick, tick!
Einmal hin …

Tanzspiel
13.41 Ich bin ein dicker Tanzbär
Ich bin ein dicker Tanzbär
und komme aus dem Wald. (Kinder stapfen einzeln durch den Raum.)
Ich such mir eine Freundin
und finde sie gar bald. (Kind sucht sich ein zweites Kind.)
Und wir tanzen Ringelrein
von einem auf das andre Bein. (Kinder halten sich an den Händen und wiegen sich mit steifen Beinen hin und her.)

14. Ostern

Vorüberlegungen

Ostern ist heute für viele Menschen eben das Osterhasenfest, an dem die Wohnung oder zumindest der Tisch mit bunten Eiern und Frühlingsschmuck dekoriert wird und Geschenke versteckt und gesucht werden. Auch in unserem Kapitel spielt die österliche Dekoration eine große Rolle (14.03–07, 14.22) und das Thema »Suchen und Finden« hat seinen Platz (14.10–13, 14.23).

Aber der Kindergarten sollte darüber hinaus vermitteln, dass Ostern ein christliches Fest ist, um das herum sich viele andere Traditionen angesiedelt haben. Die Ostergeschichte wird deshalb in einer kindgemäßen Form (nach dem Matthäus-Evangelium) nacherzählt (14.01).

Es kann nicht von jeder Erzieherin erwartet werden, dass sie sich die christliche Botschaft zu Eigen macht. Aber dass die christliche Religion, die Versöhnung statt Rache, Liebe statt Hass, Fürsorge statt Hartherzigkeit verlangt, mit der Hinrichtung des Regionsstifters Jesus nicht unterging, sondern weiterlebt und sich über die ganze Welt verbreitet hat, ist eine nicht zu leugnende Tatsache. Deshalb wird der Kern der Osterbotschaft: »neue Hoffnung nach einer scheinbar hoffnungslosen Situation« in einer zweiten Version der Ostergeschichte angeboten (14.02).

Ostern ist vor allem auch das Fest, das den Tod nicht als das Ende, sondern lediglich als Tor in eine andere Welt versteht.

Das Thema Tod kann im Kindergarten nicht ausgeklammert werden, weil Kinder beim Tod eines Tieres und stärker noch beim Tod eines Menschen nach Stoffen und Bildern suchen, um diese Erfahrung zu verarbeiten. Gläubige Christen können sich und andere mit dem Glauben an die Auferstehung der Toten und ein ewiges Leben trösten. Aber auch andere Menschen schöpfen Trost aus der Erkenntnis, dass geliebte Menschen in der Erinnerung weiterleben und uns begleiten. Ein Bilderbuch, das sich mit dem Tod eines geliebten Menschen befasst, kann Auslöser für ein gutes Gespräch in kleiner Gruppe oder mit einzelnen Kindern sein (siehe Buchempfehlung S. 202). Am besten nimmt man das Kind beim Vorlesen auf den Schoß und nimmt sich genügend Zeit für ein Gespräch. Dass dieses Thema weniger an die Jahreszeit als an konkrete Situationen gebunden ist, versteht sich von selbst.

Selbstverständlich darf an Ostern eine fröhliche Auseinandersetzung mit dem Mythos Osterhase nicht fehlen (14.00, 14.19) und die Freude an Suchen und Verstecken, Schmücken und Gestalten nicht zu kurz kommen. Dazu sollen auch das Eiersuch-Lied (14.00) und die Reime und Gedichte (14.20–21, 14.24) einstimmen.

Das Thema »Suchen« führt in der Sprachförderung fast automatisch zur Anwendung von Präpositionen, die am besten mit dem ganzen Körper erfahren werden (14.15–17).

Empfehlenswerte Bilderbücher

Tod des Spielkameraden
Marit Kaldhol, Wenche Oyen: Abschied von Rune. Ellermann Verlag, Hamburg 1987 (Deutscher Jugendliteraturpreis Bilderbuch, 1988). *»Sehe ich ihn wirklich nie, nie mehr wieder?«, fragt Sara. »Nein, nie wieder«, antwortet Mama. »Aber irgendwie ist er trotzdem nicht ganz fort, denn wenn wir an ihn denken, können wir ihn ja in uns drin sehen. Und dann können wir auch mit ihm sprechen. Mach mal die Augen zu und versuch es.« Ja. Sara kann Rune drinnen in ihrem Kopf sehen. Sie sieht, dass er lächelt, und er ist genau so wie früher. »Ein Glück, dass ich das weiß!«, sagt Sara zu ihrer Mama.*

Tod der Oma
Franz Hübner, Kirsten Höcker: Großmutter. Neugebauer Verlag (ohne Ort und Jahr). *Tommys beste Freundin ist seine Großmutter, die ihn auf ihren Tod vorbereitet. »Ich will es dir jetzt schon sagen, damit du merkst, wie das Leben weitergeht, egal, was passiert«, sagte Oma und strich Tommy zärtlich über die Haare.*

Wörterliste 14

an	Hahn	mutlos
auf	hinter	rechts
Auferstehung	hoffentlich	seitlich
außerhalb	Hoffnung	sterben
bei	Huhn	Trauer
dran	innerhalb	trösten
draußen	Kreuzigung	Trost
drinnen	Küken	Überraschung
gegenüber	leben	verzweifelt
Grab	links	zwischen

Angebote

Osterlied
14.00 Gackgack, gackgack, der Has hat g'legt

Text und Melodie: Rose Götte

2. Gackgack, gackgack, der Has hat g'legt,
   hat hunderttausend Eier g'legt! Ga-ga-gack!
   Los, wir suchen hinterm Sessel,
   schau mal nach im Wasserkessel,
   im Papierkorb, unterm Bett
   oder auf dem Fensterbrett!
   Da! Ein Ei! Kommt herbei! Im Nähkorb da liegt es ja!
   Ach, wozu denn das Geschrei? Dies ist doch kein Osterei!

3. Gackgack, gackgack, der Has hat g'legt,
   hat hunderttausend Eier g'legt! Ga-ga-gack!
   Los, wir suchen hinterm Sessel,
   schau mal nach im Wasserkessel,
   im Papierkorb, unterm Bett
   oder auf dem Fensterbrett!
   Da! Ein Ei! Kommt herbei! Im Nestchen da liegt es ja!
   Diesmal hast du wirklich Recht: Dieses Osterei ist echt!

*(Zum besseren Verständnis des Liedes eine »normale« Packung Eier und ein Stopfei
mitbringen.)*

Vorlesen (erzählen)

14.01 Die Ostergeschichte nach Matthäus, Kap. 27–28

Erinnert ihr euch noch an die Weihnachtsgeschichte? Damals mussten Maria und Joseph das neugeborene Kind in eine Futterkrippe legen, weil sie kein Bettchen für das Kind hatten. Dieses Kind wurde später ein großer Prediger und Wunderheiler, der den Menschen von Gott erzählte und ihnen sagte, was sie tun sollten. Er hat viele Kranke wieder gesund gemacht, Traurige getröstet, Hungrigen Nahrung beschafft, und immer mehr Leute sagten: »Das ist Gottes Sohn!«, und liefen ihm nach. Wo immer er hinkam, strömten die Menschen zusammen und wollten hören, was er sagt.

Das hat aber den Mächtigen im Land gar nicht gefallen. Die Leute, die das Sagen hatten, hießen Hohepriester. Die regten sich jeden Tag mehr darüber auf, dass die Menschen nicht zu ihnen liefen, sondern zu diesem Jesus von Nazareth. Und schließlich waren ihr Neid und ihre Wut so groß, dass sie hin und her überlegten, wie sie diesen Menschen aus dem Weg räumen könnten. Schließlich hatten sie einen Plan: Sie gingen zu Pilatus, der war der mächtigste Mann im Land und oberster Richter, und sagten: »Dieser Jesus ist ein ganz gefährlicher Revolutionär (das ist ein Mensch, der vieles mit Gewalt verändern will), den musst du zum Tode verurteilen!« Und sie brachten viele Leute mit, die das bestätigten und immer lauter riefen: »Kreuzige ihn! Kreuzige ihn!« (Das war nämlich damals die Todesstrafe für Verbrecher.)

Sie haben ihr Ziel erreicht. Dieser Jesus, der nie etwas Böses getan hatte, wurde hingerichtet, nämlich ans Kreuz geschlagen.

Aber vorher hatte er zu seinen Freunden, den Jüngern, gesagt, er würde drei Tage nach seinem Tod wieder lebendig werden. Aber niemand konnte sich vorstellen, wie das gehen sollte.

Aber stellt euch einmal vor, was dann geschah: Der tote Jesus wurde vom Kreuz abgenommen, und ein reicher Mann, der hieß Joseph von Arimathia, kam dazu und sagte: »Ich habe diesen Jesus auch sehr lieb gehabt, ich möchte ihm das Grab im Felsen schenken, das ich eigentlich für mich selbst gekauft habe.« Und er hatte ein großes Leintuch mitgebracht, in das wurde der Leichnam Jesu gewickelt und in das Grab getragen, das wie eine kleine Höhle in einen Felsen gehauen war. Dann wälzten die Männer gemeinsam einen großen Felsbrocken vor den Eingang, damit kein Tier in das Innere gelangen konnte.

Die Regierung aber schickte einige Soldaten, die sollten das Grab bewachen, damit niemand den toten Jesus wieder herausholen konnte.

Viele, viele Menschen, die Jesus geliebt hatten und immer dorthin gegangen waren, wo er sich aufhielt, waren jetzt sehr traurig und mutlos. »Was soll bloß aus uns werden ohne Jesus?«, sagten sie und weinten. »Komm«, sagte Maria zu ihrer Freundin Maria Magdalena, »wir gehen zu seinem Grab. Ich fürchte mich nicht vor den Soldaten. Dann sind wir wenigstens in seiner Nähe.«

Es war noch sehr früh am Morgen, als sie sich auf den Weg machten. Und als sie schon in der Nähe des Höhlengrabes waren, spürten sie plötzlich, wie der Boden unter ihnen schwankte: Ein großes Erbeben ließ die Bäume und Steine und die Felswand erzittern. Der Felsbrocken vor dem Grab rollte weg, und auf ihm saß ein Engel, der war so hell wie ein Blitz. Die Soldaten wurden vor Schreck ohnmächtig und rührten sich nicht mehr. Auch die beiden Frauen waren furchtbar erschrocken und zitterten vor Angst. Aber der Engel sagte: »Fürchtet euch nicht. Ich weiß, dass ihr zum Grab von Jesus wolltet. Aber Jesus liegt nicht mehr im Grab. Er ist auferstanden von den Toten. Kommt her und seht selbst: Er liegt nicht mehr im Grab!«

Und wirklich: Das Grab war leer. Nur das Leintuch, in das der Leichnam gewickelt worden war, lag noch da.

Da erinnerten sich die Frauen plötzlich daran, dass Jesus einmal gesagt hatte, er werde am dritten Tag nach seinem Tod wieder auferstehen.

Sie waren sehr aufgeregt und rannten los, um den Freunden zu berichten, was sie erlebt hatten. Und plötzlich stand da eine helle Gestalt vor ihnen und grüßte sie freundlich. Das war Jesus. Sie fielen vor ihm nieder und konnten kein Wort herausbringen. Jesus aber sagte wie der Engel: »Fürchtet euch nicht! Geht jetzt nach Hause und erzählt allen, was ihr erlebt habt.«

Sie waren aber nicht die Einzigen, denen Jesus begegnet ist, sondern er erschien auch vielen anderen Männern und Frauen, die ihn geliebt hatten, bis er dann in den Himmel entschwand. Vorher sagte er aber: »Auch wenn ihr mich nicht sehen könnt: Ich bin immer bei euch!«

Vorlesen (erzählen)

14.02 Es geht weiter (Kern der Osterbotschaft)

Jesus zog mit seinen Freunden, die man Jünger nannte, von Dorf zu Dorf und sagte den Menschen, sie sollten sich gegenseitig helfen. Sie sollten aufhören, Kriege zu führen, sie sollten sich besser um die Kranken kümmern, und die Reichen sollten das, was sie haben, mit den Armen teilen. Immer mehr Menschen wollten hören, was Jesus sagte, und als sie dann noch erlebten, dass Jesus auch Kranke wieder gesund machen konnte, kamen sie auch von weither, brachten Blinde und Lahme und Schwerkranke zu ihm und baten, sie alle wieder gesund zu machen, was Jesus auch tat.

Dass so viele Leute zu Jesus liefen und seine Botschaft hören wollten, hat der Regierung gar nicht gefallen. Jesus wurde angeklagt und zum Tode verurteilt, obwohl er gar nichts Böses getan hatte. So, dachten diejenigen, die diesen Jesus gehasst hatten, nun ist endlich Schluss mit diesen neuen Ideen.

Die Freunde von Jesus dachten das zunächst auch. Sie trauten sich gar nicht mehr auf die Straßen, sondern saßen mutlos und traurig in ihren Häusern. Sie weinten und dachten: Nun kann Jesus uns nie mehr sagen, was wir tun sollen. Niemand kann mehr seine Botschaft hören. Nun ist alles aus. Nun haben wir keine Hoffnung mehr.

Aber plötzlich merkten sie, dass sie sich an alles, was Jesus gesagt hatte, sehr gut erinnern konnten. Und sie hörten eine Stimme in sich, die ihnen ganz klar sagte, was gut ist und was böse ist. Und als sie sich wieder auf die Straße trauten, merkten sie, dass ganz viele Leute wissen wollten, was Jesus gesagt hatte. Und die erzählten es dann wieder anderen Leuten, und so wurde die Schar derer, die sich von Jesus erzählten, immer größer. Die Jünger fassten wieder Mut und reisten sogar in andere Länder, um zu verkünden, was Jesus gesagt hatte. Schließlich wurde auf der ganzen Welt von Jesus erzählt, und das ist bis heute so geblieben.

Gespräch
14.03 Hoffentlich!
Wann sagen wir eigentlich »hoffentlich«? (Die Kinder jeweils die Sätze ergänzen lassen, wie z.B.:) Wenn jemand krank ist, sagen wir: Hoffentlich wird er bald wieder gesund. Wenn man hungrig ist, denkt man: Hoffentlich hat die Mama (der Papa) was gekocht. Wenn ihr euch gestritten habt … – Wenn das Auto fast kein Benzin mehr hat … – Wenn du dich verlaufen hast …

Malen – schneiden – kleben
14.04 Eiergirlande
Die Kinder zeichnen mit Hilfe einer Schablone aus Pappe zwei Eier, malen sie bunt an, schneiden sie aus, legen einen Wollfaden zwischen die Eibilder und kleben beide Seiten zusammen. An eine Schnur oder an einen Zweig gehängt, ergibt das eine hübsche Osterdekoration.

Feinmotorik
14.05 Eierschalenvase
Auf eine leere Eierschale lässt man vorsichtig von einer dünnen roten Kerze kleine Wachstropfen fallen. Dann werden drei Palmkätzchenfüße angeklebt oder die Schale auf einen Pappstreifenring gesetzt. Falls keine passenden Blumen zur Verfügung stehen, kann man das Väschen auch mit Moos füllen.
Alternative: Eine halbe Eierschale mit Erde füllen, Grassamen oder Kressesamen darauf streuen, das Ganze feucht halten, bis das Ei »Haare« bekommen hat. Jetzt noch ein Gesicht malen und auf einen »Hals« aus einem Papierstreifenring stellen.

Malen
14.06 Ei bemalen mit Filzstiften
Hart gekochte Eier mit giftfreien Filzstiften bemalen. Dazu am besten das Ei in einen Eierbecher stellen, obere Hälfte bemalen, umdrehen. Das bunte Ei in die Frühlingswiese (13.07) legen und als Ostergeschenk mit nach Hause nehmen.

Feinmotorik
14.07 Ei bekleben mit Seidenpapier
Ein hart gekochtes Ei in einen Eierbecher stellen, obere Hälfte mit giftfreiem Leim bestreichen, aus Seidenpapier kleine Kügelchen formen und vorsichtig auf das Ei drücken. Ei umdrehen. Andere Seite ebenso bekleben.

Geschicklichkeitsspiel
14.08 Eierlaufen
Mehrere Kinder stehen so, dass sie sich nicht gegenseitig stören, an einer Wand. Jedes bekommt einen Suppenlöffel mit einem »Ei« (Tischtennisball oder kleine Kartoffel), das es so schnell wie möglich zur gegenüberliegenden Wand befördern soll. Dabei soll eine Hand auf den Rücken gelegt werden. Wenn das »Ei« herunterfällt, muss der Läufer zwei Schritte zurück. Dort darf er sein »Ei« wieder auf den Löffel legen und weiterlaufen.

Fingerspiel mit Sprechvarianten
14.09 Fünf Männlein
Fünf Männlein sind in den Wald gegangen.
Sie wollten den Osterhasen fangen.
Der erste, der war so dick wie ein Fass.
Der brummte immer: *Wo ist der Has?*
Der zweite, der schrie: *Da!*
Da! da! da! Da sitzt er ja!
Der dritte, der war der längste,
aber auch der bängste.
Der fing an zu weinen:
Ich sehe keinen!
Sprach der vierte: *Das ist mir zu dumm!*
Ich kehre wieder um!
Der Kleinste aber, wer hätte das gedacht,
der hat's geschafft,
der hat den Hasen nach Hause gebracht.
Da haben alle Leute gelacht: *Ha, ha, ha, ha!*
(Bei diesem Spiel kommt es darauf an, die Texte der Finger mit deutlich unterschiedlicher Stimmhöhe oder Sprechweise zu begleiten.)

Suchspiel
14.10 Fingerhut verstecken
Alle Kinder verlassen den Raum, nur eines bleibt zurück, deponiert deutlich sichtbar irgendwo einen Fingerhut und ruft die Gruppe wieder herein. Wer den Fingerhut erblickt, flüstert ihm ins Ohr, wo er steckt (ohne hinzudeuten!), und setzt sich auf den Boden. Der erste Finder darf als Nächster verstecken.

Suchspiel im Stuhlkreis
14.11 Lauter–leiser
Die Kinder sitzen im Kreis. Ein Kind verlässt den Raum, die anderen verstecken ein Osterei. Das Suchkind wird hereingerufen und bewegt sich langsam im Raum. Wenn es sich dem Osterei nähert, trommeln die Kinder immer lauter auf die Seiten- oder Unterkante ihrer Stuhlsitzfläche. Wenn das Suchkind dicht beim Versteck ist, darf

zusätzlich mit den Füßen getrampelt werden. Entfernt es sich vom Ei, wird es leise im Raum.

Ratespiel im Stuhlkreis
14.12 Mit Worten suchen
Die Kinder verstecken ein Papierei (14.04) irgendwo im Raum. Die Erzieherin muss das Versteck erfragen, indem sie reihum solche Fragen an die Kinder richtet, die nur mit Ja oder Nein beantwortet werden können, z.B.: Ist es in diesem Raum? Liegt es in der Nähe dieser Ecke? Hängt es in der Luft? Liegt es auf dem Fußboden? Unter einem Möbelstück? …

Ratespiel im Stuhlkreis
14.13 Lustiges Ostergeschenk erraten
Die Kinder denken sich ein (fiktives) lustiges Ostergeschenk für die Erzieherin aus. (Das könnte z.B. auch eine Klobürste oder ein Elefant sein). Die Erzieherin stellt reihum Fragen, die mit Ja oder Nein beantwortet werden können, z.B.: Habe ich so etwas schon einmal gesehen? Kann man so etwas im Supermarkt kaufen? Gibt es das in unserem Kindergarten? Ist es aus Plastik? Ist es größer als dieser Papierkorb? Befindet es sich in unserer Küche? … Das Kind, das mit dem Antworten an der Reihe ist, darf sich auch von anderen Kindern helfen lassen.

Satz- und Wortschatztraining
14.14 Ich wünsche mir von (Oliver)
Die Kinder sitzen im Kreis. In der Mitte liegen »Ostergeschenke«, die sich zum Teil wenig unterscheiden, z.B. mehrere Pinsel in unterschiedlicher Länge, mehrere Autos in unterschiedlichen Farben usw. Reihum darf sich nun jedes Kind von einem anderen Kind etwas wünschen, ohne auf den Gegenstand zu zeigen. Das angesprochene Kind übergibt den gewünschten Gegenstand.

Turnen (Präpositionen kennen)
14.15 Drunter und drüber
Im Gymnastikraum wird ein Weg mit Hindernissen aufgebaut. Während die Kinder über den Kasten laufen, unter einer Stange durchkriechen, durch einen Schlauch krabbeln … verbalisiert die Erzieherin bei einzelnen Kindern, was sie als Nächstes tun sollen. (Gut so. Jetzt unter der Stange durch! …)

Bewegungsspiel mit rhythmischem Sprechen
14.16 Über, unter, zwischen, hinter
Alle Kinder sprechen gemeinsam:
Über, unter, zwischen, hinter,
wo verstecken sich die Kinder?
Der Spielleiter antwortet darauf mit einer genauen Ortsangabe:
Hinter den Bäumen, unter den Tischen, zwischen Tür und Wand, vor der Tür …

Die Kinder laufen so schnell wie möglich zu diesem Platz, während der Spielleiter versucht, ein Kind zu fangen. Dann beginnt das Spiel von vorn.

Rollenspiel
14.17 Hindernislauf für Puppen und Stofftiere
Mit Hilfe der Kindergartenstühle bauen die Kinder einen Hindernisweg für Puppen oder Stofftiere. Dabei sollen die Kinder der Erzieherin genau erklären, welchen Weg die Puppen nehmen müssen. Das Lob für die Puppen nach erfolgreichem Hindernislauf nicht vergessen!

Malgeschichte nach einer Idee von A. de Saint-Exupéry
14.18 Bitte mal mir ein Osterei!
Die Geschichte kann vor einer Wandtafel erzählt werden und mit den entsprechenden Zeichnungen versehen werden. Später sollen sich dann die Kinder gegenseitig die Geschichte erzählen und dabei auf Papier malen.

Ein Kind kam zu seinem Vater und sagte: »Bitte male mir ein Osterei!«
Da malte der Vater ein Ei. »Nein«, sagte das Kind, »ich wollte doch keine Kartoffel, ich wollte doch ein Ei!« Da malte der Vater ein neues Ei.
»Weißt du, das ist ein bisschen klein, davon kann man nicht satt werden!«, sagte das Kind. Der Vater seufzte und malte ein ganz großes Ei. »Das würde mir schon gefallen«, sagte das Kind, aber du siehst doch selbst, das passt nicht in meine Hosentasche. Es ist ein bisschen zu groß.«
Da wurde es dem Vater zu dumm. Er malte eine Schachtel und sagte: »Da drin ist das Ei, das du dir gewünscht hast.« »Ja!«, rief das Kind fröhlich, da drin liegt ja genau das Ei, das ich mir gewünscht habe. Danke!«

Gespräch
14.19 Wer legt eigentlich die Ostereier?
Niemand weiß, weshalb ausgerechnet ein Hase an Ostern Eier legen soll. Vielleicht hat jemand die Ostereier auf einer Wiese versteckt, und als die Kinder zu suchen begannen, lief gerade da ein Hase davon …
Vielleicht hat jemand eine andere Erklärung? Jedenfalls ist es ein schönes Spiel, so zu tun, als ob der Hase die Eier gelegt hätte. In Wirklichkeit können nur Hühner Hühnereier legen. Der Hahn auch?

Kinderreim mit Bewegung
14.20 Ich wollt, ich wär ein Huhn
Ich wollt, ich wär ein Huhn,
dann hätt ich nichts zu tun.
Ich legte jeden Tag ein Ei
und sonntags sogar zwei.
(Dazu rhythmisch die angewinkelten Arme auf- und abbewegen und gleichzeitig abwechselnd mit dem rechten und dem linken Fuß scharren.)

Gedicht von J. Guggenmos
14.21 Ohne Tür, ohne Fenster
Ohne Tür, ohne Fenster,
kugelrund ist das Haus.
Kann keiner hinein,
doch es will wer heraus.

Wer klopft da von innen,
wer kann das wohl sein?
Denn steckt wer da drinnen:
Wie kam der hinein?

Von innen, pick, pick,
je freilich, gewiss,
da klopft wer, pick, pick,
schon gibt's einen Riss!

Wer steigt aus den Scherben?
Ein Hausherr, ein gelber,
ein piepsender, lieber.
Wer ist's? Das sag selber!

Textiles Gestalten
14.22 Wollküken
Eine Quaste aus gelber Wolle wird zu einem Küken. Dazu werden zwei runde Pappscheiben von ca. 10 cm Durchmesser mit einer kreisförmigen Öffnung in der Mitte
aufeinander gelegt und von außen durch die Öffnung in der Mitte so lange mit Wolle umwickelt, bis das Loch kaum mehr zu erkennen ist. Danach wird die Wolle an
den Rändern zwischen den Scheiben aufgeschnitten, ein Faden zwischen die Scheiben geschoben und gut verknotet. Nachdem die Pappscheiben herausgenommen
wurden, entsteht eine kugelrunde Quaste. Irgendwo kleben wir einen Schnabel aus
rotem Filz oder Papier an – fertig ist das Küken.

Konzentration
14.23 Eierschalen-Memory
Auf eine mit Mehl gefüllte Schale werden Eierschalen gesteckt. Unter manchen liegt
ein kleines eingewickeltes Schokoladenei oder eine Nuss, unter anderen liegt nichts.
Reihum darf jedes Kind eine Schale vorsichtig aufdecken und die Überraschung,
falls vorhanden, essen. Die anderen Kinder müssen versuchen, sich die leeren Scha-
len zu merken. (Zwischendurch wieder auffüllen, wobei die Kinder sich umdrehen.)

Kinderreim zu Ostern
14.24 Ich gebe dir ein Osterei
Ich gebe dir ein Osterei
als kleines Angedenken.
Und wenn du es nicht haben willst,
dann kannst du es verschenken.

Experiment
14.25 Pflanzenfarbe für Eier
Zwiebelschalen, Rote Beete, Spinat: Jeweils mit Wasser aufkochen, hartes Ei dazu.
Was passiert? Ändert sich die Farbe, wenn das Ei länger im Farbbad gekocht wird?
Anschließend Rezept malen:
Für ein gelbes Ei: Zwiebeln und Wassertopf …
Für ein grünes Ei: Spinat und Wassertopf …

15. Baby (frühe Sexualerziehung)

Vorüberlegungen

Babys üben eine große Faszination auf Kinder aus. Und die »Großen« hören sehr gern, dass sie auch einmal so klein und niedlich waren und ebenso gehätschelt und versorgt wurden wie die Neugeborenen.

Ideal wäre es, wenn eine schwangere Frau sich an diesem Programm beteiligen würde, Fragen beantworten könnte und einen Teil der Babyausstattung mit in den Kindergarten bringen würde.

Eine solche Begegnung löst erfahrungsgemäß viele Babyspiele in der Puppenecke aus. Dabei geht es nicht nur um die Beziehung Vater-Mutter-Kind, sondern auch um die Beziehung zwischen den Geschwistern. Eifersucht auf das Neugeborene ist ein Thema, das jeden älteren Bruder oder jede ältere Schwester beschäftigt, und die Zahl der Bilderbücher, die dieses Thema aufgreifen, ist beachtlich (Beispiele siehe unten).

Da es aber bei diesem Thema auch um die Fragen der *frühen Sexualerziehung* geht, ist es zunächst einmal notwendig, dass sich die Erzieherinnen selbst darüber Gedanken machen, wie sie mit diesem Thema umgehen wollen (Literaturhinweise siehe unten). Danach muss mit den Eltern besprochen werden, was geplant ist. Bilderbücher zur Sexualerziehung sollten die Eltern begutachten können, ehe sie im Kindergarten eingesetzt werden. Wichtig ist auch die Ankündigung der »Hausaufgabe« (15.03) mit der Bitte an die Eltern, ihrem Kind von seinen ersten Lebenstagen zu erzählen. Wenn es möglich wäre, diese Geschichten zu notieren, könnten sie am Geburtstag des Kindes vorgelesen oder in eine Geschichtensammlung (8.02) eingefügt werden.

Jedes Kind sollte in dieser Woche Gelegenheit haben, mit der Erzieherin in kleiner Gruppe Fotobände oder Bilderbücher zur Sexualerziehung zu betrachten, wenn es sich dafür interessiert, und über die Bilder zu reden (15.14).

Ganzheitliche Sexualerziehung ist viel mehr als die so genannte Aufklärung, nämlich Erziehung zu verantwortlichem geschlechtlichem Verhalten. Ein verantwortungsbewusster, liebevoller Partner kann aber nur werden, wer

- in früher Kindheit Liebe und Geborgenheit erfahren hat,
- Bindungen an Gleichaltrige aufbauen konnte,
- das eigene Geschlecht bejaht und keine Angst vor dem anderen Geschlecht hat,
- Behutsamkeit erlebt und erlernt hat,
- Zärtlichkeitsbedürfnisse und zärtliche Gefühle zeigen kann,

- nicht lernen musste, sich vor Ausscheidungs- und Geschlechtsorganen zu ekeln,
- bei der Befriedigung sexueller Neugier keine Schuldgefühle haben musste,
- aber auch gelernt hat, ein gewisses Maß an Frustration auszuhalten,
- über sexuelle Vorgänge sprechen kann und die nötigen Sachkenntnisse in der entsprechenden Altersstufe besitzt.

Schon aus dieser Liste ergibt sich, dass so verstandene Sexualerziehung von Anfang an Teil jeder Erziehung sein muss. Wenn Kinder Zärtlichkeit und Geborgenheit erfahren, wenn sie zur Selbstständigkeit erzogen werden, wenn sie lernen, auf andere Kinder zuzugehen und behutsam mit ihnen umzugehen, wenn sie sich darüber freuen, ein Junge bzw. ein Mädchen zu sein, sind wichtige Grundlagen für späteres positives Sexualleben gelegt. Welchen Beitrag zur frühkindlichen Sexualerziehung könnte der Kindergarten leisten? Versuchen wir darauf eine Antwort zu geben anhand der oben angeführten Liste:

- Häusliche Liebe und Geborgenheit kann kein Kindergarten ersetzen.
- Aber kaum ein Elternhaus bietet so ideale Voraussetzungen für das Zusammenleben von Gleichaltrigen wie der Kindergarten. Den wichtigsten Beitrag für den Aufbau von Kinderfreundschaften leistet der Kindergarten, wenn er vermittelt, dass gemeinsames Handeln Spaß macht. Wenn Kinder gelernt haben, miteinander zu reden, zu spielen, zu lachen und zu toben und nicht ständig die Erzieherin als Spielpartner oder Schiedsrichterin brauchen, haben sie in der Gruppe der Gleichaltrigen Wurzeln gefasst.
- Stolz darüber zu empfinden, ein Junge oder ein Mädchen zu sein, wird schwierig, wenn geschlechtsspezifisches Rollenverhalten durch Negativlisten eingeimpft werden soll. (»Ein Mädchen darf sich nicht schmutzig machen, ein Junge weint doch nicht …«) Wichtiger ist die Erfahrung, dass es kein Spiel und keine Beschäftigung gibt, die nur von Jungen oder nur von Mädchen beherrscht werden können (siehe 8.15). Angst vor dem anderen Geschlecht kann gar nicht erst entstehen, wenn Jungen und Mädchen wirklich gemeinsam erzogen werden. Also keine getrennten Wasch- und Toilettenräume, keine Prüderie beim Umziehen oder Baden.
- Behutsames und verantwortungsbewusstes Handeln lässt sich nicht nur im Umgang mit Menschen, sondern auch im Umgang mit Sachen üben. Daher gehören Spiele, die Vorsicht und Umsicht gegenüber Sachen erfordern (Turm auf dem Tablett 1.49, Thekenspiel 1.20, Eierschalenbasteleien 14.05, Eierlauf 14.08) ebenso zur Sexualerziehung wie die Rücksichtnahme auf andere Kinder (Nicht zusammenstoßen 2.10–11, Erster Gang 3.04, Blinde Kuh 2.53) oder die Übernahme einer Beschützerrolle gegenüber Jüngeren (Wenn die kleinen Kinder kommen 1.09, Häschen in der Grube 1.39) oder Puppen (Puppen im Kinderheim 1.26).
- Zärtlichkeitsbedürfnisse und zärtliche Gefühle zeigen: Dazu bieten alle Spiele Anlass, in denen gestreichelt oder getröstet wird (1.0, 1.39–49, 9.0, 11.13), bei Arzt- und Friseurspielen (2.07, 10.07). Manche Kinder äußern ihre Zärtlichkeitsbedürfnisse dadurch, dass sie Hunde oder Katzen darstellen, die gestreichelt wer-

den wollen. Andere wollen gern Kunde sein bei Friseurspielen. Gerade hier ist es wichtig zu erleben, dass der andere nicht an den Haaren zieht, sondern behutsam damit umgeht.

- Ekel- und Schuldgefühle gegenüber eigener und fremder Sexualität hat das Kind nicht von sich aus, sie werden ihm anerzogen. Übertriebene häusliche Sauberkeitserziehung kann im Kindergarten durch das Beispiel anderer in seiner Wirkung abgeschwächt werden. Kinder, denen zu Hause der Umgang mit Matsch, Knete, Teig oder Fingerfarben nicht gestattet ist, sollten im Kindergarten Gelegenheit haben, diese wichtigen Erfahrungen nachzuholen. Und Kinder, die das Streicheln, Schaukeln, Schmusen besonders nötig haben, sollen im Kindergarten Situationen vorfinden, in denen solche Bedürfnisse zu ihrem Recht kommen. In 15.6 wird deshalb vorgeschlagen, die Puppenecke mit echten Nuckelflaschen auszustatten. Auch eine Wiege, die groß genug ist, dass ein Kind darin liegen kann, wäre ein echter Gewinn (z.B. als Hängematte).
- Kindliche Masturbation (Selbstbefriedigung) ist weder böse noch gesundheitsschädlich, sondern lediglich ein Zeichen dafür, dass ein Kind normale sexuelle Reaktionen hervorrufen kann. Erst wenn das Kind dem Spiel mit den Geschlechtsteilen eine Sonderstellung einräumt, indem es sich angewöhnt, jeder seelischen Spannung durch die Flucht in die Masturbation auszuweichen, wenn es also auffallend oft zu diesem Ausweg greift, sollte den Eltern nahe gelegt werden, eine Erziehungsberatung in Anspruch zu nehmen.
- Sachwissen über Körperfunktionen haben auch schon die Einheiten 10 (Arzt und Zahnarzt) und 16 (Körperpflege) vermittelt. Nun sollen in diesem Programm auch *Grundkenntnisse über Schwangerschaft, Geburt* und Pflege des Neugeborenen vermittelt werden. Das muss allerdings zuvor an einem Elternabend mit den Eltern besprochen werden.

Viele Kinder wagen gar nicht, die Fragen zu stellen, die sie interessieren, weil sie nämlich bereits die Erfahrung gemacht haben, dass Erwachsene auf bestimmte Themen recht abweisend reagieren. Aber diese Kinder hören umso intensiver zu, wenn die Erzieherin die Fragen anderer Kinder beantwortet.

Hier einige **Formulierungsvorschläge für die Antworten auf häufig gestellte Fragen:**

Bringt der Storch die kleinen Kinder? Nein, das ist nur ein Märchen. Und im Märchen darf man sich immer auch Dinge ausdenken, die in Wirklichkeit ganz anders sind. In Wirklichkeit wachsen die Kinder im Bauch der Mutter, wo es warm und weich ist.

Wenn die Mutter etwas isst, fällt es dann dem Baby auf den Kopf? Nein, im Bauch sind nämlich ganz verschiedene Behälter (Organe): Es gibt einen Behälter für das Essen, den Magen. Und einen langen Schlauch, den Darm, in dem das Essen aus dem Magen weiterspaziert. Es gibt einen Behälter für die Luft, die Lunge, und ein Herz, das man klopfen hören kann. Und dann gibt es bei Frauen noch eine kleine Höhle im Bauch, in der das Baby geschützt heranwachsen kann, die nennt man Gebärmutter.

Wie groß ist das Baby im Bauch? Zuerst ist es ein winziges Ei, kleiner als ein Stecknadelkopf, und man kann sich gar nicht vorstellen, dass daraus ein Baby werden soll. Aber schon nach einigen Tagen sieht es aus wie ein Gummibärchen und wird größer und bekommt einen Kopf mit Augen, Ohren, Nase, Mund, und dann wachsen die Ärmchen und die Beinchen, mit denen es auch im Bauch schon tüchtig zu strampeln beginnt. Manchmal hat es sogar Schluckauf! Allmählich wird es ganz schön eng im Bauch, obwohl das Baby schon die Arme und die Beine anwinkelt und übereinander legt, so! (Vormachen, nachmachen.) Gut, dass die Bauchdecke so weich und elastisch ist (Kinder fühlen ihre Bauchdecke), sonst würde das Baby zu sehr gedrückt. Nach neun Monaten aber ist das Kind schon einen halben Meter groß (zeigen) und da will es endlich mal die Beinchen richtig ausstrecken können und mehr Platz haben. Jetzt kommt es auf die Welt.

Wer gibt dem Baby im Bauch zu essen und zu trinken? Das Baby bekommt die Nährstoffe durch eine Leitung, die das Baby mit der Mutter verbindet. Die nennt man Nabelschnur. Wenn das Baby geboren ist, wird die Nabelschnur durchtrennt. Es braucht sie nicht mehr, denn jetzt kann es mit dem Mund Nahrung aufnehmen. Der Rest der Nabelschnur fällt nach einigen Tagen von allein ab. Und da, wo die Nabelschnur einmal angewachsen war, bleibt nur der Nabel übrig. Schaut mal nach, ob das bei euch auch so war! (Nabel betrachten.)

Wie kommt das Baby aus dem Bauch heraus? Zum Glück gibt es zwischen den Beinen der Mutter eine kleine Öffnung, die Scheide. Die Scheide ist dehnbar wie ein Gummiring (Gummiring dehnen). So kann das Baby durchgedrückt werden, ohne dass man den Bauch aufschneiden muss, und hinterher ist die Scheide fast wieder so klein wie vorher. Aber es kommt auch vor, dass das Baby diesen Weg aus irgendeinem Grund nicht gehen kann, dann wird es vom Arzt durch eine Operation auf die Welt geholt, die nennt man Kaiserschnitt.

Tut es weh, wenn man ein Kind bekommt? Die Geburt ist für die Mutter nicht sehr angenehm, aber für das Baby auch nicht. Vor allem ist sie sehr anstrengend. Aber die Hebamme und der Arzt helfen den beiden. Sowie das Baby auf der Welt ist, tut beiden nichts mehr weh, und beide sind sehr, sehr glücklich.

Was bedeutet stillen? Wenn eine Frau ein Kind bekommen hat, entsteht in ihren Brüsten Milch für das Baby. Darin ist alles, was das Baby jetzt an Nährstoffen und Vitaminen braucht. Das Baby kann dann an der Brust saugen wie an einem Fläschchen. Die Mutter hält es auf dem Arm dabei und so können sich die beiden mal so richtig anschauen. Wenn es größer ist, bekommt es auch Babynahrung aus der Flasche und Gemüsebrei und Milchbrei mit dem Löffel.

Falls ein Kind zum Thema Sexualität weitere Fragen stellt, z.B. nach Zeugung, Menstruation, Geburtswehen, sollten auch sie beantwortet werden. Für diesen Fall werden hier einige Formulierungshilfen gegeben:

Zeugung: Im Bauch der Frau wachsen ganz winzige Eier ohne Schale. Daraus kann ein Baby werden, aber nur, wenn zur Eizelle noch eine Samenzelle kommt und mit ihr verschmilzt. Solche Samenzellen gibt es aber im Bauch der Frau gar nicht, die gibt es nur bei Männern. Wie soll jetzt so eine Samenzelle zur Eizelle kommen? Das ist möglich, denn im Penis (Glied, Schwanz) des Mannes ist nicht nur eine Leitung für das Bächlein eingebaut, sondern noch eine andere Leitung, die von den Hodensäckchen kommt, wo die Samenzellen schon warten. Wenn ein Mann und eine Frau sich sehr lieb haben und sich streicheln, wird der Penis steif, damit der Mann ihn in die Scheide der Frau schieben kann. Das ist für die Erwachsenen ein schönes Gefühl, und nun machen die Samenzellen einen Wettlauf, wer als Erstes durch den Peniskanal zur Eizelle kommt. Der Sieger verschmilzt mit der Eizelle und daraus wird dann ein Baby.

Menstruation: Der Bauch der Frauen und großen Mädchen denkt immer: Wer weiß, vielleicht wächst bald mal hier ein Baby heran, da will ich doch schon mal ein bisschen Blut dafür sammeln. Wenn aber nach vier Wochen immer noch kein Baby in Sicht ist, wird es dem Bauch zu dumm und er will die alten Blutströpfchen loswerden. Er lässt sie einfach aus der Scheide der Frau herauslaufen. Das tut nicht weh, aber die Unterhose würde voller Flecken, wenn die Frauen die Blutströpfchen nicht mit Watte oder Binden oder Tampons auffangen würden. Sowie der Bauch aber die alten Blutströpfchen losgeworden ist, fängt er gleich wieder von neuem an zu sammeln. Und wenn wieder kein Baby kommt, schmeißt er das Blut nach vier Wochen wieder weg. So geht das die ganze Zeit, bis endlich mal ein Baby kommt.

Geburtswehen: Das Baby ist noch viel zu schwach, um sich allein durch den engen Ausgang durchzuquetschen. Es braucht Hilfe. Zum Glück gibt es die Gebärmutter (so nennt man das Nestchen, in dem das Baby im Bauch herangewachsen ist), die sich immer wieder zusammenzieht und das Baby dabei ein Stückchen vorwärts schiebt. Später helfen auch noch die Bauchmuskeln mit. Für die Mutter ist es nicht angenehm, wenn es im Bauch so schrecklich zieht und drückt, aber sie ist froh, dass der Bauch dem Baby hilft und presst zum Schluss auch noch kräftig mit, damit das Baby durch die enge Öffnung herauskommt und sie es dann im Arm halten kann. Uff, denkt sie, das war vielleicht anstrengend! Aber es hat sich ja auch gelohnt.

Bemerkungen zur Sache: Sexueller Missbrauch

Es kommt immer wieder vor, dass z.B. beim Betrachten eines Bilderbuches mit nackten Menschen plötzlich ein Kind etwas sagt, das auf sexuellen Missbrauch schließen lässt. In diesem Fall sollte die Erzieherin eine Gelegenheit suchen, wo sie allein mit dem Kind reden kann, und auf diese Äußerung zurückkommen. Verdichtet sich dabei der Verdacht, sollte der Rat eines Kinderschutzdienstes – notfalls über eine Erziehungsberatungsstelle zu erreichen – eingeholt werden. Auf keinen Fall gleich Anzeige erstatten.

Im Übrigen gehört zur Sexualerziehung auch das Bewusstsein, dass man NEIN sagen darf, wenn Körperkontakt lästig ist. Aber auch das muss vermittelt werden: Wenn jemand erklärt hat, dass er in Ruhe gelassen werden will, muss man das akzeptieren (15.15, 15.16).

Empfehlenswerte Bücher

Sexualerziehung

Karin Mönkemeyer: Kindliche Sexualität heute: Tabus, Konflikte, Lösungen. Beltz, Weinheim Basel 1993. *Eignet sich gut als Vorbereitung für das Gespräch im Team und mit den Eltern.*

Holde Kreul (Hrsg.): Ich und du. Was Kinder über sich und andere wissen wollen. Loewe, Bindlach 1998. *Ein sachliches, freundliches Aufklärungsbuch, das Kinder auch darin bestärken will, Nein sagen zu dürfen, wenn sie bedrängt werden. Einfache Texte, ausdrucksstarke Bilder.*

Christel Bossbach, Elisabeth Raffauf, Gisela Dürr: Mama wie bin ich in deinen Bauch gekommen? Weltbild, Augsburg 1998. *Ein Buch, das eine positive Einstellung der Erwachsenen und der Kinder zur Sexualität vermittelt.*

Eifersucht auf ein Baby

Karin Gündisch, Betina Gotzen-Beek: Ein Brüderchen für Lili. Kerle (Herder), Freiburg Basel Wien 2000.

Gerda Wagner, Marie-José Sacré: Ein Brüderchen für Josefine. bohem press, Zürich Kiel Wien 1992.

Gerda Marie Scheidl, Christa Unzner: Das neue Schwesterchen. Nord-Süd, Gossau Zürich Hamburg Salzburg 1999. *Tommy hat allerlei gefährliche Ideen, wie er das neue Baby wieder loswird. Das Buch eignet sich gut als Einstieg zu einem Gespräch über Eifersucht* (siehe 15.19).

Wörterliste 15

atmen	Hautöl	saugen
aufstoßen	Hodensack	Sauger
Badewanne	Jäckchen	Säugling
Bauch	Kinderwagen	schaukeln
Brust	krabbeln	Scheide
Brustwarze	lutschen	Schnuller
Buggy	Mobile	schwanger
Busen	Muttermilch	Strampelhose
Creme	Nabel	strampeln
dehnbar	Nabelbinde	Wehen
Eizelle	Nabelschnur	weich
elastisch	nuckeln	Wickelkommode
eng	Pampers	wickeln
Fläschchen	Penis	Windel
Gebärmutter	Puder	winzig
geborgen	Samenzelle	wund
Geburt	Sauerstoff	

Angebote

Schlaflied
15.00 Frau Sonne löscht ihr Lichtlein aus

Text und Melodie: Fritz Götte (1936)

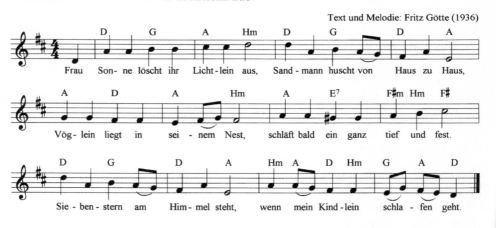

Frau Son-ne löscht ihr Licht-lein aus, Sand-mann huscht von Haus zu Haus,
Vög-lein liegt in sei-nem Nest, schläft bald ein ganz tief und fest.
Sie-ben-stern am Him-mel steht, wenn mein Kind-lein schla-fen geht.

2. Der alte Mond, der treue Mann
   führt den Sternenreigen an,
   schüttet seinen Silberschein
   in die dunkle Welt hinein,
   und der groß und kleine Bär
   tappen brummend hinterher.

3. Im Garten unten vor dem Haus
   schlafen sich die Blümlein aus,
   nicken stumm im Blütentraum.
   Nur der Wind singt noch im Baum
   leis ein Schlaflied in die Nacht,
   dass mein Kindlein nicht erwacht.

Gespräch
15.01 Eine werdende Mama besucht uns
Vielleicht erwartet eine der Erzieherinnen ein Baby oder die Mutter eines Kindergartenkindes, die berichtet, was sie schon alles vorbereitet hat, und einige Kleidungsstücke für das Neugeborene mitbringt. Sie beantwortet gemeinsam mit einer Erzieherin die Fragen der Kinder. Vielleicht erlaubt sie auch, dass die Kinder mal die Hand auf ihren Bauch legen. Auf jeden Fall sollte sie erzählen, dass Babys auch schon vor der Geburt hören können, dass ein lauter Knall sie erschreckt und dass sie gerne Musik hören.

Singen
15.02 Lieder für ein Ungeborenes
Kinder fragen, welche Wiegenlieder sie kennen, und abstimmen, welches Lied dem Baby im Bauch (15.01) vorgesungen werden soll. Vielleicht 15.00?

Hausaufgabe
15.03 Foto und Kleidungsstück samt einer Geschichte erbitten
Die Kinder wurden gebeten, ein Foto von sich als Baby oder Kleinkind mitzubringen und ein Kleidungsstück dazu. Außerdem sollen sie die Eltern fragen, was sie als Kleinkind so angestellt haben.

Betrachten, vergleichen, erzählen
15.04 Als ich klein war
Jedes Kind legt seine Jacke oder seinen Mantel ungefaltet auf den Boden. Darauf oder daneben legt es das mitgebrachte Babykleidungsstück und das Foto. Falls kleine Schuhe mitgebracht wurden, werden die jetzt passenden Schuhe daneben gestellt. Die Kinder vergleichen die Größe und erzählen nacheinander, was sie als Kleinkind angestellt haben. (Die Erzieherin sollte für die Kinder, die für diese »Ausstellung« nichts mitgebracht haben, einige Babysachen bereithalten.)
Hinweis: Es soll dabei nicht um dramatische Geschichten gehen, sondern um alltägliche Missgeschicke (Tischtuch bei dem Versuch, sich aufzurichten, heruntergezogen, heißen Topf angefasst, in die Pfütze gefallen …) Da aber die Kinder viel lieber erzählen als zuhören, sollte die Erzieherin das Gespräch so strukturieren, dass die Erzählphasen nicht zu lange dauern. Zum Beispiel durch Zwischenfragen: Wer hat einmal etwas Lustiges beim Essen, beim Baden, beim Laufenlernen gemacht? Falls die Möglichkeit besteht, solche Geschichten zu notieren, könnten sie an besonderen Tagen, z.B. am Geburtstag des Kindes oder als Überraschung in der Weihnachtszeit (8.02), wieder vorgelesen werden.

Fingergeschicklichkeit
15.05 Pampers für den Teddy
Pampers der kleinsten Größe werden den Teddys oder den Puppen angezogen. Wer kann auch eine Strampelhose anziehen? (Die Jungen nicht vergessen!)

Rollenspiel vorbereiten und in Gang setzen
15.06 Wir richten ein Babyzimmer ein
Zunächst sollte das »Babyzimmer« für die Babypuppen eingerichtet werden. Gemeinsam überlegen: Was braucht ein Baby? Wickelplatz, Windeln, Nabelbinde, Höschen, Jäckchen, Creme, Badewanne, Handtuch, Bettchen, Fläschchen, Schnuller, Kinderwagen … Das Babyzimmer sollte aber auch den Kindern die Möglichkeit geben, selbst Baby zu spielen, sich wickeln und wiegen zu lassen und an der Flasche zu nuckeln.

Zubereiten, füttern
15.07 Babynahrung
Einen geschälten Apfel auf der Glasreibe reiben oder eine Banane zerdrücken und zu Brei schlagen. Selber essen, oder will jemand gefüttert werden?

Zeichnen und vergleichen
15.08 So klein war meine Hand – so groß ist sie jetzt
Die Erzieherin bereitet Arbeitsblätter vor, auf denen der Umriss einer Babyhand zu sehen ist. Daneben legen die Kinder eine eigene Hand und umfahren sie mit einem Stift. Hand ausmalen und Namen dazu schreiben (lassen).

Basteln
15.09 Mobile für ein Baby
Ein Baby braucht zunächst etwas zum Betrachten, dann zum Greifen. Ein Mobile, das über dem Bettchen hängt, findet sein Interesse.
Einfachste Form: Aus Buntpapier werden je zwei Formen (Dreiecke, Quadrate, Kreise, Sterne, Fische) ausgeschnitten. Zwischen beide Teile wird ein Faden gelegt und beide Teile werden zusammengeklebt. Aufhängen und vom Luftzug bewegen lassen.
Kompliziertere Form: Ausgeschnittene Figuren hängen an Querbalken (Strohhalmen oder Holzstäbchen), die an anderen Querbalken befestigt werden.

Gymnastik
15.10 Wilde Babys
Wir stellen uns vor, alle Kinder wären noch klein und könnten noch nicht laufen. Sie können aber schon krabbeln, über Hindernisse klettern, auf dem Rücken liegen und strampeln, gleichzeitig noch mit den Armen rudern, in Bauchlage den Kopf heben, sie können sogar an ihrem großen Zeh lutschen. Babys schaukeln gern (Bauchlage, Füße mit den Händen fassen, vor- und zurückschwingen), und sie wollen gestreichelt werden. (Jeder streichelt seinen Nachbarn.)

Formenlehre
15.11 Jacke – Jäckchen
Der Spielleiter rollt einem anderen Kind über den Tisch (oder durch den Kreis am Boden) einen Ball zu und sagt: Jetzt hast du eine Jacke, früher hattest du ein … Das

Kind rollt den Ball zu ihm zurück und ergänzt: Jäckchen (Hemd – Hemdchen, Mütze – Mützchen, Strumpf – Strümpfchen, Gabel – Gäbelchen, Bluse – Blüschen …).

Schneiden – kleben
15.12 Kindergalerie
Aus Werbeprospekten und Illustrierten werden Fotos von kleinen Kindern ausgeschnitten und auf Papierbögen oder Kartons geklebt. Als Rahmen werden Papierstreifen mit hübschen Mustern rund um das Bild geklebt. Als Aufhänger wird eine Fadenschleife auf der Rückseite mit Tesafilm befestigt.

Schneiden – kleben
15.13 Babysachen am falschen Platz
Aus Katalogen oder Prospekten werden Fläschchen, Babyrasseln, Schnuller, Lätzchen ausgeschnitten und auf anderen Katalogseiten den Damen und Herren in die Hand gegeben, umgebunden …

Bilderbuchgespräch
15.14 Zeig mal!
Fotobände oder Bilderbücher zur Sexualerziehung sollten immer in kleinen Gruppen gemeinsam mit der Erzieherin betrachtet werden. Dabei sollen auch die Geschlechtsteile benannt werden. Wie kann man zum Penis, zur Scheide, zum Popo noch sagen? (Hinweise zu empfehlenswerten Büchern siehe oben bei den Vorüberlegungen zu diesem Kapitel.)

Spiel im Stuhlkreis
15.15 Lass das, ich mag das nicht!
Ein Kind steht in der Mitte des Kreises, geht auf ein anderes Kind zu und darf irgendetwas tun: streicheln, kitzeln, Haare kämmen, auf die Schulter klopfen, kurz, alles, was nicht wehtut, ist erlaubt. Das passive Kind kann entweder reagieren mit: »Lass das! Ich mag das nicht!«, dann muss das aktive Kind sich ein neues »Opfer« suchen. Oder es sagt: »Das tut gut!«, und tauscht mit dem aktiven Kind den Platz.

Gedicht von Gisela Braun
15.16 Tante Kathrein
Die Tante Kathrein
soll ich immer küssen,
dass Kinder so was müssen,
find ich gemein.

Zu Onkel Hein
soll ich auf'n Schoß.
Dazu bin ich viel zu groß,
deshalb sag ich Nein.

Hast du auch so eine Tante
oder sonstige Verwandte,
die dich nicht in Ruhe lassen,
immer drücken und anfassen?

Wenn mich wer anfasst
und mir das nicht passt,
sag ich laut und deutlich nein,
ich will das nicht! Drum lass es sein.

Mitmachgeschichte
15.17 Rumpelstilzchen
(Hinweis: Das Märchen der Gebrüder Grimm, das dem folgenden Text zu Grunde liegt, besteht eigentlich aus drei Teilen: Der Geschichte vom prahlenden Müller, von der Verwandlung des Strohs und vom Kampf zwischen Königin und Rumpelstilzchen. Wenn es den Kindern noch schwer fällt, sich über einen längeren Zeitraum zu konzentrieren, könnte man das Märchen auch als »Fortsetzungsroman« an drei verschiedenen Tagen anbieten).

Es war einmal ein Müller, der saß mit anderen Männern in einem Gasthaus und hörte zu, wie sie erzählten, was ihre Söhne und Töchter alles könnten. »Mein Sohn kann so schnell reiten wie der Wind!«, sagte der eine Mann. »Und meine Tochter kann sooo große Fische fangen!«, sagte der zweite. »Aber meine Tochter kann den besten Kuchen der Welt backen!«, sagte der dritte. Und der vierte behauptete: »Das ist noch gar nichts! Mein Sohn kann …« (Kinder ergänzen lassen.)
»Und was kann eigentlich deine Tochter?«, fragten sie den Müller. Der wollte natürlich auch angeben und behauptete: »Meine Tochter kann Stroh zu Gold spinnen!« Und er zog ein kleines Goldstück aus der Tasche, das er in einem ganzen Jahr verdient hatte und behauptete, davon habe er zu Hause einen ganzen Waschkorb voll. Da staunten die Leute im Gasthaus aber nicht schlecht! Und sofort war von nichts anderem mehr die Rede als nur noch von der Müllerstochter, die Stroh zu Gold spinnen könnte. Einer flüsterte es dem anderen zu. (Macht mal mit und flüstert es eurem Nachbarn ins Ohr …)
Eines Tages hörte das auch der junge König. Der hatte gerade seine Goldvorräte zählen lassen und fragte seinen Finanzminister (Erzieherin wendet sich an ein Kind): »Wie viel Gold habe ich noch?« (Kind nennt eine Summe.) »Das ist viel zu wenig! Das reicht ja nicht einmal, um das Dach meines Schlosses zu reparieren! Jetzt muss ich unbedingt das Mädchen finden, das aus Stroh Gold machen kann.« Gleich setzte er sich auf sein Pferd und fragte alle Leute, die er traf (Erzieherin wendet sich an mehrere Kinder): »Wissen Sie vielleicht, wo das Mädchen wohnt, das Stroh zu Gold spinnen kann?« Als er schließlich erfuhr, dass das Mädchen in der Mühle wohnt, befahl er sofort seinen Dienern, das Mädchen aufs Schloss zu holen.

Dort ließ er einen ganzen Wagen voll Stroh in einen Saal bringen und führte das Mädchen hinein. »So, das machst du jetzt bitte zu Gold!«, sagte er zu dem Mädchen und ging hinaus. Da saß nun das arme Mädchen und weinte und jammerte: »Was soll ich bloß machen? Ich kann das doch gar nicht!« Und wie sie so dasaß und schluchzte, stand plötzlich ein kleines Männchen vor ihr und fragte: »Warum weinst du denn so?« »Ach, ich soll Stroh zu Gold spinnen, und ich kann das doch gar nicht!«, klagte das Mädchen. »Was gibst du mir, wenn ich dir helfe?«, krächzte das Männlein. »Meine Halskette!« »Einverstanden!«

Das Männlein nahm die Kette, setzte sich an das Spinnrad und in kurzer Zeit war das Stroh verschwunden und ein großer Haufen von Goldstücken lag da. Wie freute sich der König, als er das sah. Aber er war noch nicht zufrieden.

»Du musst mir noch mal ein Ladung Stroh in Gold verwandeln!«, sagte er zur Müllerstochter, und wenn du das geschafft hast, wirst du meine Königin.« So sehr die Müllerstochter auch bat, er möge sie doch nach Hause gehen lassen, so wenig gab der König nach, sondern führte sie in einen noch viel größeren Saal voller Stroh und schloss sie dort ein. Da saß nun das arme Mädchen und weinte wieder so sehr, dass selbst die Fliegen an der Wand Mitleid bekamen. Plötzlich stand das Männlein wieder vor ihr. »Was gibst du mir, wenn ich dir noch einmal helfe?«, krächzte es. Die Müllerstochter bot ihm ihr Kleid an, dann die Schuhe, aber das wollte das Männlein nicht haben. »Ich helfe dir nur, wenn du mir dein Kind gibst, wenn du eines hast!«, sagte es. Ach, dachte die Müllerstochter, ich habe ja noch gar kein Kind. Und wenn ich später mal eines bekomme, hat es das Männlein bestimmt schon wieder vergessen. Deshalb sagte sie zu dem Männlein: »Also gut. Aber nun mache auch das Stroh zu Gold!« Gleich machte sich das Männlein an die Arbeit, und als es hell wurde, war alles Stroh zu Gold geworden. Am Morgen kam der König und mit ihm der ganze Hofstaat und alle riefen: »Seht nur! So viel Gold! Und … (Kinder bestaunen als Hofleute das Wunder.) Und der König sagte: So, jetzt bin ich reich genug. Ich nehme dich zur Frau.

So wurde die Müllerstochter Königin.

Nach einem Jahr bekam die Königin ein Kind. Sie konnte sich gar nicht satt sehen an dem süßen Baby und sang ihm jeden Abend Schlaflieder vor.

Eines Abends saß sie gerade wieder an der Wiege und sang ihrem Kind ein Lied: Frau Sonne löscht ihr Lichtlein aus. (Kinder mitsingen lassen, 15.00.) Plötzlich stand das Männlein wieder da. »Ich will jetzt das Kind holen, das du mir versprochen hast!«, krächzte es. »Nein!«, schrie die Königin. »Du kannst alles haben, was du willst, meinen Schmuck, mein Pferd, meine Kutsche, meine Bücher, meine Kleider, auch meine goldene Krone gebe ich dir, aber nicht mein süßes Kind! Bitte, bitte, geh wieder und lass mir mein Kind!« Da sagte das Männlein: »Ich gebe dir noch eine Chance. Wenn du bis in drei Tagen meinen Namen herausfindest, kannst du dein blödes Kind behalten!«

Da machte sich die Königin gleich auf den Weg und fragte alle Leute (Erzieherin fragt die Kinder): Wie heißen Sie denn? Und Sie? Und Sie? Und als am nächsten Tag das Männlein wieder kam, fragte die Königin: Heißt du vielleicht …? (Alle die Namen wiederholen, die die Kinder genannt hatten.) Aber das Männlein lachte nur böse und krächzte jedes Mal: »Nein, so heiß ich nicht!«

Darauf schickte die Königin ihre Diener ins Land. Sie sollten die seltensten Namen suchen und der Königin sagen. Hutzliwupp fanden sie. Und Schlappermäulchen. Und … (Kinder erfinden Namen.) Und als das Männlein kam, fragte die Königin: »Heißt du vielleicht …? (Die von den Kindern erfundenen Namen nennen.) Aber das Männlein lachte nur böse und sagte immer: »Nein! So heiße ich nicht! Wenn du bis morgen meinen Namen nicht gefunden hast, hole ich mir dein Kind!« Die Königin war ganz verzweifelt und schickte ihre Diener in alle Richtungen, damit sie die seltensten Namen finden könnten. Der Jäger der Königin lief durch einen tiefen Wald, um in ein fremdes Land zu kommen. Es war eine stürmische Nacht, die Bäume bogen sich hin und her. (Kinder mimen mit hochgestreckten Armen die Bäume im Wind.) Da sah er plötzlich Rauch hinter den Bäumen. Er schlich näher, und da sah er, wie ein kleines Männlein um ein Feuerchen tanzte und dazu sang:

Heute koch ich, morgen back ich,
übermorgen hole ich der Königin ihr Kind.
Ach wie gut, dass niemand weiß,
dass ich Rumpelstilzchen heiß.

So schnell er konnte, rannte der Jäger zum Schloss und sagte atemlos zur Königin: Der richtige Name ist Rumpelstilzchen! Da war die Königin aber froh! Und sie schenkte dem Jäger gleich ihre beiden schönsten Pferde mitsamt der Kutsche. Abends kam das Männlein wieder. »So, jetzt hole ich dein Kind. Du wirst nie erraten, wie ich heiße!«, krächzte es. »Heißt du vielleicht Leberecht?«, fragte die Königin. »Nein, so heiß ich nicht!«, kicherte das Männlein. »Heißt du vielleicht Sausewind?«, fragte die Königin weiter. »Nein, nein, nein, so heiß ich nicht!«, lachte das Männlein und rieb sich die Hände. »Heißt du vielleicht Rumpelstilzchen?«, fragte die Königin leise. »Das hat dir der Teufel gesagt!«, schrie das Männlein wütend und stampfte so heftig mit dem Fuß auf, dass ein tiefes Loch im Boden entstand. Darin verschwand das Männlein und wurde nie wieder gesehen.

Kreatives Gestalten
15.18 Rumpelstilzchen-Papiertheater

Aus doppelt gelegtem steifem Packpapier wird eine etwa 25 cm große Figur geschnitten, die aus Kopf, Armen und verlängertem Rumpf (oder Rumpf mit Beinen) besteht. Zwischen die Köpfe einen Wollfaden legen und beide Figurenteile zusammen kleben. Nun bekommt die Puppe aus Seidenpapier oder aus dünnen Papierservietten ein Kostüm, das auf die mit Leim verschmierte Papierpuppe gedrückt wird. Haare aus Wolle oder Watte, Schmuck aus Silberfolie … Das Märchen kann nun als Papiertheater aufgeführt werden, indem die jeweils agierenden Personen am Wollfaden auf dem Fußboden bewegt werden.

Bilderbuch betrachten
15.19 Was geht in Tommy vor?
Das Bilderbuch von Scheidl/Unzner »Das neue Schwesterchen« (siehe oben) eignet sich gut dazu, Kinder analysieren zu lassen, was in Tommy vorgeht. Die Gefahr, dass ein Kind zu Hause Tommys Aktionen nachahmt, sehe ich nicht, wenn es Tommys Motive verstanden hat. Vorschlag für die Arbeit mit diesem Bilderbuch: Auf den beigefügten Text weitgehend verzichten. Stattdessen die Kinder anhand der Bilder erklären lassen, was in Tommy vorgeht. Etwa so:
Titelseite zeigen. Worum geht es wohl in diesem Bilderbuch?
Erste Textseite aufschlagen, aber nicht vorlesen. Kinder überlegen lassen, was Tommy wohl denkt, als er zum ersten Mal das Schwesterchen sieht. Zurückblättern zur inneren Titelseite, wo Tommy sehr frustriert zu sehen ist.
Jetzt die Seite aufschlagen, wo Tommy mit Hund mitten unter seinen Spielsachen auf dem Boden liegt. Diese Seite vorlesen und erklären, dass Tommy hier seinem Hund eine Geschichte aus dem am Boden liegenden Buch »Peter Pan« erzählt.
Umblättern und den ersten Satz lesen. Dann die Kinder weitererzählen lassen. Was denkt Tommy? Was macht das Baby? Was sagt die Mami?
Nächste Seite. Text lesen bis zu dem Satz: »Tommy weiß auch schon, was er machen wird.« Was hat er denn vor? Kinder erzählen lassen.
Nächste Seite. Kinder fragen, wo Tommy wohl den Karton mit den Luftlöchern hergeholt hat. Wie reagiert das Schwesterchen? Warum will Tommy überhaupt das Paket an die Oma schicken? (Er kann zwei Fliegen mit einer Klappe schlagen: Die Oma freut sich und er ist die Nebenbuhlerin los.)
Nächste Seite: Die Reaktion der Eltern, die schnell das Baby wieder aus dem Karton gerettet haben. Was sagt die Mama? Was sagt der Papa? Tommy weint.
Umblättern. Was geht in Tommy vor? Er hat schließlich eine Idee, wie er seine Eltern wieder freundlich stimmen kann.
Umblättern: Was war das für eine Idee? Erst wenn die Kinder das herausgefunden haben, den Text lesen.
Umblättern. Mami kommt nicht. Sie hält schon wieder das Baby im Arm. Vielleicht stillt sie es gerade. Wie reagiert Tommy?
Umblättern. Jetzt lese ich euch vor, was am nächsten Tag geschah: Text bis zu Ende lesen.
Gespräch: Glaubt ihr, dass Mami und Papa Tommy weniger lieb haben, seit die kleine Schwester da ist? Freut sich die kleine Schwester, dass sie einen großen Bruder hat? Was findet sie an ihm toll, wenn sie ein bisschen größer wird?

Gedicht (überliefert)
15.20 Ich lieb dich so fest
Ich lieb dich so fest
wie der Baum seine Äst,
wie der Himmel seine Stern
grad so hab ich dich gern.

16. Körperpflege

Vorüberlegungen

Bei diesem Thema geht es zunächst um alltägliche Hygiene wie Waschen, Zähneputzen, Naseputzen, Toilettengang. Sicher gibt es viele Kinder, für die regelmäßige Körperpflege selbstverständlich ist und die auch die entsprechenden Techniken beherrschen. Aber ebenso sicher gibt es Kinder, die keine Zahnbürste benutzen, die panische Angst vor dem Haarewaschen oder Nägelschneiden haben oder zu Hause nie gezeigt bekamen, wie man Klopapier am geschicktesten benutzt. Solche Mängel häuslicher Erziehung sollte der Kindergarten auszugleichen versuchen. Der Kindergarten sollte aber auch eine regulierende Funktion beim anderen Extrem wahrnehmen: Manche Kinder haben zu Hause eine so übertriebene Sauberkeitserziehung erfahren, dass sie von der unbewussten Angst, sie könnten sich schmutzig machen, in ihrer Handlungsfreiheit regelrecht behindert werden. Sie schrecken davor zurück, ein Tier anzufassen, es ist für sie ein Problem, sich beim Turnen auf den Boden zu legen, sie ekeln sich vor diesem und jenem. Solchen Kindern würde man einen schlechten Dienst erweisen, wenn nun auch noch im Kindergarten die Bakterienangst geschürt und die Bazillengefahr dramatisiert würde. Es geht also darum, die Notwendigkeit und Nützlichkeit der Körperpflege ohne dramatisierenden Beigeschmack zu erfahren und dadurch die Selbstständigkeit der Kinder zu fördern.

Angst vor dem Haare waschen kann im Puppenspiel abgebaut werden. Malen, matschen, töpfern kann man genießen, ohne die Kleidung zu beschmutzen, wenn man Malkittel anzieht, die Ärmel hochkrempelt, heikle Sachen auszieht … Vor allen Dingen kann man sich waschen. Im Hochsommer könnte ein großes Farben-Schmierfest mit anschließendem Wasch-Dusch-Schaum- und Spritzvergnügen im Freien Höhepunkt des Programmes »Körperpflege« sein.

Empfehlenswerte Bilderbücher

Ralf Butschkow: Das Dreckschwein. Breitschopf, Wien Stuttgart 1992. *Oft wünscht sich Sven Saubermann, endlich einmal ein richtiges Dreckschwein zu sein. Eines Morgens geschieht plötzlich etwas Merkwürdiges …*

Werner Holzwarth, Wolf Erlbruch: Vom kleinen Maulwurf, der wissen wollte, wer ihm auf den Kopf gemacht hat. Hammer 2001. *Fasziniert Kinder.*

Wörterliste 16

Badewanne	Handtuch	Schaum
Bazillen	Husten	schlucken
Borsten	hygienisch	schmutzig
Bürste	jucken	schniefen
Creme	kämmen	Schnupfen
Deckel	Klopapier	Seife
Dose	mager	Shampoo
duschen	nackt	Spiegel
eincremen	Nagelbürste	spülen
erkälten	Nagelfeile	Toilette
Flasche	Nagelschere	Tropfen
Föhn	Pflaster	Tube
gefährlich	praktisch	Zahnbürste
gurgeln	Puder	Zahnpasta
Hahn	Salbe	ziepen

Angebote

Lied von der Selbstständigkeit
16.00 Geh weg, das kann ich ganz allein

Text und Melodie: Rose Götte

Geh weg, das kann ich ganz al-lein, kann's bes-ser als du denkst. Ich
will nicht mehr dein Ba-by sein. Schau her, ich kann das längst.

Singspiel
16.01 Jetzt steigt Hampelmann
Wissen die Kinder noch, wie gehampelt wird (9.22)?
Jetzt steigt Hampelmann, jetzt steigt Hampelmann aus seinem Bett heraus,
aus seinem Bett heraus. O du mein Hampelmann, o du mein Hampelmann, mein
Hampelmann bist du.
Jetzt wäscht Hampelmann sich gründlich sein Gesicht …
Jetzt putzt Hampelmann sich seinen faulen Zahn …
Jetzt kämmt Hampelmann sich sein verklebtes Haar …
Jetzt cremt Hampelmann sich seine Hände ein …
Jetzt legt Hampelmann sich lieber wieder hin …
(Natürlich können die Kinder eigene Strophen erfinden …)

Sachbegegnung – Rollenspiel
16.02 Puppenhaarwäsche mit echtem Shampoo
Puppen mit waschbaren Haaren werden die Haare so gewaschen, dass nichts in die Augen läuft. Anschließend kämmen, trocken föhnen, frisieren.

Gespräch
16.03 Puppeneltern in der Erziehungsberatungsstelle
Die Puppenmütter und -väter sitzen mit ihren Kindern im Kreis. Die Erzieherin ist die Beraterin, die sich erkundigt, wie die Kinder sich beim Haarewaschen verhalten. Warum haben manche Puppenkinder Angst davor? Und wie ist das mit dem Nägelschneiden? Können die Puppenkinder schon allein auf die Toilette? Wie hält man eigentlich das Klopapier, wenn man sich selbst den Po abwischen möchte? Wer zeigt das mal den Puppen?

Witze nacherzählen – Witze erfinden
16.04 Dick und Doof
Dick fragt Doof: Warum hast du denn so eine Beule am Kopf? Sagt Doof: Weil mir beim Waschen immer der Klodeckel auf den Kopf fällt.

Lustige Sätze bilden
16.05 Ein sparsamer Mann
Ich habe mal einen ganz sparsamen Mann gesehen, der hat immer das Klopapier zum Trocknen aufgehängt.
… der hat die Schuhbürste auch gleich als Zahnbürste benützt.
… der hat gesagt: Ich kaufe mir keinen Kamm, ich habe doch einen Rechen!
… der hat immer das Tischtuch als Taschentuch benutzt.
… der hat in der Badewanne auch gleich das Geschirr gespült, wenn er gebadet hat
…

Schneiden – kleben
16.06 Spielkarten vom Badezimmer
Aus Drogeriekatalogen werden Gegenstände, die für die Körperpflege wichtig sind, ausgeschnitten und auf kleine Kärtchen geklebt. Wir brauchen je vier Karten mit den gleichen Gegenständen, also z.B. vier verschiedene Zahnbürsten, vier verschiedene Seifen, vier Nagelfeilen usw. Wenn die Karten mit Folie überzogen oder gar laminiert werden, lässt sich später besonders gut damit spielen.

Kartenspiel für vier bis sechs Kinder
16.07 Wer hat die meisten Gegenstände?
Wir brauchen so viele Quartette (16.06) wie Kinder mitspielen. Die Karten werden vermischt und verdeckt verteilt. Nun deckt jedes Kind seine Karten auf. Wer die meisten gleichen Gegenstände hat (z.B. vier Kämme, drei Zahnbürsten …), der darf als Nächster austeilen.

Kartenspiel
16.08 Schieben
Wir brauchen so viele Quartette, wie Kinder mitspielen. Karten mischen, verdeckt verteilen. Jeder nimmt seine vier Karten in die eine Hand. Auf »Schieben!« schiebt er mit der anderen Hand eine Karte seinem rechten Nachbarn zu, nimmt eine Karte von seinem linken Nachbarn auf und sieht nach, ob er die für ein Quartett gebrauchen kann. Das Weitergeben der Karten wird so lange fortgesetzt, bis ein Spieler ein Quartett hat, das er benennen muss, und damit Sieger ist.

Kartenspiel
16.09 Schwarzer Peter selbst gemacht
Zu den Spielkarten (16.06) kommt eine weitere mit einem möglichst nicht sehr appetitlich wirkenden Bild dazu. Das ist die Schwarze-Peter-Karte. Karten gleichmäßig verteilen. Wer zwei zusammenpassende Karten (z.B. zwei Zahnpasten) bekommen hat, darf sie ablegen.
Danach lässt jeder Spieler reihum seinen rechten Nachbarn eine von seinen Karten ziehen. Paare werden abgelegt. Wer zum Schluss den schwarzen Peter hat, bekommt ein Stück schwarzes Klebeband auf die Nase oder darf sich mit Zeichenkohle einen schwarzen Strich auf die Stirn malen.

Kartenspiel
16.10 Gegenstände raten
Die Spielkarten (16.06) liegen verdeckt auf einem Stapel. Das erste Kind nimmt eine Karte ab, ohne sie den anderen zu zeigen und macht eine pantomimische Bewegung, die für den abgebildeten Gegenstand typisch ist. Die anderen Kinder müssen raten, was auf der Karte zu sehen war. Wer es herausbekommen hat, darf die nächste Karte ziehen.

Sachbegegnung und Musik
16.11 Zähne putzen – Lieder gurgeln
Heute schauen wir uns im Waschraum einmal die Zahnbürsten genauer an: Die Stiele haben unterschiedliche Farben, die Borsten auch? Es gibt harte und weiche Borsten. Wenn die Borsten trocken sind, sind sie härter.
Es gibt verschiedene Zahnpasten. Manche schmecken nach Himbeeren, manche nach Pfefferminz, manche sind scharf, manche sind süß.
Zuerst machen wir die Zahnbürste nass. Dann üben wir das Auf- und Zuschrauben der Zahnpasta. Nochmals aufschrauben, wenig Zahnpasta auf die Bürste geben, dabei am Tubenende drücken. Jetzt putzen: von oben nach unten, zuerst bei geschlossenen Zähnen, dann Mund weit aufmachen.
Kinderreim zum Zähneputzen:

Tsch-tsch-tsch die Bürstenbahn, tsch-tsch-tsch da kommt sie an,
fährt nach hier, fährt nach dort,
tsch-tsch-tsch schon ist sie fort.

Zum Spülen brauchen wir einen Becher. Geschickte Leute können aber auch den Mund direkt an den Wasserstrahl halten, ohne den Hahn zu berühren oder sich nass zu machen. Wer kann gurgeln? Man kann sogar Lieder gurgeln. Die Erzieherin macht das vor. Wer kann das nachmachen?

Geschichte erfinden

16.12 Bei Räubers

Heinrich Hannover hat eine Geschichte erfunden, die fängt so an: Bei Räubers geht es so zu: Wenn die Räuberkinder aufgewacht sind, waschen sie sich nicht etwa, nein, sie schmieren sich von oben bis unten mit Dreck voll. Sie kämmen sich auch nicht etwa, sondern stecken die Haare in den Honigtopf. (Weitererzählen.) Zum Zähneputzen nehmen sie … Statt die Kleider anzuziehen …
Die Räuberkinder frühstücken unterm Tisch. Sie schmieren sich … aufs Brot und beißen sich zum Nachtisch die Nasen ab … Die Geschichte endet so: Und wenn die Räuberkinder kaputt sind, klaut der Räubervater sich neue.

Melodien erfinden

16.13 Merklieder zur Körperpflege

Wer kann eine Melodie erfinden zu folgenden Versen:
Vor dem Essen, vor dem Essen Händewaschen nicht vergessen!
Zähneputzen, Zähneputzen, Zahnpasta dabei benutzen!
Wasser ist zum Waschen da, falleri und fallera,
auch zum Zähneputzen kann man es benutzen.
(Hinweis für die Erzieherin: Zunächst nur wenige Worte vertonen lassen, selbst weitersingen.)

Sachbegegnung

16.14 Experimente mit Watte

Was sauber aussieht, ist manchmal in Wirklichkeit schmutzig. Wir befeuchten saubere Watte mit Wasser und reiben damit über die (eigene) Hand, den Hals, das Knie … Überall liegt Schmutz: Nacheinander dürfen Kinder den Wattetest auf dem Fußboden, am Fensterbrett, an der Fensterscheibe, auf dem Tisch … durchführen.

Spiel im Kreis

16.15 Ich brauche was zum Kämmen

Der Spielleiter wirft einem Kind ein Tuch zu und sagt: Ich brauche was zum … (Nase putzen). Es wirft das Tuch zurück mit der passenden Antwort: (Taschentuch.)
Variation: Was nehmen die Räuberkinder (16. 12) zum Naseputzen? Nagelschere!

Gymnastik

16.16 Alle meine Entchen

Einführung: Die Erzieherin summt das Lied. Wer erkennt es? Gemeinsam singen. Jetzt kommen die Bewegungen dazu:

Alle meine Entchen schwimmen auf dem See. (Arme weit vor- und zurückschwingen, mit den Knien nachfedern.)

Köpfchen in das Wasser (Rumpfbeugen mit durchgestreckten Knien),

Schwänzchen in die Höh (Kopf nach unten, Arme nach hinten möglichst weit hochdrücken).

Jetzt schwimmen alle Kinder hinterher: Auf den Bauch legen, Schwimmbewegungen mit den Armen machen, dann mit den Beinen.

Handpuppenspiel

16.17 Kaspar, Seppel und die Seife

Kaspar und Seppel treffen sich. Kaspar freut sich und gibt dem Seppel die Hand: Iii! Die ist ja ganz klebrig! Seppel hat nämlich gerade ein Honigbrot gegessen. Überall ist er mit Honig verschmiert. Kaspar will mit einem so klebrigen Freund nicht spielen. Seppel sagt, er möchte dem Kaspar was ins Ohr flüstern, ohne ihn anzufassen. Das erlaubt Kaspar. Aber auch dann rückt er wieder ab. Ehrlich gesagt, erklärt er den Kindern, der Seppel stinkt fürchterlich aus dem Mund. Putzt du dir nie die Zähne?, fragt er. Nein, sagt der Seppel, das wollte ich dir doch gerade ins Ohr flüstern: Ich habe Zahnbürste, Zahnpasta und Seife nämlich letzte Woche in den Mülleimer geworfen. Während er das sagt, kratzt er sich dauernd überall. Der Kaspar sagt, das sei keine gute Idee gewesen, denn wenn man sich nicht wäscht und viel Dreck auf die Haut kommt, fängt sie schließlich an zu jucken, man bekommt einen Ausschlag und fühlt sich gar nicht gut. Und wer die Zähne nicht putzt, stinkt außerdem aus dem Mund und bekommt Löcher in die Zähne … Kaspar will erst wieder mit Seppel spielen, wenn er nicht mehr stinkt. Kaspar ab. Seppel will nicht glauben, dass Waschen und Zähneputzen wichtig sind, kratzt sich aber ständig und fragt schließlich die Kinder, ob das stimmt, was der Kaspar gesagt hat.

Nachdem die Kinder Seppel geraten haben, sich mal zu waschen, beschließt er, Seife und Zahnbürste wieder aus dem Mülleimer zu holen. Beides ist noch da.

Also gut, sagt der Seppel zu den Kindern, dann wasche ich mich eben. Zuerst muss ich mir die Augen kräftig mit Seife auswaschen, stimmt's? (Gespräch mit Kindern.) Zum Abtrocknen will er sein schmutziges Taschentuch nehmen. Danach will er sich die Haare mit der Zahnbürste kämmen … Mit Hilfe der Kinder macht er schließlich doch alles richtig. Kaspar kommt vorbei. O, was riecht denn da so gut? Hand in Hand gehen die Freunde zum Spielplatz.

Spielgeschichte

16.18 Schniefnase und Triefnase

Schniefnase (hochziehen) und Triefnase (Nase am Ärmel abwischen) hatten beide kein Taschentuch. »Ich schniefe immer hoch!« (hochziehen), sagte Schniefnase. »Und ich wisch mich immer am Ärmel ab« (abwischen), sagte Triefnase. Und so ging das den ganzen Tag: (hochziehen – abwischen – hochziehen – abwischen), bis der Kopf schon ganz weh tat vom vielen Schniefen und der Ärmel ganz verschmiert war vom vielen Abwischen. Der Kopf wollte nicht mehr hochziehen und der Ärmel hatte das Abwischen gründlich satt. Und die Nasen wurden immer voller.

»Was bachen wir denn jetzt, wir vollen Dasen?«, fragte Schniefnase. »Bensch, ich weiß, was ban da bachen muss: Wir büssen uns Taschentücher besorgen!«, antwortete Triefnase. »Das bachen wir, das bachen wir, gleich morgen!«, rief Schniefnase.

Und sie haben das tatsächlich gemacht und sich dann ganz tüchtig geschnäuzt. So: (kräftig schnäuzen).

Selbstständigkeitserziehung
16.19 Nase putzen
Wer kann sich schnäuzen wie ein Elefant? Wer sich meldet, bekommt ein Papiertaschentuch und macht es vor. Jetzt bekommen alle Kinder ein Papiertaschentuch und machen es nach. Wohin mit dem schmutzigen Taschentuch? Schnupfen ist ansteckend. Schnupfenbazillen fliegen gern durch die Luft und freuen sich, wenn die Leute niesen, ohne die Hand oder ein Taschentuch vor die Nase zu halten.

Selbstständigkeitserziehung
16.20 Klopapiergeschichten
Wie findet man überhaupt eine Toilette in einem fremden Haus? Damentoiletten sind auch für Kinder. Welche Zeichen an den Toilettentüren kennt ihr?

Um vorzuführen, wie man sich am besten den Po abwischt, braucht man sich nicht auszuziehen. Manche Kinder zerknüllen das Papier, statt es flach auf die Hand zu legen, und wundern sich dann, wenn sie schmutzige Finger kriegen. Aber auch wenn man glaubt, die Hände seien sauber, muss man sie nach dieser Arbeit waschen.

Geschicklichkeit – Behutsamkeit
16.21 Spiele mit Klopapierrollen
Klopapier ist eigentlich nicht zum Spielen da. Bei den Rollen, die jetzt zum Spielen freigegeben werden, handelt es sich also um ein »Ausnahme-Geschenk«.

Zwei Kinder sitzen im Abstand von etwa fünf Metern auf dem Boden. Ein Kind hält das Ende einer Klopapierrolle mit einer Hand fest und gibt mit der anderen der Rolle einen Schubs, sodass sie zum anderen Kind rollt, ohne zu reißen. Das andere Kind soll die Rolle so zurückschicken, dass das Papier sich wieder aufrollt.

Erzieherin fesseln. Die Erzieherin setzt sich auf einen Stuhl. Zwischen Lehne und ihrem Rücken wird das Ende der Papierrolle eingeklemmt. Nun wird sie mit dem Papierband an den Stuhl gefesselt. Wenn das Papier reißt, darf ein anderes Kind weitermachen.

Blinde Kuh sucht blinde Kuh. Allen Kindern werden mit den herumliegenden Papierbändern die Augen verbunden. Wer einen anderen gefangen hat, darf die Binde abnehmen.

Indianer. Restliche Papierstreifen lassen sich zu Indianerstirnbändern verarbeiten.

Basteln
16.22 Ein Täschchen für das Taschentuch
Die Erzieherin bereitet eine Schablone vor (z.B. Apfel, Herz oder Kreis), die die Kinder auf biegsame Pappe legen, mit einem Stift umfahren und ausschneiden. Zwei gleiche Teile werden unten und seitlich am Rand mit einem Klebeband zusammengeklebt oder mit einem Faden zusammengenäht. (Dazu sollten allerdings die Löcher von der Erzieherin vorgestochen werden.) Nach oben bleibt das Täschchen offen für ein Taschentuch. Ein dicker Wollfaden wird noch befestigt, damit man das Täschchen auch umhängen kann.

Spiel im Kreis
16.23 Bitte eine Massage
Die Kinder stehen im Kreis. Ein Kind geht in die Mitte, stellt sich mit dem Rücken vor ein anderes Kind und sagt: Bitte eine Massage! Das angesprochene Kind massiert dem Vordermann kurz den Rücken und tauscht mit ihm den Platz, um selbst einen Masseur zu suchen. Alternative: Bitte kratz mich mal! Oder: Bitte kraule mir den Rücken!
Bei der Ballmassage legt sich ein Kind auf den Bauch, ein anderes rollt mit leichtem Druck einen Tennisball auf seinem Rücken hin- und her.

Spiel im Kreis
16.24 Zahnpasta – Zähne
Die Erzieherin wirft einem Kind ein Tuch oder einen Ball zu und nennt einen Toilettengegenstand, z.B. Zahnpasta. Das Kind wirft den Ball zurück und sagt »Zähne«. (Kamm – Haare, Toilettenpapier – Hintern, Taschentuch – Nase, Nagelschere – Nägel …)
Danach geht es umgekehrt: Zähne – Zahnpasta usw.

Geschichte erfinden
16. 25 Ole hat Angst vor dem Haarewaschen

Im großen Haus hinter dem Spielplatz wohnte ein kleiner Junge, der hieß Ole. Er ging noch in den Kindergarten, aber er hatte eine Schwester, die hieß Anna-Lynn, die schon in die Schule ging. Ole war ein vergnügter Junge, der nach dem Kindergarten mit seiner Mama oder seinem Papa oft noch auf den Spielplatz ging, wo er Freunde traf, mit denen er im Sandkasten graben und baggern konnte. Das Leben wäre so schön gewesen, wenn nicht das Haarewaschen wäre.
»Wenigstens samstags müssen die Haare gewaschen werden«, sagte der Papa. »Du hast ja den Kopf voller Sand!«, fügte die Mutter hinzu. Aber Ole fing schon an zu schreien, ehe überhaupt die Dusche aufgedreht war, und hielt sich am Türpfosten fest, um nicht ins Badezimmer zu kommen. Man hörte sein Geschrei bis auf den Spielplatz.

Die Freunde unten konnten gar nicht verstehen, warum Ole solche Angst vor dem Haarewaschen hatte. Und alle gaben ihm einen guten Rat:
Lasse sagte … Tom sagte … (Jetzt die Kinder sprechen lassen.)
Und schließlich hatte Anna-Lynn eine Idee: »Wir gehen einfach zum Friseur und lassen deine Haare ratzebuz abschneiden, dann brauchst du sie auch nicht mehr zu waschen!«
Aber dazu sagten die Freunde: …

Variation: Kathrin hatte Angst vor dem Nägelschneiden.
Wenn sie eine Nagelschere auch nur von weitem sah, raunte sie schreiend davon. Sie glaubte nämlich …
Da hat ihre Mutter gesagt …

Variation: In einem Kindergarten (nicht bei uns) gab es ein Mädchen, das war schon fünf Jahre alt, aber es gelang ihr stelten, rechtzeitig aufs Klo zu gehen. Immer wieder wurde die Hose nass, weil sie …
Die anderen Kinder gaben ihr einen guten Rat: …

17. Sammeln und ordnen

Vorüberlegungen

Kinder sind geborene Sammler. Deshalb soll das Thema Sammeln und Ordnen in dieser Einheit einmal in den Mittelpunkt des Interesses gerückt werden. Die Lust am Sammeln soll verstärkt, die Sinnhaftigkeit des Ordnens vermittelt werden. Jeder Spaziergang bietet eine gute Gelegenheit, Dinge zu sammeln, die dann im Kindergarten näher untersucht und in eine gemeinsame Sammlung eingeordnet werden können: Vogelfedern, Schneckenhäuser, Baumfrüchte, schöne Steine, Blätter … Manchmal hat man Glück und findet ein leeres Vogelnest: Der Grundstock für eine naturkundliche Sammlung ist gelegt. Neben der gemeinsamen Sammlung sollten die Kinder auch eigene Sammlungen anlegen können, sie in einer Schatztruhe aufbewahren, Exponate ausstellen und tauschen können (17.01–17.07).

Das Lied vom Sammler, der durch das Loch in seiner Hosentasche immer wieder alles verliert, gehörte in »meinem« Kindergarten zu den Lieblingsliedern der Kinder. Sie erfanden unentwegt neue Strophen und hatten Spaß daran, alles Verlorene in der richtigen Reihenfolge aufzuzählen (17.00).

Dass auch die Erwachsenen oft leidenschaftliche Sammler sind und dass solche Sammlungen manchmal sehr wertvoll sind, soll den Kindern bewusst werden. Berichten Sie, dass auch die Stadt, das Land, der Bund große Sammlungen besitzen und viele Leute beschäftigen, die den ganzen Tag nichts anderes machen, als diese Sammlungen zu pflegen, zu ergänzen und zu zeigen. Natürlich sollte eine solche Sammlung auch besichtigt werden können, deshalb empfehle ich einen *Museumsbesuch.* In allen größeren Museen gibt es Museumspädagogen, die gerne bereit sind, die Lehrkräfte und Erzieher zu beraten, wie ein solcher erster Museumsbesuch gestaltet werden könnte. Ein missglückter Museumskontakt kann eine unbewusst ablehnende Haltung gegenüber dem Museum auslösen, die ein ganzes Leben anhalten kann. Umgekehrt gilt: War dieser erste Kontakt spannend und lustvoll, wird das Kind auch später immer wieder gern ein Museum aufsuchen.

Das Schwierigste bei einer solchen Aktion ist, die Gruppe zusammenzuhalten und den Kindern klarzumachen, dass sie Kunstwerke und andere Ausstellungsobjekte nicht anfassen dürfen. Wenn die Erzieherin selbst erst suchen und überlegen muss, was sie den Kindern zeigen will, hat die Gruppe sich längst aufgelöst. Deshalb sollte vorher klar sein, welches Detail im Museum ins Blickfeld gerückt werden soll bzw. welcher Raum das Aktionsfeld für die Gruppe ist. Dazu sollte die Leiterin der Gruppe zunächst einmal ohne Kinder das Museum besuchen und sich überlegen:

Was hätte mich als Kind hier besonders beeindruckt? In einem *Naturkundemuseum* könnte das eine Inszenierung über das Leben eines Tieres sein, z.B. ein sichtbarer Querschnitt durch einen Hamsterbau, wo Futtervorrat, »Babykammer«, Ein- und Ausgänge zu sehen sind. Oder das Skelett eines Dinosauriers mit Bildern seiner archaischen Umgebung. Oder das Innenleben eines Ameisenbaus. Hier müsste natürlich in kindgemäßer Form erklärt werden, was da zu sehen ist, und genügend Zeit für die Beantwortung aller Fragen der Kinder eingeplant werden.

In einem *Heimatmuseum* könnte man der Frage nachgehen, wie Kinder früher gelebt haben. Wo haben sie geschlafen? Womit haben sie gespielt? Woher bekamen sie ihr Essen? Wo haben sie sich gewaschen? Was geschah, wenn sie krank wurden? usw.

In einer *Gemäldegalerie* könnte man gemeinsam ein großes Bild betrachten und eine Geschichte dazu erzählen. Oder wenige Bilder zum gleichen Thema (z.B. Gesichter oder ein bestimmtes Tier) untersuchen und anschließend selbst ein Bild zum gleichen Thema malen. Man könnte aber auch ein abstraktes Bild nachstellen (18.), indem die Kinder sich entsprechend ihrer Kleidung zu Farbengruppen zusammenstellen. Besonders beliebt ist eine Art Rallye im Museum, wo die Kinder bestimmte Bilder suchen sollen, von denen sie eine Abbildung (bzw. die Abbildung eines Details) in der Hand halten. Hier ist allerdings die Gefahr gegeben, dass die Kinder kreuz und quer durch das Museum rennen und sich verlaufen. Deshalb sollte ein solches Spiel nur innerhalb eines Raumes stattfinden und am besten mit Klebeband in einem Meter Abstand von den Bildern eine Linie auf dem Fußboden markiert werden, die nicht überschritten werden darf.

Einige Vorschläge zur Arbeit mit Kindern im Museum sind in 17.17–17.21 notiert. Der Museumsbesuch sollte in der Phase, in der nichts berührt werden darf, nicht länger als dreißig bis maximal 45 Minuten umfassen. Falls dann aber auch Räume zur Verfügung stehen, in denen Kinder etwas malen, basteln, handgreiflich erkunden können, kann der Besuch auch länger dauern.

Als Alternative zum Museum bietet sich ein Besuch in einer *Bibliothek oder Bücherei* an (17.22). Dort können die Kinder nicht nur über die Menge der gesammelten Bücher staunen, sondern auch erkennen, dass die Bücher nach bestimmten Kriterien geordnet sind, und dass jedes Buch eine Kennnummer bekommen hat, damit man es überhaupt wieder finden kann. Vielleicht ist die Büchereileitung auch bereit, den Kindern etwas Besonderes zu zeigen: das größte Buch, das kleinste, das dickste, das älteste? Nach einer kurzen Einführung sollte der Besuch natürlich in der Bilderbuchabteilung enden, wo jedes Kind sich ein Buch aussuchen darf, das dann als Leihgabe mit in den Kindergarten geht. Selbstverständlich werden solche Erlebnisse im Kindergarten nachgespielt.

Empfehlenswertes Bilderbuch

Jutta Bauer, Kirsten Boie: Juli, der Finder. Beltz, Weinheim 1993.

Wörterliste 17

ablösen	entdecken	rar
Alarmanlage	Eselsohr	Sammler
Ausleihe	Frist	Sammlung
Band	Galerie	Schatz
Bibliothek	Gemälde	Schatzkammer
Briefmarken	Katalog	selten
Bücherei	leihen	Stoppeln
Bücherregal	listig	tauschen
Buchstützen	Lupe	Titel
Einband	Museum	wertvoll

Angebote

Lied zum Weiterdichten

17.00 Du, pst! pst! Komm zu mir

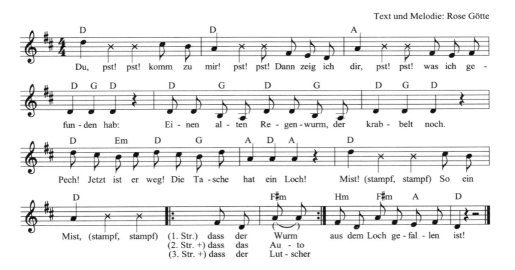

Text und Melodie: Rose Götte

Du, pst! pst! komm zu mir! pst! pst! Dann zeig ich dir, pst! pst! was ich ge-
fun-den hab: Ei-nen al-ten Re-gen-wurm, der krab-belt noch.
Pech! Jetzt ist er weg! Die Ta-sche hat ein Loch! Mist! (stampf, stampf) So ein
Mist, (stampf, stampf) (1. Str.) dass der Wurm aus dem Loch ge-fal-len ist!
(2. Str. +) dass das Au - to
(3. Str. +) dass der Lut-scher

2. Ein kaputtes Auto, damit spiel ich noch …
3. Einen alten Lutscher, du den ess ich noch …

Spaß am Sammeln

Gespräch
17.01 Was wird gesammelt?
Die meisten Menschen sammeln etwas: Briefmarken oder Bierdeckel, Puppen oder Bücher, Fotos oder Bilder, Postkarten oder schönes Porzellan, alte Waffen oder Kakteen … Manche Leute sind sogar so reich, dass sie Autos sammeln können oder richtige Kunstschätze. (Es gibt Bilder, die sind so viel wert wie ein großes Haus! Und es gibt Leute, die besitzen gleich fünfzig oder hundert solche Bilder!) Die Gemeinden und Städte und die Länder sammeln auch und bauen sogar große Häuser, um ihre Sammlungen unterzubringen, die nennet man Museen. Es gibt Technikmuseen, Spielzeugmuseen, Gemäldegalerien, Motorradmuseen, Heimatmuseen …
Auch Kinder sammeln. (Erzählen lassen, was sie sammeln. Pläne machen für weitere Sammlungen. Museumsbesuch ankündigen.)

Spiel im Freien
17.02 Schätze sammeln
Während eines Spazierganges in den Park oder in den Wald sammeln Kinder, was sie später in ihre Schatzkiste legen oder mit anderen Kindern tauschen wollen: Federn, Schneckenhäuser, Steine …

Basteln
17.03 Schatzkiste
Material: Schuhkarton und Buntpapier oder gut deckende Farbe, Goldpapier und farbige Klebebänder, Leim. – Der Deckel eines Schuhkartons wird an zwei Ecken eingeschnitten und so in den unteren Kartonteil geklebt, dass man die »Kiste« auf- und zuklappen kann wie eine Truhe. Mit Papier bekleben oder anmalen und mit »Goldstücken« und farbigen Klebebändern verzieren.

Gestalten
17.04 Sammelalbum
Wer gepresste Pflanzen sammelt, braucht ein Heft, in das er seine Sammlung einkleben kann. Wer Fotos sammelt, braucht ein Fotoalbum. Wer Postkarten sammelt, braucht vielleicht einen Leitz-Ordner mit Klarsichtfolien. Auf jeden Fall soll das Sammelalbum einen schönen Deckel bekommen.

Sammeln und ordnen
17.05 Eine eigene Sammlung anlegen
Die Erzieherin bespricht mit jedem Kind, was es sammeln möchte: Glitzersteine und glatte Kiesel, Aufkleber, Briefmarken, Kastanien und Eicheln, Murmeln oder Glasperlen, Postkarten oder gepresste Blumen, kleine Autos oder Legomännchen, Zopfspangen oder Knöpfe … Vielleicht bringt es einen Grundstock für seine Sammlung schon von zu Hause mit. Wie kann eine solche Sammlung präsentiert werden?

Sammeln
17.06 Briefmarken ablösen
Um Briefmarken von dem Papier ablösen zu können, auf das sie geklebt wurden, legt man sie in lauwarmes Wasser, bis sie sich leicht vom Untergrund abschieben lassen. Man trocknet sie, indem man sie mit der Unterseite nach oben auf saugfähiges Papier legt. Vorsichtig anfassen! Wenn eine Zacke fehlt, ist die Marke nichts mehr wert. Geübte Sammler arbeiten deshalb mit Lupe und Pinzette.

Basteln
17.07 Briefmarkenalbum
Es gibt in Papiergeschäften auch einzelne Seiten für Briefmarkensammlungen zu kaufen. Man kann sich aber ein kleines Briefmarkenalbum auch selbst machen: Auf die Seite eines leeren Heftes werden 1 cm breite Papierstreifen im Abstand von 5 cm gelegt und an den Seitenrändern festgeklebt. Nun kleben wir Tesa-Filmstreifen, die breiter sein müssen als die Papierstreifen, so auf die Papierstreifen, dass die Briefmarken oben eingesteckt werden können, aber unten nicht herausfallen.

Von Schätzen und Schatzjägern

Spiel zu zweit
17.08 Schatz abjagen
Zwei Kinder haben drei leere umgedrehte Joghurtbecher vor sich. Ein Kind legt unter einen Becher ein Stück aus seiner Sammlung, die beiden anderen bleiben leer. Nun schiebt das Kind die Joghurtbecher schnell hin- und her, sodass sie immer wieder ihren Platz wechseln. Das andere Kind sieht zu und zählt inzwischen laut auf zehn. Jetzt bleiben die Joghurtbecher stehen und das Kind zeigt auf den Becher, unter dem es den Schatz vermutet. Hat es richtig geraten, bekommt es, was darunter liegt. Hat es falsch geraten, behält das andere Kind sein Sammelstück. Jetzt die Rollen tauschen.

Tauschen
17.09 Sammlermarkt
Die Kinder stellen vor sich auf dem Fußboden ihre Schätze aus. Sie schauen sich aber auch die Schätze der anderen an und tauschen, was sie doppelt haben oder aus anderen Gründen abgeben möchten. (Vorher mit den Eltern besprechen.)

Basteln
17.10 Schatz herstellen
Aus Sonnenblumenkernen, Linsen, Erbsen und anderem Material werden Broschen und Orden geklebt oder Halsketten und Armbänder aufgezogen und in eine besonders schöne Dose oder Schachtel gelegt. Eine solche Schmuckkassette kann in vielen Rollenspielen eingesetzt werden.

Bilder betrachten
17.11 Schatzkammer
Es gibt Schatzkammern in Schlössern, in Domen, in Museen. Fotos davon finden sich in Katalogen und im Internet. Aber auch in Bilderbüchern kann man Schatzkammern finden. Sollen wir mal auf die Suche gehen?

Würfelspiel
17.12 Legosteine sammeln
In der Mitte des Tisches liegen weiße und rote Legosteine. Nun wird reihum mit einem Farbwürfen gewürfelt. Wer rot würfelt, darf sich einen roten Stein nehmen. Wer weiß würfelt, bekommt einen weißen Stein. Für die anderen Farben auf dem Würfel werden Spielregeln abgesprochen, z.B.:
Gelb: einen Stein von einem Mitspieler »kassieren«.
Grün: einen Stein wieder in die Tischmitte zurücklegen.
Blau: Würfel weitergeben, kein Stein.
Nachdem einige Runden gespielt wurde, versuchen alle, aus den gewonnenen Steinen etwas Schönes zu bauen.

Märchen zum Vorlesen (nach Brüder Grimm)
17.13 Der Bauer und der Teufel
Es war einmal ein kluges und verschmitztes Bäuerlein, von dem man sich viele Geschichten erzählt. Die schönste Geschichte aber ist die, wie es den Teufel an der Nase herumgeführt hat (hereingelegt hat).
Das Bäuerlein hatte eines Tages auf seinem Acker gearbeitet und wollte gerade heimfahren, da sah es mitten auf seinem Acker einen kleinen schwarzen Teufel sitzen. »Du sitzt wohl auf einem Schatz?«, fragte der Bauer. »Ganz recht«, antwortete der Teufel, »auf einem Schatz, der mehr Gold und Silber enthält, als du jemals in deinem Leben gesehen hast. Du kannst ihn ausgraben, wenn du mir zwei Jahre lang die Hälfte von dem gibst, was auf deinem Acker wächst. Wir Teufel haben nämlich genug Geld, aber die Früchte der Erde sind rar (= knapp) bei uns.« Das Bäuerlein war gleich damit einverstanden. »Am besten machen wir es so: Was über der Erde wächst, gehört dir, und was unter der Erde wächst, gehört mir.« Damit war der Teufel zufrieden. (Was hat er wohl erwartet? Tomaten, Erdbeeren, Salat, Erbsen, Bohnen …)
Das listige Bäuerlein pflanzte … (Was glaubt ihr wohl?) Kartoffeln, und als die Zeit der Ernte kam, so erschien der Teufel und wollte seine Frucht holen. Er bekam aber nur das welke Kartoffelkraut, und der Bauer zog vergnügt mit seinen Säcken voll Kartoffeln heim. »Das passiert mir nicht noch mal!«, rief der Teufel. Das nächste Mal machen wir es umgekehrt: Ich hole mir, was unter der Erde wächst, und du bekommst das, was über der Erde wächst!« »Ist mir recht!«, sagte der Bauer und säte auf seinem Acker … (Kinder machen Vorschläge) Weizen. Als die Frucht reif war, ging der Bauer auf seinen Acker und schnitt das Korn ab. Als der Teufel kam, fand er nur die Stoppeln und fuhr wütend in eine Felsenschlucht

hinab. »So muss man den Teufel an der Nase herumführen«, sprach das Bäuerlein, ging hin und holte sich den Schatz.

Malen
17.14 Teufelsbilder
Mit den Kindern besprechen, wer etwas aus der Geschichte (17.13) malen möchte.
Vielleicht entsteht so eine Bildergeschichte, zu der die Kinder einen Text diktieren
können.

Malen und Texten
17.15 Vom listigen Bäuerlein und dem Schatz
Die Erzieherin nennt noch einmal den Gang der Handlung des Märchens (17.13)
und fragt jeweils, wer diese Phase malen will. So entsteht eine Wandzeitung, in der
das ganze Märchen nacherzählt wird. Die Krönung des Werkes sind diktierte Texte,
die zu den Bildern hinzugefügt werden.

Spiel im Freien
17.16 Schatz vergraben
Im Sandkasten wird ein Schatz vergraben (z.B. kleine Schachtel mit Kugeln aus Alu-
folie). Wer findet den Schatz? Man kann auch eine Geschichte spielen: Diebe haben
das gestohlene Geld vergraben. Jemand beobachtet sie dabei, meldet es der Polizei.
Die Polizei kommt und findet den Schatz. Die Diebe werden verhaftet.

Besuch im Museum

Museumsbesuch (Naturkunde)
17.17 Maulwurf Grabowski »in echt«
Querschnitt durch Maulwurfsgänge betrachten und beschreiben.
Wo schläft er? Was frisst er? (Zur Vorbereitung siehe 20.31.)

Museumsbesuch (Naturkunde)
17. 18 Mein Lieblingskäfer
Um Kinder erst einmal dazu zu bringen, genau hinzusehen und »trotz lauter Wald
auch die Bäume zu sehen«, könnte man z.B. vor der Käfer- oder der Schmetterlings-
sammlung stehen bleiben und die Kinder auffordern, ihren Lieblingskäfer auszusu-
chen oder den Schmetterling, der ihnen am besten gefällt. Dafür könnten sie dann
auch einen Namen erfinden und hinterher den richtigen Namen erfahren.

In der Gemäldegalerie
17.19 Geschichte mit Bildbetrachtung
Im Kunstmuseum könnten sich alle Kinder vor ein großes Bild setzen, das den Teil
einer Geschichte zeigt, die dazu erzählt werden müsste. Natürlich sollten in dieser

Geschichte dann alle Details vorkommen, die auf dem Gemälde zu sehen sind und von den Kindern freudig entdeckt werden. (Wenn sie dabei auf dem Boden sitzen, ist die Gefahr gering, dass sie mit den Fingern das Bild berühren, wenn sie etwas zeigen wollen.)

Suchspiel
17.20 Gemälde suchen
Sehr beliebt bei Kindern ist auch eine Suchaktion. Dazu wird eine Postkarte oder eine andere Abbildung eines im Museum vorhandenen Gemäldes zerteilt, und die Kinder suchen, wohin dieses Teil gehört. Voraussetzung für dieses Spiel ist allerdings, dass den Kindern eindrücklich klargemacht wird, dass sie kein Bild berühren dürfen. Auch hier sollte die Suchaktion auf einen Raum beschränkt bleiben.

Bild »übersetzen«
17.21 Farben nachspielen
Auch abstrakte Malerei findet schon bei kleinen Kindern Anklang. Bilder mit klar voneinander abgegrenzten Farben können nachgespielt werden: Die Kinder gruppieren sich nach der Farbe ihrer T-Shirts oder Pullis und stellen dann das Bild nach. Ein Farbfeld schließt das andere ein. Oder zwei Farbblöcke stehen sich drohend gegenüber. Und wie ahmen wir ein Bild nach, auf dem ganz viele Farben bunt gemischt auftreten? Alle Kinder wuseln durcheinander.

Bibliothek und Bücher

Exkursion
17.22 Besuch einer Bibliothek
Im Vorgespräch wird den Kindern erklärt, dass nicht nur Privatleute Bücher sammeln, sondern auch die Städte und Gemeinden, die Universitäten und Schulen. Und Im Gegensatz zum Museum, wo man nichts von den Exponaten mitnehmen darf, ist die Bibliothek dazu da, dass jeder sich Bücher ausleihen kann, die er nach einer bestimmten Frist aber wieder zurückgeben muss. Was möchten die Kinder in der Bibliothek gern sehen? (Wünsche sammeln.) Ratet mal: Wie klein könnte das kleinste Buch in der Bibliothek sein? Gibt es auch Bücher, die von Hand geschrieben wurden? Ratet mal, wie viele Bilderbücher in so einer Bücherei zu finden sind: Ein Stapel so groß wie die Ute? Oder noch größer? Oder kleiner?
Der Besuch der Bücherei sollte natürlich die Bilderbuchabteilung als wichtigstes Ziel haben. Alle Kinder könnten sich dort in Ruhe umsehen und sich ein Buch aussuchen, das sie in den Kindergarten mitnehmen dürfen.

Buch betrachten
17.23 Die besondere Lesestunde
Solange die Leihbücher (17.22) im Kindergarten sind, wird eine Lesestunde mit einem besonderen Ritual verbunden. Man könnte z.B. die Vorlesezeit mit einer Glocke oder einem Gong ankündigen. Das Kind, das das Buch ausgesucht hatte, bekommt einen besonderen Platz neben der Vorleserin. (Zur Arbeit mit Bilderbüchern siehe Seite 30.)

Buch prämieren
17.24 Sterne für ein Bilderbuch
Ehe die ausgeliehenen Bilderbücher in die Bibliothek zurückgebracht werden, findet eine Prämierung statt. Alle Bücher liegen nebeneinander auf Tischen aus. Jedem Buch wird ein leerer Zettel zugeteilt. Nun bekommen alle Kinder drei Klebesternchen, die sie an die drei Bücher verteilen dürfen, die ihnen am besten gefallen haben. Das Buch mit den meisten Sternchen bekommt die Goldmedaille, der zweite Sieger die Silbermedaille, der dritte die Bronzemedaille. Für alle Medaillenträger wird in der Bibliothek Leihfristverlängerung beantragt.

Rollenspiel
17.25 Bücherei
Wir brauchen: Bücher, eine Theke, einen (alten) Computer, Benutzerausweise, vielleicht Stempel und Zettel als Computerausdrucke.
Jetzt kommen die Leser, die sich gern beraten lassen möchten: Ich suche ein Kochbuch. Ich möchte ein Bilderbuch über Hexen. Ich brauche ein Märchenbuch. Der Bibliothekar oder die Bibliothekarin hilft bei der Suche und notiert am Computer, was ausgeliehen wird. Aber nur wer einen Benutzerausweis besitzt, kann Bücher entleihen. Leihfrist nicht vergessen!

Spiel im Kreis/Kimspiel
17.26 Was passt zu welchem Buch?
Die Erzieherin hat verschiedene Bücher und in einer Tasche verschiedene Gegenstände mitgebracht, die zu den Büchern passen. Zunächst holt sie ein Buch nach dem anderen hervor und fragt, was für ein Buch das sein könnte: Kochbuch, Bilderbuch, Gesangbuch, Liederbuch, Malbuch, Telefonbuch, Lesebuch, Rechenbuch, Notizbuch … Wenn alle Bücher in der Kreismitte liegen, verteilt sie an die Kinder die Gegenstände, die sie in der Tasche hat, z.B. Kochlöffel, Kindergartentasche, Kirchenpostkarte, Flöte, Buntstifte, Handy, Schulranzen, Bleistift … Reihum soll nun jedes Kind seinen Gegenstand zu dem Buch legen, zu dem es passt. – Danach dreht sich ein Kind um, ein anderes vertauscht einige Gegenstände. Was stimmt nicht mehr?

18. Telefon und Computer

Vorüberlegungen

Elektronische Medien sind in unserer Zeit zu einem so alltäglichen, unverzichtbaren Werkzeug geworden, dass sich auch der Kindergarten damit auseinander setzen muss. Telefon, CD-Player und Kassettenrekorder sind Kindern ebenso vertraut wie Radio und Fernsehen. Computer erleben sie an jeder Kaufhauskasse, wenn nicht als tägliches Arbeitsgerät ihrer Eltern.

Die Frage ist nun, welche dieser Medien auch im Kindergarten eingesetzt werden sollen und wie dieser Einsatz pädagogisch zu bewerten ist. Es ist klar, dass die Meinungen dazu sowohl bei den Eltern als auch unter den Pädagogen oft weit auseinander gehen. Je länger ein bestimmtes Medium unseren Alltag begleitet, desto selbstverständlicher gehen die Eltern davon aus, dass auch die Kinder damit umgehen. Je fremder ihnen eine neue Technologie ist, desto ablehnender stehen sie dem Einsatz eines solchen Mediums im Kindergarten gegenüber.

Das Medium *Buch* ist in der Kindererziehung so selbstverständlich, dass die Kleinen schon im Krabbelalter damit zu tun haben. Dass Kinder schon vor dem Schulbeginn *telefonieren* können sollten, wird auch nicht mehr angezweifelt. Deshalb wird in dieser Einheit vorgeschlagen, das Telefon als Kommunikationsmittel zu nutzen (18.01, 18.08), Telefonnummern zu notieren (18.02) und Ziffern zu lesen (18.03–05). Die Notrufnummer 110 sollte jedes Kind kennen (18.09) und erfahren, dass es auch spezielle Notruftelefon-Nummern für Kinder gibt, die Hilfe brauchen. Dass Telefonieren aber auch Geld kostet, soll im Handpuppenspiel (18.06) klargemacht werden.

CDs und Kassetten können die Arbeit im Kindergarten beleben, wenn sie nicht als Hintergrundmusik oder gar als musikalische Dauerberieselung eingesetzt werden. Zu bestimmten Zeiten sollten Kinder die Möglichkeit haben, sich mit einer Kassette ihrer Wahl zurückzuziehen und in kleiner Gruppe eine Kassette zu hören. Es sollte dafür eine ruhige, gemütliche Kuschelecke vorhanden sein. Es kann auch für ein Kind hilfreich sein, einmal eine Kassette ganz allein mit Kopfhörern zu genießen, wenn es das Bedürfnis danach hat.

Über die Wirkung des *Fernsehens* auf Kinder gibt es unendlich viel Literatur, aber wenig empirische Forschungsergebnisse.

Zweifellos müssen die Hinweise auf falsche Nutzung neuer Medien sehr ernst genommen werden: Intensive Nutzung von Bildschirmgeräten kann zu Haltungsschäden führen oder die Augen überanstrengen. Auch für die Unschädlichkeit der elektromagnetischen Abstrahlung durch die Bildschirme bei längerer Nutzung gibt es noch keine Beweise. Kinder können am Bildschirm überfordert oder mit Klischees und der Legitimation von Gewalt konfrontiert werden, was sicher nicht ohne Wirkung bleibt. Eltern und Erzieher sollten deshalb klare Grenzen über Zeit und Auswahl der Angebote von Fernsehen, Videos und Computer setzen, vor allem aber das Kind begleiten, wenn es neue Medien nutzt.

Aber selbst in der besten Familie wird es nicht möglich sein, jede Kindersendung, auf der das Kind besteht, mit anzusehen. Man verlässt sich darauf, dass die Kinderkanalredaktion schon eine gute Auswahl treffen wird, und nimmt den Fernseher als Kindermädchen für eine begrenzte Zeit ganz gern in Anspruch. Und weil deshalb die meisten Kinder zu Hause ohnehin zu häufig und zu lange vor dem Fernseher sitzen, empfehle ich, im Kindergarten auf Fernsehen am besten ganz zu verzichten. Das heißt aber nicht, dass es verzichtbar wäre, über die TV-Erlebnisse, die Kinder mitbringen, zu sprechen oder sie im Spiel zu verarbeiten. Wichtig ist, dass die Kinder dazu tatsächlich eine Chance haben: Im Gespräch und im Rollenspiel können belastende Medienerlebnisse abgeladen werden. Deshalb ist es notwendig, die Kinder immer wieder darauf anzusprechen, was sie zu Hause beim Fernsehen erlebt haben. Dabei darf aber nicht bei den Kindern, die weniger gesehen haben, der Eindruck entstehen, sie hätten etwas verpasst. Für ein Gespräch über Fernseherlebnisse hat sich das Einzelgespräch bewährt in der Zeit, in der die Kinder morgens nach und nach im Kindergarten ankommen.

Dass auch der *Computer* zum Alltag und damit zur Welt der Kinder von heute gehört, wird von niemandem mehr bestritten. Aber wann ist ein Kind alt genug, um sich damit zu beschäftigen? Hier gehen die Meinungen deutlich auseinander. Während die Zahl der Fachleute wächst, die den Einsatz des Computers auch schon im Kindergarten befürworten (siehe Hans-Jürgen Palme), und der Markt für Multimedia-Kindersoftware boomt, gibt es auch Kritiker, die befürchten, die Computerwelt bewirke eine »Zerstörung des Kindseins« (Claus Eurich). Das vereinsamte Kind, das bewegungslos vor einer Maschine sitzt und den Kontakt zur realen Welt immer mehr verliert, ist das Schreckensbild, das von den Kritikern immer wieder heraufbeschworen wird. Dieses Bild hat aber wenig zu tun mit den Erfahrungen, die Kindergärten beim Einsatz von Computern im Kindergarten gemacht haben. Kindgemäße Computerspiele haben weder die Lust am Rennen und Bewegen gebremst noch das Interesse an der realen Welt vermindert und schon gar nicht die Interaktion der Kinder behindert. Vielmehr kann das Computern die Kindergartenarbeit um eine wertvolle Komponente bereichern und ergänzen, wenn der spielerische Umgang mit diesem Medium möglich ist und richtig organisiert wird.

Es kann im Kindergarten nicht darum gehen, Computerbeherrschung der Kinder anzupeilen oder ihnen kompliziertes technisches Wissen einzuimpfen, sondern darum, gemeinsam mit anderen Kindern Fantasie und Kreativität in der Interaktion mit dem Medium zu entfalten, Unterhaltung und Lernen zu verbinden, Freude am Suchen, Entdecken, Probieren zu empfinden und sich beim Umgang mit dem Computer als bewusst Handelnde zu erleben und dadurch ein vertrautes Verhältnis zur

Technologie zu entwickeln. Man muss hier den Hund nicht zum Jagen tragen. Das Spiel am Computer wird von den Kindern begeistert aufgenommen. Interessant ist, dass die Mädchen genau so begierig beteiligt sind wie die Jungen, während bei älteren Schulkindern häufig signifikante Geschlechtsunterschiede beim Interesse für Computer gemessen wurden.

Ich empfehle, mit einem Malprogramm zu beginnen. Fingerspitzengefühl, Feinmotorik, Kreativität, logisches Denken und Verständnis für Symbole werden beispielsweise für das Malprogramm »Paint« gebraucht, das zum Windows-Betriebssystem gehört und sich sehr gut für den Einsatz im Kindergarten (für Kinder ab vier Jahren) eignet (18.10).

Käufliche Computerspiele sind zahlenmäßig nicht mehr zu erfassen; täglich kommen neue Angebote auf den Markt. Edutainment-Programme nennt man das in der Computersprache (Kombination von Education und Entertainment). Dabei erscheinen Bilder mit Figuren, die das Kind fortbewegen und in immer neue Räume führen kann, wo bestimmte Aufgaben zu erledigen sind. In der 1998 mit dem »Pädi« (der Pädagogische Interaktiv-Preis wird jährlich für die besten Multimedia-Angebote verliehen) ausgezeichneten CD-ROM »Max und das Schlossgespenst«(CD-ROM, Tivola-Verlag) muss Max dem kleinen Gespenst Willy, das im Turmzimmer eines Schlosses eingesperrt ist, helfen: Es braucht dringend gelbe Socken mit Löchern. Aber wo findet man die? Max wird durch das Schloss geklickt und erlebt viele Überraschungen, auf die jeweils wieder reagiert werden muss.

Solche CD-ROMs machen eine zeitgleiche Gerätetechnik erforderlich. Das heißt, dass sie auf veralteten Geräten, die Kindergärten oft geschenkt bekommen, nicht abspielbar sind. Wer also beispielsweise Edutainment-Programme von 1995 einsetzen will, müsste mindestens über einen Windows-95-Computer verfügen. Fachleute empfehlen für den Kindergarten einen Pentuim-2-Rechner mit einem Speicher von mindestens 64 Megabyte, dazu einen größeren Bildschirm (17 Zoll), damit mehrere Kinder gleichzeitig daran arbeiten können.

Informationen über die Qualität solcher Edutainment-Programme erhält man über die Landesmediendienste, bei denen sie auch ausgeliehen werden können. Auch das Bundesministerium für Familie, Senioren, Frauen und Jugend hat Hinweise und Empfehlungen für Computerspiele herausgegeben, die viele Titel enthalten und immer wieder auf den neuesten Stand gebracht werden. (Kostenlos zu beziehen über Bundesministerium FSFJ, 11018 Berlin.) Einige dieser Spiele beziehen sich auf Bilderbuchklassiker und bieten den Kindern die Möglichkeit, die ihnen bekannten Figuren über den Bildschirm zu bewegen und kleine Aufgaben zu lösen oder kleine Druckerzeugnisse zu entwerfen und herzustellen. Beispiele:

Janosch I: Der kleine Tiger braucht ein Fahrrad
Janosch II: Riesenparty für den Tiger
Janosch III: Ich mach dich gesund, sagt der Bär (Hersteller: Navigo Multimedia)
Neues von Petterson und Findus (Hersteller: Oetinger, Hamburg, deutsche Ausgabe)

Bemerkungen zur Sache

Ein *Computer* oder Multimediarechner besteht aus Recheneinheit, Steuereinheit, Speichereinheit, Ein- und Ausgabeeinheiten. Windows-Computer enthalten das Betriebssystem Windows von der Firma Microsoft. Neben Windows hat sich auch Apple auf dem Markt behauptet (Mac).

Eine *CD-ROM* (Abkürzung für: Compact Disk – Read Only Memory) sieht aus wie eine Musik-CD, kann aber Bilder, Texte, Musik und Filme enthalten und hat eine enorme Speicherkapazität. Spiel- und Lernprogramme auf solchen Silberscheiben sind recht teuer. Sie können aber auch in Bibliotheken und Filmdiensten entliehen werden.

Maus heißt das Befehl-Eingabegerät für den Computer. Ihre Bewegungen erscheinen auf dem Bild per Pfeil oder Hand. Befehle werden als Klick, Doppelklick oder Dreifachklick eingegeben.

Cursor nennt man das Blinkzeichen auf dem Bildschirm, das anzeigt, wo die Arbeit weitergeht. Mit der Maus kann der Cursor an jede beliebige Stelle gebracht werden.

Literatur für Pädagogen

Eine Literaturliste sowie Orientierungshilfen und Adressen findet man in: Hans-Jürgen Palme: Computern im Kindergarten. Don Bosco, München 1999.

Wörterliste 18

ausdrucken	herunterfahren	Rechner
Bildschirm	Homepage	Software
Computer	Internet	starten
Cursor	klicken	Symbol
Diskette	kopieren	Telefon
Doppelklick	Maus	Telefonbuch
drucken	Menü	vergrößern
Farbskala	Paint	verkleinern
Fenster im Computer	Pfeil	Verzeichnis
	Programm	virtuell

Angebote

Sprechgesang (oder auf die Melodie »Jetzt fahr'n wir über'n See« singen)
18.00 Computerbild

Jetzt mal ich mir ein wunderschönes Bild,
jetzt mal ich mir ein –
Jetzt mal ich mir ein wunderschönes Bild,
jetzt mal ich mir ein Bild.
Ich mal in allen Farben,
vielen bunten Farben.
Ich mal in allen Farben,
doch plötzlich ist es –
Ich mal in allen Farben,
vielen bunten Farben.
Ich mal in allen Farben,
doch plötzlich ist es weg.

Medienerziehung
18.01 Telefontag
An einem bestimmten Tag dürfen Eltern oder Großeltern ihr Kind im Kindergarten anrufen. Größere Kinder werden nacheinander zum Telefondienst eingeteilt, d.h., sie nehmen ab und holen das gewünschte Kind ans Telefon. Die Erzieherinnen sollten beobachten, welche Kinder nicht angerufen wurden, und diese Kinder möglichst aus einem anderen Raum über Handy anrufen.

Basteln – malen
18.02 Notizbuch für Telefonnummern
Die Kinder nähen mehrere kleine Papierbogen zu einem Heft zusammen. Auf die linke Seite malen (oder schreiben) sie in Symbolen oder Buchstaben, wen sie anrufen möchten (Mama, Papa, Oma, »nach Hause«, Kindergarten, Freund …), auf die

gegenüberliegende Seite schreiben sie die Nummern oder lassen sich die Nummern in großen Ziffern eintragen.

Spiel im Raum
18.03 Ziffern suchen
Die Erzieherin schreibt eine Ziffer an die Tafel oder auf ein großes Blatt Papier und benennt sie. Nun sollen die Kinder versuchen, diese Ziffer möglichst schnell an anderer Stelle im Kindergarten zu entdecken, z.B. als Seitenzahl in einem Bilderbuch, als Taste am Telefon, als Tag im Kalender, als Nummer in einem Spiel usw.
Variation: Wer kann Ziffern suchen, die nur benannt, aber nicht gezeigt wurden?

Kartenspiel
18.04 Elfer raus als Memory
Das Spiel kann gleichzeitig an zwei Tischen gespielt werden, weil für jedes Spiel nur zwei der vier Farben gebraucht werden.
Die Karten mit den Ziffern 1–10 in zwei Farben werden gemischt und verdeckt auf den Tisch gelegt. Reihum darf jedes Kind zwei Karten aufdecken. Hat es zwei gleiche Zahlen in gleicher Farbe erwischt, darf es die Karten behalten und zwei weitere Karten aufdecken. Waren es unterschiedliche Karten, muss man versuchen, sie sich zu merken, ehe sie wieder verdeckt zurückgelegt werden.

Spiel am Tisch
18.05 Elfer raus als Fangspiel
Alle Elfer-raus-Karten liegen gemischt offen auf dem Tisch. Die Kinder bewegen die Hände über dem Tisch, ohne die Karten zu berühren Dazu sagt der Spielleiter: Ich hab gefischt, ich hab gefischt, ich hab die ganze Nacht gefischt und habe jetzt die (Neun) erwischt. Wer weiß, wie die Neun aussieht, schnappt sich so schnell er kann eine Karte mit der Nummer 9 in beliebiger Farbe und legt sie zur Seite. Wer die meisten Nummern gefischt hat, darf der nächste Spielleiter sein.

Handpuppentheater
18.06 Der Kaspar und das Telefon
Es spielen mit: Kaspar, Anne, Willi und ein Telefon.
Kaspar (geht zum Telefon, nimmt den Hörer ab, wartet): Da kommt ja keiner! Mir ist langweilig, aber ich höre immer nur tuuut! Ich versuch's noch mal. (Legt auf, nimmt wieder ab, hält den Hörer ans Ohr.)
Wieder nur dieses blöde Tuuut. Das kann ich auch. Tuuuuut! Ich wollte mich aber richtig unterhalten. (Ruft:) Anne! Unser Telefon ist kaputt! Komm doch bitte mal her.
Anne: Was sagst du? Unser Telefon ist kaputt? Das kann doch nicht sein, ich habe doch vorhin noch telefoniert.
Kaspar: Doch, sieh selbst, ich nehme ab und warte geduldig, aber niemand meldet sich!

Anne (lacht): So wie du das machst, *kann* sich ja auch keiner melden. Also zuerst nimmst du den Hörer ab. Dann wählst du die Nummer. Dann wartest du, bis sich am anderen Ende jemand meldet. Wenn das Besetztzeichen ertönt, legst du auf und versuchst es später noch mal.

Kaspar: Langsam, langsam, so schnell kapiere ich das nicht. Also zuerst …

Anne: Du, ich habe jetzt keine Zeit mehr. Frag die Kinder! (Anne ab.)

Kaspar (lässt sich von den Kindern erklären, was er machen muss. Er wählt eine beliebige Nummer): Hallo, wer ist da? Frau Schönbein? Haben Sie aber einen lustigen Namen! Haben Sie denn wirklich so ein schönes Bein? Und das andere ist wohl ziemlich hässlich, wie? (Enttäuscht.) Oh, sie hat einfach aufgelegt. Das war nicht nett! Ich wollte doch bloß ein bisschen plaudern. Na, da versuch ich es noch mal. Also zuerst … (lässt sich wieder von den Kindern helfen, wählt diesmal eine lange Nummer) Was? Wie bitte? Ich versteh kein Wort! (Zu den Kindern:) Der redet aber komisch: Kaminischtki kraxuzi bimlibim oder so. Tschapän? (Zu den Kindern:) Hahaha, da habe ich ja wohl jemand aus Japan erwischt. Das ist aber toll. Hallo, können Sie nicht so reden, dass ich Sie verstehe? Was? Wie? Also wenn Sie nicht anders reden, verstehe ich Sie überhaupt nicht. Hallo? Wo sind Sie denn? Spielverderber! Der hat auch aufgelegt. Na ja, ich versuch's noch mal.

(Wählt von neuem.) Wer ist da? Die Stadtverwaltung? Haha, Sie wollen mich wohl reinlegen, von wegen *die* Stadtverwaltung. Ich höre doch genau, dass Sie ein Mann sind! Also dann müsste es doch heißen: *der* Stadtverwaltung, oder? (Enttäuscht:) Schon wieder aufgelegt. Na, ich versuch's noch mal.

Anne: Du telefonierst ja immer noch! Das wird aber teuer!

Kaspar: Du, ich habe ein ganz tolles Spiel erfunden. Ich wähle einfach eine Nummer, dann meldet sich jemand und ich sage: Fröhliche Weihnachten! Oder: Mögen Sie Blutwurst mit Bananenmilch? Oder –

Anne: Hei, Kaspar, du spinnst wohl, das kostet doch ganz viel Geld!

Kaspar: Ist doch gar nicht wahr. Kein Mensch hat von mir Geld verlangt. Nur in der Telefonzelle muss man bezahlen. Hier nicht. Oder siehst du vielleicht einen Schlitz, wo man Geld reinwerfen muss? Also kostet es auch nichts, ätsch.

Anne: Doch, Kaspar, die Telekom merkt ganz genau, wenn einer telefoniert. Die haben das im Computer gespeichert. Und am Monatsende bekommst du einen Brief, in dem steht genau drin, was du fürs Telefonieren bezahlen musst.

Kaspar: Ich bezahle einfach nicht, ätsch!

Anne: Dann wird dein Telefon gesperrt, ätsch!

Kaspar (heult): Ich will aber nicht, dass die mein Telefon abschalten! Ich möchte doch noch meinen Freund Seppel anrufen! Ich muss ihn doch fragen, ob er mich heute mal mit seinem Fahrrad fahren lässt, damit ich meine Oma besuchen kann.

Anne: Siehst du, das ist was anderes. Wenn man wirklich einen Grund hat und es unbedingt nötig ist, darf man telefonieren. Hast du denn die Nummer vom Seppel?

Kaspar (heult): Nein, die hab ich nicht. Huuu, jetzt kann ich nicht anrufen.

Anne: Ich glaube, ich habe die Nummer in meinem Telefonbüchlein, warte mal. Richtig! Das steht es. Also … (Diktiert eine Nummer, Kaspar wählt.)

Kaspar: Seppel? Hallo Seppel! Klasse, dass ich mit dir telefonieren kann. Was? Frisieren? Nein, telefonieren. Hör mal, kommst du heute auf den Spielplatz? Nein, nicht Indianerschatz, Spielplatz! (Spricht lauter.) Und bringst du dein Fahrrad mit? Das möchte ich nämlich mal borgen. Geht? Na, du bist wirklich ein superguter supertoller Zwetschgenkuchenmaxifreund. Also bis heute Mittag um drei! (Legt auf.)

Nachricht weitergeben
18.07 Flüstertelefon
Die Kinder sitzen im Kreis. Die Erzieherin flüstert ihrem Nachbarn eine Nachricht ins Ohr, die der wieder seinem Nachbarn zuflüstert. Was kommt am Schluss dabei heraus?

Medienkommunikation
18.08 Handy-Auftrag erfüllen
Die Erzieherin gibt aus einem anderen Raum einem Kind per Handy einen Auftrag und überprüft, ob das Kind ihn erfüllt hat. (Lob nicht vergessen.)

Rollenspiel
18.09 Notruf wählen
Wenn beim freien Rollenspiel mit Puppen, Stofftieren oder Fahrzeugen eine Notsituation eintritt, müssen Polizei und Rettungsdienst über die Nummer 110 angerufen werden. (Verkehrsunfall auf der Straße, Einbruch ins Haus …) Darauf achten, dass auch beim Spielzeugtelefon die richtige Nummer gewählt wird.

Computerbilder
18.10 Malen und drucken mit der Maus
Die Kinder dürfen nacheinander an verschiedenen Tagen ein Bild am Computer malen, ausdrucken und mit nach Hause nehmen. Das Betriebssystem Windows enthält ein Malprogramm, das leicht zu finden ist: Über Programm-Menü zu Zubehör. Über Zubehörauswahl zu Paint-Symbol Pinsel und Farbtopf. Jetzt das Kind bestimmen lassen, mit welcher Farbe es malen will. (Farbskala befindet sich am Bildrand.) Fragen, ob es mit Stift oder mit Pinsel malen möchte, entsprechendes Symbol anklicken.
Jetzt den Platz räumen für ein Kind. Zeigen, wie die Maus funktioniert. Kinderhand auf der Maus zuerst führen, dann selbst zeichnen lassen.
Die gemalten Felder können nun über das Symbol Farbtopf mit den gewählten Farben gefüllt werden (wobei Kinder es keineswegs dem Zufall überlassen, welche Farbkomposition sie wählen). Das fertige Bild kann, wenn das Kind nichts mehr daran ändern will, ausgedruckt werden.
Zum Löschen des Bildes auf das Wort »Bild« klicken, dann erscheint eine Auswahl, in der auch »Bild löschen« enthalten ist. Soll nur ein Teil gelöscht werden, erledigt das der Radiergummi auf der Symbolleiste. (Anklicken und dann im Bild »radieren«, was weg soll.)

Nachsprechen

18.11 Ganz schwere Wörter aus England und Amerika

Die Erzieherin flüstert ein Wort. Wer es verstanden hat, flüstert mit. Bei jeder Wiederholung wird die Stimme etwas lauter, bis die Erzieherin abwinkt und ein neues Wort flüstert. Die Wörter können ruhig aus der Computerfachsprache stammen. Es kommt nicht darauf an, dass die Kinder diese Wörter lernen, sondern dass sie einfach Spaß daran haben, ein neues Wort auszuprobieren (siehe Wörterliste 18).

19. Schwimmbad

Vorüberlegungen

Es kann nicht Aufgabe des Kindergartens sein, den Kindern schwimmen beizubringen. Es geht in diesem Programm darum, noch einmal das Verhalten in der Gruppe auch außerhalb des Kindergartens zu üben und zu erleben, wie viel Spaß das Baden im kalten Wasser machen kann. Alle Kinder brauchen für diesen Ausflug Schwimmflügel, die am besten mit Kugelschreiber namentlich gekennzeichnet werden. Da sicher nicht alle Kinder Schwimmflügel besitzen, ist es notwendig, dass einige Paare im Kindergarten vorhanden sind.

Hauptziel des Schwimmbadbesuches ist die Wassergewöhnung. Bei ängstlichen Kindern soll erreicht werden, dass sie sich angstfrei und lustbetont mit dem nassen Element auseinander setzen können. Das wird sicher nicht durch einen einmaligen Schwimmbadbesuch zu erreichen sein. Aber es ist schon viel erreicht, wenn ein Kind wenigstens hier erlebt hat, dass Planschen schön ist. Erste Grundregel für die Erwachsenen ist also, ein Kind niemals gegen seinen Willen ins Wasser zu zwingen, weder durch moralischen Druck (… »sonst lachen dich die anderen aus«) noch durch vermeintlichen Spaß (nass spritzen) und schon gar nicht durch Gewalt (ins Wasser ziehen oder tragen). Die Betreuer müssen zwar verbindliche Regeln darüber vorgeben, was die Kinder im Wasser *nicht* tun dürfen, aber keine Regeln darüber, wie nass ein Kind werden soll. Es muss ganz allein entscheiden, was es sich zutraut und welche der Angebote es annimmt. Die verschiedenen Stufen der Wassergewöhnung, die unten aufgeführt sind, müssen also keineswegs in den Kindergartenjahren eines Kindes erreicht werden. Dafür ist auch später noch Zeit.

Ich empfehle, den Schwimmbadbesuch am Vortag im Rollenspiel zu üben, wobei das Umziehen tatsächlich stattfinden soll (19.03). Das setzt voraus, dass die Kinder schon am Vortag Badekleidung, Handtuch und Schwimmflügel mit in den Kindergarten bringen. Also müssen auch hier wieder die Eltern rechtzeitig über die Planung informiert werden, zumal dieser Ausflug nicht ohne zusätzliche Betreuungspersonen durchgeführt werden kann. Ein Elternbrief (19.01) soll dafür werben, der wieder von den Kindern malerisch ergänzt werden könnte. Vielleicht könnte auf der Rückseite auch das Lied »Uah! Ist das Wasser kalt!« (19.00) abgedruckt werden, damit die Eltern, die damit umgehen können, das Lied vielleicht auch zu Hause mit den Kindern singen können.

Didaktik der Wassergewöhnung

1. Gewöhnung an Nässe und Kälte im Kleinkinderbecken:
   - Spiele am Wasserrand
   - Wasser in Gießkannen und Eimerchen füllen, umgießen, ausleeren
   - durch knöcheltiefes Wasser laufen
   - Schiffchen und Wasserbälle verfolgen im knietiefen Wasser
   - Nachlaufen im Wasser (19.04)
2. Sich lustvoll im Wasser bewegen (Wasserhöhe bis zum Bauchnabel):
   - Auf den Stufen zum Nichtschwimmerbecken spielen
   - Ballwerfen (19.05)
   - Wasserschlange (19.06)
   - Ringel-Reihe (19.07), Wasserlauf (19.08)
   - Ich getrau mir's nicht (19.13)
3. Spüren, wie das Wasser trägt
   - Wassermaschine am Beckenrand (19.09)
   - Wasserkarussell (19.10)
   - Boot am Haken (19.11)
   - Schwebende Qualle (19.12)
4. Kopf unter Wasser (jeweils mit Hilfestellung eines Erwachsenen)
   - Nasse Haare
   - Erst mit den Händen, dann mit dem Gesicht ins Wasser patschen
   - Hand in Hand in die Knie gehen
   - Rutschbahn ins Wasser
   - Sprung ins Wasser
5. Sich angstfrei über, im und kurz unter Wasser bewegen
   - Fliegender Fisch (19.14)
   - Wasserschaukel (19.15)
   - Mit den Händen den Boden des Nichtschwimmerbeckens erreichen
   - Purzelbaum im Wasser (19.16)

Nach dem Baden darf es keine langen Diskussionen darüber geben, ob nun ein Kind aus dem Wasser heraus will oder nicht. Schon im Vorbereitungsgespräch (19.03) muss erklärt werden, dass es natürlich Kinder gibt, die ganz lange im Wasser bleiben und gar nicht nach Hause wollen, während andere Kinder schnell frieren und bald wieder trockene Kleidung brauchen. Deshalb muss ein Zeichen verabredet werden, auf das hin alle Kinder aus dem Wasser kommen müssen. (Kinder sollen Vorschläge machen, welches Zeichen das sein könnte.)

Die Nachbereitung des Schwimmbadbesuches soll nicht nur die Sprachkompetenz erweitern, sondern auch in kleinen Experimenten (19.23–24) das Thema Schwimmen vertiefen.

Und schließlich sollen Märchenfische zu Tischtheater und bildnerischem Gestalten anregen (19.26–29).

Empfehlenswerte Bilderbücher

Leo Lionni: Swimmy. Middelhauve, Köln und Zürich 1963. *Ein Klassiker. Viele kleine Fische können sich gegen die Großen wehren, wenn sie zusammenstehen* (siehe 19.26).

Marcus Pfister: Der Regenbogenfisch. Nord-Süd, Gossau Zürich und Hamburg 1992. *Wenn einer alles für sich allein haben will, wird er von anderen gemieden und bleibt dann wirklich allein. Eine Geschichte vom Teilen* (siehe 19.27).

Sabine Jörg, Rosi Vogel: Warum das Meer so blau ist. Thienemann, Stuttgart und Wien 1994. *Warum ist das Meer so blau? Hat vielleicht ein Riese ein Riesen-Tintenfass hineingeschüttet? Das behauptet jedenfalls das Bilderbuch, das aber mit »Es war einmal« beginnt. (Das Buch eignet sich gut als Einstieg in eine naturwissenschaftliche Diskussion.)*

Wörterliste 19

abtrocknen	Fluss	Schuppen
ängstlich	frieren	Schwimmflossen
Ausgang	frösteln	Schwimmflügel
ausrutschen	Fundbüro	sinken
Bach	Grad	Sonnenbrille
Badeanzug	Haarföhn	Sonnencreme
Badehose	Hallenbad	Sprungbrett
barfuß	Kasse	Startklotz
Becken	Kiosk	Strom
Bikini	Kopfsprung	tauchen
Celsius	leichtsinnig	Taucherbrille
Chlor	Leiter	Teich
Durst	Liegewiese	Tümpel
Dusche	Luftmatratze	Umkleidekabine
duschen	Meer	umsichtig
eincremen	mutig	untergehen
Eingang	Nichtschwimmer	vorsichtig
Eintrittskarte	retten	Wassertemperatur
ertrinken	Rettungsring	Wellen
Ferien	Salto	Wetter

Angebote

Lied mit Pantomime
19.00 Uah! Ist das Wasser kalt

2. Uah! Ist das Wasser nass!
    Uah! Macht das wirklich Spaß?
    Na, da tauch ich mal unter. Iiih!
    So nass wie heut war das Wasser noch nie.

Pantomime: Bei »Uah!« wird das (fiktive) Wasser erst mal mit dem Fuß geprüft. Bei »Na, da geh ich halt …« auf der Stelle treten und die Dusche andrehen. Bei »Iiih!« sich unter dem kalten Wasser krümmen … Dann in der zweiten Strophe zum Becken zurücklaufen und hineinspringen. Schwimmen.

Malen
19.01 Elternbrief illustrieren
Die Kinder malen die Gegenstände, die sie für den Schwimmbadbesuch brauchen, und die Sonne, die sie sich wünschen, auf den Elternbrief, den sie zu Hause abgeben sollen.

Gespräch
19.02 Sonne kann verletzen
Sonnenbrand tut weh. Wie kann man sich davor schützen? Sonnenhut und T-Shirt sind notwendig, wenn die Sonne kräftig scheint. Sonnencreme schützt auch. Kinder können sich gegenseitig den Rücken mit Sonnenschutzmittel eincremen (19.03).

Rollenspiel mit richtigem Umkleiden
19.03 Wir spielen Schwimmbad
Alle Kinder packen ihre Badesachen. Jeder trägt seinen Rucksack bzw. seine Tasche oder Tüte selbst. Wir bauen uns einen Bus aus Stühlen. Dann stellen wir uns in einer Zweierreihe auf und marschieren gemeinsam bis zur »Bushaltestelle«. Alles einsteigen! Unterwegs Fahrscheinkontrolle. An der Haltestelle Freibad aussteigen. Achtung: Fahrbahn nur bei Grün überqueren!
Im Schwimmbad suchen wir uns einen schattigen Lagerplatz. Alle Kinder ziehen (nicht pantomimisch, sondern tatsächlich) ihre Badesachen an und legen die Kleider

ordentlich auf ein Häuflein, das sie beim Anziehen später sofort wieder finden. Stehen auch die Schuhe ordentlich daneben? Vorsicht: Der Wind will mit den Sachen spielen und alles durcheinander wirbeln. Das müssen wir verhindern. Vielleicht die Sachen mit den Schuhen beschweren? Schwimmflügel aufblasen und anziehen. Sich gegenseitig helfen. Auch die Erzieherinnen sollten jetzt im Badeanzug weitermachen. Jetzt gehen wir erst mal zum Planschbecken (oder Nichtschwimmerbecken), das zuvor mit Klebeband oder Kreide auf dem Fußboden markiert wurde. Mal den Großen Zeh ins »Wasser« strecken. Uah! Ist das Wasser kalt! (19.00) Na, dann gehen wir halt erst mal unter die »Dusche« (Lampe). Iiih! Und jetzt ins »Wasser«. Wer kommt mit? Im Wasser fassen sich jeweils einige Kinder an den Händen und sprechen gemeinsam: Ich getrau mir's nicht … (19.13). Bei »doch!« in die Hocke gehen. Nach einiger Zeit wird es einigen Kindern zu kalt.

Jetzt erfolgt das verabredete Zeichen, auf das alle Kinder sofort das »Becken« verlassen müssen. Zum Warmwerden laufen alle um das Becken herum. Jetzt abtrocknen und anziehen. Die Großen helfen den Kleinen. Nun setzen wir uns auf den »Rasen«, packen das Vesperbrot aus und essen. Dabei kann über die Regeln beim Baden gesprochen werden: Nicht schubsen, nicht spritzen, wenn der andere nicht will. Und schon gar nicht ein anderes Kind untertauchen. Die Älteren werden »Schwimmbad-Pate« für ein jüngeres Kind, dem sie auch beim Anziehen helfen.

Wasserspiele

19.04 Nachlaufen im Planschbecken
Ein Kind versucht, ein anderes im flachen Wasser zu fangen. Wer sich setzt, kann nicht abgeschlagen werden.

19.05 Ballwerfen im Nichtschwimmerbecken
Die Kinder stellen sich im niedrigen Wasser im Kreis auf. Bälle werden hin- und hergeworfen. (Vorsicht, geht nur bei geringer Wassertiefe!)

19.06 Wasserschlange im Planschbecken
Mehrere Kinder fassen sich an und bilden eine Schlange. Der Kopf der Schlange muss versuchen, das Schlangenende zu fassen. Am besten bildet ein Erwachsener den Schlangenkopf, weil eine ganze Menge Kraft dazu gehört, die Schlange im Wasser zu bewegen.

19.07 Ringel-Reihe im Wasser
Mehrere Kinder fassen sich an der Hand und singen:
Ringel, Ringel, Reihe
sind der Kinder dreie,
sitzen unterm Holderbusch,
machen alle husch! (Dabei in die Knie oder in die Hocke gehen.)

19.08 Wasserlauf

Die Erzieherin versucht, mit einem Kind an jeder Hand quer durch das Nicht-schwimmerbecken zu laufen. Dabei soll das Wasser nur bis zum Bauch der Kinder reichen. Geht das noch schneller? Geht das auch rückwärts? So spüren die Kinder den Wasserwiderstand und lernen, ihre Bewegungen darauf einzustellen.

19.09 Wassermaschine am Beckenrand

Die Kinder halten sich mit den Händen am Beckenrand fest und strampeln kräftig mit den Beinen. Dann mit einer Hand festhalten und mit der anderen Hand im Rhythmus der Beine vor- und zurückstoßen.

19.10 Wasserkarussell

Wenn mehrere Erwachsene zur Verfügung stehen, können sie jeweils ein Kind zwischen sich an den Händen oder am Oberarm festhalten und sich langsam im Kreis bewegen. Die Kinder können sich auf das Wasser legen und sich vom Karussell tragen lassen.

19.11 Boot am Haken

Die Erzieherin geht rückwärts durch das Wasser und zieht zwei Kinder, die sich flach aufs Wasser gelegt haben und sich je an einer Hand der Erzieherin festhalten, über das Wasser.

19.12 Schwebende Qualle

Die Kinder bewegen sich da, wo sie noch stehen können, wie eine schwebende Qualle: Sie bewegen im Wasser Arme und Beine, ohne zu spritzen, auf und ab.

19.13 Ich trau mich nicht

Die Kinder sprechen im Chor: Ich trau mich nicht, ich trau mich nicht, ich trau mich aber doch! (Bei »doch« tauchen die Kinder bis zum Hals ins Wasser oder tauchen unter oder springen vom Beckenrand ins Becken, wo sie aufgefangen werden.)

19.14 Fliegender Fisch

Die Erzieherin lässt die Kinder, die das wollen, mit Schwung über die Wasserfläche rutschen, indem sie ein Kind an Hand und Fuß festhält und ein Stückchen auf der Wasseroberfläche gleiten lässt. Wenn sie sich im Kreis dreht, kann der Fisch auch kurz durch die Luft fliegen.

19.15 Wasserschaukel

Zwei Erwachsene bilden mit den Armen eine Schaukel im Wasser, auf der die Kinder einige Male hin- und herschaukeln können. Wer will, darf abspringen.

19.16 Purzelbaum im Wasser

Ein Kind versucht zunächst über den Arm eines Erwachsenen, dann ganz allein einen Purzelbaum im Wasser zu machen.

Zum Warmwerden

19.17 Rubbelkreis

Die Kinder stellen sich im Kreis hintereinander auf. Jeder hat ein Handtuch und versucht damit, dem Vordermann kräftig den Rücken trocken zu rubbeln.

19.18 Luftballons nicht auf den Boden!

Die Gruppe wird in zwei Teams aufgeteilt. Jedes Team muss versuchen, zwei aufgeblasene Luftballons möglichst lange hochzuwerfen, ohne dass jemand den Ballon festhält und ohne Bodenkontakt. Welches Team hat das länger geschafft? (Abstoppen.) Für jeden Sieg gibt es einen Punkt.

Nachbereitung

Sätze bilden
19.19 Schwimmbad – Angeber

Sollen wir wieder einmal Angeber spielen? Jeder darf sich eine Prahlerei ausdenken: Ich bin vom 3-Meter-Brett gesprungen. Ich habe einen Salto ins Wasser gemacht. Ich bin durch das ganze Schwimmbad getaucht …

Konstruktionsspiel
19.20 Schwimmbad bauen

Aus Legosteinen wird in Gemeinschaftsarbeit ein großes Schwimmbad gebaut mit Becken für Schwimmer und für Nichtschwimmer, Duschen, Sprungbrett, Umkleidekabinen, Kiosk, Kasse … Dann die Wasserbecken mit Plastikfolie abdichten und mit Wasser füllen. (Vorsichtshalber im Waschraum!) Kleine Figuren gehen baden.

Wortschatzübung im Kreis
19.21 Fundbüro

Jedes Kind bekommt ein Kleidungsstück oder einen Gegenstand (Sonnenbrille, Sandschaufel …) in die Hand, den es sich gut einprägen soll. Dann stellen wir uns vor, diese Gegenstände hätten die Kinder im Schwimmbad vergessen: Sie werfen sie hinter sich und ein Kind sammelt alles in einen großen Korb, der mit einem Tuch bedeckt wird. Dann nimmt es in der Kreismitte einen Gegenstand unter dem Tuch in die Hand und fragt: Wer hat (eine Badehose) vergessen? Das betroffene Kind meldet sich und bekommt sein »Fundstück« zurück. Wenn sich kein »Eigentümer« meldet, geht das Fundstück zunächst in den Korb zurück. Schwieriger wird es, wenn der

»Eigentümer« auch noch eine Beschreibung des »verlorenen« Besitzes geben muss, z.B. die Farbe oder das Material benennen soll.

Spiel im Kreis: Sätze bilden
19.22 Bringen Sie doch bitte diese Tasche zum Fundbüro!
Mit dieser Aufforderung reicht ein Kind einem anderen die Tasche. Das kann entweder die Tasche nehmen, seinen Platz frei machen und die gleiche Aufforderung an ein drittes Kind richten, oder es bleibt auf seinem Platz sitzen und formuliert eine Ablehnung, z.B.: Ich habe jetzt keine Zeit. Oder: Die Füße tun mir weh. Oder: Der Arzt hat gesagt, ich darf keine schweren Sachen tragen …

Experiment
19.23 Was kann schwimmen?
Jeweils zwei Kinder sammeln etwa zehn Dinge (Stein, Holzstück, Kerze, Kork, Löffel …), gehen damit in den Waschraum und trennen die Dinge, von denen sie glauben, dass sie schwimmen, von denen, die vermutlich untergehen. Dann wird im Waschbecken die Probe gemacht. Die Erzieherin geht von Waschbecken zu Waschbecken und führt Gespräche über Material usw.

Experiment
19.24 Schwimmende Nägel
Große Nägel gehen unter. Gehen auch kleine Nägel unter? Wenn aber ein kleiner Nagel in einen Eisblock eingefroren wird: Schwimmt er dann oder geht er unter? Und wenn das Eis langsam im Wasser schmilzt? (Im Eiswürfelfach Wasser mit kleinen Nägeln gefrieren lassen. Zeigen, dass Eiswürfel schwimmen und sogar einen Nagel mittragen können. Hinweis auf Eisberge im Nordmeer.)

Suchen in Bilderbüchern
19.25 Wo kann man baden?
Ein kleiner Wettbewerb wird ausgerufen: Wer findet in einem Bilderbuch Wasser, in dem man baden kann? (Schwimmbad, Tümpel, Teich, See, Bach, Fluss, Strom, Meer.) Die ersten Finder erhalten eine kleine Belohnung. Danach werden die gefundenen Bilder sortiert: kleine Bäche – große Flüsse, kleine Tümpel – große Seen. Und alle Flüsse fließen in ein Meer …

Von Fischen und Meeren im Märchen

Tischtheater mit Bilderbuchtexten
19.26 Swimmy
Der Bilderbuchklassiker Swimmy von Leo Lionni lässt sich wunderbar als Tischtheater nachspielen. Für die vielen kleinen glücklichen Fische nehmen wir kleine Papier-

schnitzel, für die großen Fische ein großes Stück schwarzes Papier in Fischform reißen. Swimmy, der kleine Fisch, wird ebenfalls aus schwarzem Papier gerissen.
Dann brauchen wir noch Seidenpapier in verschiedenen Farben, um die Wunder
des Meeres (teils geknülltes, teils glattes buntes Seidenpapier) darzustellen – und
schon kann die Geschichte vorgelesen werden, während die Kinder die Papierteile
auf dem Tisch bewegen. Zum Schluss bilden die Papierschnipsel-Fische einen
Schwarm in Form eines Riesenfisches mit Swimmy als Auge. Vor diesem Riesenfisch
nehmen die großen schwarzen Fische Reißaus.

Gestalten und als Tischtheater aufführen
19.27 Der Regenbogenfisch
Nachdem die Kinder das Bilderbuch von Marcus Pfister kennen gelernt haben, wird
das Buch zur Seite gelegt und mit Fischen aus Knetmasse nachgespielt. Jedes Kind
knetet sich einen Fisch. Die Schuppen können mit einem flachen runden Gegenstand (z.B. Löffelstiel aus der Puppenecke) angedeutet werden; für die Augen brauchen wir ein kleines Knetkügelchen in einer anderen Farbe.
Nur der Regenbogenfisch hat glitzernde Schuppen. (Aus metallisch glänzendem
Farbpapier ausschneiden und in den Knetfisch stecken.) Jetzt müssen wir noch einen Tintenfisch und einen Seestern kneten, dann beginnt das Spiel.
Handlung wie im Buch vorgegeben, wobei die Kinder neue Texte erfinden. Was sagt
der Regenbogenfisch, wenn er von den anderen zum Mitspielen aufgefordert wird?
Was sagt der kleine Fisch, der eine Glitzerschuppe haben möchte? Was erzählt der
kleine Fisch den anderen Fischen? Was sagen die dazu? Wie fühlt sich der Regenbogenfisch, als niemand mehr etwas mit ihm zu tun haben will?

Zuhören und malen
19.28 Vom Fischer und seiner Frau
Das Märchen der Brüder Grimm wird (vielleicht in etwas verkürzter Form) vorgelesen. Zuvor wurden an die Kinder große Papierbogen und Pinsel verteilt und Wasser-
farben in Hellblau, Gelb, Grün, Dunkelblau, Violett, Schwarz bereitgestellt. Die Kin-
der malen nun, wie sich das Meer im Lauf der Geschichte verändert:
Zunächst ist das Wasser klar und hell: hellblau verdünnt verwenden.
Dann wird das Meer grün und gelb und ist gar nicht mehr so klar.
Dann violett und dunkelblau und grau und ist sehr bewegt,
dann schwarzgrau, dann schwarz. Dabei werden die Wellen immer größer. Zum
Schluss zucken Blitze ins Wasser …

Malerisches Experiment
19.29 Quallen und Tintenfische
In ein großes Glas mit Wasser lassen wir einige wenige Tropfen Farbe aus dem Was-
serfarbenkasten oder Tinte fallen. Was passiert?

20. Hochsommer

Vorüberlegungen

Dieses Programm ist für besonders heiße Tage gedacht. Was den Bedürfnissen der Kinder bei großer Hitze am meisten entspricht, sind Wasserspiele (20.02–20.13) und Spiele im Schatten bei leichter oder gar keiner Bekleidung (siehe auch Kapitel 19: Schwimmbad). Deshalb lohnt es sich auf jeden Fall, ein aufblasbares Planschbecken im Garten bereitzustellen. Badehosen am besten bis zu den Sommerferien im Kindergarten lassen. Jedes Kind hängt seine Badehose an eine niedrig aufgespannte Wäscheleine und findet sie mit Hilfe einer selbst bemalten Wäscheklammer am nächsten Tag wieder (20.17). Bei den Wasserstrahlspielen (20.02–20.04) ist es wichtig, den Schlauch ruhig und verlässlich zu halten. Kein Kind soll plötzlich nass gespritzt werden, indem die Richtung des Wasserstrahles ständig geändert wird. Nur wenn die Kinder sich auf die Spielregel verlassen können, wagen sich auch ängstliche Kinder in die Nähe des Wasserstrahles.

Kinderreime oder Kinderlieder können helfen, allzu laute Begeisterung immer wieder in ruhigere Bahnen zu lenken (20.12, 20.00, siehe auch 19.07).

Der Einsatz von Fingerfarben ist besonders problemlos, wenn Waschwasser reichlich vorhanden ist und auf keine Kleidung geachtet werden muss (20.14–19). Dasselbe gilt für den Wassereinsatz im Sandkasten (20.13).

Die in diesem Kapitel vorgeschlagenen Experimente (20.20–26, 20.28–29) eignen sich für kleinere Gruppen. Die Erzieherin könnte jeweils die Kinder zu sich rufen, die gerade nichts zu tun haben, und mit ihnen besprechen, welche Frage durch das vorgesehene Experiment eine Antwort finden soll (siehe auch 19.23 und 19.24).

Da im Hochsommer immer auch mit Gewittern gerechnet werden muss, kann ein solches Erlebnis musikalisch verarbeitet werden (20.30). Die Kinder lernen bei dieser Gelegenheit, auf Einsätze eines Dirigenten zu reagieren und ihr Spiel entsprechend zu gestalten. Als Ergänzung zu den Vorschlägen für heiße Tage wird der Einsatz von Bilderbüchern an einigen Beispielen demonstriert (20.31–32).

Empfehlenswerte Bilderbücher

Luis Murschetz: Der Maulwurf Grabowski. Diogenes Verlag, Zürich. (20.31).
Leo Lionni: Tillie und die Mauer. Middelhauve, Köln und Zürich 1989 (20.32.)
Svetlana Tiourina: Schmetterling. Bohem press, Zürich 1998 (20.33).

Wörterliste 20

bleichen	Licht Sonnenbrand	untergehen
blenden	schattig	verdunsten
Experiment	schwül	vergilben
feststellen	sonnig	vermuten
feucht	stinken	Versuch
Gewitter	Thermometer	Wanne
grell	toben	welken
Hitze	trocknen	wolkenlos

Angebote

Lied zum Weiterdichten
20.00 's ist viel zu heiß!

Text und Melodie: Rose Götte

Der kursiv gesetzte Text ist variabel, d.h., er soll jeweils von den Kindern gestaltet werden.

Das Lied könnte so eingeführt werden:

Die Erzieherin singt leise, dann immer lauter werdend, mehrfach den Liedanfang: 's ist viel zu heiß! Die Kinder singen diese Zeile nach.

Nun fragt die Erzieherin: Wollt ihr eine lange Wanderung machen?

Die Kinder singen: 's ist viel zu heiß!

Wollt ihr ganz viel heiße Suppe essen?

Kinder: 's ist viel zu heiß!

Erzieherin: Wollt ihr hundert Kniebeugen machen?

Kinder: 's ist viel zu heiß!

Erzieherin: Ihr wollt das alles also gar nicht machen? Na, dann singen wir das doch mal! (Singt vor:) Wir rennen nicht, wir turnen nicht, wir lernen nicht, wir toben nicht, du weißt doch selbst, was jeder weiß: 's ist viel zu heiß!

Zubereiten – verteilen

20.01 Eis selber machen

Schokoladeneis: Ein Viertel Liter Sahne steif schlagen, 50 Gramm Zucker, drei Esslöffel Kakao und zwei Esslöffel geriebene Blockschokolade darunter mischen. Im Gefrierfach bei höchster Kältestufe gefrieren lassen.

Aprikoseneis: 250 Gramm Aprikosen einige Minuten in kochendes Wasser tauchen, herausnehmen, Haut abziehen, Früchte entkernen und durch ein Sieb streichen. Die Masse mit 100 Gramm Puderzucker verrühren. Ein Viertel Liter steif geschlagene Sahne darunter ziehen und gefrieren lassen.

Erdbeereis: 250 Gramm Erdbeeren zerdrücken und verrühren. Inzwischen 125 Gramm Zucker mit ein Viertel Liter Wasser aufkochen, mit dem Saft einer halben Zitrone abschmecken, mit den zerdrückten Beeren und einem Achtel steif geschlagener Sahne verrühren. Gefrieren lassen.

Himbeereis, Bananeneis: gleiches Rezept wie beim Erdbeereis, nur mit anderen Früchten. Das Eis könnte im Rahmen eines Rollenspiels (Eisdiele, Eisständchen, Eis-Auto) verteilt werden.

Wasserspiele

20.02 Über den Wasserstrahl springen

Ein Erwachsener hält das Ende eines Wasserschlauches ruhig in der Hand und lässt den Wasserstrahl parallel zum Boden schießen. Die Kinder springen darüber.

20.03 Unter dem Wasserstrahl durchlaufen

Der Wasserstrahl bildet einen Bogen, unter dem die Kinder durchlaufen können.

20.04 Unter dem Wasserstrahl durchkriechen

Der Wasserstrahl wird so niedrig gehalten, dass die Kinder auf allen vieren durchkriechen müssen.

20.05 Planschbecken füllen

Unter einem Sonnenschirm wird (am besten auf dem Rasen oder auf einem Stück Teppichboden) ein Planschbecken aufgeblasen. Die Kinder bekommen Eimer oder Gießkannen pendeln nun zwischen Wasserstelle und Planschbecken hin und her.

20.06 Eimerkette zum Planschbecken

Noch mehr Spaß macht eine Eimerkette zwischen Wasserstelle und Planschbecken. Die Kinder stellen sich so auf, dass jeder mit ausgestreckten Armen das nächste Kind erreichen kann. Nun werden kleine, mit Wasser gefüllte Eimer in Richtung Planschbecken von Kind zu Kind gereicht und am Ende in das Planschbecken entleert. Besonders schwierig: die leeren Eimer in umgekehrter Richtung weiterzugeben, ohne dass ein voller Eimer zu Boden geht.

20.07 Wasserzielwerfen

Etwas entfernt vom Planschbecken werden Gymnastikreifen auf den Boden gelegt. Von dort aus sollen die Kinder mit Bällen oder nassen Waschlappen in das Becken treffen, sodass es ordentlich spritzt. Am besten sollen die Kinder jeweils selbst entscheiden, wie weit ihr Reifen vom Becken entfernt liegen soll. *Darauf achten, dass nicht ein Kind alle Wurfgeschosse an sich nimmt und andere leer ausgehen.*

20.08 Wasserklatschen

Die Kinder berühren mit einer Hand den Rand des Planschbeckens. Ein anderes Kind schlägt mit einem flachen Gegenstand (Tischtennisschläger oder Holzbrettchen) fest auf das Wasser und ruft gleichzeitig: Los! Dabei dürfen die anderen einen Satz vom Becken wegspringen, sodass sie möglichst wenig Wasserspritzer abbekommen.

20.09 Wassermalerei

Auf die Straße oder auf einen gepflasterten Spielplatz werden mit kleinen Gießkannen Muster gemalt.

20.10 Spurenlauf

Ein Kind malt mit Wasser eine Spur auf den Boden. Andere Kinder laufen barfuß in der Spur. (Achtung, könnte glitschig sein!)

20.11 Wasser tragen

Ein bis zum Rand mit Wasser gefüllter Becher soll so schnell wie möglich von einer Grenzlinie zur anderen getragen werden, ohne dass Wasser verloren geht. Sieger ist, wer zuerst mit vollem Becher die Ziellinie erreicht hat.

Kinderreim am Wasserbecken
20.12 Nasse Hände

Nasse Hände, nasse Hände (Hände ins Wasser tauchen),
nasser Zeh – tut nicht weh (einen großen Zeh ins Wasser halten)!
Nasse Füße, nasse Füße (ins Becken steigen),
nasser Po, das geht so (kurz in die Hocke gehen)!
Nasse Beine, nasse Beine (knien),
nasser Bauch: kann ich auch (sich ins Wasser fallen lassen)!

Matschen
20.13 Wasserlandschaft im Sandkasten

Mit Plastikfolien werden Flussbett und Seeboden ausgelegt, sodass sich das Wasser eine Zeit lang hält. Eine große Schüssel in den Sand eingraben, mit Wasser füllen, mit Bergen umgeben …

Fingerfarbenmalerei

20.14 Feuerball Sonne

Wir brauchen eine Malfläche von etwa 1 qm auf dem Fußboden, dazu verschiedene Farbmischungen aus Rot und Gelb.

Einleitendes Gespräch: Die Sonne ist ein Feuerball. In ihrem Kern herrschen unvorstellbar hohe Temperaturen. Welche Farbe nehmen wir für die größte Hitze im Mittelpunkt unseres Bildes? Und welche Farben eignen sich für die äußeren Flächen?

Beginnend mit dem Mittelpunkt können nun die Kinder mit den Fingern die Farbflächen von innen nach außen tupfen. Als Gemeinschaftsarbeit macht das besonders viel Spaß.

20.15 Fische im Wasser

Kleinere Kinder dürfen eine Glasfläche (Fenster von außen) mit hellblauer, etwas verdünnter Fingerfarbe bestreichen. In dieses »Wasser« malen größere Kinder nach dem Antrocknen der blauen Farbe bunte Fische. (Falls der Hintergrund nicht schnell genug trocknet, könnte ein Föhn helfen.)

20.16 Wolken am Himmel und Vögel

Mit verdünnter Fingerfarbe einen großen blauen Himmel malen. Nach dem Trocknen weiße Wolken erscheinen lassen. Das können auch jüngere Kinder.

Ältere Kinder fragen die jüngeren Wolkenmaler, ob sie Vögel (oder Flugzeuge) in das Bild malen dürfen. Nur nach Genehmigung malen! Auch kleine Kinder haben Urheberrechte.

20.17 Wäscheklammer bemalen

Jedes Kind bekommt eine Wäscheklammer aus Holz, die es so bemalt, dass es sie wieder erkennt. Nach den Wasserspielen kann so die Badehose zum Trocknen an eine Leine gehängt und am nächsten Tag leicht wieder gefunden werden.

20.18 Regenbogen

Als Vorübung »malen« die Kinder mit ausgestreckten Armen große Halbkreise in die Luft. Danach überlegen sie, welche Farben für einen Regenbogen gebraucht werden. (Vielleicht in einem Bilderbuch nachschauen?) Jetzt wird ein großer Regenbogen auf eine Glasfläche gesetzt. Jedes Kind malt eine Farbe. Unter den Regenbogen können ältere Kinder vielleicht Tiere malen (siehe auch Arche Noah 9.33) oder Landschaften.

20.19 Gemalte Kleider

Nackte Kinder oder Kinder in der Badehose dürfen sich gegenseitig Kleider auf die Haut malen. (Auf Kinder mit Allergien achten!) Anschließend wird unter einer warmen Dusche alles wieder abgewaschen.

Experimente mit Sonne und Wasser

20.20 Wasserrakete

Ein leerer Joghurtbecher wird mit der Öffnung nach unten zwischen Daumen und Zeigefinger unter Wasser gezogen. Lässt man ihn los, schießt er nach oben. Warum?

20.21 Wasser verdunstet in der Sonne

Steinplatten in der Sonne und Steinplatten im Schatten werden mit der gleichen Menge Wasser begossen. Mit der Stoppuhr messen, wie lange es dauert, bis alles wieder trocken ist. (Bei kleinen Wassermengen kann gezählt werden.) Welche Unterschiede werden festgestellt?

20.22 Gras und Heu

Die Kinder schneiden Gras mit der Schere ab. Ein Teil wird in die Sonne zum Trocknen gelegt, der andere Teil wird in einen Plastikbeutel an einen kühlen Platz gelegt. Am nächsten und übernächsten Tag wird nachgeschaut, was aus dem Gras geworden ist.

20.23 Wärmeleiter

Verschiedene Gegenstände werden in die Sonne gelegt: ein Holzbrett, ein Kochtopfdeckel, eine Plastikdose, ein Porzellanteller … Wärmt die Sonne alles gleichmäßig? Was wurde nach einer Viertelstunde am stärksten aufgeheizt? Warum? Liegt das an der Form oder am Material?

20.24 Papier vergilbt

Eine Zeitung wird in zwei Teile geteilt. Die eine Hälfte wird in die pralle Sonne gelegt, die andere Hälfte wird gefaltet an einen dunklen Ort gebracht. Schon nach zwei Stunden sehen die Teile recht verschieden aus.

20.25 Die Sonne bleicht Farben

Farbiges Papier wird zweigeteilt. Eine Hälfte liegt in der Sonne, die andere Hälfte nicht. Nach einigen Stunden vergleichen.

20.26 Wäsche bleichen

Die Kinder erfahren, dass die Hausfrauen früher, als es noch keine Waschmaschinen gab, die gewaschene Wäsche auf einen Rasen gelegt und mit Wasser aus der Gießkanne immer wieder angefeuchtet haben, damit die Wäsche besonders weiß wird. Das soll nun im Kindergarten nachgeahmt werden.

Rollenspiel
20.27 Der Hund ist über die Wäsche gelaufen

Einige Hausfrauen oder Hausmänner haben Wäsche gewaschen und legen sie nun zum Bleichen auf den Rasen. Sie sind froh, dass die Wäsche nun endlich sauber ist, und wollen, dass die Sonne die weißen Leintücher noch weißer macht. Da kommen einige junge Hunde, die vorher durch den Matsch gelaufen waren, und rennen quer über die Wäsche ... Was sagen die Hausfrauen?

20.28 Schatten verändern sich

Schattenbilder auf dem Boden mit Kreide nachzeichnen. Nach einiger Zeit stimmen Schattenrand und Kreidezeichnung nicht mehr überein. Hat da jemand so schlampig gemalt?

20.29 Die Sonne wandert – aber es sieht nur so aus

Die Richtung zur Sonne wird mit Kreidestrichen oder Klebestreifen markiert. In jeder Stunde wird das Experiment wiederholt. Die Sonne wandert. Aber in Wirklichkeit hat sich die Erde gedreht. (Vormachen: Ein Kind ist die Erde und zeigt mit unbeweglichem Finger auf ein zweites Kind, das die Sonne darstellt.) Wir denken, die Sonne wandert um die Erde herum. (Das Kind, das die Sonne darstellt, bewegt sich.) Es könnte aber auch anders sein: Die Sonne bleibt stehen und die Erde dreht sich! (Das Kind, das auf die Sonne zeigt, dreht sich ein Stück.) Was stimmt nun?

Musikalische Früherziehung
20.30 Sommergewitter

Falls die Kinder ein richtiges Sommergewitter erlebt haben, ahmen wir das nach. Und weil es beim Donner richtig laut werden wird, brauchen wir zunächst ein Zeichen für laut und leise. Vielleicht haben die Kinder einen Vorschlag. Eine Möglichkeit wäre: Wenn die Erzieherin die Arme ausbreitet, heißt das: lauter werden. Wenn sie die Hände wieder zusammenführt, heißt das: leiser werden. Wenn beide Hände zusammengedrückt sind, heißt das: verstummen. Also: Wie klingt der Donner? (Mit Fäusten auf den Tisch donnern, mit Füßen trampeln ...) Und wie könnte man den Blitz darstellen? Helles, schrilles Instrument oder lautloses Lichtsignal? Darstellungsmöglichkeiten für Regen: mit den Fingerspitzen auf die Tischplatte trommeln ... Wind: mit den Händen Hohlkörper vor dem Mund bilden, hineinblasen.
Nun werden die Rollen verteilt für Regen, Wind, Donner und Blitz. Die Erzieherin gibt die Einsätze und das Zeichen für »lauter« oder »leiser«.
Nach diesen Vorübungen könnten auch Instrumente eingesetzt werden, z.B. Pauken für den Donner, Triangel für den Blitz, Xylophon für den Regen, Füllhalterdeckel zum Drüberblasen für den Wind.

Beispiele für die Arbeit mit Bilderbüchern

20.31 Maulwurf Grabowski

Vorbereitung: Spaziergang zu einer Maulwurfswiese mit den Kindern. Der folgende Text ist als Hilfe für die Vorbereitung der Vorleserin oder des Vorlesers gedacht.

Mit erster Doppelseite (Umschlag innen) beginnen. Grünes Feld und kleine Erdhügel: Was könnte das sein? (Wenn das Wort Maulwurfshügel gefallen ist:) Wer hat schon einmal einen Maulwurf gesehen? Bestimmt niemand. Aber ein Maulwurf hat euch vielleicht schon mal gesehen.

Nächste Seite: Da sitzt er in seinem Maulwurfsloch und guckt, was da oben auf der Wiese so los ist.

Rechte Seite: Was sieht er denn da?

Nächste Doppelseite: Text vorlesen. Kinder dürfen mit den Fingern in die verschiedenen Gänge laufen. Wie kommt Grabowski am schnellsten zum linken, zum rechten Maulwurfshügel? Wo muss er noch weitergraben? Und wer hat sich da auch noch in der Erde ein Bett gemacht?

Nächste Doppelseite: Text vorlesen. Was ist wohl gerade in den Häusern los? Schlafen die Kinder schon oder gehen die gerade erst ins Bett. Ist der Mond nicht eigentlich rund? Wer hat schon mal die Mondsichel am Himmel beobachtet? Kann der Mond noch andere Formen annehmen? (Thema Mond an einem anderen Tag noch einmal aufgreifen.)

Nächste Doppelseite: Text vorlesen. Wie viele Kühe stehen auf der Wiese? Und wie heißt das Kind der Kuh? Wie viele Hennen sind das eigentlich? Und wie heißt der Mann der Henne? Ich habe einen Fuchs entdeckt, der will ein Huhn stehlen. Wo sitzt er? Aber der Hund passt auf, deshalb traut sich der Fuchs nicht auf die Wiese. Was trägt eigentlich der Bauer auf seiner Schulter? Wozu braucht man einen Rechen? Und wo ist Grabowski jetzt? Er ist in Sicherheit.

Nächste Doppelseite: Text vorlesen. Wo sitzen denn die Krähen? Und was haben die Männer mitgebracht? Was die wohl vorhaben?

Nächste Seite links: Kinder erst mal erzählen lassen, dann eventuell noch den Text lesen.

Seite rechts: Was sieht Grabowski denn, wenn er aus seinem Loch guckt?

Nächste Doppelseite: Text lesen. Was könnte das wohl sein, was dem Maulwurf den Weg versperrt?

Nächste Doppelseite: Text lesen. Wozu gehören die Kettenräder? Und was sind das für Grabekrallen? (Mit den Händen vormachen lassen, wie Baggerschaufeln funktionieren.)

Nächste Doppelseite: Text lesen und gleich umblättern.

Nächste Doppelseite: Ersten Satz lesen. Dann die Kinder reihum erzählen lassen, was der Maulwurf jetzt sieht: Er sieht einen Lastwagen. Er sieht eine Betonmischmaschine … In Wirklichkeit können Maulwürfe allerdings nicht gut sehen. Sie leben ja am liebsten unter der Erde. Oben ist es ihnen viel zu hell.

Nächste Doppelseite: Text lesen.

Nächste Doppelseite: Text lesen.

Letzte Seite: Text lesen. Dann noch einmal zurückblättern auf die Doppelseite davor. Sollen wir mal einen Ausflug machen und sehen, ob wir Grabowskis Erdhügel finden?

Zum Nachspielen im Sandkasten

20.32 Tillie und die Mauer

Das Bilderbuch von Leo Lionni lässt sich gut im Sandkasten nachspielen:
Ein (bemaltes?) Brett im Sandkasten ist die Mauer, glatte Steine sind die Mäuse. Die Mäuse versuchen mit allen Mitteln, auf die andere Seite zu kommen, das geht aber nicht. Ein Tunnel wird unter der Mauer durchgegraben. Die Mäuse hinter der Mauer denken, auf der anderen Seite wäre eine ganz andere Welt. Die Mäuse reden viel!

Zum Nachspielen mit Stofftier und Seidenpapier am Faden

20.33 Hund und Schmetterling

Das Bilderbuch »Schmetterling« (siehe oben) lässt sich gut als Marionettentheater nachspielen, wenn ein Stoffhund mit langen Ohren vorhanden ist. Er wird an einem Faden geführt, der an Kopf und Schwanz befestigt wurde. Für die Schmetterlinge brauchen wir kleine Seidenpapierfetzen, die in der Mitte an einen Faden gebunden werden. Außerdem: Papierblumen und ein rosa Tuch.

Nun wird der Text gelesen: Es war einmal ein kleiner Hund mit ganz besonders großen Ohren … (Hund bewegt sich auf dem Boden.)

Zuerst kletterte er auf einen Baum … (Hund klettert an einem Stuhlbein hoch und sitzt auf der Lehne.)

Hundetraum: Er steht auf einem rosaroten Berg. (Kind sitzt unter einem rosaroten Tuch, um sich herum bunte Papierblumen.)

Da wachte er auf. (Kind mit Tuch und Blumen verschwinden.)

Das Einzige, was er fand, war ein großer grauer Felsbrocken. Er kraxelte hinauf (Hund klettert auf ein Regal) und sprang hinunter (fällt in den dürren Zweig) und … rannte so schnell, dass es von weitem aussah, als fliege er (Hund rennt davon).

21. Bahnhof

Vorüberlegungen

Da heute die meisten Eltern über ein Auto verfügen, gibt es viele Kinder, die noch nie mit der Bahn gefahren sind. Eine kleine Reise mit der Bahn kann deshalb zu einem aufregenden Erlebnis werden. Vielleicht sogar *zu* aufregend, deshalb wird vorgeschlagen, den Weg zum Bahnhof zweimal zu machen. Einmal, um den Bahnhof und seine Angebote zu erleben und die Menschen zu beobachten, wie sie Fahrkarten kaufen, Fahrpläne studieren, Gepäck ins Schließfach bringen und so weiter (21.02), und ein zweites Mal, um mit dem Zug zu fahren (21.05). Die Vorfreude ist schon das halbe Vergnügen, deshalb gibt es mehrere Angebote für die Vorbereitung (21.01, 21.04). Aller Erfahrung nach wird dieses Erlebnis später im Rollenspiel gründlich verarbeitet (21.17). Die vorhandenen Bilderbücher werden einmal daraufhin untersucht, welche Züge, welche Lokomotiven dort abgebildet werden (21.18).

Es ist nicht empfehlenswert, die Bahnfahrt mit einem weiteren großen Erlebnis zu verbinden. Besser ist es, am Zielort einen Spielplatz aufzusuchen, wo man sich austoben kann, und vielleicht Picknick im Grünen zu machen, ehe die Heimreise angetreten wird. Wie immer werden für einen Ausflug zusätzliche Betreuungspersonen benötigt. Also rechtzeitig die Eltern informieren. Die Mitmachgeschichte »Tante Heidi« (21.21) war in unserem Kindergarten eine der beliebtesten Geschichten. Sie erfordert von der Erzieherin zunächst ein bisschen Mut, macht dann aber umso mehr Spaß.

Satzbildungstraining ist weniger langweilig, wenn es mit Aktionen, mit Musik oder Rhythmus verbunden wird (21.00, 21.08, 21.13, 21.19). Als Erinnerung an die gemeinsame Reise ist die große Collage »Auf dem Bahnsteig« gedacht, an der sich alle Kinder beteiligen können (21.06). – Und schließlich soll auch das Thema Sehnsucht und Heimweh angesprochen werden (21.23–24).

Empfehlenswerte Bilderbücher

Marlies Rieper-Bastian, Frauke Nahrgang: Tine und die Eisenbahn. Maier, Ravensburg 1992. *Tine und ihr Papa werden von einem geheimnisvollen Unbekannten auf den Bahnhof gelockt und erfahren dabei eine Menge Interessantes über die Bahn.*

James Krüss, Lisl Stich: Henriette Bimmelbahn. Boje 1996 (25. Auflage).

Wörterliste 21

abfahren	Gepäck	Schaffner
Abfahrt	Gepäcknetz	Schalter
Abtei	Gepäckträger	Schlafwagen
ankommen	Gepäckwagen	Sehnsucht
Ankunft	Gleis	sonntags
Ansage	Handtasche	spätestens
Auskunft	Heimweh	Speisewagen
Automat	hinauslehnen	täglich
Bahnhof	Inter-City-Europa	traurig
Bahnsteig	(ICE)	Trittbrett
begrüßen	Kiosk	umarmen
Besuch	Koffer	Uniform
dampfen	Lautsprecher	verabschieden
eintreffen	Lokomotive	Waggon
erwarten	nähern	Wartesaal
Fahrkarte	Nahverkehr	weinen
Fahrkartenschalter	pünktlich	werktags
Fahrschein	rattern	winken
fauchen	Reisebüro	zischen
froh	Reisetasche	

Angebote

Rhythmisches Sprechen (Eigene Melodie erfinden?)
21.00 S-s-s der ICE

Tsch-tsch-tsch die Eisenbahn,
tsch-tsch-tsch da kommt sie an.
Fährt nach hier, fährt nach dort,
tsch-tsch-tsch schon ist sie fort.

S-s-s der ICE,
s-s-s so weiß wie Schnee.
Saust nach Frankfurt und Berlin,
ach, da möcht ich auch mal hin!

Im Personen-Nahverkehr
fährt der Zug viel lang-sa-mer,
bleibt an jeder Ecke stehn.
Soll'n wir kurz spazieren gehn?

Die 1. Strophe in normalem Tempo sprechen. Die zweite Strophe schneller, die dritte Strophe immer langsamer sprechen.

Gespräch

21.01 Reisepläne

Die Erzieherin kündigt an, dass in wenigen Tagen eine Reise geplant ist und lässt die Kinder raten, womit die Gruppe fährt. Nachdem die Kinder wissen, dass eine Bahnfahrt geplant ist, schlägt die Erzieherin vor, gleich heute mal mit der Gruppe zum Bahnhof zu fahren, um zu erfahren, wann der Zug abfährt und wo die Fahrkarten gekauft werden. Wer hat eine Idee, was im Bahnhof oder auf den Bahnsteigen zu sehen ist? Was wollen wir alles beobachten?

Ehe die Gruppe loszieht, muss aber noch einmal über das Verhalten im Straßenverkehr gesprochen werden. Kein Kind darf vorauslaufen oder zurückbleiben. Vor jeder Überquerung einer Fahrbahn müssen die Vorderen warten, bis die ganze Gruppe aufgerückt ist und die Erzieherin das Zeichen zum Überqueren gegeben hat. Wer sich nicht an die Regeln hält, darf bei der geplanten Bahnreise nicht mitfahren.

Exkursion

21.02 Auf dem Bahnhof

Wir beobachten die Menschen, wie sie Fahrkarten aus dem Automaten holen, sich Auskunft am Schalter geben lassen, ihr Gepäck in ein Schließfach legen oder wieder herausholen. Gibt es einen Gepäckträger? Wie kommt man zu einem Gepäckwagen? Auf dem Bahnsteig verabschieden und begrüßen sich Menschen. Wenn der Zug steht, kann man sehen, wie die Räder auf den Schienen gehalten werden. Wie viele Räder hat eigentlich so ein Waggon? Fährt der Zug mit einer Dampflokomotive wie Henriette Bimmelbahn oder mit einem elektrischen Triebwagen? Was sagt der Lautsprecher? Wo sitzt er?

Singen und Text erfinden

21.03 Wir waren auf dem Hauptbahnhof

Auf die Melodie von »Dornröschen war ein schönes Kind« erfinden die Kinder Strophen, die von den Erlebnissen am Bahnhof berichten, z.B.:

Wir waren auf dem Hauptbahnhof, Hauptbahnhof, Hauptbahnhof …
Wir trafen eine Schaffnerin …
Der Zug fuhr ab auf Bahnsteig drei …

Malen

21.04 Notizzettel für die Eltern

Informationen für die Eltern über die geplante Bahnfahrt (Zeitangaben, Fahrpreis usw.) wurden auf ein Blatt kopiert, das nun von den Kindern mit Eisenbahnbildern geschmückt wird.

Exkursion

21.05 Bahnfahrt

Fensterplätze sind meistens sehr begehrt. Da die Plätze für die Reise vermutlich reserviert wurden, könnte die Erzieherin Platzkarten verteilen, auf der die Zahl steht, die nun am Sitzplatz wieder gefunden werden muss. Alternative: Bei jeder Station Platzwechsel. Oder: Eieruhren mitnehmen. Beim Klingeln macht jeder, der am Fenster sitzt, seinen Platz frei. Name des Zielortes groß aufschreiben. Am Zielort kontrollieren: Sind wir an der richtigen Station ausgestiegen? (Auch wenn die Kinder noch nicht lesen können, sind sie in der Lage, Wortbilder zu vergleichen.) Auf welchem Gleis müssen wir später wieder einsteigen?

Schneiden – kleben
21.06 Leute auf dem Bahnsteig mit Gepäck
Auf ein Packpapier werden diagonal zwei Linien als Gleise gezogen. Dahinter, auf den Bahnsteig, klebt die Erzieherin viele größere und kleinere Figuren, die am schnellsten im Faltschnitt hergestellt werden können. Aus einem Warenhauskatalog schneiden die Kinder nun viele Gepäckstücke aus, die sie den Reisenden in die Hand geben, um den Hals oder auf den Rücken hängen, neben die Beine stellen.

Konzentrationsspiel
21.07 Kofferpacken
Erstes Kind: Ich packe in meinen Koffer (ein Hemd). Zweites Kind: Ich packe in meinen Koffer ein Hemd und (einen Schuh). Drittes Kind: Ich packe in meinen Koffer ein Hemd und einen Schuh und (ein Bilderbuch) … Wenn jemand einen Fehler macht, fängt das Spiel von vorn an.

Spiel im Kreis
21.08 Meine Tante aus Amerika ist gekommen
Kind: Meine Tante aus Amerika ist gekommen.
Alle: Was hat sie dir denn mitgebracht?
Kind: (z.B.) Ein Eis!
Alle: (lecken pantomimisch ein Eis)
Das nächste Kind: Meine Tante aus Amerika ist gekommen …

Erzählen
21.09 Mir hat mal die Oma was mitgebracht
Die Erzieherin fragt, ob die Kinder auch schon einmal Besuch gehabt hätten, der etwas mitgebracht hat. Was war das?

Spiel im Kreis
21.10 Was passt in einen Koffer?
Die Kinder sitzen im Kreis auf dem Boden. Ein Kind nennt Gegenstände. Wenn sie in einen Koffer passen, bleiben alle sitzen. Wenn nicht, lassen sie sich nach hinten fallen. Im Grenzfall müssen die Kinder ausmessen, ob der genannte Gegenstand noch in einen Koffer passt oder nicht.

Gegenstände benennen
21.11 Was ist da drin, was ist da drin?
Die Erzieherin hat in einen Koffer viele Gegenstände gelegt, z.B. Kleiderbügel, Wecker, Hausschuhe, Seifenschale, Fahrkarte, Brillenetui, Landkarte …
Ein Kind schlägt mit der Hand auf den Kofferdeckel und spricht im Takt dazu: Was ist da drin, was ist da drin, was ist in meinem Koffer drin? Nun holt es einen Gegenstand heraus, aber möglichst so, dass die Kinder die anderen Dinge im Koffer nicht sehen. Wer den Gegenstand benennen kann, darf der nächste »Kofferklopfer« sein.

Logisches Denken
21.12 Welches Gepäckstück?
Die Kinder sitzen im Stuhlkreis. In der Kreismitte befinden sich ein Koffer, eine Handtasche, eine Reisetasche, ein Rucksack, ein Korb, ein Netz, eine Plastiktüte. Die Kinder sollen das richtige Gepäckstück wählen für den Anlass, den die Erzieherin nennt. Zum Beispiel: Du willst zum Markt, um Äpfel und Birnen zu kaufen. Was nimmst du mit? (Nasse Badehose vom Schwimmbad mit nach Hause nehmen. Eine Woche zur Oma fahren. Eine Bergwanderung machen …)

Spiel im Kreis
21.13 Bringen Sie bitte das Gepäck ins Hotel!
Ein Kind ist der Gepäckträger, der die Gepäckstücke (von 21.12) in ein Hotel bringen soll. Er hat aber keine Lust, so weit zu gehen, deshalb fährt er mit seinem Gepäckwagen (nach hinten umgekippter Stuhl, der an den Stuhlbeinen geschoben wird) zu einem Kollegen (anderes Kind), übergibt ihm den Wagen und sagt: »Bringen *Sie* doch bitte das Gepäck ins Hotel.« Dieser Kollege hat aber auch keine Lust und fährt den Gepäckwagen zu einem anderen Kind … Wenn alle Kinder dran waren, kippt der letzte Gepäckträger das ganze Gepäck auf die Straße. (Stuhl kippen.)

Beschreiben (Rollenspiel)
21.14 Herrenloses Gepäck
Das Spiel 21.13 kann fortgesetzt werden, indem das herrenlose Gepäck der Bahnpolizei gemeldet wird. Die Erzieherin könnte die Polizistin spielen, die sich telefonisch die Gepäckstücke genau beschreiben lässt. Schließlich wird das ganze Gepäck von der Polizei abgeholt.

Basteln – spielen
21.15 Fahrkartenautomat und Fahrkartenschalter
Aus einem leeren Karton wird ein Fahrkartenautomat gebastelt (ohne Rückseite). Dazu brauchen wir Spielgeld und Fahrkarten. Wenn man Geld einwirft und auf bestimmte Knöpfe drückt, kommt eine Fahrkarte heraus (die ein Kind hinter der Kartonwand durch einen Schlitz schiebt). Natürlich können Fahrkarten auch am Schalter erworben werden. Weite Strecken kosten viel, kurze Strecken weniger. Am Schalter bekommt man auch Auskunft über Reiseverbindungen, Abfahrts- und Ankunftszeit.

Witz

21.16 Vom Mann, der nicht sagen wollte, wohin er fährt

(Im Anschluss an 21.15 könnte folgende Geschichte zum Nacherzählen angeboten werden:) Ein Mann kommt zum Bahnhof, geht zum Fahrkartenschalter und sagt: »Ich möchte eine Fahrkarte.« Fragt der Beamte: »Ja, wohin möchten Sie denn fahren?« Sagt der Mann: »Das geht Sie gar nichts an!« Sagt der Beamte: »Wenn Sie nicht sagen, wohin Sie wollen, kann ich Ihnen auch keine Fahrkarte verkaufen.« »Also gut«, sagt der Mann, »ich will nach …« (Weit entfernte Stadt nennen, deren Namen die Kinder schon mal gehört haben.) »Das kostet achtzig Euro«, sagt der Beamte, und der Mann bezahlt. Hinterher kichert er: »Den habe ich schön hereingelegt, ich will doch bloß nach …« (Nachbarort nennen.)

Rollenspiel

21.17 Wir fahren mit der Eisenbahn

Die Kinder bauen sich aus Stühlen einen Zug. Am Bahnhof gibt es einen Fahrkartenschalter bzw. Fahrkartenautomaten, einen Kiosk für Erfrischungen oder Zeitungen. Wer ist der Zugführer? Wer der Schaffner? Fahrscheinkontrolle nicht vergessen.

Bilder vergleichen

21.18 Moderne Lokomotiven – alte Lokomotiven

Die vorhandenen Bilderbücher werden einmal darauf hin untersucht, welche Züge und Lokomotiven dort abgebildet sind. Welche Züge haben wir auf dem Bahnhof gesehen? Früher wurden die Lokomotiven vom Dampf angetrieben.
Heute geht das elektrisch.

Kinderspruch

21.19 Dampflokomotive in Deutschland

O – helft – mir – doch! O helft mir doch! O helft mir doch! O helft mir doch!
Geht schon besser. Geht schon besser. Geht schon besser. Geht schon besser.
Dank schön, dank schön, dank schön! Huuup!

Kinderspruch (englisch)

21.20 Dampflokomotive in England

Coffee, Coffee, Coffee, Coffee
Chease and bisquits, chease and bisquits, chease and bisquits, chease and bisquits, fish and chips, fish and chips, fish and chips. Soup!

Mitmachgeschichte

21.21 Tante Heidi (nach einer Idee von Heinrich Hannover)

Tante Heidi musste eine lange Reise bis nach Wien machen. Sie wollte mit der Bahn im Schlafwagen fahren. (Es gibt nämlich Züge mit richtigen Betten. Man steigt ein, zieht sich aus, legt sich ins Bett und wird dabei gefahren. Praktisch, was?) Also ging Tante Heidi zum Reisebüro (Erzieherin stellt sich vor ein Kind) und sagte: »Ich möchte am Samstag mit dem Schlafwagen nach Wien fahren. Was kostet das? (Kind antworten lassen.) Vielen Dank!«

Am nächsten Samstag ging Tante Heidi mit ihrem Koffer und ihrer Reisetasche und ihrer Handtasche zum Bahnhof. (Erzieherin schleppt pantomimisch das Gepäck, während sie erzählt.) Auf dem Bahnsteig hörte sie aus dem Lautsprecher, dass der Zug nach Wien zehn Minuten später ankommen würde. (Ihr seid der Lautsprecher! *Alle:* Der Zug nach Wien wird zehn Minuten später ankommen.) Ach, dachte Tante Heidi, da kann ich mir am Kiosk schnell noch einen Kaffee holen. (Stellt sich vor ein Kind.) »Bitte einen Kaffee mit Milch und Zucker. (Kind schiebt pantomimisch einen Becher Kaffee rüber und kassiert.) Danke!« Da hörte sie auch schon aus dem Lautsprecher, dass der Zug jetzt Einfahrt hat und dass die Schlafwagen im Abschnitt B halten. *Alle:* »Der Zug nach Wien hat jetzt Einfahrt. Schlafwagen halten im Abschnitt B.« Und schon kam der Zug angerast und hielt kreischend an. *Alle:* »Ihhhh! Sch!«

Tante Heidi stieg ein und sagte zum Schlafwagenschaffner (Erzieherin stellt sich vor ein Kind): »Wo ist bitte das Bett Nummer 17? (Kind antworten lassen.) Vielen Dank!« Tante Heidi ging in das Abteil und versuchte, ihren Koffer oben ins Gepäcknetz zu legen. (Erzieherin versucht pantomimisch, Koffer zu stemmen.) Aber der Koffer war viel zu schwer. Also ging Tante Heidi ins Abteil nebenan (Erzieherin stellt sich vor ein anderes Kind) und fragte einen jungen Mann: »Ach bitte, könnten Sie grad mal mitkommen und meinen Koffer hochlegen? Runterholen kann ich ihn dann später allein.« Der Junge Mann war hilfsbereit, ging mit und stemmte den Koffer hoch. (Pantomime eines Kindes.) Tante Heidi bedankte sich (Pantomime) und ging dann noch einmal zum Schlafwagenschaffner (Erzieherin stellt sich wieder vor das Kind, das schon zuvor die Rolle des Schlafwagenschaffners übernommen hatte) und sagte: »Ach, Herr Schaffner, wecken Sie mich doch bitte rechtzeitig, ehe wir in Wien ankommen.« »Wird gemacht!«, sagte der Schaffner, und Tante Heidi begab sich in ihr Abteil, das sie ganz für sich allein hatte, und zog sich aus. (Erzieherin zieht sich pantomimisch aus.) Schließlich zog sie sich ihr Nachthemd an, legte sich ins Bett (Erzieherin erzählt liegend weiter), las noch ein bisschen, knipste dann das Licht aus und ließ sich von dem fahrenden Zug in den Schlaf schaukeln.

Gegen Morgen näherte sich der Zug der Stadt Wien. Der Schlafwagenschaffner klopfte an Tante Heidis Abteiltür (Pantomime eines Kindes) und rief: »Wir sind in fünfzehn Minuten in Wien!« »Danke!«, rief Tante Heidi, drehte sich um – und schlief weiter. (Erzieherin dreht sich auf die andere Seite.)

Inzwischen war der Zug in Wien eingefahren und hielt. Da wachte Tante Heidi auf (Erzieherin springt auf) und merkte, dass der Zug gleich weiterfahren würde. »Ach du meine Güte, was soll ich bloß machen? Ich bin ja noch im Nachthemd!«, schrie sie laut.

Kurz entschlossen riss sie das Fenster auf (Pantomime), warf ihren Koffer hinaus, die Reisetasche hinaus, die Schuhe hinaus, ihre Kleider hinaus, das Buch hinaus, in dem sie gelesen hatte, schnappte sich ihre Handtasche, rannte zur Tür und konnte gerade noch hinausspringen, ehe der Zug weiterfuhr. *Alle:* »Sch-ssss!«

Da stand nun Tante Heidi im Nachthemd auf dem Bahnsteig. Gleich kam der Bahnhofsvorsteher (Erzieherin wechselt den Platz und die Person, stemmt die Hände in die Seite) und schimpfte (Erzieherin mit tiefer Stimme): »Na hören Sie mal, das geht aber nicht, im Nachthemd auf dem Bahnsteig!« (Erzieherin nimmt wieder den Platz von Tante Heidi ein.) »Da haben Sie Recht!«, sagte Tante Heidi und zog ihr Nachthemd aus. (Pantomime Erzieherin.) »Wenn ich nur wüsste, wo meine Unterhose liegt. Ach, da drüben liegt sie ja!« (Erzieherin rennt zwei Schritte weiter, greift pantomimisch nach ihrer Unterhose und zieht sie an.) »Wo ist denn bloß mein Hemd?« (Nun fangen die Kinder ganz von selbst an, die Leute auf dem Bahnsteig zu spielen, die Tante Heidi helfen, ihre Siebensachen zu finden.) »Hat jemand meine Strumpfhose gesehen? Auch, wo ist denn bloß der Koffer? …« (Das Spiel wird fortgesetzt, bis Tante Heidi alle Sachen angezogen und ihr ganzes Gepäck wieder gefunden hat.) Der Bahnhofsvorsteher starrte sie mit offenem Mund an. »Ist was?«, fragte Tante Heidi und zog mit Sack und Pack davon.

Kinderreim
21.22 Eins, zwei, drei, vier …
Eins, zwei, drei, vier, fünf, sechs, sieben,
wo bist du so lang geblieben?
Warst nicht hier, warst nicht da,
warst wohl in Amerika.

Singspiel
21.23 Hänschen klein
Alle singen: Hänschen klein geht allein in die weite Welt hinein.
Stock und Hut stehn ihm gut, ist gar wohlgemut.
Aber Mama weint so sehr, hat ja nun kein Hänschen mehr.
Da besinnt sich das Kind, läuft nach Haus geschwind.
(Dabei fassen sich die Kinder an den Händen und bewegen sich im Kreis. Hänschen mit Spazierstock und Hut bewegt sich an der Außenseite des Kreises in umgekehrter Richtung. In der Kreismitte steht die »weinende« Mama. Wenn sich das Kind besinnt, läuft es in den Kreis und wird von der Mama freudig begrüßt.)

Gespräch
21.24 Sehnsucht und Heimweh
Was ist eigentlich Sehnsucht? Und was ist Heimweh? Das ist eine Traurigkeit, die manche Leute plötzlich überfällt, wenn sie weg sind von zu Hause. Wer hat das schon einmal erlebt? Was macht man, wenn man Heimweh hat, aber eigentlich doch nicht gleich wieder nach Hause möchte? Wer hat schon einmal bei einem Freund, einer Freundin übernachtet? Wie war das?

22. Abschiedsfest für die Großen

Vorüberlegungen

Ehe die Schulanfänger den Kindergarten verlassen, soll ein Fest stattfinden, zu dem auch die Eltern der »Großen« und möglichst auch Lehrkräfte der Grundschule(n), in die mehrere Kinder wechseln, eingeladen werden könnten.

Wie immer ist die Festvorbereitung mindestens so wertvoll wie das Fest selbst. Mit den Vorbereitungen sollte deshalb spätestens vierzehn Tage vor dem Fest begonnen werden. Beim Fest selbst werden natürlich wieder Eltern als Helfer gebraucht, z.B. als Schiedsrichter beim Schildkrötenrennen oder als Helfer beim Brezelschnappen …

Bei aller Vorfreude auf das Fest und die Schule werden zwiespältige Gefühle nicht ausbleiben. Schließlich kommt etwas ganz Neues auf die Kinder zu und es gilt Abschied zu nehmen von den Erzieherinnen im Kindergarten und von manchen Freundinnen oder Freunden. Deshalb sollte gerade in diesen letzten Tagen auch genügend Zeit für ganz persönliche Gespräche beim Basteln oder beim Bilderbuchbetrachten bleiben. Ein guter Rat für die Zukunft könnte sein: Bilde dir immer selbst ein Urteil, glaube nicht blind, was die anderen sagen, hab Mut, nur das zu sagen, was du selbst auch denkst. Vielleicht könnte an das Märchen von des Kaisers neuen Kleidern (5.18) erinnert werden oder an Bilderbücher mit diesem Thema, z.B. Piccolino und die Angsthasen (s.u.).

Dass es auch für die Erzieherinnen nicht leicht ist, gleichzeitig so viele Kinder ziehen zu sehen, für die sie jahrelang Verantwortung übernommen hatten, darf ruhig einmal gesagt werden.

Empfehlenswerte Bilderbücher

Mira Lobe, Annette Frankholz: Ich kann allein zur Schule geh'n! Schreiber, Esslingen Wien 1999.

Petra Probst: Piccolino und die Angsthasen. Thienemann, Stuttgart Wien 2001. *Martha, das Kamel, wird von einem Geräusch erschreckt und rennt davon. Alle Tiere rennen mit ihr, jedes erfindet eine zusätzliche Schreckensnachricht. Nur der Hase geht der Sache auf den Grund. (Ein Buch, das vermittelt: Nicht alles glauben, was andere sagen; erst einmal sich selbst informieren).*

Liedempfehlung
22.00 Wir werden immer größer

Wir werden immer größer, jeden Tag ein Stück.
Wir werden immer größer, das ist ein Glück.
Große bleiben gleich groß oder schrumpeln ein.
Wir werden immer größer – ganz von allein!

Wir werden immer größer, das merkt jedes Schaf.
Wir werden immer größer, sogar im Schlaf.
Ganz egal, ob's regnet, donnert oder schneit:
Wir werden immer größer und auch gescheit.

Wir werden immer größer, darin sind wir stur.
Wir werden immer größer in einer Tour.
Auch wenn man uns einsperrt oder uns verdrischt:
Wir werden immer größer – da hilft alles nicht.

(Text: Volker Ludwig. Melodie: Birger Heymann. In: Freche Lieder – liebe Lieder. Herausgegeben von Jürgen Schöntges. Beltz, Weinheim 2000, S. 12.)

Basteln
22.01 Girlanden für das Fest
Schleifchengirlanden: Aus Krepp- oder glänzendem Geschenkpapier Rechtecke (ca. 12 × 10 cm) schneiden und in der Mitte mit einem Faden zusammenbinden. Dann an eine Schnur binden. Noch eleganter sieht es aus, wenn die Schleifchen auf eine Perlonschnur aufgezogen werden. In diesem Fall zwischen die Schleifchen ein ca. 5 cm langes Stück Strohhalm schieben.
Mini-Schultüten-Girlande: Ein großer Teller (Kuchenplatte) wird auf Geschenkpapier gelegt und umfahren. Kreis ausschneiden und durch die Mitte in vier Teile zerschneiden. Die Kreissegmente zu spitzen Tüten zusammenkleben. Den Rand fransig einschneiden und nach außen rollen. Einen Henkel aus festem Papier ankleben. Die Tüten mit einer kleinen Leckerei füllen und an die Leine hängen.

Besuch in der Schule
22.02 Wir laden unsere Lehrerin ein
Falls schon feststeht, wer im neuen Schuljahr eine erste Klasse übernehmen wird, könnte die Lehrkraft höchstpersönlich von einer kleinen Delegation des Kindergartens eingeladen werden.

Malen – schneiden – kleben
22.03 Einladungskarte für die Eltern
Für diesen Elternbrief sollen sich die »Großen« etwas besonderes ausdenken, z.B. eine Briefkarte in Form einer Blüte oder eines Apfels oder eines Autos … Dazu wird die Form auf doppelt gelegtes Papier gemalt, ausgeschnitten und mit Tesafilm an ei-

ner Seite wieder zusammengeklebt. Nun kann man die Karte aufklappen und entdeckt auf der Innenseite den Einladungstext (kopiert und eingeklebt).

Malen mit Wasserfarben
22.04 Welche Farben siehst du, wenn du an die Schule denkst?
Legt einmal den Kopf auf die Arme und macht die Augen zu. Jetzt denkt mal daran, dass ihr bald in die Schule gehen werdet. Welche Farben seht ihr da? Ist alles ganz bunt oder ruhig und hell oder ganz schwarz? Gut merken und auf ein Blatt Papier malen.
Die fertigen Bilder können eine kleine Ausstellung ergeben. Dabei könnten auch kleine Kommentare der Kinder zu ihren Bildern notiert werden.

Flechten
22.05 Eine Krone für die Schulkinder
Buntes Krepppapier wird in 2 m lange, handbreite Streifen geschnitten. Jeder Streifen wird in der Mitte längs gefaltet. sodass er doppelt liegt.
Während ein Kind die Enden von drei Papierstreifen festhält (Alternative: mit Klebeband am Tisch festkleben), wird aus den Streifen ein lockerer Zopf geflochten. Wenn er so lang ist, dass er um einen Kinderkopf passt, werden die Enden mit dem Anfang zusammengebunden. Aus den überstehenden Papierstreifen kann noch eine hübsche Quaste werden, wenn sie der Länge nach in schmale Streifen geschnitten werden. Mit diesem Kranz werden die Schulkinder an ihrem Fest feierlich gekrönt.

Verkaufsausstellung
22.06 Bilder- und Basteleien-Basar
Im Lauf eines Jahres haben sich im Kindergarten viele Bastelarbeiten angesammelt, die nicht mit nach Hause genommen wurden, weil es sich vielleicht um Gemeinschaftsarbeiten gehandelt hat oder weil die Arbeiten als Dekoration gebraucht wurden. Sie könnten beim Abschiedfest gemeinsam mit Bildern verkauft werden. Die Kinder entscheiden, was mit dem eingenommenen Geld gemacht werden soll.

Basteln
22.07 »Schildkröten« für ein Rennen
Die »Schildkröten« bestehen aus Schuhkartons mit Deckel, die von den Kindern fantasievoll bemalt oder beklebt wurden. Dann wird in die Mitte einer Schmalseite ein Loch gebohrt, eine Schnur durchgezogen und im Innern der Schachtel verknotet. Das andere Ende wird um ein Hölzchen gebunden. Alle Schnüre der verschiedenen »Schildkröten« müssen gleich lang, die Hölzchen gleich dick sein, damit es beim Schildkrötenrennen (22.08) später fair zugeht.

Wettspiel
22.08 Schildkrötenrennen
Die »Schildkröten« (22.07) werden in gleichem Abstand von den Kindern, die das Stöckchen mit dem Schnurende in der Hand halten, aufgestellt. Auf »Los!« versuchen die Kinder, die Schildkröte möglichst schnell zu sich herzuziehen, indem sie die Schnur aufwickeln. Wer zuerst seine Schnur aufgewickelt und dadurch seine Schildkröte ins Ziel gesteuert hat, ist Sieger.

Falten – schneiden – kleben
22.09 Bierdeckel bekleben für das Hutrennen
Bierdeckel werden mit Buntpapier im Faltschnitt beklebt: Bierdeckel auf Papier legen, umfahren, Papierkreis ausschneiden, falten, einschneiden, öffnen, aufkleben.

Wettspiel
22.10 Mit dem Hut ans Ziel
Die »Hüte« der Kinder bestehen aus einem beklebten Bierdeckel (22.08) auf den eine halbe Kartoffel gesetzt wird (nicht befestigen). Ziel ist, eine bestimmte Strecke mit dem »Hut« auf dem Kopf möglichst schnell zurückzulegen. Dabei wetteifern nicht einzelne Kinder, sondern Paare miteinander: Jeder Hutträger bekommt nämlich einen Helfer, der ihm den Hut aufsetzt und ihn, so oft er herunterfällt, wieder aufsetzt. Ohne Hut darf der Läufer sich aber nicht von der Stelle bewegen.

Kleben
22.11 Konservendosen-Mäntel
Je drei gleich hohe stabile leere Konservendosen bekommen einen Mantel aus gleichfarbigem Buntpapier (für 22.12).

Geschicklichkeitsspiel
22.12 Dosenwettlauf
Ein Wettspiel für Paare. Jedes Paar hat drei leere Konservendosen. Einer von beiden versucht, auf den Dosen eine bestimmte Strecke zurückzulegen, ohne den Boden zu berühren. Der Partner muss jeweils die dritte Dose nach vorn holen, sodass der Dosenläufer den nächsten Schritt machen kann. Wenn er auf den Boden tritt, muss er zum Ausgangspunkt zurück.
Variation: Einfacher ist es, wenn noch mehr Dosen im Abstand von etwa 20 cm in eine Reihe gestellt werden. Gewonnen hat, wer auf der Dosenreihe balancieren konnte, ohne den Boden zu berühren.

Zielen
22.13 Dosenwerfen
Natürlich können die Dosen auch als Wurfziel gestapelt werden. Tennisbälle sind die Wurfgeschosse.

Kochen
22.14 Zehn verschiedene Puddingsorten
Am Tag vor dem Fest kochen die Kinder nacheinander verschiedene Puddings, darunter auch Wackelpuddings in verschiedenen Farben . In kleine, nasse Gefäße (Tassen) füllen und am Festtag stürzen (für 22.15).

Dekorieren
22.15 Großes Puddingbüffet
Die auf Teller gestürzten Puddings hübsch anordnen. Dazwischen Blumen und Blätter oder bunte Girlanden legen. Nun kann sich jeder bedienen.

Feinmotorik
22.16 Brezelchengirlande
Kleine Salzbrezelchen werden an Wollfäden an eine Schnur gehängt, die zunächst mit grünen Zweigen oder Blättern verschönert wurde. Die Girlande am Festtag so aufhängen, dass Kinder mit dem Mund ein Brezelchen erreichen können, aber niemand durch die Schnur gefährdet wird.

Geschicklichkeitsspiel
22.17 Brezelschnappen
Wer eine Brezel will, muss sie sich mit dem Mund schnappen und die Hände dabei auf dem Rücken halten.

Geschicklichkeitsspiel im Freien
22.18 Im Flug erhaschen
An die Ränder der Rutschbahn werden mit Tesafilm zwei eingewickelte Süßigkeiten geklebt, die ein Kind während des Rutschens erhaschen muss.

Ruhig werden
22.19 Wir winken zum Abschied
Zum Schluss stehen alle Kinder im Kreis. Sie schauen sich noch einmal genau an und prägen sich ein, wer wo steht. Dann schließen alle die Augen und die Erzieherin sagt: Wir winken zum Abschied dem (Alexander). Die Kinder richten den Arm dorthin, wo sie den Alexander vermuten. Wenn der »Auf Wiedersehen!« sagt, dürfen die Augen kurz geöffnet werden.

Darstellendes Spiel
22.20 Peter und der Wolf
Die Komposition von Sergej Prokofjew gibt es in zahlreichen CD- und Kassettenaufnahmen sowohl in den Buchhandlungen als auch zum Leihen in den Bibliotheken. Zum Abschied vom Kindergarten und zur Freude der Gäste könnten die Kinder das Märchen pantomimisch darstellen, während Musik und der Märchentext erklingen.

Die Aufführung findet am besten in der Turnhalle statt, weil dort das »Bühnenbild« schon vorhanden ist: Turnmatten in der Mitte des Raumes bilden den See, die Sprossenleitern sind Sitzplätze für die Vögel. Ein Sitzplatz für Peter auf dem Baum könnte eine Bockleiter sein oder ein Tisch.

Es spielen mit:

Peter, der gar kein Kostüm braucht, außer einer Mütze vielleicht,

ein kleiner Vogel (es können auch mehrere Vögel sein), mit bunten Tüchern als Flügel an den Armen,

eine Ente mit einem Entenschnabel,

eine Katze mit Katzenaugen und einem Schwanz,

der Großvater mit Stock,

der graue Wolf mit den scharfen Zähnen,

die Jäger mit Jägerhut und Gewehr und

ein Seil für Peter.

Einleitung

Zunächst mit Hilfe der Musik die einzelnen Figuren vorstellen. Danach das ganze Stück hören und die Figuren anhand der ihnen zugeordneten Instrumente wieder erkennen. Dann die Rollen verteilen, die Geschichte abschnittsweise hören und besprechen, wie sie im darstellenden Spiel umgesetzt werden soll.

Die Geschichte

Früh am Morgen öffnete Peter die Gartentür und trat hinaus auf die große, grüne Wiese. (Peter marschiert um den Teich herum.) Auf einem hohen Baum saß Peters Freund (es können auch mehrere sein), ein kleiner Vogel. (Vogel sitzt auf der Sprossenleiter und flattert mit den Armen.) »Wie still es ringsum ist«, zwitscherte der Vogel fröhlich.

Aus dem Gebüsch am Zaun kam eine Ente angewatschelt. (Auftritt Ente.) Sie freute sich, dass Peter die Gartenpforte offen gelassen hatte, und beschloss, im Teich auf der Wiese zu baden. (Ente watschelt auf die Turnmatten zu, die den Teich markieren.)

Als der kleine Vogel die Ente sah, flog er zu ihr hinunter (Vogel klettert von der Sprossenleiter und setzt sich an den Teichrand), setzte sich neben sie ins Gras und plusterte sich auf. »Was bist du für ein Vogel, wenn du nicht fliegen kannst«, sagte er. »Was bist du für ein Vogel, wenn du nicht schwimmen kannst«, erwiderte die Ente und plumpste ins Wasser. So stritten sie lange miteinander. Die Ente schwamm auf dem Teich und der kleine Vogel hüpfte am Ufer hin und her. (Ente rutscht auf den Matten hin und her, Vogel bewegt sich am Rand der Matten, Peter geht spazieren.)

Plötzlich machte Peter große Augen: Er sah die Katze durch das Gras schleichen. (Peter verfolgt die Katze.) »Der Vogel streitet sich mit der Ente«, dachte die Katze, »da werde ich ihn mir gleich fangen.« Und lautlos schlich sie auf Samtpfoten näher. (Katze nähert sich dem ahnungslosen Vogel.) »Hüte dich!«, rief Peter und augenblicklich flog der Vogel auf den Baum. (Vogel klettert wieder auf die Sprossenleiter.)

Die Ente, die mitten auf dem Teich schwamm (Ente rutscht in die Mitte der ausgelegten Matten), quakte die Katze böse an. Die Katze ging um den Baum herum (Katze geht vor der Sprossenleiter hin und her). »Lohnt es sich, so hoch hinaufzuklettern?«, dachte sie. »Wenn ich oben bin, ist der Vogel doch schon weggeflogen.« (Katze entfernt sich vom Baum und geht spazieren wie Peter.)

Der Großvater kam heraus. (Auftritt Großvater.) Er ärgerte sich über Peter, der auf die Wiese gegangen war und die Gartenpforte offen gelassen hatte. »Das ist gefährlich«, sagte er. »Wenn nun der Wolf kommt, was dann?« (Großvater geht hinter Peter her.)

Peter achtete nicht auf des Großvaters Worte. Jungen wie er haben doch keine Angst vor dem Wolf! Aber der Großvater nahm Peter bei der Hand, machte die Gartenpforte zu und ging mit ihm ins Haus. (Großvater zieht Peter hinter sich her.)

Wahrhaftig: Kaum war Peter fort, da kam aus dem Wald der riesengroße graue Wolf. (Wolf kommt auf allen vieren langsam in die Nähe des Teichs.) Flink kletterte die Katze auf den Baum. (Katze setzt sich auf die unteren Sprossen der Sprossenleiter, Vögel ganz oben.)

Die Ente schnatterte und kam aufgeregt aus dem Wasser heraus. (Ente watschelt davon, Wolf hinterher.) Aber so schnell sie auch lief, der Wolf war schneller. Er kam näher und näher, er erreichte sie, er packte sie und verschlang sie. (Wolf »begräbt« die Ente unter sich. Danach entfernt sich die Ente unauffällig von der Spielfläche.)

Und nun sah es so aus: Auf einem Ast saß die Katze (Katze winkt), auf einem anderen der Vogel (Vogel winkt) – weit genug weg von der Katze. Und der Wolf ging um den Baum herum und starrte sie mit gierigen Blicken an. (Wolf bewegt sich vor der Sprossenwand hin und her.)

Peter stand hinter der geschlossenen Gartenpforte, sah alles, was da vorging, und hatte nicht die geringste Angst. Er lief ins Haus, holte ein dickes Seil und kletterte auf die Gartenmauer und von da auf einen Baum. (Peter steigt auf einen Stuhl und von da auf einen Tisch.) »Flieg los«, rief Peter zu dem kleinen Vogel, »und dem Wolf immer dicht an der Nase vorbei, aber sei vorsichtig, dass er dich nicht fängt.«

Mit den Flügeln berührte der Vogel fast die Nase des Wolfes, während der Wolf wütend nach ihm schnappte. Aber immer vergebens. (Vogel läuft vor dem Wolf her im Kreis um den Baum herum.) Ach, wie der kleine Vogel den Wolf ärgerte und wie der Wolf ihn zu fangen versuchte! Aber der Vogel war geschickter und der Wolf konnte nichts ausrichten.

Inzwischen hatte Peter eine Schlinge gemacht und ließ sie behutsam hinunter. Er fing den Wolf am Schwanz und zog die Schlinge zu. (Peter fängt mit seinem Seil den Schwanz des Wolfes ein.) Als der Wolf merkte, dass er gefangen war, sprang er wild umher und versuchte sich loszureißen. Aber Peter hatte das andere Ende des Seiles am Baum festgemacht, und je wilder der Wolf umhersprang, umso fester zog sich die Schlinge um seinen Schwanz zusammen.

Da kamen die Jäger aus dem Wald. (Auftritt Jäger.) Sie waren dem Wolf auf der Spur und schossen mit ihren Flinten nach ihm. (Jäger zielen.) »Es lohnt sich nicht mehr zu schießen«, rief Peter vom Baum herab. »Der kleine Vogel und ich haben den Wolf doch schon gefangen! Helft uns nun, ihn in den Zoo zu bringen.« (Peter klettert von seinem »Baum« herunter.)

Und nun stellt euch den Triumphzug vor: Peter vorneweg. Hinter ihm die Jäger mit dem grauen Wolf. (Wolf geht auf allen vieren, Jäger führen ihn an der »Schwanz-Leine«.) Und am Schluss des Zuges der Großvater mit der Katze.

Der Großvater schüttelte missbilligend den Kopf und sagte: »Aber wenn nun Peter den Wolf nicht gefangen hätte – was dann?«

Über ihnen flog der kleine Vogel und zwitscherte: »Seht nur, was wir beide, Peter und ich, gefangen haben!« (Vogel flattert neben dem Zug hin und her.)

Und wenn man ganz genau hinhört, kann man die Ente im Bauch des Wolfs schnattern hören, denn der Wolf hatte sie in der Eile lebendig hinuntergeschluckt. (Ente taucht wieder auf und schließt sich dem Triumphzug an.)

Angebote nach Tätigkeitsformen geordnet

Sachbegegnung, Ausflüge, Experimente

Malen, basteln und gestalten

Adventskalender mit Rätseln *8.03*

Adventskalender mit Sternen-Geschichten *8.02*

Adventskranz *8.06*

Apfelmännlein *8.08*

Armbänder für die Kleingruppen *7.07*

Auto anmalen *3.15*

Bäume für den Tannenwald *13.33*

Becherball *9.02*

Bierdeckel bekleben *22.09*

Bilder legen aus Naturmaterial *4.11*

Blätterbilderbuch herstellen *4.24*

Blätterpüppchen *4.26*

Blattgirlanden *4.25*

Boote bauen *9.15*

Brezelchen-Girlande *22.16*

Briefbeschwerer *8.12*

Briefmarkenalbum *17.07*

Brillen *2.28*

Clown *12.1522*

Collage aus Schuhteilen *6.21*

Computerbild *18.10*

Das habe ich an Weihnachten zum Spielen bekommen *9.16*

Das tausendfüßige Ungeheuer *6.17*

Der Regenbogenfisch (für Tischtheater) *19.27*

Die Krähen und die Vogelscheuche *4.39*

Ei bekleben mit Seidenpapier *14.07*

Ei bemalen mit Filzstiften *14.06*

Eiergirlande *14.09*

Eierschalenvase *14.10*

Ein Täschchen für das Taschentuch *16.22*

Eine Krone für die Schulkinder *22.05*

Einladungskarte für die Eltern *22.03*

Elternbrief illustrieren *19.01*

Empfang bereiten *1.10*

Erinnerungsbrief an die Eltern *4.04*

Erkennungsschildchen herstellen *13.10*

Fahrkartenautomat *21.15*

Ferienausstellung *1.07*

Fernglas *2.24*

Feuerball Sonne *20.14*

Feuerbild *4.13*

Figuren und Requisiten für das Märchen vom süßen Brei *7.45*

Figuren knüllen *1.23*

Fingerspitzenübung *2.50*

Fische im Wasser *20.15*

Flattervogel *9.03*

Flattervogel auf der Stange *9.04*

Fleischwaren herstellen *7.17*

Frühlingstisch *13.01*

Führerschein *3.05*

Geburtstagsgeschenke mit Fantasie *13.15*

Geheimniskiste *8.11*

Gemalte Kleider *20.19*

Geräuschgläschen *2.30*

Girlanden für das Fest *22.01*

Goldstücke für Sterntaler *5.16*

Großes Baumbild *4.27*

Großes Puddingbüffet *22.15*

Kartoffeldruck *4.16*

Kartoffelpuppen herstellen *4.14*

Katzenkopf zeichnen *11.02*

Kindergalerie *15.12*

Kleiderbügel *8.13*

Kleingruppe Rot malt einen Einkaufszettel *7.01*

Kneten *1.12*

Konservendosen-Mäntel *22.11*

Kostüme ausdenken *12.01*

Kostüme für die Wurzelkinder *13.31*

Leute auf dem Bahnsteig mit Gepäck *21.06*

Lochen und schneiden *1.24*

Malen und drucken mit der Maus *18.10*

Maschinenbau *3.18*

Mein schönstes Blatt *4.20*

Mobile für ein Baby *15.09*

Notizbuch *8.14*

Notizbuch für Telefonnummern *18.02*

Notizzettel für die Eltern *21.04*

Obst oder Backwaren herstellen *7.18*

Ort der Stille *2.39*

Paket für andere Kinder packen *8.05*

Papierbälle *1.22*

Papierfiguren für Brüderchen und Schwesterchen *13.37*

Papierfiguren für Sterntaler *5.16*

Papierkind *2.01*

Papierpuppen *5.09*

Prachteinband *8.19*

Quallen und Tintenfische *19.29*

Regenbogen *20.18*

Regentrommel *9.05*

Riechdosen *2.40*

Rohes Ei ausblasen und bemalen   *14.07*
Rumpelstilzchen – Papiertheater   *15.18*
Salzteig   *7.18*
Sammelalbum   *17.04*
Schatz herstellen   *17.10*
Schatzkiste   *17.03*
Schildkröten für ein Rennen   *22.07*
Schlange für den Schlangenbeschwörer   *12.13*
Schlaraffenland   *7.42*
Schleife binden   *6.13*
Schneeglöckchenbild   *13.04*
Schöne Streichholzschachtel   *8.15*
Schwimmbad bauen   *19.20*
Serviettenringe   *8.18*
Spielkarten vom Badezimmer   *16.06*
Streichholzschachtel-Behälter   *8.16*
Süßer Adventskalender   *8.01*
Swimmy (für Tischtheater)   *19.26)*
Symbolkärtchen für Wetter   *13.27*
Teufelsbilder   *17.14*
Tischdecke bedrucken   *7.06*

Tischschmuck herstellen   *7.36*
Tischsets   *7.05*
Tragbahre bauen   *10.01*
Tulpenfenster   *13.05*
Verkleiden   *5.19*
Volle Körbe für den Markt   *4.34*
Vom Fischer und seiner Frau   *19.28*
Vom listigen Bäuerlein und dem Schatz   *17.15*
Was die Blätterkinder spielen   *4.22*
Wäscheklammer bemalen   *20.17*
Weihnachtspapier drucken   *8.21*
Weihnachtsschmuck   *8.25*
Welche Farben siehst du, wenn du an die
   Schule denkst?   *22.04*
Wilde Tiere   *12.25*
Wolken am Himmel und Vögel   *20.16*
Wollküken   *14.22*
Wunderbare Schuhkartons   *2.51*
Zierkerze   *8.17*
Zirkus bauen   *12.06*

Kochen und backen

Apfelbrei   *4.29*
Babynahrung   *15.07*
Bananenmilch   *1.30*
Bratäpfelfest   *8.20*
Echter Hirsebrei   *7.47*
Eier im Gemüsenest (siehe Einheit 7, S. 113)
Eis selber machen   *20.01*
Falsche Spiegeleier (siehe Einheit 7, S. 113)
Gurkensalat (siehe Einheit 7, S. 113)
Kartoffeln aus der Glut   *4.08*
Kartoffelsuppe (siehe Einheit 7, S. 112)

Kastanienfest   *8.22*
Kräutertee   *10.08*
Nussknackerfest   *8.24*
Pellkartoffeln   *4.02*
Pfannkuchen (siehe Einheit 7, S. 113)
Plätzchen backen   *8.23*
Salzteig   *7.18*
Schinkenhörnchen (siehe Einheit 7, S. 113)
Weihnachtsduft   *8.26*
Zehn verschiedene Puddingsorten   *22.14*

Sammeln, ordnen, rechnen, vergleichen

Als ich klein war   *15.04*
Babysachen am falschen Platz   *15.13*
Blätter sammeln   *4.18*
Blätter vom vorigen Jahr zuordnen   *13.12*
Briefmarken   *17.06; 17.07*
Drei Kartoffeln in den Sack   *4.17*
Eine eigene Sammlung anlegen   *17.05*
Früchte ausschneiden   *4.36*
Früchte benennen und sortieren   *4.38*
Fundstücke tauschen   *17.08*

Herbstbäume   *4.21*
Kleidung für drinnen – Kleidung für draußen
   5.10
Rennbahn Bügelbrett   *3.13*
Sammlermarkt   *17.09*
Schätze sammeln   *17.02*
Schaufenster   *7.31*
So klein war meine Hand – so groß ist sie jetzt
   15.08
Sommerpuppen – Winterpuppen   *13.20*

Spielzeug für wen?   *9.18*
Spielzeugtraum   *9.28*
Supermarkt einrichten   *7.14*
Was gehört zum Frühling?   *13.21*
Was ist genießbar? Was ungenießbar?   *7.20*
Was passt in einen Koffer?   *21.10*
Was passt nicht?   *6.05*

Was passt zu welchem Buch?   *17.26*
Was stimmt nicht?   *7.27*
Welche Schuhgröße habe ich?   *6.09*
Welches Gepäckstück?   *21.12*
Wie viele Kartoffeln fehlen?   *4.10*
Ziffern suchen   *18.03*

Kimspiele und Rätsel

Adventskalender mit Rätseln   *8.03*
Blinde Kuh   *2.53*
Blinde Kuh sucht Schuh   *6.07*
Der Lieblingsschuh des Ungeheuers   *6.18*
Fingerhut verstecken   *14.10*
Fingerspitzenübung   *2.50*
Fünf Spatzen saßen auf einem Dach   *2.60*
Gegenstände raten   *16.10*
Gegenstück erfühlen   *13.16*
Gemälde suchen   *17.20*
Geräusche deuten   *2.31*
Geräuschgläschen   *2.30*
Hören wie ein Kätzchen   *11.14*
Hundespiel   *2.41*
Ich pack was in den Krabbelsack   *2.52*
Ich seh etwas, was du nicht siehst   *2.21*
Ich sehe einen Jungen, der gerade …   *2.22*
Kleidungsstücke tauschen – wer hat's bemerkt?
   5.04
Rate mal, wer das hier ist   *2.02*
Rate mal, womit ich spiele   *9.25*
Raten mit dem Lochpapier   *2.23*

Riechdosen   *2.40*
Rot grün gelb   *3.02*
Schatz abjagen   *17.08*
Schatz vergraben   *17.16*
Schuhpaare ertasten   *6.06*
Schuhrätsel   *6.10*
Spurensuche im Sandkasten   *6.08*
Stühle riechen   *2.46*
Suchen mit dem »Fernglas«   *2.25*
Süß – sauer – salzig – bitter   *2.47*
Verkehrsgeräusche raten   *3.09*
Was fehlt?   *9.09 ; 13.13*
Was habe ich an?   *5.13*
Was hast du im Mund?   *2.48*
Was passt nicht?   *6.05*
Was passt zu welchem Buch?   *17.26*
Was stimmt nicht?   *7.27*
Wer war das?   *2.37*
Wo schleicht die Katze?   *11.13*
Wörter fangen   *2.55*
Wunderbare Schuhkartons   *2.51*
Wunderbaum suchen   *13.18*

Gespräche

Angeber-Spiel   *9.17*
Dingsbums   *11.06*
Eine eigene Sammlung anlegen?   *17.05*
Eine werdende Mama besucht uns   *15.01*
Ferienerlebnisse berichten   *1.04*
Forschungsbericht   *6.17*
Gespräch über die Kartoffel   *4.01*
Gespräch über einen Ausflug in den Wald
   13.09
Hoffentlich!   *14.03*
Klopapiergeschichten   *16.10*
Mir hat mal die Oma was mitgebracht   *21.09*
Nase putzen   *16.19*

Nur Menschen können singen   *2.61*
Puppeneltern in der Erziehungsberatungsstelle
   16.03
Reisepläne   *21.01*
Sehnsucht und Heimweh   *21.24*
Sonne kann verletzen   *19.02*
Spielideen sammeln   *9.01*
Spielregeln erfinden   *9.27*
Spielregeln erklären   *9.26*
Übrigens …   *7.23*
Vorsicht, Gift!   *7.21*
Warum zu viele Süßigkeiten krank machen
   10.12

Singen, tanzen, musizieren

Sätze üben

Wenn ich eine Maus wäre, würde ich   *11.07*
Wer hat mich verstanden?   *1.43*
Wer kann das?   *2.13*

Wir waren auf dem Bauernhof   *21.03*
Worauf ich mich am meisten gefreut habe
   1.03

Wortschatztraining

Da hast du Daumensalbe   *2.05*
Dingsbums   *11.06*
Ein Apfel – zwei Äpfel (Plural)   *7.29*
Essen mit Genehmigung   *4.30*
Fahrzeuge fahren, Haltestelle steht   *3.07*
Früchte ausschneiden   *4.36*
Früchte benennen und sortieren   *4.38*
Fundbüro   *19.21*
Ganz schwere Wörter   *18.11*
Gegenstände raten   *16.10*
Ich brauche was zum Kämmen   *16.15*
Ich habe zwei Nasen   *2.03*
Ich schenke Peter eine Puppe   *9.19*
Ich seh etwas, was du nicht siehst   *2.21*

Ich wünsche mir   *14.14*
Ich wünsche mir   *3.10*
Jacke – Jäckchen   *15.11*
Kann ich bitte zwei haben? (Plural)   *7.28*
Mich hat ein Floh gestochen   *2.04*
Neue Schimpfwörter erfinden   *2.64*
Paare suchen   *6.04*
Schneller Platzwechsel   *10.14*
Übrigens   *7.23*
Was ist da drin?   *1.47; 7.10; 21.11*
Was passt zu welchem Buch?   *17.26*
Wenn die Musik aussetzt   *10.13*
Wörter fangen   *2.55*
Zahnpasta – Zähne   *16.24*

Geschichten

Als ich klein war   *15.04*
Bei Räubers   *16.12*
Bitte male mir ein Osterei!   *14.18*
Der Kaisers neue Kleider (Andersen)   *5.18*
Blätterbilderbuch   *4.24*
Sterntaler (Gebrüder Grimm)   *5.17*
Brüderchen und Schwesterchen   *13.35*
Das Märchen vom süßen Hirsebrei   *7.44*
Der Bauer und der Teufel (Brüder Grimm)
   17.13
Der Daumen darf nicht mitspielen   *2.66*
Der Kaisers neue Kleider (Andersen);
   Mitmachgesch.   *5.18*
Die Arche Noah   *9.33*
Die Geschichte vom dicken, fetten
   Pfannkuchen   *7.19*
Die Geschichte von der Katze Winnetu;
   Mitmachgesch.   *11.16*
Die Kartoffelgeschichte   *4.03*

Die Ostergeschichte nach Matthäus   *14.01*
Die Prinzessin auf der Erbse   *12.04*
Die Weihnachtsgeschichte   *8.27*
Die Wichtelmänner (Grimm)   *6.23*
Es geht weiter (Kern der Osterbotschaft)
   14.02
Hans im Glück   *9.32*
Kann ich bitte zwei haben?   *7.28*
Lüge, Lüge, nichts als Lüge   *12.23*
Ole hat Angst vor dem Haarewaschen   *16.25*
Peter und der Wolf   *22.20*
Rumpelstilzchen ; *Mitmachgesch.*   *15.17*
   Geschichten
Schniefnase und Triefnase   *16.18*
Spritze, du bist Klasse!   *10.05*
Sterntaler (Gebrüder Grimm)   *5.17*
Tante Heidi; *Mitmachgesch.*   *21.21*
Vom Felix und der verflixten Schleife   *6.12*

Reime, Gedichte, Sprüche

Auf dem Klavier   *12.21*
Auf einer Kaffeetasse   *2.67*
Bin ich mal sauer   *2.65*
Brenne, brenne lichterloh   *4.09*
Coffee, coffee   *21.20*
Ilse Bilse   *4.42*
Da droben auf dem Berge da ist …   *12.22*
Da hast 'nen Taler   *1.41*
Dampflokomotive in Deutschland   *21.19*
Dampflokomotive in England   *21.20*
Das Auto hier heißt Ferdinand   *3.19*
Die Tante Kathrein   *15.16*
Dort oben auf dem Berge, eins, zwei drei
   1.35
Eins, zwei, drei, vier   *21.22*
Ensele, zensele   *2.59*
Frühling, Sommer, Herbst und Winter   *13.19*
Fünf Männlein sind in den Wald gegangen
   14.09
Fünf Spatzen   *2.60*
Heile, heile Segen, drei Tage Regen   *1.42*
Ich bin nicht dran   *2.57*
Ich gebe dir ein Osterei   *14.24*
Ich getrau mir's nicht   *19.13*
Ich kenne einen Hampelmann   *9.31*
Ich lieb dich so fest   *15.20*

Ich red nicht mit dir   *12.19*
Ich und du, Müllers Kuh   *2.56*
Ich weiß 'nen Witz vom Onkel Fritz   *4.37*
Ich wollt, ich wär ein Huhn   *14.20*
Ilse Bilse   *2.42*
In einem großen, großen Land   *11.08*
Jetzt mal ich mir ein wunderschönes Bild
   18.00
Mein Reifen ist bunt   *1.34*
Meine Mi – Ma – Mu   *7.41*
Morgen früh um sechs   *12.27*
Nasse Hände   *20.12*
O, helft mir doch   *21.19*
Ohne Tür, ohne Fenster   *14.21*
Ottos Mops trotzt   *11.17*
S – s – s der ICE   *21.00*
Schnurre, Katze   *11.05*
Sechs mal sechs ist sechsunddreißig   *7.24*
Teddybär, Teddybär, dreh dich um!   *1.33*
Tripp tripp trapp   *2.58*
Was denkt die Maus am Donnerstag   *7.24*
Was sollen wir machen   *12.20*
Wir fahren mit dem Karussell   *1.32*
Wir haben Hunger, Hunger, Hunger   *7.48*
Zehn kleine Zappelmänner   *2.18*
Zwei Tauben   *1.36*

Witze

Auf dem Klavier   *12.21*
Bei Räubers   *16.12*
Der Kaspar als Doktor   *10.09*
Dick und Doof   *16.04*
Ein sparsamer Mann   *16.05*
Ein Witz vom Onkel Fritz   *4.37*
Elefant und Maus   *6.11*
Faul   *7.24*
Grießbrei   *7.43*

Im Land der Quatschköpfe   *5.03*
Vom Bauern, der nur die Kartoffeln abliefern
   wollte   *10.11*
Vom Breitmaulfrosch   *12.24*
Vom Mann, der eine Maus verschluckt hatte
   10.10
Vom Mann, der nicht sagen wollte   *21.16*
Zunge am Faden   *2.14*

Bilder betrachten

Das Auto hier heißt Ferdinand   *3.19*
Die besondere Lesestunde   *17.23*
Die Geschichte vom kleinen gelben Blättchen
   4.23
Etwas von den Wurzelkindern   *13.32*

Farben nachspielen   *17.21*
Feriendias oder Fotos betrachten   *1.08*
Gemälde suchen   *17.20*
Geschichte mit Bildbetrachtung   *17.19*
Hund und Schmetterling   *20.33*

Ich sehe einen Jungen, der gerade … *2.22*
Lauter Unfallgeschichten *10.04*
Maulwurf Grabowski *20.31*
Moderne Lokomotiven – alte Lokomotiven *21.18*
Raten mit dem Lochpapier *2.23*
Schatzkammer *17.11*
Sterne für ein Bilderbuch *17.24*

Suchen mit dem »Fernglas« *2.25*
Tillie und die Mauer *20.32*
Vom Straßenverkehr und von Baustellen *3.01*
Was geht in Tommi vor? (Bilderbuch) *15.19*
Weihnachtskrippe betrachten *8.28*
Wetter im Bilderbuch *13.29*
Wo kann man baden? *19.25*
Zeig mal! *15.14*

Rollenspiel, Spiel mit Puppen und Stofftieren

Arztspiel *2.07*
Augenarzt und Optiker *2.29*
Autohändler *3.11*
Autoreparaturwerkstatt *3.12*
Autos fahren auf den Straßen *1.25*
Autos fahren durch die Stadt *3.16*
Beim Tierarzt *11.12*
Bücherei *17.25*
Der Hund ist über die Wäsche gelaufen *20.27*
Die Puppe friert so *5.15*
Die Puppen sind krank *2.06*
Dompteurszenen *12.08*
Einkaufen im »Tante-Emma-Laden« *7.16*
Einkaufen im Supermarkt *7.15*
Fahrkartenschalter *21.15*
Fahrschule *3.06*
Gasthaus *7.38*
Großbäckerei *1.28*
Herrenloses Gepäck *21.14*
Hindernislauf für Puppen und Stofftiere *14.17*
Hundespiel *2.41*
Indianer und Cowboys *12.02*
Mäntel verkaufen in der Garderobe *5.01*
Maschinenfabrik *1.29*

Monderkundung *3.17*
Notruf wählen *18.09*
Obst- und Gemüsemarkt *4.35*
Pampers für den Teddy *15.05*
Praxis eröffnen *10.07*
Prinzessinnen und Prinzen *12.04*
Puppen im Kinderheim *1.26*
Puppengeburtstag *7.39*
Puppenhaarwäsche *16.02*
Reisegesellschaft *2.26*
Reporter beim Autorennen *3.14*
Schatz vergraben *17.16*
Schuhgeschäft *6.2*
Spielzeugladen *9.29*
Thekenspiel *1.20*
Unfall *10.02*
Verkleiden *5.19*
Was zieht der Superstar heute an? *5.02*
Welt der Feen und Waldgeister *12.01*
Wetterbericht *13.28*
Wir bauen einen Zoo *1.27*
Wir fahren mit der Eisenbahn *21.17*
Wir richten ein Babyzimmer ein *15.06*
Wir spielen Schwimmbad *19.03*
Zauberer und Hexen *12.05*

Handpuppentheater, Marionetten- und Tischtheater

Brüderchen und Schwesterchen als Papiertheater *13.37*
Brüderchen und Schwesterchen mit Playmobil *13.36*
Das Auto hier heißt Ferdinand *3.19*
Das Märchen vom süßen Brei *7.46*
Der Daumen darf nicht mitspielen *2.66*
Der Kaspar als Doktor *10.09*
Der Regenbogenfisch *19.27*

Der Schuster und die Wichtelmänner *6.24*
Die Arche Noah *9.33*
Die Geschichte vom kleinen gelben Blättchen *4.23*
Erste Spiele mit Fadenfiguren *2.16*
Hans im Glück *9.32*
Kartoffeltheater *4.15*
Kaspar und das Telefon *18.06*
Kaspar will in den Kindergarten *1.11*

Darstellendes Spiel

Bewegungsspiele, Gymnastik

Spiele mit Klopapierrollen   *16.21*
Spurenlauf   *20.10*
Steine schubsen auf glatter Fläche   *9.11*
Teddybär, Teddybär, dreh dich um!   *1.33*
Tulpengymnastik   *13.06*
Über, unter, zwischen, hinter   *14.16*
Verzaubert – verhext   *12.05*
Wasser tragen   *20.11*
Welt der Feen und Waldgeister   *12.01*
Wenn die Musik aussetzt   *10.13*

Wer hat mich verstanden?
Wer kann das?   *2.13*
Wer rennt in mein Schneckenhaus?   *2.09*
Wer zusammenstößt, sitzt   *2.11*
Wilde Babys   *15.10*
Wippe   *9.24*
Wir fahren mit dem Karussell   *1.32*
Wunderbaum suchen   *13.18*
Zielwerfen mit Tannenzapfen   *9.07*
Zirkuspferde   *12.07*

Wasserspiele

Auto waschen   *1.18*
Ballwerfen im Nichtschwimmerbecken   *19.05*
Boot am Haken   *19.11*
Boote bauen   *9.15*
Fliegender Fisch   *19.14*
Gartenspielgeräte abwaschen   *1.16*
Ich trau mich nicht   *19.13*
Kindergarten »anstreichen«   *1.17*
Mit Wasser im Sandkasten matschen   *1.13*
Nachlaufen im Plantschbecken   *19.04*
Nasse Hände   *20.12*
Papierbrei   *1.21*
Plantschbecken füllen   *20.05*
Purzelbaum im Wasser   *19.16*
Ringel-Reihe im Wasser   *19.07*
Schwebende Qualle   *19.12*
See im Sandkasten   *20.13*
Spurenlauf   *20.10*
Thekenspiel   *1.20*

Über den Wasserstrahl springen   *20.02*
Unter dem Wasserstrahl durchkriechen
   20.04
Unter dem Wasserstrahl durchlaufen   *20.03*
Wasser tragen   *20.11*
Wasser verschütten   *1.15*
Wasserbogen   *2.17*
Wasserkarussell   *19.10*
Wasserkette zum Plantschbecken   *20.06*
Wasserklatschen   *20.08*
Wasserlandschaft im Sandkasten   *1.19*
Wasserlauf   *19.08*
Wassermalerei   *20.09*
Wassermaschine am Beckenrand   *19.09*
Wasserrakete   *20.20*
Wasserschaukel   *19.15*
Wasserschlange im Plantschbecken   *19.06*
Wasserspuren legen   *1.14*
Wasserzielwerfen   *20.07*

Spiele im Stuhlkreis

Alle Vögel fliegen hoch   *13.30*
An meinem Geburtstag wünsche ich mir   *7.40*
Armer schwarzer Kater   *11.15*
Bringen Sie doch bitte diese Tasche zum
   Fundbüro   *19.22*
Da wünsch ich mir den Zucker her   *7.12*
Duft oder Gestank?   *2.43*
Flüstertelefon   *18.07*
Fundbüro   *19.21*
Griesbrei   *7.43*
Hänschen, piep einmal   *2.54*
Ich brauche was zum Kämmen   *16.15*
Ich habe – was hast du?   *7.11*

Ich habe Hausschuhe an   *6.14*
Ich schenke dem Peter eine Puppe   *9.19*
Kleidungsstücke tauschen – wer hat's bemerkt?
   5.04
Kofferpacken   *21.07*
Komm, wir machen einen Ausflug   *13.08*
Lass das, ich mag das nicht!   *15.15*
Lauter – leiser   *14.11*
Lustiges Ostergeschenk erraten   *14.13*
Mein rechter, rechter Platz ist leer   *1.52*
Meine Tante aus Amerika ist gekommen
   21.08
Mit Worten suchen   *14.12*

Paare suchen   *6.04*
Pfänderspiel mit Schuhen   *6.15*
Polizei sucht Täter   *5.11*
Schatz bewachen   *2.34*
Schneller Platzwechsel   *10.14*
Spielzeugtraum   *9.28*
Stumme Begrüßung   *1.01*
Turm auf dem Tablett   *1.49*
Was ist da drin?   *1.47; 7.10; 21.11*
Was passt zu welchem Buch?   *17.26*

Was soll der Kopf, auf den ich zeig?   *2.20*
Was stinkt?   *2.45*
Wer fehlt?   *1.50*
Wer hört seinen Namen?   *2.33*
Wer war das?   *2.37*
Wisst ihr noch, wer das ist?   *1.02*
Wörter fangen   *2.55*
Zahnpasta – Zähne   *16.24*
Zauberer und Hexen   *12.05*

Kreisspiele (siehe auch: Singen, tanzen, musizieren)

Bei »Lebensmittel« kauen   *7.25*
Bitte eine Massage   *16.23*
Blätter blasen   *9.06*
Blinde Kuh   *2.53*
Bringen Sie bitte das Gepäck ins Hotel!   *21.13*
Da hast du Daumensalbe!   *2.05*
Ein Apfel – zwei Äpfel   *7.29*
Hinter dem Rücken weitergeben   *7.13*
Ich habe zwei Nasen   *2.03*
Ich kenne einen Hampelmann   *9.31*
Katz und Maus   *11.04*
Mein Reifen ist bunt   *1.34*
Mich hat ein Floh gestochen   *2.04*
Mit dem Reifen bewegen   *1.46*
Mit der Kugel bewegen   *1.44*

Obst – Getränke – Süßigkeiten   *7.26*
Rubbelkreis   *19.17*
Spiele mit Klopapierrollen   *16. 21*
Teddybär, Teddybär, dreh dich um!   *1.33*
Turm auf dem Tablett   *1.49*
Turm bleib stehen   *1.48*
Überraschung im Schuh   *8.10*
Was passt in einen Koffer?   *21.10*
Wer hat mich verstanden?   *1.43*
Wer kann das?   *2.13*
Wir fahren mit dem Karussell   *1.32*
Wir winken zum Abschied   *22.19*
Wunschprogramm   *1.06*
Zahnpasta – Zähne   *16.24*

Spiele am Tisch

Alle Kekse schmecken gut   *1.37*
Das Auto fährt zu …   *1.51*
Eierschalen-Memory   *14.23*
Elfer raus als Fangspiel   *18.05*
Elfer raus als Memory   *18.04*
Essen mit Genehmigung   *4.30*
Gegenstände raten   *16.10*
Ich hätte gern   *7.08*
Ich wünsche mir   *3.10*
Jacke – Jäckchen   *15.11*
Kommando Bimberle   *1.38*
Legosteine sammeln   *17.12*

Puzzle-Mix   *11.10*
Schatz abjagen   *17.08*
Schatz abjagen   *17.09*
Schieben   *16.08*
Schneeglöckchen zusammensetzen   *13.03*
Schwarzer Peter ohne Karten   *9.10*
Schwarzer Peter selbst gemacht   *16.09*
Tausche Kopf gegen Schwanz   *11.11*
Tierpuzzle   *11.09*
Turm bleib stehn   *1.48*
Wer hat die meisten Gegenstände?   *16.07*
Zwei Tauben   *1.36*

Alphabetisches Gesamtverzeichnis der Angebote

Reihe »Beltz Handbuch«

Hans Eberwein (Hrsg.)

Handbuch
Lernen und
Lern-Behinderungen

Aneignungsprobleme
Neues Verständnis von Lernen
Integrationspädagogische
Lösungsansätze

BELTZ Handbuch

Hans Eberwein (Hrsg.)
**Handbuch Lernen
und Lern-Behinderungen**
Aneignungsprobleme –
Neues Verständnis von Lernen –
Integrationspädagogische
Lösungsansätze.
1996. 416 Seiten. Gebunden.
ISBN 3-407-83135-8

Das Handbuch setzt sich kritisch mit
der so genannten Lernbehinderten-
Pädagogik auseinander. Lernen
wird neu definiert und der Lern-
behinderungs-Begriff als Konstrukt
identifiziert. Seit 20 Jahren liegen
entwicklungspsychologische,
lern- und sozialisationstheoretische
Erkenntnisse vor, die es nicht länger
zulassen, den bisherigen Lern-
behinderungs-Begriff aufrecht-
zuerhalten und Kinder in Schulen
für Lernbehinderte auszusondern.
Das Handbuch setzt sich deshalb
kritisch mit der so genannten Lern-
behinderten-Pädagogik auseinander.
Im ersten Teil des Handbuchs
erfolgt eine Auseinandersetzung mit
dem System der Lernbehinderten-
pädagogik. Der zweite Teil enthält
Beiträge zu einem veränderten
Verständnis von Lernen, zu alternativen Organisationsformen und
Lernkonzepten, die als Lernhilfen
Lernschwierigkeiten und Aussonde-
rung vermeiden können. Schließlich
wird dargelegt, dass Lernprobleme
als Aneignungsschwierigkeiten
mit dem Lernen inhärent gegeben
sind, also Allgemeinheitscharakter
haben. Den Schluss bildet die
Forderung nach Überwindung der
Ausgrenzung von Kindern, die bisher
in Schulen für Lernbehinderte
eingewiesen wurden und künftig
in Regelschulen integrativ unterrichtet
werden sollten.

Beltz Verlag · Postfach 10 01 54 · 69441 Weinheim · www.beltz.de

F0002

Kompaktinformation

Alexandra Ortner / Reinhold Ortner
**Verhaltens- und
Lernschwierigkeiten**
Ein Handbuch
für die Grundschulpraxis.
6., unveränderte Auflage 2002.
450 Seiten. Gebunden.
ISBN 3-407-83145-5

Ein Nachschlagewerk für praxis-
orientiertes Wissen über Verhaltens-
und Lernschwierigkeiten einschließlich
schulpädagogischer und -psycho-
logischer Hilfen.

Die Zahl der Kinder, die von psychischen Nöten im Zusammenhang mit
Verhaltens- und Lernschwierigkeiten
betroffen sind, wächst. Neben den
Eltern sind alle für die Schule ver-
antwortlichen Personen und Institu-
tionen in der pädagogischen Pflicht
zur Hilfeleistung. Um die hierfür
notwendige Handlungskompetenz
zu erwerben, bedarf es differenzierter
Kenntnisse hinsichtlich begrifflicher Ab-
grenzungen der einzelnen Schwierig-
keiten, ihrer Ursachen, diagnostischer
Möglichkeiten und pädagogischer
Hilfeleistungen. Eine Kompaktinfor-
mation zu Definition, Symptomatik,
Ätiologie, Diagnostik und therapeutische Hilfen.

»Dieses Buch verdient es, als Handbuch von den vielen Lehrerinnen und
Lehrern genutzt zu werden, die sich
wünschen, Kindern bei psychischen
Nöten, Verhaltens- und Lernschwierigkeiten pädagogisch-psychologisch
fundierte Hilfen zuteil werden
zu lassen.«
Pädagogik und Schulalltag

**Infos und Ladenpreis:
www.beltz.de**

F0006

Beltz Verlag · Postfach 10 01 54 · 69441 Weinheim

Ganzheitliche Sprachförderung

Marianne Wiedenmann (Hrsg.)
Sprachförderung mit allen Sinnen
Basiswissen – integrative Ansätze –
Praxishilfen – Spiel- und Übungsblätter
für den Unterricht.
Beltz Handbuch. 2. Auflage 2000.
320 Seiten. Pappband.
ISBN 3-407-83148-X

Dieses Handbuch weist erprobte
Wege zu einer kooperativen Förderung
und zeigt Modellsituationen theorie-
geleiteter Praxis. Zahlreiche im Schulalltag entwickelte Sprachspiele und
Wahrnehmungsübungen, Mund-, Hör-
und Fingerspiele sowie systematische
Spielfolgen und Zaubertricks bieten ein
breites Repertoire abwechslungsreicher
und individuell einsetzbarer Arbeitshilfen – auch und gerade für den Regel-
unterricht.

»Das Buch bietet ein breites Spektrum
theoretisch ungewöhnlich gut fundier-
ter und systematisierter Praxisbeispiele
für Sprachförderung. Sein breites Repertoire an abwechslungsreichen und
individuell einsetzbaren Arbeitshilfen
erweist sich als gelungene Arbeitshilfe
in besonders heterogenen Klassen.«
Grundschule

Infos und Ladenpreis: www.beltz.de

F0087

Beltz Verlag · Postfach 100154 · 69441 Weinheim

Die Lieder auf der CD

Instrumental-Arrangements: Gerd Forster Nr. 2–17 und 19
                               Wolfgang Buch Nr. 1 und 20

Es musizieren: Ute Stemler, Sopran
                               Ursula Simgen, Flöte
                               Otmar Buch, Gitarre
                               Eine Kindergruppe aus Alsenborn
                               Leitung und am Keyboard: Gerd Forster